科学版精品课程立体化教材·经济学系列

货币金融学导论
（第二版）

主　编　刘　明

副主编　赵天荣　刘新华　米　军

陕西师范大学优秀教材建设基金资助出版

科 学 出 版 社

北　京

内 容 简 介

本书兼顾金融学科知识更新、学科前沿进展和教学对象的接受能力,为提高学生的理论思维和创新能力做了一些有益尝试。全书共14章。第一至四章为金融制度与组织结构,主要对货币金融问题的制度背景加以描述,对金融中介机构体系与金融市场的历史演进与各自功能予以介绍。第五至九章为微观金融,对利率理论、货币市场与资本市场、汇率理论与外汇市场、衍生金融工具市场、现代资产选择理论等作系统介绍。第十至十四章为宏观金融,内容涵盖货币需求、货币供给与货币均衡、货币政策分析等。

本书可作为经济管理各专业本、专科教材,亦可作为金融理论研究与政策部门及研究生教学参考用书。

图书在版编目(CIP)数据

货币金融学导论 / 刘明主编.— 2 版 . —北京:科学出版社,2015
科学版精品课程立体化教材·经济学系列
ISBN 978-7-03-045406-5

Ⅰ.①货… Ⅱ.①刘… Ⅲ.①货币和银行经济学－高等学校－教材 Ⅳ.①F820

中国版本图书馆 CIP 数据核字(2015)第 191514 号

责任编辑:王京苏 / 责任校对:贾如想
责任印制:徐晓晨 / 封面设计:蓝正设计

科 学 出 版 社 出版
北京东黄城根北街 16 号
邮政编码:100717
http://www.sciencep.com

北京教圈印刷有限公司 印刷
科学出版社发行 各地新华书店经销
*

2006 年 9 月第 一 版 开本:787×1092 1/16
2015 年 9 月第 二 版 印张:22
2016 年 6 月第十次印刷 字数:510 000

定价:42.00 元

(如有印装质量问题,我社负责调换)

谨此深切缅怀著名经济金融学家、
金融教育家江其务先生

主编简介

刘明，陕西师范大学西北历史环境与经济社会发展研究院教授，博士生导师，陕西师范大学金融研究所所长。恢复高考制度后，先后就读于陕西师范大学化学系实验专修科、中国科学技术大学系统科学与经济管理系运筹学研究班（金融工程方向）。经济学硕士。兼任中国数量经济学会常务理事，中国宏观经济管理教育学会副会长，陕西省经济学会副会长，西安市政府专家咨询团特聘专家，陕西省委理论讲师团特聘教授。

赵天荣，重庆师范大学经济与管理学院副教授，金融工程系系主任。西南财经大学中国金融研究中心博士，西南财经大学统计学院硕士，西安交通大学博士后。

刘新华，陕西师范大学国际商学院教授，金融学系副主任。西安交通大学经济与金融学院博士，西北大学经济管理学院硕士，美国密苏里大学博士后。

米军，浙江师范大学经济与管理学院教授，俄罗斯非洲研究所所长，东北财经大学国际经济贸易学院博士，陕西师范大学经济贸易系硕士，中国社会科学院世界经济与政治研究所博士后。

前 言

本书第一版于 2006 年 9 月出版,此后一再重印,出版社反复催促修订再版。第二版仍坚持第一版对作者提出的"撰著要求",择其要者兹列于此。

(1) 传统与现代结合,基础与前沿结合。兼顾本学科知识更新、学科前沿进展和教学对象的接受能力。注意知识的融会贯通,处理好系统性、科学性、新颖性和生动性之间的关系。

(2) 关注经济与金融实践。将高深的金融理论原理与国内外现实经济金融运行、金融市场活动结合,以促进学生分析、解决问题的能力,提高其理论思维和创新能力。在涉及中国货币金融问题时详细阐述金融体制、货币政策演进的实际轨迹。

(3) 注意对因果关系、逻辑推理和方法论的描述。教材通篇体现不同知识、理论间的联系,力求从对相关理论体系的阐释、演绎中分析隐含的方法论特征。

(4) 合理吸收新的理论研究成果。金融领域正在发生巨大变革,金融理论处于动态演进过程中,必须打破传统的所谓不成熟的理论观点不能写进教材的封闭教学理念。时有听闻货币金融学与宏观经济学内容重复之说,甚而言及在经管类专业应予取消货币金融学课程,此论失于肤浅。但在撰著本书过程中仍力求避免与宏观经济学重复,尤其是利率理论、货币需求、货币供给与货币均衡、现代资产选择理论、衍生金融工具市场等章较为充分地体现这一理念。

(5) 处理好基本知识、基本理论与基本技能的关系。考虑到"货币金融学"属于金融学科总论性质课程,对基本技能、金融实务虽有所涉及,但其是为了更清晰地说明基本知识、基本理论。

(6) 著述具有相对独立性和严肃性。恪守学术规范,不照抄照搬。凡引用、参考或者在脚注中注明,或者列出参考书目。对那些喜欢读书和究根问底的学生,引文索引能够提供进一步深入学习的文献资源导读。

第二版第三章增加中央银行独立性与政策透明度,第四章增加商业银行风险控制内容。第五章利率理论和第九章现代资产选择理论均体现微观与宏观金融理论之间的联系。同时,将第一版第十四章"金融发展理论及其新进展"浓缩修订作为第二版第二章"金融中介、金融市场与金融发展"中的一节,新增订第十四章"金融创新、金融稳定与金融监管"。

本书由主编提出基本框架,并与作者反复讨论和修改详尽的写作提纲,作者完成初稿后根据主编批阅意见数易其稿,最后由主编统一定稿。赵天荣博士负责第二版部分章节的统稿。博士生王立平和硕士生谌亦雄、张开玄协助本书再版修订工作。各章作者如下:刘明,第一、五、八、九、十、十一、十三章。米军、郑璋鑫(南京财经大学经济学院副教授),第二章。刘霞(郑州大学商学院讲师,中国人民大学博士),第三章。刘明、刘芳

（陕西师范大学西北历史环境与经济社会发展研究院博士生），第四章。张红（浙江财经学院金融学院讲师），第六、十二章。刘新华，第七章。赵天荣，第十四章。

　　本书获陕西师范大学优秀教材出版基金支持，谨致谢忱！

刘明 于陕西师范大学寓所

2015 年 7 月 21 日

目 录

第一章

货币与货币制度

货币是媒介商品交换的一般等价物,在商品生产、交换等不同环节中货币又体现一定的社会生产关系。在货币形态的演进中,货币依次承担价值尺度、流通手段和贮藏手段职能,支付手段、国际货币是上述职能的进一步扩展。货币制度演进与货币形态变化都是对商品经济发展的适应。由各种不同实物商品向金银货币转化,以及由足值货币向不足值货币转化是一种自然演进过程;现代纸币制度是经济与金融史发展的必然,但其践行又必须借助国家的力量。信用体系是货币制度的重要组成部分,现代市场经济是信用经济,社会信用体系、信用机制是否健全会直接影响国民经济增长与发展的效率。本章按照货币的本质、货币职能、货币制度与货币体系中的信用等不同部分对货币与货币制度加以介绍。

■第一节 货币的本质

货币是媒介商品交换的物品。无论是从人们日常的生活体验,从经济史发展的逻辑,还是根据在政治经济学中已经熟知的常识判断,我们都对此深信不疑。我们所讨论的问题也可以被称作"商品媒介"的发展,就像在物质的化学运动中将催化物称作"化学媒介"一样。货币何以在不同民族、国家、地区甚或某一国家的不同历史时期具有不同的外在形式?货币产生的经济与社会原因是什么?马克思曾经讲过"金银天然不是货币,但货币天然是金银"。如果局限于马克思在金(银)本位时代的这种说法,就无法解释为什么在货币史的原初时期许多民族区域或者国家并不是以金银作为货币,也无法解释金银何以退出货币流通领域。历史上货币的"制服"有过金银,也有过铜、铁、锡、铅等贱金属;在当代,尽管全球视野中货币的名目繁多,如美元、欧元、英镑、日元,但其一概除去了实物商品的胎衣,羽化为形形色色的纸制符号。我们不禁要问:在形制变化中货币不变的内涵(或者本质)是什么?历史上货币形态变化基于商品价值形式的发展,货币本质需要透过商品交换以及货币形态变化予以分析。

一、货币形态变化

(一)货币形态变化的趋势

1. 货币产生于商品交换

货币产生于商品交换，货币形态的变化是对商品生产、交换不断扩大的适应。交换发生的前提是相互交换的商品具有不同的使用价值，两种具有不同使用价值商品交换的数量比率遵循等量价值交换的原则。商品价值由生产商品所花费的社会必要劳动时间决定，但是，商品一旦离开具体的劳动过程而进入交换，用以衡量商品价值的标准是什么？或者，什么是商品价值的表现形式？最初的商品交换是偶然的、个别的，并且以物物交换的方式出现，因而商品价值的表现形式就只能是与之交换的其他商品，即简单或偶然的价值形式。伴随商品生产、交换的发展，商品价值的表现形式经历了由自发到自觉、由偶然到必然的历史过程，渐次出现扩大的价值形式和一般价值形式。在一般价值形式中作为一般等价物的商品实际上发挥着货币的作用，已经是货币形式的雏形，遇到的矛盾是一般等价物具有排他性，担任一般等价物的商品却并不固定，最终出现了货币形式。从交替地充当一般等价物的众多商品中分离出一种比较稳定地起着一般等价物作用的商品，这种特殊商品就是货币。马克思对此已经做了很好的总结。

2. 货币形态变化的一般趋势

货币形态变化的一般趋势是由具有实际使用价值(指可以用于生产或者消费)的一般等价物向没有使用价值的货币形态，即由具有价值的实物形态向不包含价值的货币符号转化①。之所以如此，就在于人们让出商品而持有货币的目的不是消费掉作为货币载体的实际使用价值，而是在观念上认为用货币可以随时购买其他商品，货币仅仅是一种"中介"物。若如此，由实际商品承担货币载体转向符号货币无疑可以便利交易，降低交易成本，这一点被一些货币学者视为货币形态演进发展的主要驱动力。在长期历史发展中货币形态纷乱杂陈，在古代作为货币的有牲畜、盐、茶叶、皮革、酒，在历史博物馆里可以看到用铜、铁、贝壳、银、金等作为货币；到现代则是我们所熟悉的纸币、辅币和存款账户的数字符号。结合一般趋势与大致的历史线索，我们可以将货币分为四种类型做初步分析，即实物货币、代用货币、信用货币、电子货币。其中的电子货币不是独立于信用货币的货币形态，将其列为货币类型加以分析，除了电子货币的流通与支付过程具有一些特点之外，也是为了叙述上的方便。

(二)各种货币形态

1. 实物货币

作为非货币用途的价值与作为货币用途的价值相等的货币被称作实物货币。在人类历史上，作为实物货币的商品呈现出一个很长的序列。但实物货币大多具有体积大、价值小、不易分割为较小单位、携带运送不便的缺点，难以充当理想的交换媒介。许多实物质地不一、

---

① 也有例外，一些地区最早出现的货币具有实物形态但没有使用价值，也谈不上具有价值，原因在于货币形式蕴涵文化、自然禀赋等因素，观念上的崇拜导致赋予某物神圣的光环，使其扮演一般等价物的角色，由之成为货币。不过，这种情况并不影响我们对货币形态发展一般趋势的理解。

容易腐烂和遭受损失，也不适合作为贮藏手段。理想的交换媒介需要具备普遍接受性、价值稳定、价值均质可分、轻便而易于携带等特征。由于在经济史的早期金属尚比较稀有，加之金属一般也具备上述特性，金属货币也就成为具有典型特征的实物货币。在人们可以得到的金属中金银的自然属性更为贴近以上所列举的特征，在一些国家和地区，尤其欧洲大多数国家，金银也就在一定时期被固定地作为货币材料而垄断了货币地位。马克思所指"货币天然是金银"大凡就是这一层意思。各国在一定历史时期究竟用何种金属作为法定货币，既要依据该国的矿产资源情况而定，又受到商品交换的规模、习俗、文化等因素的影响。

2. 代用货币

代用货币是实物货币的替代物。它一般是纸制的据以换取实际金属货币或金属条块的凭证。早期可以兑付金银货币的银行券是代用货币的一种。

代用货币的价值实际上取决于所替代货币的价值。纸制的代用货币被人们普遍接受，从而作为媒介商品流通，是因为它们有十足的金银等贵金属作保证，人们可以自由地用纸制凭证向发行机构兑换成金、银等实物货币。代用货币较之实物货币有如下优点：第一，印刷纸币的成本较铸造金属为低；第二，避免了金铸币在流通中造成的磨损，形成对金铸币的节约；第三，显著降低了运送的成本与风险。

以黄金作为保证或准备的代用货币为什么最终退出了流通领域？原因就在于虽然替代货币可以兑换金银货币，从而增强了货币价值的稳定性和信誉，但是，金银作为自然资源的稀缺性导致金银货币迟早会不适应商品交换规模扩大的需要，这种商品货币关系的内在矛盾在出现代用货币后继续寻求解决途径，在开始是由原来的全额准备方式，即由十足的贵金属作为发行纸币的准备，变为部分准备方式，最终结果是替代货币完全独立于黄金，与黄金彻底脱钩。这样就诞生了现代纸币，代用货币从而成为金银货币向现代纸币过渡的中间环节。1973 年国际货币基金组织(International Monetary Fund，IMF)正式宣布黄金非货币化，标志着在世界范围内的纸币发行彻底从制度上、名义上摆脱黄金的束缚。

3. 信用货币

信用货币是不以任何价值实体为兑换承诺和基础的纸制货币符号。信用货币是货币形态进一步发展的产物，本身的价值远远低于其所代表的价值，目前世界上几乎所有国家都采用这一货币形态。信用货币大量出现的一般历史可以追溯到 20 世纪 30 年代金本位的崩溃，美国等西方国家普遍陷入大萧条、大危机，英国率先放弃金本位，随后其他国家也都停止纸币的可兑换性。

信用货币能否作为被普遍接受的交换媒介取决于人们对其是否有信心，以及货币发行的立法保障，二者缺一不可。例如，当一国发生恶性通货膨胀时，人们往往拒绝接受纸币，产生所谓"币信危机"。另外，如果只有信心，没有立法保障，也会由于缺乏有效的监督管理，造成信用货币在交换使用中的混乱。

信用货币又可以分为以下主要形态：①辅币。其主要功能是用于小额支付或找零，多以贱金属制造，如铜、镍、铝等，我国的辅币主要是以含铝等成分的金属制造。辅币的铸币权在世界各国几乎毫无例外地由政府独占。②现金或纸币，也称为现代纸币。其主要功能是作为人们日常生活用品的购买手段。其发行权或为政府或为金融机构所专有。③银行存款。各类别存款中作为货币执行一般流通手段的主要是银行活期存款。

4. 电子货币

当代商业与金融活动普遍使用以计算机为主要技术支撑和节点的网络系统，大量商品与金融交易的转账结算、资金汇划通过计算机网络构成的支付体系完成。电子货币指计算机或贮值卡所记录、转移的代表一定价值量的电子符号形式的货币。持有贮值卡(信用卡)如同持有现金一样，每次消费支出可以从卡片的存储金额里予以扣除。

电子货币有一系列优点，如储藏、携带与取用方便，通过节约现金而降低铸币成本。所面临的问题是使用电子货币的消费者会遭遇信用卡被盗用的风险，需要寻求对个人资信情况保密的有效手段。在宏观意义上，电子货币导致货币统计以及对货币需求的估算出现困难，整个社会信用卡透支规模的伸缩导致中央银行对货币供给的控制力被削弱。

有人提出电子货币的出现意味着货币消失，但实际情况并非如此。第一，电子货币同现代纸币一样都是脱离价值实体的观念形态的货币，也是一种信用货币；第二，从电子货币实际的使用情况看，办理、发售信用卡的金融机构向客户事先承诺随时以现金方式兑付以"电子货币"借记的客户资金，意味着现金即电子货币的准备金，离开现金，电子货币的流通就难以成立。正因为如此，我们不将电子货币作为独立的信用货币形态看待；第三，从执行职能观察，电子货币部分地扮演着货币职能——记账单位，既没有独立于原有的货币职能，也未完全替代传统的货币形态[1]。

现金会不会像金银货币一样退出流通领域？至少在可以观察的将来，甚至在较长历史时期，在许多穷乡僻壤，还存在大量极为分散的诸如小额消费、行政收费一类的交易，也存在各种灰市、黑市交易，如走私、贩毒、地下金融等，这些均不适于使用电子货币[2]。

二、货币的本质

对货币的本质可以有两种分析思路：第一种是从商品货币关系本身分析；第二种是将货币置于人们的社会关系领域加以观察。

(一)货币是商品交换中的一般等价物

货币在商品交换中发挥一系列功能(交易媒介或者流通手段是其中之一)，能够很好地疏导交换，从而使商品物尽其流，这既是对商品生产、交换扩大的一种适应，又从一定意义上为商品生产、交换的扩大开辟道路。那么，货币具有什么特质使其能够产生这种作用呢？

从货币的起源和货币形态的历史演进过程观察，货币最初具有实物商品的形态，如金和银，但以后的发展证明货币进入流通可以既不依赖于自身的使用价值，也不依赖于其所具有的价值，而是由于货币具有"普遍可接受性"。货币尽管脱离价值实体但仍然充作流通手段，其决定因素主要是国家赋予其法定货币地位，此外，也有习惯、风俗对货币的可接受性认同等[3]。无论实物商品还是价值符号形态的货币，"普遍可接受性"使货币能够与其

---

① McCallum 认为现代科技的进步使纯交换的记账系统成为可能，在这一系统中，"真实"交易的唯一对应物是某种计算机化的记账形式，用以记录财富的转移情况。转引自史密森 J. 货币经济学前沿：论争与反思. 柳永明，王蕾译. 上海：上海财经大学出版社，2004：17.

② 当然，我们不能反推出政府维持现金发行与流通是为了满足地下经济活动的结论。

③ 根据货币国定说(货币名目论的一种代表学说)的观点，货币是国家政权所创造的，其价值由国家法律所规定。只要获得国家法律和行政力量的支持，任何没有价值的东西都可以充当货币。货币国定说的先驱是英国古典经济学家巴本。

他所有商品互换，从而使货币具有其他所有商品不具备的特性，即一般等价物。

在历史上许多国家(并非一切国家)，贵金属，特别是黄金被普遍地选为扮演一般等价物的角色是因为它的物理属性，即不易磨损、便于分割、质地均匀和便于携带。所以，由简单的、偶然的物物交换发展到金银货币形式的过程更多的是一种自然的历史过程。其后逐渐演化，由以金银货币作为准备金的银行券发展到完全脱离价值实体的纸币符号，这是经济活动中人们普遍希望降低交易成本的一种内在的必然过程，但是实现货币符号化的目标却必须依托国家权力的强制，以便将更多资源投入生产与消费环节，而不是继续寻找更多资源充当流通媒介。正如 R. H. 克洛尔所言："货币之所以被普遍接受，不是由于个人的选择，而是由于社会的设计。"[①]将普遍的社会意愿、社会契约关系用法律形式加以定型，通过国家意志予以反映，就构成社会制度。就像目前出现石油短缺一样，假如国家、政府利用自身权力能够做到轻而易举地使用海水、空气替代石油作燃料、润滑剂，驱动马路上的汽车轮子转动起来，政府何乐而不为呢？

(二)货币体现一定的社会生产关系

分析货币本质的第二种思路是从经济的社会基础出发，将商品货币关系置于人们的社会关系领域加以观察。

无论是对"商品"的分析，还是对"货币"的分析，都不能局限于具体的物质意义的商品或者货币，以物质意义的商品与货币为介质产生各种生产、交换关系，它们自身不过是"玩偶"或者"道具"，一旦被赋予社会意义，主使者是幕后或前台的参与者"人"，所以就需要探讨，在将生产、交换真正的主体——人引进来之后，货币体现什么关系[②]。

货币反映商品生产者之间的交换关系。在现代市场体系中商品种类难以计数，每一种商品背后都有许多生产者，从消费使用价值意义而论这些生产者几乎都是为别人生产，从而通过市场交换形成全体生产者、消费者之间的关系网络。社会生产各个环节由货币衔接为一个整体，货币成为价值流动的载体。假如把商品交换引导的价值实现所产生的"价值流动"类比为人的"血液流动"，就存在生产意义的"血缘关系"，也即社会生产关系，包括生产中形成的所有、占有和分配关系，每一种关系都可以用货币符号进行描述，通过货币符号加以体现。

货币体现的社会生产关系属性在劳动力市场上表现得更为清晰，持有货币一方向劳动者支付工资，劳动者出让劳动力的使用权——具体劳动，从而失去"不劳动"的自由，尽管劳动力的所有权仍然属于劳动者，但以支付货币工资为前提导致使用权支配所有权，资本支配劳动，"死人拖住活人"。按照对资本主义的描述，持有货币的一方与劳动者结成了雇佣关系、剥削与被剥削关系或者阶级关系；在一般意义上，双方结成劳资关系，与其他商

---

① 克洛尔 R. H. 货币理论. 英格兰哈蒙斯沃斯公司，1969：14-15。转引自迈耶 M. 银行家. 杨敬年译. 北京：商务印书馆，1994：19.

② 这里仍沿袭国内教材中将"货币是一般等价物""货币体现一定的社会生产关系"同时作为货币的本质，但叙述上有所不同。对于第一点，现有教材实际指处于商品形态的货币，这里将早期商品货币与由之发展的符号货币一同视为"一般等价物"。此外，西方学者以门格尔为发端，认为交易者不断追求降低成本，最终使得单一商品成为本位货币，即"一般等价物"，强调货币是一种商品，被称作"货币金属论"；纳普、凯恩斯持"货币国定论"或者"货币法定论"观点，从国家权力强制的角度解释货币价值，将货币作为一种社会关系。史密森将上述两者作为对立观点看待。参见史密森 J. 货币经济学前沿：论争与反思. 柳永明，王蕾译. 上海：上海财经大学出版社，2004：24.

品与货币进行交换所不同的是这种交换关系不是通过一次交易完成的，而是要持续到解除劳动合同。货币将双方拉到一起之后究竟是形成比较稳定的利益共同体，还是矛盾对立关系占有统治地位，不但与基本的社会形态有关，也与具体社会形态中的基本经济制度的具体内容及企业形式有关。

第二节　货币职能

货币职能指货币在经济活动中的具体用途。马克思在论述商品货币关系时讲到有五种货币职能，即价值尺度、流通手段、贮藏手段、支付手段和世界货币，国内政治经济学与货币银行学教科书基本沿用了马克思的叙述。由于各种货币职能作用于生产交换活动和人们经济生活的不同环节，不同货币职能的历史表现或者存在因果逻辑关系，或者有着大致的发生发展的顺序。马克思实际上认为货币职能是一种不断扩展的过程，不同职能的产生有着严格的次序[①]。所以，不同学者所讨论的货币职能范围并不相同。根据史密森对所谓标准(主流)货币理论的解释，货币职能的逻辑起点应该是交易媒介，为了克服商品交换中满足"需求的双重巧合"的困难，就产生了被作为交易媒介的货币，"从货币作为交易媒介的职能又可衍生出价值贮藏手段职能。任何一种事物，如果不能作为贮藏购买力的工具，也就不可当做交易媒介"，标准货币理论仅关注价值尺度、流通手段和贮藏手段职能[②]；有些学者仅涉及交易媒介与价值贮藏两种职能[③]。国内论者也开始有所改变，如将货币职能归结为价值尺度、流通手段、贮藏手段和支付手段[④]。一般而论，支付手段与世界货币分别是货币价值尺度、流通手段、贮藏手段三种职能在时间和空间上的延伸。价值尺度、流通手段是货币最根本的职能，随着社会财富不断积累，贮藏手段则日益占有重要地位。所以，我们仅就三种货币职能加以介绍。

一、价值尺度

价值尺度指用某物作为一般等价物表现和衡量商品的价值。如果使用货币表现和衡量商品价值，货币就执行着价值尺度的职能。货币执行价值尺度职能时，人们可以在观念形态上用货币衡量商品的价值，并不需要现实货币的存在。商品价值的货币表现就是价格。各种商品价值量不同，用货币表现的价格也不同。为了便于比较，就需要规定一个货币计量单位，称为价格标准，如我国用人民币"元"作为计量单位表示价格。

物物交换条件下缺少一个可以衡量商品价值的共同的单位，或者说价值尺度。在物物交换的情形下，一个商品的价值是通过它所能交换到的商品数量来相对地表示出来，在这

---

① 伊藤M，拉帕维查斯C. 货币金融政治经济学. 孙刚，戴淑艳译. 北京：经济科学出版社，2001：52.

② 史密森J. 货币经济学前沿：论争与反思. 上海：上海财经大学出版社，2004：15-17. 其中与价值尺度、流通手段和贮藏手段相近(或相同)的说法是记账单位、交易媒介和价值贮藏.

③ 伯顿M，隆贝拉R. 货币银行学——金融体系与经济. 陈雨露，水润东，辛呈凤，等译. 北京：经济科学出版社，2004：25-26. 但作者将支付手段(means of payment)与交易媒介(medium of exchange)手段等同，隐含意义是否定支付手段作为一种独立的货币职能.

④ 王松奇. 金融学. 北京：中国金融出版社，2000：15-22. 作者认为世界货币职能仅在金本位条件下成立.

种情况下，一件商品的价值不能够用一个共同的商品和固定的单位来表现与衡量，而是必须用市场上许多商品来表示。物物交换也要遵循等价交换原则，但物物交换本身却成为等价交换的障碍。假如有三种商品，一个交易者用 A 商品交换 B 商品，他怎样权衡 A、B 两种商品的交换比例是否体现等价原则，或者他心目中没有"等价"概念但朦胧中觉得要"划算"，就会分别观察市场中 A 与 C 以及 B 与 C 的交换比例，由之换算出按照市场上神秘的"看不见的手"所确定的 A 商品交换 B 商品的合理比例。显然，如果一个人想在市场上交换多种商品，那么他就必须记住多种不同商品之间的交换比例，并且要经过许多复杂的、需要耐心的换算，才能确定他所要交换的商品的数量。当有 N 种商品时两两商品交换的信息总计有

$$Q_1 = \frac{1}{2}n(n-1) \tag{1-1}$$

不仅如此，商品交换价值具有"记忆"特征，由于大多数商品的价值在一定时期具有相对稳定性，目前集市中商品两两之间交换的比率对以前已经发生的交换比率有一定依存性，由于信息流动性低以及交易双方收集信息的困难，他们仅仅掌握偌大市场中"记忆"信息的不同部分，在商品集合 N 中双方虽然恰好持有各自愿意交换的商品 i 和 j，但对 i 和 j 合理的交换比率的判断可能不一致，从而使交换无法实现[1]。引入货币作为价值尺度，对于 N 种商品（不包括货币）人们需要掌握的交换信息数量锐减为 n[2]。

引入货币作为共同价值尺度简化了信息种类，起到精炼信息和提高信息流动性的作用，增强了交易者复制信息的能力，减少了处理信息的成本，从而也有利于促进商品交换，降低商品交换比率偏离价值的概率，最终能够提高市场效率。

货币作为价值尺度并不是通过看得见、摸得着的"价值"直接度量商品价值，而是通过价格辗转间接地表现和揭示出商品的价值。不像对某一实物的度量，分别用计量长度的单位米、尺、寸等，计量重量的单位吨、千克、克等，以及计量体积的单位升、毫升等，计量出的长度、重量、体积的结果是比较稳定的。即使商品的价值不变，用货币作为价值尺度所衡量的商品的价格容易变动，也即货币自身的价值或者说购买力容易变动。货币购买力是一个有些抽象的概念，是许许多多商品和劳务的平均价格水平的倒数，用其可以综合地衡量货币所代表的价值量的变化[3]。

实际中的价格变化有两种情况：其一，货币相对商品增加过快，单位货币代表价值量下降，价格上升；其二，货币增加落后于商品生产扩大，价格水平下降，单位货币代表价值量增加。由于各种技术变化和市场供求短期波动，以及货币当局、金融机构货币信贷伸缩没有完全的定规，价格水平在一定范围变化是必然的、正常的。价格变动若超出一定范

---

[1]　与货币经济比较，由于一方或者双方判断错误，每一次具体交换不遵循等价原则的情况更可能发生。

[2]　事实上，消费者在相对价格稳定条件下购买的商品组合也比较稳定，每日进入集市关心的主要是有限种商品的历史价格和目前价格，只有当相对价格变化明显时，才需要比较更多商品（最大为 N）价格后调整准备拥有的商品组合。

[3]　在弗里德曼的货币需求理论中将 $\frac{M}{P}$ 作为实际货币余额，其中，$\frac{1}{P}$ 为货币购买力，即单位货币所能购买的综合商品数量，M 为名义货币余额，$\frac{M}{P}$ 即 M 所能购买的综合商品总量。

围就会引起消极的经济后果。

二、流通手段

流通手段职能又称交易媒介职能，指货币在商品交换过程中发挥媒介作用，疏导和加快商品流通、交换。与货币作为价值尺度不同的是，货币作为流通手段必须是现实的货币，即要求一手交钱一手交货。

伯顿与隆贝拉继承了门格尔的货币起源分析方法，将货币的产生看做一种自然的历史过程，由于物物交换导致的交易成本产生货币，货币发展又促进了专业化分工和经济发展[①]，即存在以下关系图式：物物交换附加的交易成本→货币的产生→交换（贸易）扩展→劳动专业化和分工细密化程度加深→经济规模扩大和产出扩张。

在介绍价值尺度时我们指出，在没有货币条件下交易者产生收集、复制和处理信息的成本问题，其潜在前提是互相需要对方商品的交易双方碰巧相遇，问题仅仅是如何确定两种商品的交换比率。但实际上，在物物交换状态下双方要达成交易必须具备两个条件：第一，双方都需要对方的产品；第二，双方持有商品数量按价值衡量恰好能全部交换完结。例如，甲、乙双方分别持有 A、B 两种商品，单位 A 商品的价值是单位 B 商品价值的 2 倍，这时乙持有 B 商品的单位数恰好是甲持有 A 商品单位数的 2 倍，双方在一次交易中即可实现"市场出清"。或者，乙（甲）持有的 B（A）商品实际上分布在 n 个交易者手里，甲（乙）与 n 个交易者恰好相遇而完成交易（不考虑商品的不可分性）。这种情况只有生产的分工简单、商品种类很少，在预见性强的小范围市场中才可能发生，如一个铁匠用自己打造的镰刀交换周围几个村庄农户生产的粮食。在商品种类很多、跨越地区的市场中上述被称为"需求双重巧合"的情况就纯属偶然。

由于不能够满足"需求双重巧合"，那么，交易者怎样实现合目的的交换？为了说明这一问题，我们举一个船员的例子：一名船员工作服破了，轮船停靠码头时他提了几尾鱼上岸，到就近集市交换针线以缝补衣服，但是有针线的人想交换粮食，他又找到有粮食的人，对方却希望用粮食交换布，他只好找到出让布的交易者。还好，他终于用鱼换到了布，然后用布换粮食，再用粮食换到针线。如果设想轮船停靠码头时间很有限，这位船员要么继续穿着破衣服工作，要么由于在集市中辗转交换而误了船程。假如船员持有大家普遍认可并愿意接受的货币，情况就不一样了，他只需用货币购买针线就完成了交换。

在上述例子中我们还可以设想，船员分别与布、粮食持有者的交易对他自身实际上是没有意义的，但对于整个市场来说，如果船员恰好工作服没有破，或者工作服破了却没有提着鱼上岸以换取针线，当日集市中与鱼等价的一定量的粮食、布、针线也都一概无法完成交易。市场交换规模也从而缩小。

我们由以上可以得出结论：货币作为流通手段节约了两种交易成本，即信息成本与搜寻成本。货币使得商品交换中"需求双重巧合"的先决条件不再成为必须，从而克服了物物交换经济中各种各样的低效率。

---

① 伯顿 M，隆贝拉 R. 货币银行学——金融体系与经济 . 陈雨露，水润东，辛呈凤，等译 . 北京：经济科学出版社，2004：27.

三、贮藏手段

当人们将货币作为贮藏财富的一种形式时，货币即承担着贮藏手段职能。

货币作为流通手段的职能必然衍生出贮藏手段职能。出售商品的交易者未必马上将得到的货币购买其所需商品，而是持有一段时间等待自身产生消费的需要或者更为有利的时机购买。经济中有许多比货币具有更高收益的价值贮藏手段，如有价证券、不动产等，由此看来货币不具有最好的价值贮藏手段职能，但是货币为什么更为频繁地作为价值贮藏的工具？凯恩斯和希克斯的解释是货币具有"流动性"，实际上就是指货币可以随时与其他所有商品互换，货币持有者事实上是一般购买力的持有者。史密森认为"任何一种事物，如果不能作为贮藏购买力的工具，也就不能被当做交换中介"，但事实上也可能恰好相反，货币作为价值贮藏手段的前提是其普遍被当做流通手段的工具①。

社会剩余的增加使大量货币贮藏成为可能。伴随商品生产发展和经济规模扩大的需要，货币贮藏手段的职能成为商品生产本身得以顺利进行的必要条件。例如，扩大再生产需要资本积累，货币成为实现资本积累的最佳载体，这样不仅减少了实际资本品的储备成本，还使资本积累远远超出单个资本的局限。此外，商品生产者为了满足日常生产中收入与支出现金流很难在时间形态上完好衔接的矛盾，就需要一定规模的货币贮藏作为流动资金。

货币贮藏还能够起到调节货币流通量的作用，使经济体系中实际的流通货币数量在一定范围较好地满足对流通货币的需要量。由于流通中的商品量、商品价格及货币的流通速度是经常变动的，这必然引起流通中所需的货币量也不断增加或减少，货币当局对货币流通状况的预见及对货币数量的调控又不能做到完全及时和准确无误，这就需要贮藏货币作为调节货币流通量的必要手段。当商品流通需要的货币量较以前为少时，一部分货币就离开流通领域转入贮藏。反之，贮藏中的货币就进入流通。货币贮藏成为流通货币的"蓄水池"，使货币流通更好地适应商品流通的需要。贮藏货币与流通货币之间的转移同样可以看做货币流通手段与贮藏手段两种职能的相互替代，在实际中反映为货币存量不变或者变化很小情况下货币流通速度的变化。但是也应该看到，由金银铸币逐渐过渡到现代纸币制度，同一笔货币的职能变换使货币现象更加复杂，有些具体的货币形态或种类，人们很难判断它是处在流通手段职能还是贮藏手段职能的货币，如通知存款。再者，经济发达程度提高、人们财富积累规模增加会引起更多的货币作为贮藏手段被人们保有，不可预见的处于贮藏手段的货币向流通手段转移的规模也大为增加，积极效果是增加了经济系统的自适应能力，但也给货币当局的金融调控能力带来一定冲击②。

第三节 货币制度

一、货币制度的构成要素

货币制度又称币制，是一国政府以法律形式确定的货币流通结构和组织形式。货币制

---

① 史密森 J. 货币经济学前沿：论争与反思. 柳永明，王蕾译. 上海：上海财经大学出版社，2004：18.
② 对此可参见本书货币需求、货币供给与货币均衡两章的具体分析。

度伴随人类社会生产关系和交换关系的发展而发展，是一种以国家强力为后盾的契约安排。最早的货币制度出现在国家统一的铸币流通时期。典型的货币制度包括货币材料与货币单位，通货的铸造、发行与流通，货币发行的准备制度等内容。

(一)货币材料与货币单位

货币制度的基础条件之一是要有确定的货币材料。确定用什么金属作为货币材料就成为建立货币制度的首要步骤，世界上许多国家曾经长期以金属作为货币材料。具体选择什么金属作为货币材料受到客观经济发展条件以及资源禀赋的制约。历史上曾经首先以白银作为货币金属，随着黄金的大量开采逐渐过渡到金银并用，黄金最终几乎独占了货币材料的地位。现代各国货币都是信用货币，选择货币材料考虑更多的是技术意义而不是经济意义。所谓经济意义，如金属货币条件下需要考虑所选择货币材料价值的稳定性，技术意义指如何防伪等。严格说来，现代纸币的"纸质"材料与传统意义上具有实际价值的货币材料比较很难算做货币材料。

货币单位也是货币制度的构成要素之一，在具体的政权背景下，货币单位表现为国家规定的货币名称。在货币金属条件下，需要确定货币单位名称和每一货币单位所包含的货币金属量。例如，我国秦代统一铸币制度，以法律形式规定货币材料和货币单位，"以秦法同天下之法，以秦币同天下之币"，规定黄金为上币，半两钱(即秦半两)为下币。黄金单位为镒，每镒20两，用于大额支付和赏赐；半两钱单位为两(一两等于24铢，半两即12铢)，用于日常交易。北洋政府在1914年颁布的《国币条例》中规定，货币单位定名为"圆"，壹圆含纯银6钱4分8厘(合23.977克)。美国的货币单位为"美元"，根据1934年1月的法令规定，1美元含纯金13.714格令(合0.888 671克)。规定了货币单位及其等分，就有了统一的价格标准，从而使货币更准确地发挥计价流通的作用。

(二)通货的铸造、发行与流通

进入流通领域的货币(通货)可以区分为本位币和辅币。本位币是按照国家规定的货币单位铸成的铸币，亦称主币。辅币是主币以下的小额通货，供日常零星交易与找零之用。秦代的黄金货币与半两钱即相当于本位币与辅币，目前人民币"元"为本位币，"角""分"为辅币。

通货的铸造是指本位币与辅币的铸造。在金属货币本位条件下，国家对货币统一铸造和允许私人铸造这两种情形都存在过。我国秦朝即是由国家垄断货币铸造和发行权，西方许多国家在金本位时代都允许金银货币自由铸造和自由熔化。本位币的面值与实际金属价值是一致的，是足值货币，国家规定本位币具有无限法偿能力，即在贸易支付或者清偿债务过程中不论支付额多大，出售者和债权人都不得拒绝接受。允许本位币可以自由铸造和熔化的国家，对于流通中磨损超过重量公差的本位币，不准投入流通使用，但可以向政府指定的机构兑换新币，即超差兑换。本位币的这种自由铸造、自行熔化和超差兑换，能使铸币价值与铸币所包含的金属价值保持一致，保证流通中的铸币量自发地适应流通对于铸币的客观需要量。

辅币一般用贱金属铸造，其所包含的实际价值低于名义价值，但国家以法令形式规定在一定限额内。秦代的半两钱所用材料就是贱金属铁。辅币仅具有限法偿性，但可以与主币自由兑换。辅币不能自由铸造，只准国家铸造，其铸币收入是国家财政收入的重要来源。在当代纸币条件下，辅币与贱金属铸造的主币经常标示国家名称或者可以体现国家权威，但与历史上金属货币体系中将主币与辅币铸造发行权分别授予不同部门比较，更多的是具有象征意义。

银行券和纸币是贵金属储量以及相应的金银货币不能满足商品经济发展扩大的需要而出现的产物。银行券是由银行发行、以商业信用为基础的信用货币。适应商品交换中信用交易的需要产生了商业票据，持票人因急需现金到银行要求贴现，银行就付给他们银行券，银行券即通过银行放款的程序投入流通。早期银行券流通的前提和背景是持券人可随时向发行银行兑换金属货币。经历 1929～1933 年世界范围的经济危机之后，西方各国中央银行发行的银行券停止兑现，其流通已不再依靠银行信用，而是依靠国家政权的强制力量，从而使银行券转化为纸币。

(三)准备金制度

准备金制度有两种情况：一种是在金属货币与银行券同时流通条件下，为了避免银行券过多发行，保证银行券信誉，发行机构按照银行券的实际规模保持一定数量的黄金；另一种情况是纸币流通条件下，发行纸币的金融机构(中央银行或者商业银行)维持一定规模的黄金。发行货币机构按照一定要求与规则持有黄金就是黄金储备制度，它是货币制度的一项重要内容，也是一国货币稳定的基础。多数国家的黄金储备都集中由中央银行或国家财政部管理。在金属货币流通的条件下，黄金储备主要有三项用途：第一，作为国际支付手段的准备金，也就是作为世界货币的准备金；第二，作为时而扩大时而收缩的国内金属流通的准备金；第三，作为支付存款和兑换银行券的准备金。在当代世界各国已无金属货币流通的情况下，纸币不再兑换黄金，黄金准备的后两项用途已经消失，但黄金作为国际支付的准备金这一作用仍继续存在，各国也都储备一定量的黄金作为准备。

各国中央银行为了保证有充足的国际支付手段，除了持有黄金之外，还可以选择储备外汇资产，具体选择何种外汇资产，既取决于该外汇资产所对应的外国货币作为国际支付手段的可接受性，也要考虑国际金融市场上的汇率变动以及各种不确定性因素。由于面临汇率风险，中央银行外汇储备应考虑持有适当的外汇资产组合而不是单一外汇资产。

二、货币制度的演进

历史上至今曾经出现过的货币制度可以分为两类，即金本位与纸币本位。前者指以贵金属作为本位货币；纸币本位又称信用货币本位或不兑现本位，现代纸币已经脱离有价值的商品实体，成为一种价值符号。对金本位还可以做进一步划分，下面依次对金本位、银本位、复本位和纸币本位四种货币制度加以介绍。

(一)金本位制

金本位制是指以黄金作为本位货币的货币制度。其主要形式有金币本位制、金块本位制和金汇兑本位制。

1. 金币本位制

金币本位制是以黄金为货币金属的一种典型的金本位制。其主要特点有：金币可以自由铸造、自由熔化；流通中的辅币和价值符号(如银行券)可以自由兑换金币；黄金可以自由输出输入。在实行金本位制的国家之间，根据两国货币的黄金含量计算汇率，称为金平价。英国于 1816 年 5 月最早实行金币本位制，之后欧洲其他国家纷纷效仿，其后美国于 1900 年实行金币本位制。到 20 世纪初，西方主要资本主义国家大多实行了金币本位制，从历史上看，金币本位制对于各国商品经济的发展、世界市场的统一都起到了重大的推动作用，其机制在于金本位具有内在的自动调节功能。随着资本主义经济迅速发展和世界贸易的扩展，由商品交换所产生的对黄金的需求也日益增加，但黄金的开采却不可能相应地快速增长，使黄金货币的供给无法满足商品生产和交换的需求，最终导致金币本位制的解体。以后相继出现金块本位制和金汇兑本位制，在有限范围克服了金币本位制的困难。

2. 金块本位制

金块本位制是指由中央银行发行、以金块为准备的纸币流通的货币制度。它与金币本位制的区别在于：其一，金块本位制以纸币或银行券作为流通货币，不再铸造、流通金币，但规定纸币或银行券的含金量，纸币或银行券可以兑换为黄金；其二，规定政府集中黄金储备，允许居民在持有本位币的含金量达到一定数额后兑换金块。英国 1925 年规定银行券一次至少兑换 400 盎司的金块，大多数人持有银行券数量达不到这样高的限额。从一定意义上判断，金块本位制条件下官方黄金储备实际上保护的是富人利益。英国、法国、荷兰、比利时等国在 1924～1928 年实行了金块本位制。

3. 金汇兑本位制

金汇兑本位制是指以银行券为流通货币，通过外汇间接兑换黄金的货币制度。金汇兑本位制与金块本位制的相同处在于规定货币单位的含金量，国内流通银行券，没有铸币流通。但规定银行券可以换取外汇，不能兑换黄金。本国中央银行将黄金与外汇存于另一个实行金本位制的国家，允许以外汇间接兑换黄金，并规定本国货币与该国货币的法定比率，从而稳定本币币值。实行金汇兑本位制的国家主要是一些小国，由于本国货币对一些经济实力雄厚国家货币的附庸地位，从而经济政策和政治往往依附于与之挂钩的国家，外国经济动荡或者货币相对黄金贬值会影响到本国经济。

由于金块本位制和金汇兑本位制都不存在金币流通，也就自然丧失货币的自动调节功能，币值自动保持相对稳定的机制不复存在。在 1929～1933 年的世界性资本主义经济危机后，金本位制被不兑现的信用货币制度代替。

第二次世界大战以后，在美英等四十多个国家之间曾广泛地实行一种类似金汇兑本位制的货币制度，被称为布雷顿森林体制。这种制度是在战后美国拥有世界大部分黄金储量，并且在国际经济关系中取得支配地位的背景下建立的。具体安排是美国实行一种条件更为苛刻的金块本位，即国内不流通金币，也不允许居民兑换与持有黄金，但允许持有美元债权的外国政府按重新规定的美元含金量兑换黄金。各国政府将本币与美元挂钩制定兑换比率，这样使各国货币与黄金间接挂钩。在这种国际货币制度安排中，美元相对于其他成员国的货币处在等价于黄金的关键地位。所以，这种制度又称为以美元为中心的国际货币制度。由于世界贸易对美元需求增长，但美国中央银行黄金需求不足，美国黄金市场价格飙升导致黄金的双重价格，到 1971 年，美国在大量美元兑换黄金的压力下只得宣布关闭黄金窗口，布雷顿森林体制最终崩溃。不同国家货币与美元、黄金"双挂钩"的布雷顿森林国际货币体制运行了二十多年，对欧洲战后重建与稳定国际贸易起到过广泛而积极的影响，却不能够避免各种金本位制归于终结的命运，其根本原因在于美国有限的黄金储备与美元作为准世界货币近乎无限扩张的内在矛盾。

(二)银本位制

银本位制是指以白银为本位货币的一种货币制度。在货币制度的演变过程中银本位的历史要早于金本位。银本位制的运行原理类似于金本位制，主要不同点在于以白银作为本位币币材。银币具有无限法偿能力，其名义价值与实际含有的白银价值一致。银本位分为银两本位与银币本位。在银本位制盛行的时代，大多数国家实行银币本位，只有少数国家实行银两本位。

中国在清代到民国时期曾经实行银本位。其时白银与铜钱并行流通，以白银为主，银钱并用，大额交易用白银，小额交易用铜钱。1910年，中国宣布实行银本位制，但实质上是银圆与银两混用，直到1933年废两改圆，才实行了银圆流通。从清朝初年到20世纪30年代，白银一直是中国经济社会中货币的主体，铜钱居于次要地位，铜钱事实上起着辅币的作用。不过，铜和银作为流通手段具有同等效力，由于零星、小额交易居多，老百姓在日常生活中习惯使用铜钱。通常人们手里仅保留一些小块银锭或散碎银两，一方面作为储存货币，另一方面以备与官方打交道所需。在实际生活中，若老百姓手里的铜钱不足，再将这些银两到钱铺或商店换成铜钱，用来应付日常的开支和进行各种零星支付。上述情况说明铜钱与老百姓日常生活的关系更为密切，这就必然导致铜钱价值(价格)波动对一般平民生活产生直接影响。由于大量的铜钱私铸私销活动给社会的货币流通造成很大冲击，清政府曾经下令禁止熔化铜钱，减少铜钱中铜的含量。为制止私销铜钱铸造铜器而牟利，避免流通中铜钱减少的问题，雍正时期甚至曾下令禁用铜器[①]。

银本位制从16世纪以后开始盛行，但作为一种独立的货币制度存在于一些国家的时间并不长，且实行的范围也不广。其主要原因是银价的不稳定性。由于银的矿藏分布较金多而广，开采成本较低，随着技术的改革，其产量变动很大，形成了对货币流通的冲击。

(三)复本位制

复本位制指一国同时规定金和银为本位币。在复本位制下金与银都如同在金本位制或银本位制下一样，可以自由买卖，自由铸造与熔化，自由输出输入。

复本位制表面看来似乎能够使本位货币金属有更充足的来源，使货币数量更好地满足商品生产与交换不断扩大的需要，但实际上却是一种具有内在不稳定性的货币制度。

在银和金同为本位货币的情况下，一国要为金银之间规定价值比率，并按照这一比率无限制地自由买卖金银，金币和银币可以同时流通。但从各国实行复本位的实际来说，复本位制下金币与银币并不能并行流通，而是在某一时期通行的是金本位，另一时期则是银本位。尽管国家规定金和银两种货币的兑换比率，并按此比率允许金与银之间自由兑换，但是金和银由于供求关系、开采与冶炼技术发生变化及资源禀赋等因素，市场价值会随之

---

① 肖琇文. 从雍正币制改革看前清货币制度的特点. 社会科学，2009，9：71，77-80. 一些学者将实行银本位与经济实力落后相联系，其中包括中国的情况。根据弗兰克的分析，1500年以后欧洲人渴望消费中国手工业品、加工后农产品与丝、茶、陶瓷等，但是没有任何可以向中国出售的手工业品和农产品；中国在商业扩张中则对白银有着无限渴求，结果导致16世纪和18世纪大量白银流入中国，中国也有能力吸收大量白银以扩大手工业和农业，从而避免通货膨胀。若如此，中国清代实行银本位则有可能是前期经济实力增强和白银业已大量流通的历史延续。参见弗兰克 A G. 白银资本——重视经济全球化中的东方. 刘北成译. 北京：中央编译出版社，2000：13.

变动，这种金属货币本身价值的变动与两者兑换比率相对保持不变导致出现"劣币驱逐良币"的现象，即金银两种金属中市场价值高于官方确定比价的不断被人们收藏，金银两者中的"贵"金属最终会退出流通，使复本位制无法实现。例如，若金和银的兑换比率是1：15，当银由于开采成本降低而价值降低时，如银与金的市场价值为1：20，人们就按官定比率1：15用银兑换金，将金贮藏，最后使银充斥于货币流通。如果相反，即银的价值上升而金的价值降低，人们就会用金按上述比例兑换银，将银贮藏，流通中就会只有金币。这一现象被称为"格雷欣法则"。"劣币驱逐良币"的根本原因在于金银复本位与货币作为一般等价物具有排他性、独占性的矛盾。

(四)纸币本位制

目前各国均实行纸币本位。将纸币本位又称作信用本位制，概由于从国家法律而论，纸币已经无须以金属货币作为发行准备。如前所述，全球不同国家纷纷放弃金属本位转而推行纸币制度，直接契机是20世纪30年代的经济与货币危机。

纸币制度的主要特征是在流通中执行货币职能的是纸币和银行存款。有些国家尽管规定货币的含金量，也仅仅是名义的，并不能按此单位自由兑换金，多数国家已经不规定纸币代表的金量。采行纸币制度的国家虽然仍保持一定的黄金储备，但并不以此作为货币发行的准备，而是主要作为国际间的一般支付手段的准备。黄金也并不起事实上的支付手段作用，而是当国际收支出现困难时，将黄金作为一种特殊商品在黄金市场上抛售，以换取需要对某一国支付的货币。

现代纸币制度给政府通过调节货币数量影响经济活动创造了条件。在纸币本位制度下，一国的货币供应量不像金本位制下那样取决于该国的金属贮量，而是取决于政府对经济发展和其他因素的判断而制定的货币政策。根据"分权制衡原则"，有些国家或者地区的货币发行权独立于政府；也可另设一个专门的政府机构行使货币发行权，如各国的中央银行或其他名称的机构。各不同国家赋予中央银行的权力大小不尽一致，决定了中央银行发行货币、管理国家金融事务的独立性有别，如美国联邦储备系统较其他国家中央银行拥有更多货币政策的自决权。但实际上，各国的货币发行都要受政府的控制，仅有程度上的不同罢了。

纸币制度自实行之日起就存在着不同的争论。一些人担心政府会滥用发行货币的职能，造成通货膨胀。这种担心并非没有道理，在纸币发行制度中货币创造过程轻而易举，成本费用微不足道，政府或者为了盲目追求经济高速增长，或者为了政党政治利益甚至特殊集团的私利，往往会以扩张货币发行作为最便捷手段。主张恢复金本位的人认为只有使货币能兑换为金，才能从物质基础上限制政府的草率行为，促使政府谨慎行事。赞同纸币本位制的人则认为，在当今的经济社会中，货币供应量的变化对经济的影响十分广泛，政府通过改变货币供应量以实现预定的经济目标，已经成为经济政策的不可或缺的组成部分。一些经济学家坚决主张废除金本位，甚至从感情上表达了对这种制度的愤慨，凯恩斯早在20世纪20年代就把金本位看成是"野蛮的痕迹"，美国的特里芬教授则认为，把天涯海角的黄金从地里挖出来，仅仅是为了立即运送并把它重新埋在别的深洞里，这是对人力资源的愚蠢的浪费。

事实上，金本位制条件下黄金自动调节货币流通，并且保持货币稳定的功能已经难以再现，黄金矿藏与生产的稀缺性、货币作为流通手段向价值符号转化以节约交易成本的趋势，以及提高支付机制效率对货币形态的内在要求等，都使得金本位不适于已经高度专业化的经济社会。历史上金本位的崩溃和当代电子货币的出现均说明了这一判断。

不过，值得注意的是纸币制度的确有双刃性，除了滥发纸币酿成通货膨胀之外，货币当局对经济形势研判有误也会造成通货紧缩而引起经济衰退和萧条。弗里德曼就将美国20世纪30年代的危机归咎于美国联邦储备系统不适当紧缩货币。

三、中国的货币制度

我国在新中国成立前即已经发行人民币，新中国成立以后在全国范围通过"收兑"废除国民党统治时期的货币，确立人民币作为法定货币的地位。1997年、1999年香港、澳门相继回归祖国，根据"一国两制"这一具有划时代意义的特殊制度安排，港、澳地区继续实行资本主义经济制度，相应地，人民币和港币、澳元分别在祖国内地和港、澳地区流通。为了完整地把握中国货币制度，除了介绍人民币制度之外，对"一国两制"条件下港、澳地区特殊的货币制度安排有必要加以了解。人民币制度与港、澳地区的特殊货币制度都应该被作为中国货币制度的内容看待。

(一)中国的人民币制度

中国人民币制度的建立是以1948年12月1日发行人民币为标志的。当时，由于中国大陆还没有获得彻底解放，国民党政府发行的货币和中国共产党领导的各解放区的各种货币同时流通。广东由于毗邻香港，港粤之间具有密切的人员与经济往来，所以港币在广州地区货币流通领域占有主导地位。

为了统一货币，新中国成立前后推行了一系列货币改革措施。对于国民党政府发行的法币、金圆券和银圆券采取按某一比价迅速收兑(以旧币换新币)的方针。与此同时，对原解放区政府发行的货币，如"西北农民银行币""北海银行币""中州农民银行币""华中银行币""东北银行币""关东银行币""内蒙银行币""长城银行币""晋察冀边区银行币""辽东银行币"等也采取了逐步收兑、逐步统一的措施，将广东地区流行的港币及金银外币等排斥出流通领域。通过上述措施，实现了当时提出的建立起人民的、统一的、独立自主的新货币制度——人民币制度的目标。

人民币制度是一种不兑现的银行券制度。人民币既不与金银挂钩，也不依附于任何一种外国货币。在发行之初，最小面额的人民币是50元券和100元券，大面额的是5万元券，随着国民经济恢复时期对严重通货膨胀的有效治理和经济形势的好转，中国人民银行于1955年3月1日发行新版人民币，按1：10 000的比例对旧版人民币进行了无限制、无差别的收兑，并建立起相应的辅币制度。

在改革开放过程中，尽管在不同的时期和阶段出现过较严重的通货膨胀，但中国的人民币制度具有相当稳定的经济基础和社会基础，在与中国接壤的一些国家中，中国的人民币已逐渐被当做"硬通货"使用。

经过改革开放30多年的发展，中国已经成为全球第二大经济体、全球最大贸易国(最大进出口国)和世界最大外汇储备国，在2007年美国次贷危机演变为全球金融危机背景下，我国与韩国于2008年12月签订货币互换协议。截至2015年4月22日，中国人民银行已经与 30 个国家和地区签订了货币互换协议,货币互换总额度达到 31 102 元人民币①。伦敦、法兰克福、卢森堡、巴黎和苏黎世等全球重要金融中心都在积极建设人民币离岸中心,近三年,上述国际金融中心的人民币离岸交易量不断上升。人民币境外结算规模不断增加,不同国家和地区官方对人民币的接受程度不断提高。可以预期,在人民币国际化水平迅速上升的背景下,人民币必将成为重要的国际货币,人民币国际信誉提高也将有利于我国参与国际经济合作,有利于运用国际和国内两种空间发展本国经济,有利于作为发展中大国参与全球规则的制定。

(二)"一国两制"条件下的地区性货币制度

实现"一国两制"是中华民族智慧的结晶,是在全世界范围内解决国家、民族历史遗留问题并实现统一的伟大创举。伴随香港、澳门回归祖国和实现"一国两制",我国出现了人民币、港币、澳元"一国三币"的特有历史现象。但是,这种情况很不同于 20 世纪 80 年代在深圳特区曾经出现的人民币与港币"双币流通"的情况,也不同于新中国成立前国内不同区域使用不同货币和同一区域流通多种货币的情况。

前已述及,"劣币驱逐良币"规律是由于金银复本位制与货币作为一般等价物具有排他性、独占性之间的矛盾。在纸币本位制下,如果在同一市场上出现两种以上纸币流通,而当这两种纸币的法定比价和实际比价发生背离时,同样会产生货币的排他和独占现象。不过,由于纸币本身只是一种价值符号,其排他和独占现象与金本位货币恰好相反,不再是实际价值低的货币排斥实际价值高的货币,而会出现实际价值高的货币排斥实际价值低的货币的"良币驱逐劣币"现象②。例如,20 世纪 80 年代,深圳、广州等城市人民币与港币同时流通,在一些专业市场上商人甚至不接受人民币,实际原因是按照当时制定的固定汇率,人民币相对于港币估值过高,如果按市场供求关系确定汇率,港币应该升值。商人更愿意接受港币,一方面是因为人民币不能按照官方汇率自由兑换为港币,持续从事港、粤之间的贸易就必须在隐蔽的港币—人民币交易市场以高于官方的汇率用人民币兑换港币;另一方面是由于预期人民币对港币将贬值,人们倾向于贮藏港币。

那么,"一国三币"的情况会不会导致出现"良币驱逐劣币"的现象?究其根本,"一国三币"是与"一国两制"联系的特定历史条件下的货币现象,它不是三种货币在同一个市场上流通,所以不会产生"良币驱逐劣币"现象。

根据《中华人民共和国中国人民银行法》第 3 章第 15 条的规定和 2000 年 2 月颁布的《中华人民共和国人民币管理条例》第 3 条的规定,中华人民共和国的法定货币是人民币。以人民币支付中华人民共和国境内的一切公共和私人的债务,任何单位和个人不得拒收。香港、澳门虽然已经回归祖国,但是,根据《中华人民共和国香港特别行政区基本法》和《中华人民共和国澳门特别行政区基本法》,港币和澳元分别是香港特别行政区和澳门特别

---

① 根据中国人民银行网站数据统计。

② 可以想象,如果金银复本位条件下实际价值低的货币不能顺利地按照官方固定比价兑换为实际价值高的货币,或者人们预期未来将出现兑换困难(肯定会如此),在市场中人们照样会以某种方式拒绝接受实际价值低的货币,而贮藏实际价值高的货币。在纸币条件下人们如果预期一种货币将升值,既愿意在交易中接受这种货币,又倾向于贮藏这种货币。若如此,无论金银本位还是纸币条件下的"双币流通",出现的将都是"良币驱逐劣币"。但处在流通领域中的良币也越来越"稀薄",难以适当地媒介商品流通,所以,金银复本位与"双币流通"都是不稳定的,不利于商品流通。

行政区的法定货币。人民币和港币、澳元的关系，是在一个国家的不同社会经济制度区域内流通的三种货币，它们所隶属的货币管理当局各按自己的货币管理方法发行和管理货币。

第四节　货币体系中的信用

一、信用与信用经济

(一)什么是信用

信用是与商品货币关系联系的经济范畴，起源于商品赊购赊销，商品赊购赊销、货币借贷均可以看做信用活动。

为了理解信用概念，我们不妨列举不同教科书中对信用的定义。

(1)信用是一种借贷行为，在商品经济条件下，这种借贷行为一般表现为以偿还为条件的商品或货币的让渡形式，并且由于商品或货币的所有者暂时转让出其对商品或货币的使用权，承借者因此要付给出借者一定利息作为补偿。所以，信用是一种特殊的价值运动形式，是以偿还和付息为条件的单方面的价值转移。

(2)经济范畴中的信用主要指借贷活动，以收回为条件的付出，或以归还为义务的取得是其特征。

(3)信用是价值运动的一种特殊形式。其形式的特点是：贷者将货币借给借者，约期归还，借款到期后除归还本金外，还需支付一定的利息。信用的实质是用契约关系保障本金回流和增值的价值运动。

国内不同学者对信用的定义尽管稍有差异，但都来源于马克思的相关论述，马克思将信用解释为"以偿还为条件的付出———一般地说就是贷和借的运动，即货币或商品的只是有条件的让渡的这种独特形式的运动"[①]。

"信用"又是人们的日常生活用语，在不同场景下使用可能具有不同含义。《辞海》介绍了"信用"的三种释义：其一为信任使用；其二为遵守诺言，实践成约，从而取得别人对他的信任；其三为价值运动的特殊形式。

与汉语中信用一词对应的英语词汇是 credit，但后者的语义更为丰富，其中与汉语中信用一词接近的主要有：信仰或相信某事物的正当合理性；在还债或处理货币事务中受信任的品质；购买商品及服务后一段时间内偿付的制度。

《中国大百科全书》对信用的解释是：信用"即借贷活动，是以偿还为条件的价值运动的特殊形式。在商品交换和货币流通存在的条件下，债权人以有条件让渡的形式贷出货币或赊销商品，债务人则按约定的日期偿还借款或偿付贷款，并支付利息"。与此相似，《大英百科全书》将 credit 解释为"一方(债权人或贷款人)供应货币、商品、服务或有价证券，而另一方(债务人或借款人)在承诺的将来时间偿还的交易行为"。

《新帕尔格雷夫货币金融大辞典》在"信用创造"(credit creation)词条中讲到："信用只

---

① 马克思. 资本论(第三卷). 中共中央马克思恩格斯列宁斯大林著作编译局译. 北京：人民出版社，1975：390.

有在对被授信一方的诚实和价值具有信任和信心的条件下才会被授予。"①可见，信用的基础是授予信用一方对受信方的信任。马克思也曾经引用图克的话说明信用与信任的联系："信用，在它的最简单的表现上，是一种适当的或不适当的信任，它使个人把一定的资本额，以货币形式或以估计为一定货币价值的商品形式，委托给另一个人，这个资本额到期后一定要偿还。"②

综上，我们对与经济活动有直接联系的信用范畴的定义为：信用是以信任为基础，以货币、商品、服务或有价证券为对象，以契约关系(成文的或者不成文的)为载体，以偿还为条件的独特的价值运动形式。

通常，在比较狭隘意义上，人们将信用局限于货币借贷活动。但是就广义而论，股份公司发行股票也是一种信用活动，与上述所定义信用不同的是，从一级市场购买股票的投资者不是以偿还为条件，而是被承诺享有参与公司决策、分红和具有剩余(指公司终止时剩余财产)索取权。

从市场经济角度看，信用是市场经济的生命和灵魂，西方人将诚信看做"最好的竞争手段"。从这个意义上讲，市场经济就是信用经济，诚信为本是市场经济的基本准则。

(二)信用经济

1. 如何理解市场经济是信用经济

信用经济是一种建立在信用基础之上，以信用为纽带维系生产、分配、交换、消费诸环节的经济组织形式③。在现代市场经济中信用关系已经渗透到人们社会生活的方方面面，各种货币金融问题从实质看均是社会信用关系的反映。

"市场经济是信用经济"的提法是要表明，信用将人们的经济活动，甚至社会交往活动联结在一起，它意味着信用在经济中的重要性，实际上也隐含着政府管理经济在很大程度上是对于社会信用的管理。

"市场经济是信用经济"与"金融是现代经济的核心"近乎同义语。人们从金融视角观察经济活动已经不能局限于货币数量、货币流通，而是需要密切关注包含货币在内的信用流量、信用结构。假如将发行纸制的货币符号也看做一种债务(对持有人是债权)，即接受并持有货币是由于信任将来出具和让渡货币(债权证书)能够得到价值回流，那么货币就可以直接被看做一种信用，货币仅仅是各种信用工具的一个子集，不同之处在于货币债务的清偿者事先不确定，可以是货币持有人在交易中偶然遇到的任何个人和机构。

"市场经济是信用经济"，一方面表明在当代，人们由于各种债权债务关系被联结在一起，生产活动愈益不可能独立进行，不同家庭、部门、政府甚至人类的相互依赖增强，诚信意识、互信机制和健全的信用体系成为经济社会健康运转的必不可少的黏合剂。另一方面，在"信用经济"中由于信用形式不断发展，出现新的信用工具日益替代货币功能的趋势。在我国，银行支票与以商品交易为基础的商业票据的适用范围扩大，以及发行商业票

---

① 威尔逊 J S G. 信用创造. 王娥译. 见：纽曼 P，米尔盖特 M，伊特维尔 J. 新帕尔格雷夫货币金融大辞典(第一卷). 胡坚，等译. 北京：经济科学出版社，2000：506.

② 马克思. 资本论(第三卷). 中共中央马克思恩格斯列宁斯大林著作编译局译. 北京：人民出版社，1975：452.

③ 骆玉鼎. 信用经济中的金融控制. 上海：上海财经大学出版社，2000：4.

据融通资金、银行对商业票据贴现放款的规模增加，这些都预示着在流通领域中现实货币，也就是现金的地位相对地下降。1997 年以后国内出现通货紧缩，中央银行适度放松货币政策，但国内信贷增长率明显下降；2003 年则相反，信贷规模显著超越各项货币指标迅速膨胀(贷款增长率达到 40％以上)。这些说明现代信用活动的膨胀与收缩更多地受到金融机构等市场主体行为的影响，货币当局的金融调控能力被削弱。

2. 经典经济学文献中对信用经济的描述

"信用经济"一词在较早时期由德国旧历史学派代表人物布鲁诺·喜尔布兰德(Bruno Hildbrand，1812～1878 年)提出，他以交易方式为标准，把社会经济的发展划分为三个时期，即以物物交换为主的自然经济时期、以货币媒介交换的货币经济时期和以信用为媒介的信用经济时期。对这种划分方式，马克思明确表示反对，反对的理由首先在于，所谓信用经济本身只是货币经济的一种形式，因为这两个名词都表示生产者自身间的交易职能或交易方式。在发达的资本主义生产中，货币经济只表现为信用经济的基础。在时间顺序上似乎货币媒介交换在先，信用媒介交换在后，但即使信用媒介出现以后，货币媒介仍然占有重要地位，两者之间不存在前后相继的关系。不过，马克思不反对"信用经济"的提法。

魏克塞尔将信用经济区分为纯现金经济、简单的信用经济、有组织的信用经济和纯信用经济，目的是研究货币流通速度[①]。纯现金经济中不发生任何借贷，货币流通速度也似乎是一个不变的量。他指出，实际上在经济发展中"信用的现象是没有一个时期能完全不存在的"，所以其引入个人之间简单的商品信用或货币借贷，分析相应的简单的信用经济中的货币流通速度。所谓有组织的信用经济，主要标志是以汇票为载体实现价值(魏克塞尔称之为权利)转移和借贷向金融机构的集中，汇票与金融机构提供的借贷能够替代与节约货币，也使得货币流通速度变得不稳定。有组织的信用经济发展到极端就是纯信用经济，经济活动中的全部交易通过信用媒介，完全没有货币的地位。显然，现实中纯现金经济和纯信用经济两种极端情况都不存在，当代发达市场经济可能属于有组织的信用经济，经济落后国家或许属于简单信用经济。除了分析货币流通速度之外，魏克塞尔还指出在信用经济中，影响价格和经济周期的是信用而不是货币，这一点对于当代宏观经济分析仍然具有重要借鉴意义。

二、信用的功能

信用的初级形态是高利贷形式的借贷和利息支付，其出现要早于工业资本主义。在资本主义生产方式占统治地位的几个世纪以前，当时已经出现的汇票成为减少远途运送货币成本的手段。在 16 世纪以后，商人资本主义达到成熟阶段，汇票或者商业票据除了作为进行国际贸易的主要支付形式以外，也被用于国内经济中。现代银行开始在西欧出现以后，它们通过运用其自有负债，如消费者存款，以商业票据贴现方式提供信用。由于资本主义市场经济的扩展，信用的形式进一步发展，它们互相之间及其同实际资本积累之间的

---

① 魏克塞尔 K. 利息与价格. 蔡受百译. 北京：商务印书馆，1982：42-65.

联系不断加强，最终形成一种完整的信用体系[1]。信用从不同方面发挥着重要的经济功能，其积极功能的发挥最终会提高社会资金使用效率并促进整个社会收益率。信用作用于经济的基本机制实际上是驱动与实现生产要素的组合(或者熊彼特所论生产要素的重新组合)。当然，信用能否真正实现积极的经济功能，还要取决于信用体系的健全程度。

(一)调剂资金余缺，提高资金使用效率

社会上不同经济单位在一定时期总是分别处于资金盈余、不足或者资金平衡状态。在发达的市场经济中，处于资金平衡的单位属于少数。这种情况就产生了对信用——借入或贷出——的需要。借助于信用，就可以把闲置的货币资金以及社会各阶层的货币储蓄集中起来，转化为借贷资本，用于满足各种临时性需要，使闲置资金得到充分利用。

信用是促使实现利润率平均化的重要因素。有些工业部门因为其供给短缺而引起价格上涨，它们的利润高于平均利润，也能够更多地得到信用，这些工业部门比起其他部门能够购买和使用大量的生产资料，其产出也会相对较快地增长，通过供求关系变化抑制其产品价格上升(甚至会引起价格下降)，导致其利润率向平均利润率方向靠拢。所以，信用通常有助于减少工业领域间的不平衡，促进社会平均利润率的形成，最终提高资金要素效率及整个经济效率。在此，信用体系犹如一只"看不见的手"，在不同行业、部门、产品之间分配生产要素，通过边际效应实现社会收益率的最大化。

(二)加速资金周转，节约流通费用

以商业信用为例，以提供商品而作为信用活动的债权方能够减少对产品的保存成本，商品信用的债务方则能够减少为了购买而事先持有货币的余额。信用促使大量的原本处于相对静止状态的资金流通起来，这对于加速整个社会资金周转无疑是有巨大好处的[2]。

对信用形式节约流通费用、增加生产资金投入的途径可以概括为：第一，利用信用工具代替现金，从而节约对现金的需要，节省与现金流通有关的费用；第二，在发达的信用制度下，资金集中于银行和其他金融机构，信用可以减少整个社会的现金保管、出纳以及簿记等流通费用；第三，如前所述，信用有助于减少商品保管费用的支出。此外，信用形式还降低了流通货币平均间歇时间，有助于加快货币流通和资金周转的速度，增加资金在生产领域中发挥作用的时间，有利于扩大生产和增加利润。

(三)加快资本集中，调节经济结构

信用是资本集中的有力杠杆。借助信用手段可以加速资本集中和积累，因为信用可使零星资本集聚为规模庞大的资本，使众多单个资本合并为社会资本。当进入现代工业社会，由于不同行业企业的长期固定资产投资具有一定"门槛"，社会大量小额资本无法进入许多有很好潜在收益的生产领域，但通过一定信用方式，如信贷、发行债券等，就可以实现单个资本的联合，从而使小额资本能够投入到更好的盈利项目中去。资本集中与积累有利于大工业和生产社会化程度的提高，也有利于推动一国经济的增长。

---

① 伊藤 M，拉帕维查斯 C. 货币金融政治经济学 . 孙刚，戴淑艳译 . 北京：经济科学出版社，2001：105-129. 作者在第四章"信用体系"中对早期信用机制(包括期票、汇票的流转与商业票据的贴现)及其对经济的功能做了很好的阐释。

② 这里所谓"静止状态的资金"包括信用活动中债权方提供的商品。因为在债权方看来未出售产品的实质是资金的占压。

随着经济的发展，信用在调整经济结构方面的积极作用变得越来越重要。信用调整经济结构主要通过两种渠道：第一，通过市场主体间的信用活动。例如，不同产业、部门由于利润率不同，获得的信用规模、取得信用的条件也不同，增加的要素投入不同。通过发行信用工具或者取得银行信贷，高收益部门相应地获得更多资金，生产规模也相对较快增长，从而改变经济结构。这同前述信用促进平均利润形成的情况一致。第二，信用调节经济结构的职能还表现为国家制定各项政策和金融法规，利用各种管理杠杆改变信用的规模及其运动趋势。国家借助于信用的调节职能既能抑制通货膨胀，也能防止经济衰退和通货紧缩，刺激有效需求，调节资本流向的变化与资本转移，以实现经济结构的调整，使国民经济结构更合理，经济发展的持续性更好。

三、信用形式

历史上信用形式的发展贯穿于货币经营业发生发展的全过程。由于产业、部门、区域和经济发展的不平衡，以及不同经济主体间生产生活与资金状况的差异，高利贷虽是最古老的信用形式，但即使在现代也可以找到其存在的踪迹。经济史中的信用关系在其自身发展中遵循两条轨迹进行：一条是正常的信用轨迹，另一条是高利贷活动。

那么，在各种信贷关系中什么是高利贷活动？对这一问题的判断并不简单。马克思曾指出高利贷活动的两个特征：一是通过高利贷借贷的货币资金总是要投向非生产领域；二是放高利贷者在贷出货币资金时提出的利率尺度往往违反社会平均利润分配规律，也即高利贷利率超出平均利润率。

不过，从现代经济发展的实际情况观察，尽管现代信用关系已经非常发达，金融服务体系能够以很便捷，甚至较低的成本服务于经济活动，高利贷活动却很难禁绝。一方面，正常的信用活动已经渗透到社会生活的方方面面，包括生活消费领域；另一方面，高利贷者的放款也进入生产、流通等各种经济活动之中。因此，以货币资金的投向作为划分高利贷活动与正常信用活动的标准很难成立。

假如以利息率的高低作为区分高利贷和正常信用关系的标准，那么，多高的利率是高利贷？这在实际中很难统一界定。此外，利率高低是指名义利率还是实际利率？苏联解体后俄罗斯的借贷利率曾经达到270%以上，但通货膨胀率同期则达到300%。有些国家借贷利率长期维持在10%上下，有些国家一年期贷款利率水平高达600%以上。所以，对于高利贷似乎只能根据各国具体的经济状况与信用活动的外部环境进行判断。

信用的基本形式有商业信用、银行信用、国家信用、消费信用、租赁信用、国际信用等。

(一)商业信用

商业信用是企业之间在买卖商品时，以延期付款形式或预付货款等形式提供的信用。

1. 商业信用的产生

在产业资本循环过程中，各个企业在生产时间和流通时间上往往存在不一致，这样就可能造成有些企业的商品积压卖不出去，而有些企业虽急需该商品但无钱购买，造成极大的损失。因此，就产生了对延期付款形式提供的商业信用的需要。通过这种企业间相互提供的商业信用，整个社会的再生产得以顺利进行。

2. 商业信用的特点

第一，商业信用所提供的资本是商品资本，仍处于产业资本循环过程中，仍是产业资本的一部分；第二，商业信用体现的是工商企业之间的信用关系。它是工商企业间互相提供的信用，授信的债权人和受信的债务人都是直接参加生产、流通的工商企业。

3. 商业信用的局限性

商业信用的局限性主要表现在以下方面。

第一，商业信用的规模受工商企业所拥有的资本量的限制。商业信用是工商企业之间相互提供的，各工商企业只能对现有资本总额进行再分配，单个工商企业也只能把自己无须用于再生产过程的部分资本用于商业信用。所以，商业信用的最高限度是工商企业现有资本的利用。第二，商业信用具有严格的方向性。商业信用提供的商品只能由生产该商品的部门向需要该商品的部门提供，而不能相反。第三，商业信用具有对象上的局限性。工商企业一般只会向与自己有经济业务联系的企业发生商业信用关系，否则就没有必要也不可能发生信用关系。

(二)银行信用

银行信用是银行以货币形式提供给工商企业等经济部门的信用。它是现代信用经济中的重要形式，是在商业信用基础上产生、发展起来的，并克服了商业信用的局限性。

商业信用的局限性使其日益不能满足商品经济的需要，银行信用应运而生。银行信用具有以下特点：第一，银行信用中贷出的资本是以货币形态提供的，能够聚集社会各种暂时闲置的货币资本和社会货币储蓄，并且通过银行体系的信用创造，从而超越商业资本只限于产业内部的界限；第二，由于银行信用是以货币资本提供的，可以不受商品流转单方向性的限制，从而克服了商业信用在方向上的局限性。

银行信用由于超越产业资本的限制，当经济体系中总需求不足而制约经济发展时，可以通过信贷扩张克服总需求不足的矛盾，避免经济衰退和萧条。但是，经济过度繁荣、通货膨胀却往往是银行信贷膨胀的后果。银行经营不当、银行业不良资产积累也会演化成银行危机甚至全面的经济金融危机。

(三)国家信用

国家信用是以国家为主体进行的一种信用活动。国家按照信用原则以发行债券等方式，从国内外货币持有者手中借入货币资金，从而形成国家负债。

1. 国家信用的形式

按资金来源分，国家信用包括国内信用和国际信用两种。国内信用是指国家通过发行公债向国内居民、企业取得信用、筹集资金的一种信用形式，它形成国家的公债。国际信用是指国家向外国政府或国际金融机构借款以及在国外金融市场上发行国外公债，向国外居民、企业取得信用、筹集资金的一种信用形式，它形成国家的外债。

按信用的期限分，期限在 1 年以内的称为国库券，属于短期债券；期限在 1~10 年的为中期国债；期限在 10 年以上的为长期国债。

2. 国家信用的用途

国家信用是国家作为债务人进行的一种信用活动。资本主义国家政府利用国家信用所筹措的资金，主要用于非生产性开支，不能创造出用来偿还债务及支付利息的资金来源，只能依靠增加税收来偿还债务，纳税负担最终落到劳动人民身上。社会主义国家同样存在国家信用，其用途主要是补充财政资金的不足，从而确保其职能的实现。

(四)消费信用

消费信用是由商业企业、商业银行及其他信用机构以商品形态或者货币形态向消费者个人提供的信用。在当代商品经济中，消费信用发展迅速，它旨在解决消费者支付能力不足的困难，通过提供消费信用使消费者需求提前实现，达到推销商品的目的。由于消费信用的这种目的，因此，它主要用于满足消费者购买耐用消费品、支付劳务费用和购买(或建筑)住宅等方面的需要。

消费信用可以直接采取商品形态，由商业企业直接向消费者提供所需的消费品。消费信用也可以采取货币形态，由商业银行和其他信用机构向消费者提供贷款，再由消费者利用所得的贷款购买所需的消费品或支付劳务费用。分期付款和信用卡业务属于前者，即消费信用采取商品形态。消费贷款则是银行以货币形式向消费者提供的信用，又可分为抵押贷款和信用贷款。

消费信用过度膨胀必然推动通货膨胀。所以，对消费信用发放的对象、额度及用途都应加以严密控制，以保证其对经济发展的积极作用。国家宏观经济调控部门可以通过对消费信用发生规模的控制调节总需求进而影响经济活动规模。

(五)租赁信用

租赁信用是指租赁公司或其他出租者将其租赁物的使用权出租给承租人，并在租期内收取租金，到期收回租赁物的一种信用形式。现代租赁主要有经营性租赁和融资性租赁。

经营性租赁是指出租人将自己经营的设备或用品出租的租赁形式，目的在于在一定时间内出让对设备的使用权而获取收入。租赁公司常常要承担经常维修管理的责任，还要承担设备提前淘汰的风险，其租费率较高。租期期满后，租赁物由出租人收回，承租人没有购买的权利。

融资性租赁是出租人按承租人的要求购买租赁物，然后再出租给承租人使用的一种租赁形式。在租期内，出租人以租金形式收回对出租物的全部投资，并获得利润。在租赁期满后，承租人可以选择续租、退租或购买，选择购买时，出租人可以把租赁物的所有权转让给承租人。由于这种租赁具有对承租人融资的性质，因此称为融资性租赁。

(六)国际信用

国际信用是国与国之间相互提供的信用。在国际信用中，授信国往往通过借贷资本的输出来推动商品输出，从而实现利润；而受信国则希望利用外资购买所需商品来促进本国经济的发展。国际信用主要形式有出口信贷、银行信贷、政府信贷、国际金融机构信贷等。

出口信贷是指出口国银行对出口贸易所提供的信贷，以促进本国商品的出口。其可分为卖方信贷和买方信贷。卖方信贷由出口国银行向出口厂商提供贷款，出口商用来向进口商提供分期付款。买方信贷是出口方银行直接向进口商或进口方银行提供的信用。进口商获得贷款后用来向出口商付清贷款，然后按规定的还款期限偿还出口方银行的贷款本息。

复习思考题

1. 简述货币形态变化的一般趋势及货币形态的类型。
2. 如何理解货币的本质?
3. 简述货币的主要职能。
4. 什么是货币制度? 它由哪几部分构成?
5. 货币制度的演进经历了哪几个阶段?
6. 为什么说复本位制度是不稳定的货币制度?
7. 如何理解信用概念?
8. 如何理解市场经济是信用经济?
9. 信用的功能有哪些?
10. 比较各种信用形式的特点。

参考文献

伯顿 M,隆贝拉 R.2004.货币银行学——金融体系与经济.陈雨露,水润东,辛呈凤,等译.北京:经济科学出版社

戴国强 .2001.货币银行学.上海:上海财经大学出版社

弗兰克 A G.2000.白银资本——重视经济全球化中的东方.刘北成译.北京:中央编译出版社

胡庆康 .2001.现代货币银行学教程.上海:复旦大学出版社

怀特 L H.2004.货币制度理论.李杨,等译.北京:中国人民大学出版社

黄达 .2003.金融学.北京:中国人民大学出版社

骆玉鼎 .2000.信用经济中的金融控制.上海:上海财经大学出版社

马克思 .1975.资本论(第三卷).中共中央马克思恩格斯列宁斯大林著作编译局译.北京:人民出版社

史密森 J.2004.货币经济学前沿:论争与反思.柳永明,王蕾译.上海:上海财经大学出版社

王松奇 .2000.金融学.北京:中国金融出版社

伊藤 M,拉帕维查斯 C.2001.货币金融政治经济学.孙刚,戴淑艳译.北京:经济科学出版社

第二章

金融中介、金融市场与金融发展

金融中介和金融市场是金融体系的基本组成部分。本章从历史演进和金融体系发展内在逻辑两种视角对西方发达市场经济国家金融中介和金融市场的自然演化趋势及其发展规律进行分析，对金融中介和金融市场的功能加以总结，在上述基础上分析金融中介和金融市场必然走向相互融合的趋势，对金融发展理论以及与其相关的对金融发展与经济增长关系的研究进展做概要介绍。

■ 第一节　金融中介与金融市场演进

金融中介泛指进行间接融资的金融机构，其主要特征是通过一定信用活动和提供金融服务使经济体系中的资金供给方和需求方发生间接的金融联系，实现资金盈余方和赤字方之间的资金转移。金融市场则承载着直接融资功能，主要通过股票、债券等金融契约的交易实现资金余缺调剂和融通。经济发展客观上要求金融组织与金融结构适应经济体的需求变化做出相应调整，从而引致金融中介和金融市场的演进与发展。

一、金融中介及其演进趋势

金融中介的产生与发展是满足经济活动中的支付结算、融资、投资、风险管理等需求，适应商品经济和货币信用发展的历史自然过程。

(一)早期商人银行业向现代意义的银行转化

由早期以货币保管、兑换为主要业务的金融机构发展到经营存款、放款、汇兑等现代金融业务的银行的历史原因是货币价值储藏职能的扩大，是金融交易相对独立于商品贸易的结果，也是社会借贷资本与产业资本不断分离并扩张为金融资本的结果①。

1. 经济社会发展较低级阶段的中介机构——寺庙

在经济社会发展的较低级阶段，交易范围的扩大需要解决比较简单的支付结算和资金

---

① 借贷资本局限于贷出者的自有资本，金融资本则将自有资本作为杠杆和筹码而借以运用大量社会资本。借贷资本的基础是食利者阶层，金融资本滋生的土壤则是社会各部门、单位普遍地存在剩余和亏拙。

余缺调剂等金融需求，寺庙作为特殊的中介机构应运而生。早在公元前 2000 年的古巴比伦王国，当时作为准金融机构的寺庙就经营金银、从事借贷业务活动。公元前 5 世纪晚期，古希腊的寺庙开始经营钱币兑换、接收存款和发放贷款的业务。到公元 1 世纪，罗马也出现了类似的金融机构。这些机构贷款给穷人和那些暂时有困难的小农场主，并给富人发放消费贷款，也通过抵押贷款的方式（如押船贷款）为国外贸易融资[①]。但是，在 12 世纪前的大部分时间里（大约在 1180 年以前），作为借贷行为的信用还主要以实物借贷为主。

2. 早期商人银行的出现和发展

商业革命催生了对票据等复杂金融工具的需求，早期商人银行由从事贸易的商人蜕变为主要的金融中介机构。12～14 世纪是贸易与商业的复兴时期，它不仅需要更贵重、面额更大的货币满足贸易发展的需求，而且要求发展信用工具以及无须运送金银即可结算或者清算的债务支付手段。贸易的发展为生息借贷提供了机遇，货币越来越成为不可或缺的借贷对象[②]。在这一时期，意大利出现的汇票（即由货物购买者背书，承诺在其家乡、在未来某一时日支付明确数目的一种债务工具）将簿记清算又推进了一步。随着货币和信用关系的广泛存在，特别是汇票等各种各样的兑换券逐渐发挥着类似于货币的作用，初步具备了建立银行的基础，这迫切需要专门从事货币服务的商人和机构。与之相适应，一些从事国际贸易的大商人发展成汇票经纪人或银行家，在意大利就出现了专门从事货币服务的商人和机构，这些商人和机构就是早期的银行家和银行。正如金德尔伯格所说，"从商业向银行业的发展经常遇到一个持久的阶段，这个中间阶段的银行业在英格兰原先被称为商人银行业"[③]。尽管它们不是真正意义的银行，但毕竟已经由早期（如公元 1 世纪）纯粹的服务机构（如货币兑换、货币保管）演变成一种专门经营货币资本的特殊信用机构。

14 世纪意大利的银行，如威尼斯银行和热那亚银行是这一时期银行业的典型代表。在 17 世纪初期以前，意大利一度占据贸易和银行的中心地位，直到 1620 年才被蒸蒸日上的阿姆斯特丹银行取代。其他相继建立的银行，如 1621 年的德尔福特银行、1635 年的鹿特丹银行，已开始发放证券抵押贷款。这时银行中介的业务已经扩展到汇兑、兑换、存款、保管贵重物品和贷款，并专门履行在贸易与生产经营活动中开立账户、转账业务等支付结算的基本功能。但这一时期的银行还处于原始的、初级的准银行阶段，早期的存款银行不经营贴现，贷款也不是其主要业务，且贷款具有高利贷性质，大部分款项贷给了政府和贵族阶级。

3. 现代银行的确立

17 世纪末 18 世纪初以后，早期银行业取消了存款货币收费制度，主要从事存贷款等业务，满足经济主体的资金需求，于是才诞生真正意义上的融资类金融机构——商业银行。它们一部分是旧的高利贷性质银行适应新形势需要转化而来，但更多的是新建立的股份制银行。英格兰于 1694 年成立英格兰银行，英格兰银行于 1742 年获得纸币发行的垄断权，开办清算账户业务，伦敦由此成为全英国的清算中心，英格兰银行也成为当时真正意

① 艾伦 F，盖尔 D. 比较金融系统．王晋斌，朱春燕，丁新娅，等译．北京：中国人民大学出版社，2002：21.
② 乔恩 J F. 货币史．李广乾译．北京：商务印书馆，2002：48.
③ 金德尔伯格 G P. 西欧金融史．徐子建，何建雄，朱忠译．北京：中国金融出版社，1991：114.

义上的商业银行的典范①。作为第一家股份制商业银行，英格兰银行大胆创新银行制度，如建立存款付息制度，由被动吸收存款转为主动吸收存款，集中社会闲散资金；以较低的利率向资本主义工商企业提供大量经营性贷款；通过建立商业票据承兑、贴现和抵押放款业务，将商业信用转化为银行信用，为工商企业提供强有力的资金支持。从 19 世纪初期开始，商业银行普遍向工业部门提供长期融资，极大地推动了资本主义生产的发展。

(二)其他金融中介的发展

1. 多样化投融资服务中介的发展

随着经济社会的发展，早期银行贷款已不能满足融资需求，开发新的融资工具成为社会的强烈需求。早在 13～15 世纪，意大利就出现了政府债券和公司债券，一些合伙企业和公司还发行有限的股票类融资工具。到 17 世纪初，随着贸易和金融中心地位的转移，阿姆斯特丹开始占据金融主宰地位，其中重要的制度创新是第一个正式的股票交易所——阿姆斯特丹证券交易所的建立。欧洲工业革命的完成和股份公司作为一种主要的企业形式出现，以股票、债券等有价证券为工具的投资性金融活动日益活跃。这些必将促成新的金融中介机构发展，如投资银行、信托投资公司、证券公司等。18 世纪，在美国、法国、英国等西方国家相继出现的投资银行主要靠发行股票和债券筹集长期资金。早期的投资银行从事综合性业务，既有证券承销、经纪和交易业务，也有商业银行业务。随着银行性业务的分离，一批投资银行专门从事承销、经纪、交易业务，如 18 世纪后期英国建立了专门从事此项业务的商人银行(投资银行在英国的称谓)。

2. 保险中介机构的发展

保险金融机构的产生是经济社会不断发展过程中人类为防范或减轻自然灾害、意外事故，保障自身生命和生活平安而需要进行风险转移和风险管理的结果。金融保险的雏形在 15 世纪的意大利就出现了②。最早的海上保险实际是金融业者向赴其他港口的船长或商人提供的一笔以船舶抵押或货物抵押贷款形式出现的信贷。这一时期还出现了以奴隶的生命作为标的的海上人身保险。继海上保险之后，在 1667 年和 1762 年英国首先分别引入火灾、人寿等保险。从 19 世纪 80 年代开始，欧洲各国纷纷建立公共养老保险为主体的社会保险制度。1875 年美国运通公司为其雇员建立了世界上第一个雇主养老金计划。1950 年开始，美国对雇主养老基金进行改革，建立了私人养老基金，由专业机构投资于资本市场。

通过了解金融中介发展的历史可以发现：第一，金融中介是商品经济和货币信用关系演化发展的结果，在经济发展的低级阶段，银行信用是金融中介活动的主要形式；第二，金融中介随着社会对金融服务需求的不断成长而发展，呈现出多样化和复杂化的组织形态，其基本功能伴随金融中介的发展而扩大。最终，由满足信贷需求的银行，逐渐演化出满足投资、转移风险、长期融资等多样化需求的非银行性金融机构。

二、金融市场及其演进规律

金融市场是买卖金融商品、实现资金融通活动的场所。在金融市场上，由多边资金借

① 艾伦 F，盖尔 D. 比较金融系统. 王晋斌，朱春燕，丁新娅，等译. 北京：中国人民大学出版社，2002：26.
② 金德尔伯格 G P. 西欧金融史. 徐子健，何建雄，朱忠译. 北京：中国金融出版社，1991：254.

贷关系而形成的融通资金的供求关系,使资金要素在全社会范围内实现高效率配置①。

(一)17世纪初期金融市场的初步形成

1. 信贷资金市场的形成

信贷资金的子市场——票据市场的形成反映了早期的金融市场关系。早在古希腊和古罗马时代就出现了作为债权证明的"自笔证书",它实际上是票据的雏形。到了12~13世纪,意大利人首先发明了汇票。票据的出现使非现金结算成为可能,个体商人利用汇票单向购买或单向销售。票据也推动了现代意义上银行的发展。最初,票据在发行者和不同的工商业交易者之间转移,随着14世纪早期银行业在意大利的出现,票据主要在发行者(工商企业)和贴现者(早期银行)之间交易。对票据贴现就等同于银行向企业发放了贷款,是企业在市场上融资的手段。

2. 股份公司的出现推动了资本市场的形成

早在13、14世纪,欧洲大陆就出现了许多商品集散地和贸易交易所,它们是证券交易所的前身。这些经济贸易形式的继续发展,推动了资本主义生产方式在欧洲的萌芽。随着资本主义现代化大生产的发展,工业企业客观上产生了集中资本的需求,同时,经济社会的发展需要国家大额财政支出,银行不能完全满足这种金融需求,一些发放贷款的银行倒闭时有发生,常常诱发金融危机。面对银行信用的缺陷,股份公司如雨后春笋般成长,一场新的金融革命即将到来。1602年荷兰成立股份公司,通过发行股票和债券向社会公众筹集资金,英、法等国也先后建立类似的股份公司,国家发行债券筹资成为政府新的选择。1608年阿姆斯特丹成立世界上第一家证券交易所,1773年伦敦成立英国第一家证券交易所。随后,美国、德国、法国也纷纷效仿。

(二)金融市场的发展

1. 17世纪初到第二次世界大战,主要资本主义国家金融市场较快发展

(1)18世纪和19世纪的产业革命和政府大规模筹集资金推动了欧美国家资本市场发展,金融市场的重要性日益上升。产业革命成为金融市场发展的"黄金时代",它使各国掀起了创立股份公司的热潮,成为推动证券市场成长的重要因素。在欧美主要资本主义国家,直接促进资本市场发展的是政府发行债券筹措财政资金,尤其当出于战争的迫切需要,资本市场不是作为公司融资的重要来源,却成为政府的主要融资渠道。例如,英国在18世纪和19世纪早期经历了多场战争,筹措战争经费引发了"金融革命"。金融革命使伦敦资本市场趋向成熟,伦敦成为18世纪末世界金融中心。随着产业革命在世界范围内基本完成,欧美国家竞相在伦敦证券交易所发行公债,从而推动股票市场和债券市场规模快速增长。

(2)20世纪初到第二次世界大战结束后,战争使金融市场发展几度受阻,但同时又促成了新的国际金融中心的产生。20世纪的头10年,随着国际金本位制的顺利运转和世界和平时期的有利环境,资本主义金融市场发展进入黄金时代,市场规模显著扩大,国际资本流动加快,国际贷款和证券投资成为国际资本流动的最主要形式,英国仍然占据着国际

---

① 为了讨论方便,本章所论金融市场是狭义的直接融资市场。国内外学者讨论金融中介与金融市场二者关系时实指间接融资与直接融资两种机制的关系及其对经济体系的意义。但是,一般意义上的金融市场可以泛指所有金融交易市场,自然包括金融中介主导的信贷市场。

金融中心的支配地位，但市场总体上交易分散、资本流动规模有限。到两次世界大战期间，国际金融市场的发展规模大大收缩。新的国际金融中心逐渐向两次世界大战的主要获益方美国转移，作为中立国的瑞士因免受战争破坏，金融市场也得到快速发展，苏黎世继而成为重要的国际金融中心。

2. 第二次世界大战后全球金融市场在此起彼伏中迅猛发展

第二次世界大战后初期形成了伦敦、纽约、苏黎世三大并驾齐驱的国际金融市场中心。20 世纪 70 年代以后，又一批颇具影响的国际金融市场成长起来，一些发展中国家和地区的金融市场相继崛起，对国际金融市场的影响日渐增强。伦敦、纽约、东京、法兰克福、苏黎世、巴黎、新加坡、香港成为主要的国际金融中心，这八大国际金融市场每天的外汇交易量占到世界外汇交易总量的 90% 以上。与此同时，为摆脱管制，20 世纪 50 年代伦敦形成了欧洲美元资金借贷市场，70～80 年代中国香港、马尼拉、新加坡等亚洲美元市场得到较大发展。全球金融市场逐步打破区域性特征，呈现出愈益显著的国际化、一体化和全球化趋势。

从世界金融市场 400 多年的演化发展史可以总结出金融市场自然演化的规律：第一，金融市场的发展是在银行业发展和推动下成长的，特别是货币信贷市场，它是商品经济发展促使银行业经历革命性的制度创新后才得以产生的。第二，资本市场的形成并非偶然，它是现代化大工业生产力对金融更高需求的产物。由于银行业自身的制度创新仍然不能满足更高层次的金融需求，这种缺陷内在地孕育出新的金融革命，即债券与股票的出现与流通。第三，社会化生产力的不断提高、物质技术交流手段的进步、各国金融自由化改革的加快以及金融市场的不断创新，成为推动金融市场进一步向全球化发展的巨大力量。

第二节　金融中介与金融市场功能

在市场经济中，由以银行为代表的金融中介提供的债务融资和由金融市场提供的股权、债权融资作为现代金融体系的两个基本方面，彼此既相互独立地发挥作用，又相互补充和互为促进，伴随经济史变迁而一同发展。

一、金融中介与金融市场的功能界分

(一)金融体系的一般功能

金融体系依靠金融工具发挥功能作用，金融工具的增加与金融体系的发展一脉相承。可以将金融体系的功能概括为以下几个方面。

(1)集中、配置和再配置金融资源。金融体系通过多渠道将居民的剩余资金集中起来，实现资源在不同时间上的分配和不同地区之间的转移。金融体系的再配置功能实现了各种金融资源的相互转化，特别是为资源的持有者提供了流动性便利。一般来说，证券市场的再配置能力高于银行。

(2)提供分散、转移和管理风险的途径。由于未来结果的不确定性，人们借助金融中介机构(如保险公司)可以分散风险，通过买卖金融期货或期权合约规避和对冲风险。

(3)支付结算和清算。货币的出现大大提高了买卖双方的交易效率，金融体系的发展

又提供了更为方便的清算支付方式，如支票、信用卡和电子货币。

（4）提供金融价格信息。金融体系通过各种途径提供大量的金融资源信息，如汇率波动、债券价格、利率、股市行情等。这些信息为资金的盈余者和短缺者提供投资与经营决策的依据。

（5）监督和激励功能。例如，银行处于对资金安全的考虑，具有足够的动力监督企业的经营；在金融市场上股东通过"用脚投票"加强对企业的监督激励。金融部门通过各种方式监督和规范金融资源的使用者，以避免资金损失或获得更高资金边际收益率。针对信息不对称问题，银行可以建立一套甄别机制以防范逆向选择，通过跟踪客户的资金使用投向防范道德风险。

（二）金融中介与金融市场的功能比较

在金融系统的发展中，作为构成金融体系重要组成部分的金融市场与金融中介显示出各自独特的优势和具有个性化的功能。一般地，金融中介体系以银行为主要代表，金融市场以证券市场为主要代表。通过表 2-1 可见，金融中介与金融市场各有优势。

表 2-1　金融中介与金融市场的功能比较

基本功能	金融中介（银行为主要代表）	金融市场（证券市场为主要代表）
支付结算	主要由银行承担	金融机构
集中和配置资源	间接融资实现社会储蓄向投资的转化	直接融资实现社会储蓄向投资的转化
	适宜为相对成熟的产业或企业融资。大银行更愿意为大企业融资，中小银行适宜为中小企业融资	适宜为高技术成长中的创新型企业或风险项目融资。主要为大型企业融资服务，中小企业的融资成本太高
资源的再配置	银行贷款的再流动性很低，再次配置很少发生	市场的流动性强，资源的再次配置普遍发生
风险管理	（1）能够更好地实现在一定时期内的代际财富转移和跨时风险分担 （2）主要提供各种风险管理手段 （3）在应对各种风险的策略上：①流动性风险采取分类贷款；②系统性风险采取跨时风险分担；③非系统性风险采取分散贷款	（1）解决某个特定时点上的跨部门风险分担更为有效 （2）风险管理灵活性高，不断创造出新型市场实现风险转移 （3）在应对各种风险的策略上：①流动性风险采取证券买卖；②非系统性风险采取证券组合；③基本不存在系统性风险
监督和激励	为众多分散的资金供给者（储户）间接省了信息获取和实施监控的成本，监管来自银行而不是储户。靠事前的资金投向选择和事后的经营监控达到公司治理的内部自治	直接为众多分散的资金供给者提供低成本或免费信息，监督来自众多投资者。公司治理靠外部接管、股权和债权的选择和再选择达到外部的监督和内部的激励，尤其对企业管理层有较强的外部约束
提供信息	能够提供一些有关利率和汇率的信息，但很多信息垄断性强。信息不对称相对较小，基本能被控制在一定范围	信息的开放透明性，如股票、债券等各种金融工具的价格和公司财务信息易获得。信息不对称对融资决策产生了较强的逆向选择和道德风险的不利影响
金融创新功能	金融创新性较低	金融创新激励是市场的优势

资料来源：劳平．融资结构的变迁研究．广州：中山大学出版社，2004

二、金融中介与金融市场的融合趋势

(一)金融中介与金融市场各有比较优势

金融体系功能说认为，金融中介提供的产品具有个性化的设计，能够量体裁衣满足不同消费者的金融需求，这一特点决定了其主要服务于少量的客户。金融市场提供的产品具有公共性、大众化的特点，这决定了其交易对象是标准化或者成熟的金融产品，主要服务于大量客户，定价能够被众多投资者充分理解的金融产品。

金融中介和金融市场各有其优势，各自形成均有其内生性特点。金融中介的最大优势是提供流动性，正如 Dutta 和 Kapur(1998)指出，人们的流动性偏好和流动性约束导致了金融中介的形成。DD 模型则揭示了来自不确定性的流动性需求，使金融中介作为流动性蓄水池，在很大程度上降低了交易双方的流动性风险。这也是金融中介相对金融市场存在的意义[①]。

Boot 和 Thakor(1997)认为是信息获取或信息汇总的优势导致了金融市场的形成。正是金融市场直接为众多分散的资金供给者提供低成本或免费信息，为投资者提供了多样化的选择机会，同时，投资者对股权或债权的动态选择就是一种很好的监督，且监督成本较低。因此，信息优势或市场运行成本优势是金融市场相对金融中介的独特优势。

另外，在克服信息不对称带来的市场失灵方面，银行中介和市场均面临来自"失灵"的困扰。但金融中介较金融市场在处理不对称问题上更有主动性和占先优势，如采取信贷配给和事后监督等较为有效的干预。市场对信息不对称问题不能很好地予以解决，存在信息显示错觉。

(二)金融中介与金融市场存在竞争中的抑制

金融中介与金融市场是各自具有其完整功能的金融体系组成部分，相互之间也存在功能上的相互抑制，从而抵消金融中介或金融市场部分功能的有效发挥。在金融体系发展的历史中，那些金融中介比较发达的国家，其金融市场的功能受到限制，使本国的金融系统更多地依赖金融中介，德国即是如此。进一步的研究还表明，开放德国的金融系统可能导致金融市场竞争力增强，但长期看会使德国的银行中介所提供的跨期平滑功能削弱[②]。Merton(1995)的研究证实，近年来由于技术进步和市场交易成本的下降，传统金融中介的某些职能逐渐被金融市场替代，二者在金融产品的提供上表现出强烈的竞争，甚至金融市场的发展在一定程度上挤占银行等金融中介的资源。为此，金融中介不断创新金融产品，金融市场也在加强市场创新，都试图获得更多的"资源"。

(三)金融中介与金融市场间的螺旋式循环显示出相互融合的趋势

将金融中介与市场放在具有内在联系的逻辑链条上，二者的螺旋式循环表现出相互融合的趋势。从动态发展的角度看，金融中介和金融市场在金融职能和业务领域是相互促进、互相补充的，二者交叉重叠，共同推动了金融产品多样化，金融结构复杂化。其内在

---

① DD 模型认为银行的功能是将不具流动性的资产转化为流动性资产。这一功能使银行内在地面临挤兑压力，所以也被称为纯粹恐慌的或自我实现的银行挤兑模型。

② 金德尔伯格 G P. 西欧金融史. 徐子健，何建雄，朱忠译. 北京：中国金融出版社，1991：136.

原因在于金融中介是金融市场重要活动主体，结果使得金融中介从传统的"存、贷款中介"在很大程度上转化为更为宽泛的或者广义的"金融市场交易中介"。金融市场发展给金融中介提供了新的业务空间，金融中介成为金融市场的重要服务方和供应商。

当金融中介推出的个性化产品为大多数人所接受后，金融产品就会由中介业务转变为市场业务；之后，金融中介再次推出新型金融创新产品，以后交易对象也再次发生"场地"的转移。在金融中介和金融市场的互动式的螺旋式演进中，反映出了金融分工的专业化发展到一定程度，必然要重新调整、整合资源，再开始新一轮的分工，如此类推，将金融体系推向理想的效率状态。

总之，在金融全球化的时代，金融中介和金融市场除了为金融功能的发挥提供多种不同的途径外，二者在功能上更趋向于相互补充和相互融合，即金融中介有助于弥补金融市场存在的市场失灵，金融市场可以促进新的金融中介的产生和发展。金融市场的发展还保证了价格信息传播的畅通、真实有效，良好的市场信息环境大大提高了金融中介的效率和竞争力。最后，多种功能作用的发挥能够增强经济抵御风险和危机的能力。

值得注意的是，金融中介和金融市场互动式的螺旋式演进，是在曲折发展中将金融体系推向更高的效率状态。若金融体系内的金融中介和金融市场不协调运行发生剧烈震荡、加剧信息不对称，必然引发严重的逆向选择和道德风险，金融机构、金融市场、金融工具相互交织共同作用进而引起经济活动的萎缩，导致金融危机的发生。2007～2008年美国次贷危机就是上述机理发生互动作用的典型案例。具体原因可从三个方面分析：首先，金融机构，特别是银行在金融市场危机中扮演着十分重要的角色。银行和其他金融中介机构资产负债表状况对贷款活动有重要影响。金融机构资产负债表恶化引起资本大幅收缩，用于贷款的资源减少，投资支出下降，从而使经济活动减速[①]。由于信息不对称，一个金融中介机构资产负债表的严重恶化及至破产，使得恐慌会从一个金融机构传递到另一个健康的金融机构，而银行业之间最容易发生这种传染效应，导致大量银行破产乃至发生银行业危机。其次，借款人资产负债表的状况对于金融市场上信息不对称问题的严重性有着重要意义。股票市场的急剧下跌是引起借款企业资产负债表恶化的一个重要因素，进而增加了金融市场的逆向选择和道德风险问题，引起金融危机。最后，主要金融或非金融企业破产、股票市场的急剧下跌、经济衰退，导致金融市场的不确定性突然增加，加速贷款、投资和总体经济活动的收缩。

■ 第三节　金融中介体系与金融市场结构

一、金融中介体系概述

金融中介是从事各种金融活动的组织机构，故又统称为金融机构或金融中介机构。在国际上，金融中介通常被广义使用，金融中介体系其实是种类繁多、形式各异的金融组织机构的集合。现代金融中介体系包罗的内容相当复杂。概言之，大体分为银行性质类金融

---

① 米什金 F.S. 货币金融学. 郑艳文，荆国勇译. 北京：中国人民大学出版社，2011：190.

中介、非银行性质类金融中介。

银行性质类金融中介特指商业银行。它曾是金融中介体系的骨干力量，现在尽管其资产比重有所下降，但仍然是主要的金融机构。传统上它们以吸收活期存款，从事短期放款、汇兑业务为主。近年来，随着银行混业化趋势的发展，银行在资本市场中不断扩大经营范围，但许多国家仍然对商业银行划分严格的业务界限。这类银行被称为真正的银行，就是因为它们在提供融资服务的同时，具有较强的存款货币创造功能。

非银行类金融机构，包括投资银行、证券公司、金融公司、机构投资者、信息评估公司、典型的存款类金融机构等，它们主要从事投资、保险、金融信息咨询等各类中介服务。其中，投资银行是资本市场上典型的投资类金融中介，是证券和股份公司制度发展到特定阶段的产物。其资金来源是发行股票、债券筹资。它的核心业务是证券业务，包括一级市场上的证券发行、承销业务和证券二级市场上的证券经纪以及自营业务，这是投资银行区别于其他金融机构的重要标准。随着金融创新，投资银行的衍生业务扩展到企业重组、投资分析、抵押贷款、公司理财、项目融资等。投资银行在各个国家和地区的称谓并不一致，在美国和欧洲大陆叫投资银行，在日本叫证券公司，在英国、爱尔兰、韩国等叫商人银行，法国称为实业银行，中国香港称为有限制牌照银行。

金融公司是经营投资和长期信贷的一类金融机构。其资金来源主要是靠发行商业票据、股票、债券，还有部分资金通过银行大额贷款或吸收一些定期存款获得。其主要业务是通过收购企业股票、债券向企业提供长期投资资金，参与其创业活动。它还以高利息向个人和企业发放小额贷款。例如，消费者金融公司，主要是向个人发放用于购买家具、轿车，房屋装修，消费者医疗，教育成本，度假等各项开支的现金贷款。尽管金融公司已经成为商业和信贷市场的重要力量，具有存款机构的一些特征，但其经营业务仍是以资本市场上的有价证券业务为主。

机构投资者包括证券投资基金、货币市场基金、养老金、保险公司、对冲基金、信托基金。随着各国金融创新以及资本市场的发展，20世纪90年代以来各种类型的机构投资者快速成长，并在金融市场中发挥着日益显著的作用。

典型的存款类金融机构，以吸收存款和发放特定服务的贷款为其主要业务。例如，在美国，这类银行有发放抵押贷款的储蓄贷款协会和互助储蓄银行，发放消费贷款的信用社，它们主要靠吸收居民的长期储蓄存款为资金来源。还有从事政策性金融业务的专业银行，如中国农业发展银行、中国进出口银行，主要靠财政拨款或者发行政策性金融债券为资金来源。我们之所以不称其为"真正的银行"，是因为这类存款机构一般不以接收社会活期存款为主，贷款多为中长期性，这就决定了其潜在的信用创造能力不能与商业银行相提并论。

二、金融市场体系

金融市场体系的内在结构是不断发展变化的，其多样性和复杂化程度，已经成为判断一个国家金融市场发展水平的重要标志。为了更加清晰地认识金融市场体系的内在结构，下面以不同标准对西方发达市场经济国家金融市场的构成加以划分。

1．**按照融资的期限划分：短期金融市场、长期金融市场**

(1)短期金融市场，指融通期限在1年以内(包括1年)的短期金融资产的借贷交易市场，是短期信用工具与货币相交换的市场。这种市场上交易的金融工具有很强的变现性，与货币的流动性相差不大，有的金融工具(如票据)还被当做货币的代用品使用，所以短期金融市场又被称为货币市场。其主要功能是为公司、政府、投机者提供短期资金需求，为暂时闲置的资金提供流动性较强的金融资产工具。货币市场是以电话和网络为载体来安排交易，没有固定交易场所的市场。货币市场由若干子市场组成，包括短期信贷市场、同业拆借市场、回购协议市场、商业票据市场、银行承兑汇票市场、短期政府债券市场、大额可转让存单市场、贴现市场等。

(2)长期金融市场，指融通期限在1年以上的长期金融资产的交易市场。其特点是用于融资的金融工具偿还期限长、流动性小、风险较大，融通的资金用于长期投资，参与社会化大生产过程，发挥着资本的职能。所以，长期金融市场又被称为资本市场。资本市场的功能主要表现为通过在初级市场上发行金融工具筹资，从而将社会闲置的储蓄资金转换为长期投资；通过二级市场上金融工具的流通优化资源配置；为投资者和筹资者提供分散风险的途径；提升企业的公司治理制度。资本市场由若干子市场组成，包括中长期银行信贷市场、证券市场、中长期票据市场、保险市场、融资租赁市场、基金市场等。

2．**按照金融交易的性质划分：发行市场、流通市场**

发行市场也称一级市场或初级市场。它是指从事新证券或者票据等金融工具发行所形成的交易市场。证券发行市场主要由发行者、投资者、承销者构成。证券的发行者包括政府、银行等金融机构、企业，它们通过向市场提供证券而筹集到所需的资本；投资者是出资购买股票、债券等有价证券的个人或者机构；承销商是连接证券发行者和投资者的发行中介机构，主要为发行人提供证券发行的咨询服务工作、承购发行者全部或部分新发行的证券、负责向公众分销零售证券等活动，通常由投资银行、证券公司、商业银行、信托公司、保险公司等承担。

流通市场也称为二级市场或次级市场，它是首次发行成功后的证券、票据等金融资产在投资者之间相互转让、买卖而形成的市场。其主要功能是为投资者提供流动性，开拓出金融资产转化成现金的渠道(如在二级市场或者是出售证券，或者是抵押证券)，这种买卖只是变换债权人，并不影响发行者对资金实际上长期固定性占有，所以，二级市场不能对新投资提供金融支持。流通市场包括交易所市场和场外交易市场。前者是高度组织化、有固定场所、管理严密，在交易所内证券公开集中报价的有形市场，即证券交易所；后者是通过电话、电报、电传等电信系统构成的、无固定交易场所的无形议价交易市场。

3．**按照交割方式划分：现货市场、衍生金融工具市场**

现货市场是在交易协议达成的同时立即进行交割的市场。现货市场中交易通常以即买即卖的形式完成。例如，外汇市场上的即期外汇交易就属于现货交易的一种，这种交易要求买卖双方在成交后第二个营业日办理交割手续。

衍生金融工具市场是以金融远期利率协议、远期外汇合约、金融期货合约、互换合约等金融衍生工具作为交易对象的金融市场。远期金融合约一般难以进行对冲平仓，90％以上的远期合约到期后都会进行实际的交割，因此，远期合约主要是一种远期购销合同。金融期货合约是在远期合约的基础上发展起来的一种由交易所保证的标准化买卖合同。大多数期货合约在到期日之前都被相互冲销，不进行实际的合约资产标的交割。金融期权市场是期货市场的发展和延伸，在西方发达国家，期权交易已经建立起固定的交易场所，并实现了期权转让合约的标准化。期权交易实质是一种权利的买卖，对于买者，其支付期权费享有行使或放弃这种交易的权利；对于卖者，其只有应期权的购买者要求进行交易的义务，既有可能不费任何本金获得相应的期权费收入，也有可能在履行交易义务中招致更大亏损。

4. 按照交易的对象划分：货币市场、资本市场、外汇市场、黄金市场

对货币市场和资本市场已有论述。在此仅介绍外汇市场和黄金市场。

外汇市场是以不同国家的货币作为交易对象的场所，包括有形的外汇买卖场所和无形的外汇交易网络。外汇市场的参与者有外汇银行、中央银行、外汇经纪人、进出口商、非贸易的外汇供求者、外汇投机者。狭义的外汇市场称为外汇批发市场，它主要是银行同业之间的外汇交易市场。广义的外汇市场不仅包括外汇批发市场，还包括银行同一般客户之间的外汇交易。发达外汇市场有利于促进国际资本流动，实现了跨越国界的资金借贷融通和债权债务的清偿。

黄金市场是专门进行黄金买卖交易的场所。世界上最早的黄金市场产生于 19 世纪初的伦敦。现在，伦敦、苏黎世、芝加哥、香港、纽约是五大国际黄金市场，它们的市场价格和交易量的变化很大程度上决定了世界黄金市场价格的发展趋势。

三、中国金融机构与金融市场发展回顾

(一)中国金融中介体系概况

经过 30 多年的改革开放，我国已经初步形成以商业银行体系为主体，多样化非银行金融机构并存的金融中介体系格局。

1. 银行类金融机构

银行类金融机构在我国金融体系中居于主导地位，在发挥金融核心作用中担负着十分重要的角色。从 1978 年到 1984 年，中国二元银行体系初步建立。1978 年，中国人民银行正式从财政部的依附地位中独立出来。自次年起，中国农业银行、中国银行、中国建设银行和中国工商银行逐步得以恢复、建立和发展。1983 年，国务院明确中国人民银行专门行使中央银行职能。至此，"大一统"的银行体系被二元银行体系取代。从 1985 年起，我国开始构建多层次银行体系，中国人民银行明确提出国有专业银行实行企业化经营。1986 年交通银行重组，成为新中国第一家全国性股份制银行。继重新组建交通银行之后共有 12 家股份制银行在全国范围内陆续成立。1993 年，国务院颁布《关于金融体制改革的决定》，1994 年国家开发银行、中国进出口银行、中国农业发展银行 3 家政策性银行宣告成立，标志着国有银行政策性业务与商业性业务的分离和国有专业银行向商业银行转变的开始。为了全面推进银行业商业化改革，确保经济金融稳定，1998 年起一系列改革措施开始实施。例如，取消对国有商业银行贷款限额的控制，成立中国信达资产管理股份有限公司(简称中国信达)、中国华融资产管理股份有限公司(简称中国华融)、中国长城资产管理公司(简称中国长城)和中国东方资产管理公司(简称东方资产)，处理四家国有商业银

行的不良资产。2002 年第二次全国金融工作会议明确国有商业银行改革的方向是按照现代金融企业的属性进行股份制改造。为此,2003 年中央汇金投资责任有限公司成立,我国政府采用投资公司的形式建立国有金融资本出资人的模式①。从 2004 年开始到 2009 年四大国有商业银行完成改制,截至 2010 年,五家大型商业银行均成功上市。在国有商业银行改革的同时,国家开发银行于 2008 年完成股份制改革,成为第一家由政策性银行转型的商业银行,推动着政策性银行改革的步伐。

同期,中国中小金融机构也得到一定程度的发展,出现了城市商业银行、农村商业银行、农村合作银行、村镇银行等新兴银行业金融机构。在 1995 年前,中国约有 5 000 家城市信用社,有相当多的城市信用社已失去合作性质,实际上已经办成小型商业银行。1995 年国务院决定,在城市信用社基础上组建城市合作银行和城市商业银行。1998 年城市合作银行全部改名为城市商业银行,它们主要为地方中小企业发展服务。到 2011 年,我国共有城市商业银行 144 家。同时,大力推进现代农村银行制度建设,到 2003 年农村合作金融的命运出现了转机。经过股份制改革,截止到 2011 年我国农村信用社资格股占比已降到 30%以下,已组建农村商业银行 212 家、农村合作银行 190 家。中国银行业监督管理委员会(简称中国银监会)提出,今后将全面取消资格股,鼓励符合条件的农村信用社改制组建为农村商业银行,到 2016 年左右将全面完成农村信用社股份制改革。此外,2006 年 12 月中国银监会放宽农村银行业金融机构准入政策,自 2007 年 3 月第一家村镇银行挂牌以来,到 2011 年 12 月全国共组建村镇银行 635 家②。村镇银行的成立是中国农村金融领域具有里程碑意义的变革。从 2006 年开始,监管机构还积极引导民间资本进入银行业,并出台相关指导意见加大支持民间资本进入力度③。2012 年 3 月 28 日,国务院决定设立温州市金融综合改革实验区,引导民间融资规范发展,构建与经济社会发展相匹配的多元化金融体系,也为全国金融改革提供经验④。

2. 非银行类金融机构

我国非银行类金融机构主要包括金融信托投资公司、证券公司、财务公司、金融租赁公司、金融资产管理公司等。

(1)金融信托投资公司。继 1979 年中国国际信托投资公司(现在为中国中信集团公司)成立以后,全国性信托投资公司陆续成立。信托业务主要包括资金信托计划、企业年金信托业务、信贷资产证券化、不动产信托等,兼营并购重组、财务顾问、证券承销等投资业务和中介业务。

(2)证券公司。证券公司从事三种业务,即证券经纪、证券自营和投资银行业务。虽然证券公司和投资银行正在被视作同义语,但是中国的证券公司还远远不能算做标准的投资银行。

(3)财务公司。财务公司为企业集团内部集资组建,目的是为集团内部各企业筹资和融通资金,以促进技术改造。

---

① 李志辉. 中国银行业的发展与变迁. 上海:上海人民出版社,2008:14-23.
② 中国银监会 2011 年年报。
③ 李扬,王国刚. 中国金融发展报告. 北京:社会科学文献出版社,2011:79-97.
④ http://finance. sina. com. cn/china/bwdt/20120328/175011702264. shtml.

(4)金融租赁公司。它是专门经营租赁业务的金融公司，通过提供租赁设备定期向承租人收取租金。国内具有代表性的公司有交通银行金融租赁有限责任公司、上海融联租赁股份有限公司等。

(5)金融资产管理公司。它是专门收购国有独资商业银行不良贷款，管理和处置因收购国有独资商业银行不良贷款形成的国有独资非银行金融机构。1999年成立的中国华融、中国长城资产、东方资产和中国信达，分别接收、处置从中国工商银行、中国农业银行、中国银行、中国建设银行剥离出来的不良贷款。

(6)金融控股公司。它是以银行、证券、保险等金融机构作为子公司的一种纯粹型控股公司。所谓纯粹型控股公司是母公司没有自己特有的事业领域，仅仅是一个公司经营战略的决策部门。国内目前比较典型的金融控股公司主要有中国光大控股有限责任公司(简称光大控股)和中国中信集团公司。光大控股是光大证券、光大银行的控股股东。

(7)保险公司。保险公司是经营保险业务的金融机构。新中国成立初期，我国政府成立国营的中国人民保险公司，1990年，中国人民保险公司的市场占有率达99%以上[1]。1991年，中国太平洋保险(集团)股份有限公司(简称太平洋保险)获批成立，1992年获准组建中国平安保险(集团)股份有限公司(简称平安保险)，从而在中国保险市场引入竞争机制。1996年，太平洋保险和平安保险的市场占有率分别达到12%和14%，打破了中国人民保险公司一家独大的局面。1999年，中国人民保险公司撤销，旗下中国人保、中国人寿和中国再保险公司变为一级法人，成为独立的专业保险公司。由此，中国保险业跨入分业经营的时代。随后，多家全国性的、区域性的保险公司陆续成立，中国保险市场获得了较快的发展。2010年，中国保费收入为1.45万亿元(1996年仅为800.68亿元)，国际排名上升到第6位；保险公司数量增加到146家(1996年为21家)，市场集中度进一步下降。近年来，中国保险资产规模迅速扩大，保险密度和深度得到大幅度提升[2]。

(二)中国金融市场发展

中国目前已经形成包括货币市场、资本市场、外汇市场、黄金市场、一级发行市场、二级流通市场等多样化的金融市场体系。

(1)货币市场得到了快速发展，交易品种日趋增加，交易规模持续增长，市场主体不断扩大，货币市场在金融市场体系中占有日益重要的地位。截至目前，货币市场的主体部分依然是银行间货币市场上的债券回购、同业拆借和票据市场三大交易板块，沪深交易所中的债券回购交易处于次要地位。"十一五"期间，交易所每年债券回购交易额不足银行间市场的1/10。伴随着货币市场的不断发展，中央银行货币政策间接调控方式的有效性不断提高。到2010年，银行间债券回购、同业拆借及票据贴现的交易规模分别为87.6万亿元、27.9万亿元、26.0万亿元。从交易品种的结构变化来看，债券回购交易仍居于主导地位，政府债券、央行票据和政策性银行债等安全债券是债券回购市场主要交易品种；同业拆借交易的市场地位大幅上升。

(2)资本市场获得了超常规的发展，证券市场和银行中长期信贷市场构成其发展的主

① 李耀华.中国当代保险业发展历史及其效率研究.北京：知识产权出版社，2012：17.
② 李扬，王国刚.中国金融发展报告.北京：社会科学文献出版社，2011：98-101.

体。资本市场从 1990 年沪、深两市开办至今，已经形成了主板、中小板、创业板、代办股份转让系统、产权交易市场、股权交易市场等多种股份交易平台，具备了发展多层次资本市场的雏形。主板市场是资本市场中最重要的组成部分，很大程度上能够反映经济发展状况，对发行人的营业期限、股本大小、盈利水平、最低市值等方面的要求标准较高。2004 年 5 月，为中小企业提供资金支持的中小板市场在深圳证券交易所启动。2009 年 3 月，创业板市场在深圳证券交易所启动，主要为创新型和成长型企业提供金融服务，并为风险投资企业和私募股权投资者建立新的退出机制。代办股份转让系统、产权交易市场、股权交易市场是上海、深圳两家证券交易所的场外交易市场。其中，2001 年证券公司代办非上市公司股份转让系统正式运作，2006 年，北京中关村非上市公司代办股份报价转让系统试点("新三板")运行，并在今后有望获得扩容。2010 年 1 月，中国证券监督管理委员会(简称中国证监会)发布《关于开展证券公司融资融券业务试点工作的指导意见》，融资融券试点业务正式启动，3 月首批 6 家试点券商正式试水融资融券业务，到当年年底共有 15 家试点券商正式入场交易，中国资本市场也从此结束"单边市场"迈向"双边市场"。

（3）金融衍生工具市场处于起步阶段。随着证券市场的不断发展，我国对商品与金融期货市场交易已经做了一系列尝试。商品期货市场的运行比较稳定，金融期货市场在外汇期货、利率(国债)期货和股指期货方面的试点工作取得一定成效。1990 年 10 月郑州商品交易所成立，它是中国首家期货市场试点单位。截止到 2010 年年底，全国可上市交易的商品期货共有 21 种，成交量达到 30.42 亿手，成交额达 226.98 万亿元。2005 年 4 月，沪深交易所联合发布沪深 300 指数，成为中国内地第一个开展股指期货交易的标的指数，这为股指期货的推出奠定了基础。2006 年 4 月，中国外汇交易中心在银行间外汇市场推出人民币外汇掉期交易；同年 9 月，中国金融期货交易所挂牌成立。2008 年黄金期货合约在上海期货交易所上市交易。2010 年 4 月，中国金融期货交易所正式挂牌交易沪深 300 股指期货，从 4 月推出以来，到 2010 年年底股指期货成交额高达 82.14 万亿元，高居所有期货品种首位。2011 年 4 月，国内正式推出了人民币对外汇期权业务。

第四节　金融发展与经济增长

金融发展表现为发展中国家的金融深化过程和发达国家的金融创新过程，两种发展形式的共同背景是金融自由化过程。金融发展理论阐述的核心是经济与金融之间的相互联系、相互促进的关系，计量分析结果表明，金融发展是经济长期稳定增长的原因之一。分析金融发展与经济增长的关系，实际上是对一国范围或者区域、世界范围中金融体系发展的经济效果的评价，对金融发展促进经济发展的内在机理的探讨。

一、金融发展理论的萌发

在凯恩斯主义传统中，金融对经济的作用被低估。在现实中，金融抑制造成发展中国家货币化程度低、金融市场落后，缺乏有效集中与配置金融资源的资本市场，金融行为被严重扭曲，这种抑制成为阻碍经济进一步发展的重要因素。而在发达国家，20 世纪 30 年代以后其普遍加强对金融业的监管，严厉管制给经济带来很大的额外成本。这迫使人们开始反思经典经济理论以及金融与经济的关系。

(一)戈德史密斯的金融结构理论

雷蒙·W. 戈德史密斯于 1969 年出版的《金融结构与金融发展》奠定了金融发展理论的基础，他也因此成为金融发展理论的鼻祖。该书的主要内容包括：第一，提出并分析了金融结构概念。戈德史密斯指出，各国金融机构的差异能够反映金融发展程度。为此，他提出包括"金融相关比率"在内的八个定量指标衡量金融结构状况。其中，金融相关比率是指全部金融资产价值与全部实物资产(即国民财富)价值之比，是衡量金融上层结构相对规模的最广义指标。它的变动反映的是金融上层结构与经济基础结构之间在规模上的变化关系，它大概可以被视为金融发展的一个基本特点。第二，揭示金融深化的内在演化路径，即各国金融结构不同，但金融发展的趋势是相似的。戈德史密斯通过总结出金融发展的 12 条规律，揭示了金融相关比率变化趋势，金融结构变化，金融发展、外部金融与经济发展之间的关系等方面的内容[①]。

(二)麦金农和肖的金融深化理论

美国经济学家罗纳德·麦金农和爱德华·肖在 20 世纪 70 年代分别出版了专著《经济发展中的货币与资本》和《经济发展中的金融深化》。他们一反主流经济理论以发达国家为研究对象和偏重实物要素的研究方法，而以发展中国家为研究对象，集中研究货币金融与经济发展的内在联系，分别提出了"金融抑制理论"和"金融深化理论"。

综合罗纳德·麦金农和爱德华·肖的理论，其要旨在于以下方面。第一，将发展中国家金融抑制特征概括为：货币化程度低；货币金融制度具有二元结构特点；金融体制发展不平衡和低效率；资本市场尤为落后；政府对经济和金融的不适当干预。第二，建立金融深化理论模型。麦金农认为，在发展中国家，提高利率反而刺激投资，降低利率却压抑投资，利率与投资呈正相关，麦金农将此称为"渠道效应"。当利率超过一定限度时货币与实际资本由原来的互相补充变为互相替代，即由"渠道效应"转向"替代效应"。第三，提出"金融深化论"政策主张，指出发展中国家应从本国实际出发进行金融改革，解除金融压制，消除资本形成的桎梏，采取适合本国国情的货币金融政策。

总之，"金融深化论"纠正了传统的经济发展理论忽视金融因素的偏颇，指出主流货币金融理论认为货币与实物资本为替代品的假定并不适用于发展中国家；在政策主张上，"金融深化论"既不同于凯恩斯主义，也与现代货币主义有异，它主张政府放弃对利率的人为干预以刺激储蓄和投资。

当然，金融深化论将发展中国家的落后极端地归因于金融体系落后，显然不够准确和失之片面。任何完全取消政府干预的自由主义主张都难以成立。

二、金融发展理论的发展

在麦金农和肖之后一个时期，金融发展理论未有实质性进展，其研究主要是卡普尔、马西森等在麦金农和肖的理论框架下进行模型检验及理论的局部扩展。进入 20 世纪 90 年

---

① 戈德史密斯 R W. 金融结构与金融发展. 周翔，郝金城，肖远企，等译. 上海：上海三联书店，上海人民出版社，1990：20-42.

代以后，传统的金融发展理论得到复兴。

(1)麦金农的金融次序理论。这是麦金农和肖对"金融自由化"思想进行的反思。发展中国家金融自由化的大部分结果不尽如人意，在此背景下，麦金农于 1997 年出版了《经济自由化的次序——向市场经济过渡时期的金融控制》一书，认为对于推进经济市场化而言，客观上存在一个如何确定最优次序的问题，应该先国内后国外，在国内金融成功自由化后，政府可以进行外汇自由化的改革，这当中同样存在一个次序正确、程度适当的问题。

(2)赫尔曼、穆尔多克和斯蒂格利茨的金融约束理论。国家金融发展理论研究的不断深入，特别是信息经济研究取得重大突破，为金融发展理论研究构筑了微观基础。以赫尔曼、穆尔多克和斯蒂格利茨为代表的新凯恩斯主义经济学家松动了麦金农和肖的金融市场是完全竞争的理论假设条件，从不完全信息市场角度提出"金融约束理论"，重新审视了金融体制中加强政府干预与放松管制的问题，认为金融市场是非完全竞争市场，政府的适当干预是十分必要的。由于该学派承认金融约束是一种动态的政策制度，如何掌握恰当的尺度显得尤为必要，这就意味着如何制定金融政策对政府是一种挑战。

(3)格林伍德和史密斯将金融中介和金融市场的动态发展过程归因于经济发展。Greenwood 和 Smith(1997)从理论上论证了金融中介和金融市场的动态发展过程。在人均收入和人均财富很低时，金融服务带来的收益往往不能抵补进入金融系统的运行成本，金融中介和金融市场发展缓慢，规模甚小。当经济发展到一定阶段后，人均财富提高，金融需求要求发展更多的金融中介和金融市场。由此看来，格林伍德和史密斯将金融体系演进实际看做经济增长和人均收入变动的结果，而不是原因。

(4)金融发展的法律决定论。20 世纪 90 年代，金融发展的法律决定论成为新的热点，该理论认为正是国家法律模式的不同形成国家间金融体系的差别。拉·波塔、洛佩兹·德-西拉内斯、施莱弗和维什尼(为行文方便，使用四人姓的缩写作为简称：LLSV)最早提出法律渊源对金融发展有重要影响。经济学家将法律体系的差别研究进一步转向法律的适应性和法律的动态性差别(La Porta et al.，1998)。作为对 LLSV 的一个补充，Levine (1999)通过对法律环境与银行业发展、银行业发展与经济增长率、资本积累与劳动生产率之间关系的检验，得出法律条文和法律执行情况的法律环境同样决定国家金融结构模式。

三、21 世纪以来的金融发展理论

在 2000 年以后，学者们从经济学、法学、政治学和社会学等不同视角出发，探究形成不同国家金融发展程度差异化的原因。同时，对金融发展与经济增长关系也融入新的元素加以探讨。

(一)国家法律系统与金融体系的关系

拉·波塔、洛佩兹·德-西拉内斯、施莱弗和维什尼(LLSV)，以及克拉森、迪简科夫和范研究了投资者法律保护对公司股权结构和公司价值的影响，认为投资者法律保护对完善公司治理机制和促进金融市场发展均有重要影响。拉·波塔、洛佩兹·德-西拉内斯、施莱弗(为了行文方便，使用三人姓的缩写作为简称：LLS)研究了证券法是否会影响证券市场的发展问题(La Porta et al.，2008)。为此 LLS 设计了包括信息披露指数、责任规范指数和公共执法指数在内的用来衡量证券法律法规的一套指标，采用包括股市市值/GDP（国内生产总值）、股权集中度等变量衡量证券市场发展，利用49个国家的数据研究了证券法对证券市场的影响，发现仅仅依赖市场力量的证券市场并不能繁荣发展，证券法促进证券市场发展的主要原因是其推动了私人交易而非公共监管执法能力，强制信息披露和责任规范制度对证券市场发展的促进作用更为明显。LLS认为对金融发展而言，法律改革显得尤为重要[①]。

(二)政治文化因素对金融发展的影响

拉詹和津加莱斯认为不同国家的既得利益集团是否支持金融市场发展是影响金融发展的关键。既得利益集团出于维护既得利益的考虑所采取的措施成为各国金融发展呈现显著差异的内在原因，只有通过开放、引入国外竞争才可以削减利益集团，抑制国内竞争，从而有助于本国金融发展。贝塞拉和卡瓦略的研究表明，利益集团的金融发展程度高而政府处理经济的能力低，决定了国家的金融发展水平较低[②]。政治关系假说则强调政治权力对金融资源配置的直接影响。此外，威廉姆森、津加莱斯、莱文等国外学者还从自然禀赋、宗教文化、社会资本等方面阐释对各国金融发展的影响。

(三)信息经济学新方法

20世纪90年代后期，尤其是进入21世纪以来，随着信息经济学成为新的市场经济理论的主流，经济学家们引入信息不对称以及逆向选择、道德风险和委托代理等因素，对金融发展与经济增长理论进行模型检验及理论拓展。Capasso(2004)对由借款人和贷款人之间信息不对称引起的金融发展和经济增长问题进行了研究，通过对信息发布、最优融资合约、监测成本与资源配置、经济增长、资本积累之间的运行机制研究，指出信息不对称是引起各种微观经济摩擦的重要因素。Wright(2002)同样在研究金融发展与经济增长模型的过程中引入了信息不对称因素，指出这些因素在金融系统的发展过程不可能被完全消除，但是可以通过金融机构和金融市场将其削弱，银行通过专业化和规模经济能更有效地预防逆向选择以及监测道德风险的发生，证券市场也通过类似的途径削弱信息不对称。并且，股份制形式有助于减少委托代理问题，股票市场价格被视为公众对公司财务前景做出的准确估计。

(四)重新审视金融发展理论

肇始于2007年美国次贷危机的全球金融危机诱发人们对金融自由化的反思，也引起对金融发展与经济增长关系的新的关注。海瑟、朱旺和马尔伯格利用1990～2009年30个欧洲国家的数据做实证研究，发现无论是否处在金融危机时期，近年来欧洲国家的金融发展对经济增长的影响均在弱化；欧洲金融市场发展出现与实体部门脱钩的迹象，甚至有阻碍经济增长的趋势[③]。海瑟等认为造成这些现象的原因是金融市场的结构变化和顺周期性性质。Eichengreen等(2011)认为资本账户开放在非危机时期能够有效地促进金融依赖

---

① La Porta R，Lopez-de-Silanes F，Shleifer A. What works in securities laws. The Journal of Finance，2008，61(1)：1-32.

② Becerra O，Cavallo E，Scartascini C. The politics of financial development：the role of interest groups and government capabilities. Journal of Banking & Finance，2012，36：626-643.

③ Haiss P，Juvan H，Mahlberg B. The impact of financial crises on the finance-growth relationship：a European perspective. Journal of Banking & Finance，2011，17：1-45.

型产业的增长，但该作用在危机时期会消退。更深层次的研究表明资本账户开放仅仅能够在那些金融体系相对发达、会计标准良好以及债权人权利保护和法治完善的国家产生积极影响。艾肯格林提出如果一国期望从资本账户自由化中获益的话，国家的法治和经济发展水平必须达到一个特定的临界值。可以预期，未来金融发展理论的"发展"理应对发展中国家金融危机和金融风险控制有更为系统的研究，探讨转型经济中金融发展的路径依赖特征，深入分析金融监管和金融控制在防范金融危机方面的作用机制及实施手段。

四、金融发展是否可以促进经济增长

(一)金融发展与经济增长的关系

金融发展与经济增长之间究竟存在何种关系呢？一方面，金融结构的演进，即金融发展，对一国经济增长有巨大的刺激与推动作用。因为金融结构发展可以改善社会融资的条件，并大大地提高融资效率，为资本流动转移与合理配置创造有利条件。如果金融业发展不足，难以提供实体经济发展所需的金融服务，那么就会出现资本配置效率降低，实体经济投资收益率下降的现象。另一方面，一国经济的增长与发展也会对金融结构的演进与金融的发展产生积极的促进作用。经济增长和工业化的发展使国民收入水平较快地增加，社会资金流量也相应增加，社会对资金的需求上升，金融结构的发展与增长也就具有相应的基础和条件。因此，经济的增长刺激了金融发展，为金融发展创造生存空间。

(二)最新实证研究

1. 国家层次的研究

大量实证研究表明，受诸多因素影响，金融发展对经济增长的影响是非线性的。鲁索和瓦奇泰尔通过对相关国家的面板数据计量分析表明，高通货膨胀率削弱了金融发展对经济增长的正向影响，这是金融发展和经济增长之间产生非线性关系的原因[①]。里奥哈和法莱福采用动态面板分析方法对 77 个国家 1960～1995 年的数据进行计量分析，发现富裕国家金融发展主要通过生产率增长的提速促进经济增长，而在较不富裕国家主要通过加快资本积累来实现；金融发展对经济增长的影响是非线性的，相较于富裕国家，金融发展对金融水平较低国家经济增长的边际影响非常小，对中等收入国家经济增长的边际影响最大[①]。格拉夫利用门槛回归模型对 90 个国家 1960～2000 年的面板数据进行分析，认为金融发展虽然能促进经济增长，但金融部门发展滞后或发展过度，最终都会阻碍经济增长，强调可能存在最优的金融发展水平[②]。洪福声在信息不对称标准模型中增加非生产性消费贷款和生产性投资贷款两个变量，用来验证并解释金融发展和经济增长之间的非线性关系，发现金融发展虽然促进了投资贷款和消费贷款的增长，但是这两者对经济增长的影响截然不同。投资贷款的增加促进经济发展，消费贷款增加则阻碍经济增长。因此，金融发展对经济增长的最终效应取决于投资贷款和消费贷款两个变量的相对大小[③]。

---

① Levin R. Finance and growth: theory and evidence. NBER Working Paper, No. 10766, 2004: 57.

② Graff M. Is there an optimum level of financial activity? ETH Working Paper, No. 106, 2005: 1-22.

③ Hung F S. Explaining the nonlinear effects of financial development on economic growth. Journal of Economics, 2009, (97): 41-65.

2. 产业层次的研究

在产业层次上探究金融发展水平对经济增长的影响，有助于克服以国家为单位的总量数据进行的计量分析所产生的一些缺陷。Fisman 和 Love(2003)检验了金融市场对整个社会资源在部门间配置中所起的作用，结果表明，金融市场发展水平越高的国家，各产业之间有着越高的相互关联的增长率。Cetorelli 和 Gambera(2001)研究了银行业集中度对企业获得资金的影响，结果表明银行业集中度有助于那些严重依赖外源融资产业的增长，但是不利于整体经济的增长。克拉森和莱文对上述结果表达了不同意见，指出产业组织理论表明行业集中度不能很好地用来衡量行业竞争力，他们采用以产业组织为基础的银行业竞争力指标进行研究，结果表明：第一，在银行业竞争越激烈的国家，那些严重依赖外源融资的产业发展越快；第二，没有证据显示银行业集中度和产业增长之间存在关系[①]。

麦斯克斯等在产业研发强度模型中引入了对外融资依赖度、产业有形资产占总资产比重、金融市场发展水平、产业占 GDP 份额等变量，以及表示国别、产业部门和年份的虚拟变量，对 18 个 OECD(Organization for Economic Cooperation and Development，即经济合作与发展组织)成员国 22 种制造业在 1990～2003 年的研发支出进行回归分析，结果表明：国内金融市场的多样化和 FDI(foreign direct investment，即外国直接投资)是推动产业研发的最主要因素，因此，为了提高对外融资依赖度和有形资产占比高的产业的研发强度，政府不妨清除国内金融市场发展的阻碍，同时放宽对外国直接投资的管制，这将有助于拥有高智力资本的产业研发部门的建设[②]。

(三)中国金融发展和经济增长、经济发展的关系

中国在改革进展中金融发展与经济增长的关系如何，一直是国内外学者关注的问题。总体看来，金融发展对经济增长与经济发展起到了较好的促进作用，但是，这种作用在不同区域间、城乡间以及不同经济体之间的表现不尽相同。

(1)民营企业面临信贷约束问题。庞塞特等采用中国 1998～2005 年的企业数据做实证研究，发现中国民营企业面临着严重的信贷约束问题，国有企业和外资企业不存在类似问题，各地区和行业内的外国直接投资缓解了中国民营企业面临的信贷约束。国有企业部门相对规模越大，中国民营企业面临的信贷约束越严重[③]。这说明金融发展没有很好地适应企业改革的趋势。

(2)正规金融、非正规金融与企业发展的关系。艾伦等对中国的法律、金融和经济之间的联系进行研究。结论表明，未上市私营企业在缺少健全的法律和金融支持的情况下，其发展速度和对经济增长的贡献却大于国有企业和上市企业；在中国，存在推动企业发展的非正规的融资渠道和监管机制，非正规的融资渠道和监管机制(如声誉和人际关系)对私

① Levin R. Finance and growth：theory and evidence. NBER Working Paper，No. 10766，2004：72-73.

② Maskus K E，Neumann R，Seidel T. How national and international financial development affect industrial R&D. European Economic Review，2012，(56)：72-83.

③ Poncet S，Steingress W，Vandenbussche H. Financial constraints in China：the conditioning effects of FDI and state-owned corporate sector. China Economic Review，2010，(3)：411-422.

营企业发展给予极大的帮助①。也有学者提出了相反的结论。马克西和莫维克指出正规融资比非正规融资更能促进企业的发展，非正规的融资渠道和监管机制对私营企业发展的推动作用有限②。同样，Cheng 和 Degryse(2010)通过实证检验得出，银行比非银行机构更能影响区域经济增长，在引入外资的地区这种情况更为明显。不同研究结论可能在于采用了不同的方法或者使用不同样本数据，这说明做相关研究应该持审慎态度。

　　(3)中国金融发展对经济增长具有促进作用。中国经济增长与宏观稳定课题组运用信用扩张模型分析了特殊的金融安排对经济增长的内在合理性。通过宽松的货币政策及其动员储蓄机制进行信用扩张，从而激励国内产出规模的扩张并促进经济增长③。贾利等利用中国 1977～2006 年的时间序列数据检验金融发展和经济增长的关系，结论是中国金融发展对经济增长具有显著的促进作用，但银行不良贷款成为经济发展面临的严峻问题之一④。

复习思考题

　　1. 试从历史角度分析银行的演进及其发展规律。
　　2. 试分析金融中介与金融市场基本功能的异同。
　　3. 如何理解金融中介与金融市场相互融合的趋势？
　　4. 转轨国家金融制度安排主要受哪些因素的影响？
　　5. 简述现代西方国家金融市场体系各构成部分。
　　6. 如何认识银行类金融机构和非银行类金融机构？
　　7. 如何区分远期外汇合约、金融期货合约和期权合约？它们之间有什么联系？
　　8. 简述戈德史密斯金融结构理论及其贡献。
　　9. 金融深化论的基本观点和政策主张是什么？
　　10. 试述金融约束理论的主要内容和政策主张。
　　11. 试述 20 世纪 90 年代以来金融发展理论的新进展。
　　12. 中国二十多年的金融改革取得了哪些成就，又有哪些与经济社会发展不相适应的方面？今后金融改革的趋势和前景如何？
　　13. 试述金融发展与经济增长之间的关系。

参考文献

艾伦 F，盖尔 D. 2002. 比较金融系统. 王晋斌，朱春燕，丁新娅，等译. 北京：中国人民大学出版社
北京奥尔多投资研究中心. 2002. 金融系统演变考. 北京：中国财政经济出版社

---

　　① Allen F，Qian J，Qian M J. Law，finance，and economic growth in China. Journal of Financial Economics，2005，(77)：57-116.
　　② 转引自 Du J，Girma S. Source of finance，growth and firm size-evidence from China. Research Paper，No. 3，2009：1-34.
　　③ 中国经济增长与宏观稳定课题组. 金融发展与经济增长：从动员性扩张向市场配置的转变. 经济研究，2007，(4).
　　④ Jalil A，Feridun M，Ma Y. Finance-growth nexus in China revisited：new evidence from principal components and ARDL bounds tests. International Review of Economics and Finance，2010，(19)：189-195.

博迪 Z，默顿 R C. 2000. 金融学. 伊志宏译. 北京：中国人民大学出版社

陈学彬. 2003. 金融学. 北京：高等教育出版社

高田，太久吉. 2005. 金融全球化十大热点问题. 孙仲涛，宋颖译. 北京：中共中央党校出版社

戈德史密斯 R W. 1990. 金融结构与金融发展. 周朔，郝金城，肖远，等译. 上海：上海三联书店

黄达. 2004. 金融学. 精编版. 北京：中国人民大学出版社

金德尔伯格 G P. 1991. 西欧金融史. 徐子健，何建雄，朱忠译. 北京：中国金融出版社

李扬，王国刚. 2011. 中国金融发展报告. 北京：社会科学文献出版社

麦金农 R I. 1988. 经济发展中的货币与资本. 陈昕，卢骢译. 上海：上海三联书店

麦金农 R I. 1997. 经济自由化的次序——向市场经济过渡时期的金融控制. 第二版. 周庭煜，尹翔硕，
    陈中亚译. 上海：上海三联书店，上海人民出版社

米什金 F S. 2011. 货币金融学. 郑艳文，荆国勇译. 北京：中国人民大学出版社

乔恩 J F. 2002. 货币史. 李广乾译. 北京：商务印书馆

斯蒂格利茨 J. 1998. 政府为什么干预经济. 郑秉文译. 北京：中国物资出版社

王广谦. 2003. 金融中介学. 北京：高等教育出版社

王松奇. 2000. 金融学. 北京：中国金融出版社

肖 E. 1988. 经济发展中的金融深化. 邵伏军，许晓明，宋先平译. 上海：上海三联书店

曾康霖，谢太峰，王敬. 1997. 银行论. 成都：西南财经大学出版社

张杰. 2003. 经济变迁中的金融中介与国有银行. 北京：中国人民大学出版社

Boot A W A，Thakor A V. 1997. Financial system architecture. The Review of Finacial Studies，10(3)：693-733

Capasso S. 2004. Financial markets development and economic growth：tales of informational asymmetries. Journal of Economic Surveys，18(7)：267-292

Cetorelli N，Gambera M. 2001. Banking market structure，financial dependence，and growth：international evidence from industry data. The Journal of Finance，56(2)：617-648

Cheng X，Degryse H. 2010. The impact of bank and non-bank financial institutions on local economic growth in China. Journal of Financial Services Research，37(2)：179-199

Dutta J，Kapur S. 1998. Liquidity preference and financial intermediation. The Review of Economics Studies，65(3)：551-572

Eichengreen B，Gullapalli R，Panizza U. 2011. Capital account liberalization，financial development and industry growth：a synthetic view. Journal of International Money and Finance，30：1090-1106

Fisman R，Love I. 2003. Financial development and the composition of industrial growth. NBER Working Paper，No. 9583

Greenwood J，Smith B D. 1997. Financial markets in development，and the development of financial markets. Journal of Economic Dynamics and Control，21：145-181

La Porta R，Lopez-de-Silanes F，Shleifer A. 2008. What works in securities laws? The Journal of Finance，61(1)：1-32

La Porta R，Lopez-de-Silanes F，Shleifer A，et al. 1998. Law and finance. Journal of Political Economy，106(6)：1113-1155

Levine R. 1999. Law，finance，and economic growth. Journal of Financial Intermediation，8(1)：8-35

Merton R C. 1995. A functional perspective of financial intermediation. Financial Management，24(2)：23-41

Wright R E. 2002. The Wealth of Nations Rediscovered：Integration and Expansion in American Financial Markets，1780-1850. Cambridge：Cambridge University Press

第三章

中央银行

中央银行是金融体系的核心，其产生和发展是经济、社会发展的历史必然，从产生之日起，中央银行便承担着为政府融资的职能[①]。随着各国经济、金融往来日益全球化、金融创新日新月异，中央银行的传统职能和业务不断拓展，宏观调控和危机管理职能更加凸显。本章从中央银行的产生追根溯源，围绕中央银行的职能介绍中央银行业务，并以美国金融危机为例分析中央银行在危机治理中的作用以及中央银行政策的国际协调。

■第一节　中央银行制度

一、中央银行产生的客观经济原因

始于 18 世纪初的工业革命，使西方国家的社会生产力和商品经济得以快速发展，资本主义银行信用业进一步普遍化和集中化；相伴而生的是资本主义基本矛盾不断激化，经济危机和货币信用危机难以避免，1825 年资本主义世界第一次经济危机触发了金融动荡，面对商业银行挤兑风潮，英格兰银行囿于银行法的限制无法救援。1847 年的货币信用危机迫使国会批准英格兰银行突破 1 400 万英镑信用发行的限制，历史地承担起"最后放款人"的责任，成为实质上的中央银行[②]。英格兰银行由一个普通商业银行转变为近代中央银行的鼻祖，漫长的历史发展过程蕴含着中央银行产生的客观经济原因。

---

① 英格兰银行作为世界上最早的中央银行，最早是一家由辉格党创建的金融公司。"在很多关键时刻，这家公司的信用基本上都用在政府身上，没有这家公司的帮助，我们的政府连国债都借不到。"在英法战争期间，英格兰银行为军费筹集做出了重大贡献。"作为回报，英格兰银行开始或事后从政府那里获得了三项重要特权"，分别是享有管理政府财政收支的专有权、垄断英国的有限责任制以及成为英国唯一一家有特权发行纸币的股份公司(资料来源：白芝浩 W. 伦巴巴第街——货币市场记述. 沈国华译. 上海：上海财经大学出版社，2008：42-45)。由此可见，英格兰银行早已为政府融资，并为此获得了其他特权。

② 陈昭. 中央银行的产生及其经济原因. 中央财政金融学院学报，1986，(5)：56，78-80.

(一)统一货币发行要求

在银行业发展初期，银行券发行混乱，各家银行均可依据自身信誉和经济实力发行一定范围内流通的银行券。随着经济的发展、市场的扩大和银行机构的增加，银行券分散发行暴露的问题日益明显。首先，小商业银行信用能力薄弱，无法保证银行券的信誉及其流通的稳定性，1825 年英国信用危机即是明证。其次，小商业银行发行的银行券流通区域有限，给生产、交换、消费和流通都带来诸多不便。客观上迫切需要一个资金雄厚、信誉优良的权威机构统一发行货币以解决上述弊病。

(二)确保银行支付体系需要

银行券发行权利统一后，商业银行的负债主要来源于存款业务。在利益驱动下，商业银行采用降低准备金的方式扩大信用规模，利润增加的同时增大了商业银行的清偿压力和流动性风险。从货币需求角度来看，经济主体的贷款需求亦不断增长，增大了信用危机爆发的可能性。为此，组建一家权威机构，集中各银行的部分准备金，在必要时发挥"最后贷款人"的作用，以保证存款人的利益和金融体系的稳定，成为当时刻不容缓的任务。

(三)票据清算要求

随着信用经济的发展，银行业务不断扩大，各银行之间的债权债务关系日益复杂化，票据交换业务越来越繁重。由各银行分别进行轧差清算，速度慢、周期长、在途资金占用多，客观上要求建立一个统一的清算机构，作为金融支付系统的核心，完成银行间各种票据的清算，保证资金快速、顺畅流通。

(四)金融监管和政府融资需求

随着货币信用关系的发展，金融的核心地位日益突出。金融业的公平、有序竞争和金融市场的健康发展，需要一个技术性很强的机构来协调和监管，这是中央银行产生的又一客观经济原因。此外，从政府融资的需求来看，首先，政府财政收支在时间上具有不同步性，常常出现入不敷出的现象；其次，政府资金需求规模往往很大，其信贷需求很难从某普通银行全部得到满足。为了解决这些矛盾，需要一个专门机构对政府的收支和资金往来进行管理。

二、中央银行产生与发展的历程

英格兰银行成立之初只是普通的商业银行，其性质和职能的演变经历了一个漫长的历史发展过程，其后其他国家纷纷效仿英格兰银行逐步建立中央银行制度。中央银行的发展历程大体可以分为三个阶段。

第一阶段：中央银行的初创时期(17 世纪中叶至 1843 年)。1694 年英格兰银行成立，其成立之初便为政府筹资，并因此获得发行政府授予的银行券的权利，成为最早的真正意义上的中央银行[①]。由于英格兰银行资金实力和信誉高于其他银行，1833 年国会通过法律规定英格兰银行发行的纸币具有无限法偿能力，并于 1844 年颁布《英格兰银行条例》(亦即《皮尔条例》)确立其货币发行的法律地位。此后，法国、荷兰、丹麦、挪威等国家亦纷纷

---

① 有观点认为最早设立的中央银行是瑞典银行，但事实上直到 1897 年瑞典银行才独享货币发行权成为真正意义上的中央银行。因此，我们认为英格兰银行是最早的中央银行。

设立中央银行。这一时期的中央银行组织方式多是公私合营，兼营商业银行业务并为商业银行提供金融服务，同时为政府代理国库，并逐步集中货币发行权。

第二阶段：中央银行制度的发展完善时期(1844年至20世纪30年代)。1844年以后英国历史上先后爆发了三次金融危机，英格兰银行依托其强大的资金实力，采取票据贴现融资的方式救助问题金融机构，充分发挥了"最后贷款人"角色，避免了整个金融体系的崩溃，彰显了其在保障银行清偿能力、调节社会信用方面不可替代的功能[1]。相比之下，美国中央银行在当时尚未成立。1833～1863年，美国处于自由银行制度时期，银行券自由发行导致币制混乱。1863年《国民银行法》颁布，其旨在限制银行券的发行，缓解币制混乱的局势。但银行券发行仍以政府债券为基础，缺乏弹性，不利于银行制度的稳定。1907年，美国的货币金融危机对美国经济和金融造成巨大损伤。1908年，美国成立国家货币委员会负责全国货币金融制度改革的研究，并于1912年建议成立中央银行以管理和调节货币金融活动。1913年《联邦储备法》通过，联邦储备系统正式成立，美国自此创建了中央银行制度。期间，1920年布鲁塞尔会议、1922年日内瓦国际经济会议分别从稳定各国国内经济、国际货币体系的角度推动中央银行的发展。1929～1933年世界性经济危机和凯恩斯《就业、利息和货币通论》的诞生更是为中央银行制度的发展提供了现实依据和理论支撑。加之1930年5月国际清算银行成立，国际合作加强，中央银行制度得到进一步发展，诸多国家相继建立和完善中央银行制度。

第三阶段：中央银行制度的强化时期(第二次世界大战以后)。第二次世界大战后，凯恩斯主义愈发盛行，金本位制崩溃加速中央银行职能的深化。一方面，货币发行脱离黄金储备，客观上要求中央银行制定货币政策以稳定货币与信用体系。同时各国纷纷制定银行法，确保中央银行执行货币金融政策的法律地位；另一方面，金本位制的瓦解使各国间的货币关系失去统一的价值标准，引起了国际贸易和国际结算混乱。1945年国际货币基金组织和世界银行成立，旨在加强国际间中央银行的合作，确保各国银行体系稳健运行和国际金融秩序稳定。1974年巴塞尔银行监管委员会(Basel Committee on Banking Supervision，BCBS)成立，实施银行业务国际联合监督。这些对于中央银行职能的完善和中央银行的国际合作均起到了重要的推动作用。

三、中央银行体制

各国中央银行的发展历程不尽相同，中央银行体制也存在差异，归纳起来大致可分为四种类型，即单一式中央银行制度、复合式中央银行制度、准中央银行制度和跨国中央银行制度。

单一式中央银行制度指国家设立单独的机构行使中央银行职能，这种类型又可分为一元式和二元式中央银行制度。一元式中央银行制度指一国只设立一家统一的中央银行，在国内设立若干分支机构，实行垂直领导的中央银行制度。其特点表现为权力高度集中、决策时滞短、职能完善。二元式中央银行制度是指由中央和地方两级相对独立的中央银行机构共同承担中央银行职能，这种制度多见于联邦制国家。

---

[1] 英国历史上发生三次金融危机的时间分别是1847年、1857年和1866年。

复合式中央银行制度是指由一家大银行同时行使中央银行与商业银行职能的制度。一般来说，这种制度与计划经济体制相适应，苏联和 1983 年前我国的中央银行制度即是如此。

准中央银行制度是指由政府设置类似于中央银行的机构或政府授权商业银行行使中央银行职能的制度。例如，新加坡设有两家类似于中央银行的机构：一个是货币当局，主要负责发行货币和保管发行准备；另一个是金融管理局，负责货币发行以外的中央银行职能。实行准中央银行制度的国家还有马尔代夫、利比里亚等。

跨国中央银行制度指由参与某一货币联盟的成员国共同组成的中央银行行使中央银行职能的制度。这种制度是由经济、金融发展状况趋同，地域相邻的国家组成货币联盟，再在联盟内建立共同的中央银行，发行统一的货币，为成员国制定金融和外汇管理政策，以推进各区域经济一体化发展，抑制汇率风险。欧洲中央银行制度是最为典型的跨国中央银行制度。

第二节 中央银行职能

一、中央银行的传统职能

对中央银行的职能，学术界有种种表述，但从传统意义上说，中央银行最基本的职能是"发行的银行"、"银行的银行"和"政府的银行"。

(一)发行的银行

中央银行是"发行的银行"是指中央银行拥有国家赋予的垄断货币发行的特权及维护本国货币正常流通和币值稳定的职责，这是定义中央银行职能的精髓。薇拉·史密斯曾这样描述："中央银行的最基本的定义是：完全垄断通货发行或对通货发行的余缺额具有垄断权的单一银行。"[1]此外，"现代中央银行的第二位功能和特征是从通货发行的垄断权中引导出来的"[2]，史密斯所谓的"第二功能"是指充当银行的银行持有银行体系的储备并调控信贷市场。因此，中央银行作为发行的银行，垄断货币发行是其发挥其他职能和控制商业银行货币创造能力的基础。

中央银行拥有货币发行的垄断权源于以下两个方面的原因。

(1)统一货币形式，保证币值稳定。在金本位制下，货币发行权主要指银行券的发行权。银行券的信誉和货币金融的稳定主要取决于中央银行是否有足够的黄金储备。纸币本位制取代金本位制后，客观上要求纸币发行量与经济发展的需要相一致。因此，各国政府通过法律形式规定中央银行拥有货币发行的垄断权，并建立严格的发行准备制度。一方面，统一货币形式，可以避免信誉良莠不齐的货币充斥流通领域，造成货币流通的混乱；另一方面，货币发行准备制度使纸币的发行量与金融资产之间建立起相互制约的数量关

---

[1] 余缺额垄断权是指有许多发行人，但是除一家外其他发行人都限量，而这家发行人负责大多数流通量，是唯一一家具有发行弹性的银行，这使得它具有对全部通货量和可获得信贷量的控制力。

[2] Smith V C. The Rational for Central Banking. Springville Utah：Liberty Press, 1990.

系，能够保证货币发行的弹性，满足经济发展和币值稳定的需要。

(2)执行货币政策的基础。中央银行通过货币供给量发挥货币政策效应，货币供给量很大程度上受制于中央银行对商业银行货币创造能力的调控。只有垄断货币发行，中央银行负债中的货币发行才能成为支撑货币流通的基础，才能有效地调控商业银行的货币创造能力。中央银行的负债形成高能货币，商业银行以高能货币为基础按照存款乘数以倍加的方式创造出存款货币。存款乘数与存款准备金率成反比，因此，在银行体系中，中央银行可以通过调整存款准备金率和货币发行量制约商业银行的货币创造能力，调控货币供应量实现货币政策的目标。

(二)银行的银行

所谓银行的银行是指中央银行是商业银行等金融机构的监督者和管理者并为其提供服务，中央银行地位超然。具体体现在以下三个方面。

(1)集中保管存款准备金。沃尔特·巴格霍特在其经典著作《伦巴第街》(1873年)中总结到："英格兰银行成为这样一家银行的银行，所有其他银行围绕它运转，并且将它们的(黄金)储备寄存在它那里。"[①]这体现了中央银行对存款准备金的保管职能，如果说当时中央银行的这一职能是自然形成的话，那么其后的存款准备金却是依法律规定必须缴存的。中央银行集中存款准备金的初衷是维持商业银行的清偿能力。随着中央银行职能的强化，保管准备金的作用更多地成为宏观调控的手段，通过调整存款准备金率，影响货币乘数，改变商业银行的货币创造能力，进而影响货币供应量，实现货币政策目标。

(2)充当最后贷款人。"最后贷款人"是由沃尔特·巴格霍特在1873年首次提出的，指在商业银行发生资金困难而无法筹措时，向中央银行融资是最后的办法，中央银行对其提供资金则是承担最后贷款人的角色，否则便会出现困难银行的破产倒闭。中央银行充当最后贷款人的方式主要有再贴现和再抵押，必要时可以采用直接贷款的形式。19世纪中期，西方国家频繁爆发经济动荡和金融危机，人们日益认识到金融恐慌或支付链条的中断是诱发经济危机的主要原因，因此在资金供给领域应有一个最后贷款人"时刻准备着为出现内部枯竭的银行体系注入高能货币"[②]。但是，值得注意的是，最后贷款人往往会产生道德风险和逆向选择。由于最后贷款人的存在，商业银行不会轻易倒闭，尤其是"大银行难以倒闭"，而证券业和保险业没有这种支持，造成三大金融业资金支持不对称，使银行业产生道德风险，其结果是商业银行不良信贷资产刚性增加，并相应提高了通货膨胀预期水平。巴格霍特建议使用足够高的"惩罚性"利率以减少道德风险，但这同时也降低了最后贷款人维持金融体系稳定的作用，如何在两难境地做出选择仍是一个有待研究的问题。

(3)组织和管理全国的票据清算。英格兰银行是最早组织、参与和管理清算业务的中央银行，早在19世纪中期已开始进行资金清算，包括同城清算、异地和跨国支付清算，具有安全、快捷、可靠的特点，可加速资金周转，提高清算效率，缩短资金在途时间，减少清算费用。更为重要的是中央银行能够充分掌握商业银行经营状况的信息，为中央银行

---

①　转引自怀特 L H. 货币制度理论. 李扬，等译. 北京：中国人民大学出版社，2004：68.

②　古德哈特 C. 古德哈特货币经济学文集(上)：货币分析、政策与控制机制. 康以同，张丹，李丹，等译. 北京：中国金融出版社，2010：163-176.

的金融决策提供依据。

(三)政府的银行

中央银行自然演进抑或依照法律制度创建,无不体现着为政府服务的职能。

(1)经理国库、向政府融资。目前,世界上大多数国家实行委托国库制,国家财政交由中央银行管理。由于政府财政收支在时间上具有非同步性,中央银行一般负有向政府融资的义务,其方式主要有两种:一是通过公开市场业务购买国债向政府融资;二是在法律许可限度内直接向政府提供贷款,这往往是短期融资。

(2)制定和执行货币政策。各国一般都通过法律赋予中央银行制定和执行货币政策的职责,中央银行也必须保证货币政策与国家经济发展的根本利益一致,通过中介指标、操作指标影响货币供应量实现宏观经济目标。

(3)持有和管理国际储备。国际储备包括外汇、黄金、在国际货币基金组织的储备头寸以及国际货币基金组织分配的尚未动用的特别提款权。中央银行负有对国际储备总量和结构进行经营管理的义务。

(4)代表政府参与国际金融活动。中央银行作为政府的代理人参加各种国际金融组织,出席国际会议,与外国中央银行进行协商。20世纪60年代以来,跨国银行等国际化活动日益频繁,中央银行这一职能愈显重要。

二、现代中央银行职能演进

随着经济和金融相伴而行的程度日益加强,经济全球化和金融国际化日益融合,中央银行的传统职能向维持金融体系的稳定性方面倾斜。

第一,从理论上来看,20世纪70年代,金融自由化和放松管制促进了金融创新的大力发展,一方面,创新使得融资成本降低,融资方式由间接融资为主转变为直接融资为主,融资更加便利,加速了全球金融市场一体化。另一方面,创新增大了金融危机爆发的可能性,极大地冲击着中央银行的货币稳定和金融稳定职能。建立在部分准备金制度基础上的最后贷款人职能对业务日趋全能化和国际化的银行业显得力不从心,要求中央银行完善最后贷款人机制,更好地执行中央银行维持金融稳定的职能[①]。

第二,从实践来看,20世纪90年代以来,金融危机频繁爆发,且传染性更强、波及面更广、破坏性更大,迫使中央银行更加关注金融稳定,通过公开市场业务向金融体系注入流动性,以及向出现暂时流动性困难的金融机构提供贷款流动性,发挥最后贷款人的作用,及时挽救金融体系危机。1982年拉美国家债务危机、1997年东南亚金融危机及2007~2008年美国金融危机无不诠释着中央银行救助危机的职能。2007年金融危机中,美国、英国以及欧盟等主要经济体的中央银行采取的政策措施不但对维护国内外金融稳定发挥了重要作用,而且标志着第三次金融全球化后中央银行职能发展的新方向,即维护金融稳定的职能被提到了前所未有的高度。

第三,从银行的传统职能来看。中央银行独占货币发行权不再是单纯出于维持商业银行等金融机构的清偿能力,而是更多地承担了促进经济增长和充分就业的职责,使货币供给

① 刘丽巍.金融创新视角下的中央银行职能变革.财经问题研究,2009,(4):48-52.

总量和结构与经济发展和经济结构相适应，保证货币的稳定。作为银行的银行，存款准备金更重要的作用在于通过调整法定存款准备金率控制商业银行的信用创造能力，进而调控货币供应量，它已成为宏观调控的重要工具之一，而早期集中存款准备金只是在特殊情况下才使用。此外，随着商品、货币关系以及信用关系日益复杂，负责银行间的票据交换和支付清算已成为中央银行最重要的业务。作为政府的银行，早期的中央银行主要代理国库，为政府融资。在现代经济体系中，中央银行的调控和管理职能加强，代表政府对金融业实施监管、对金融和经济运行状况进行调节，并作为政府的代言人参加国际金融组织和金融活动。

第四，从中央银行的金融监管职能看，英格兰银行成立至 2007 年金融危机爆发，中央银行的监管经历了四个阶段，分别是监管货币流通的单一职能阶段、西方金融监管制度逐步建立阶段、国际银行业统一监管标准的初步形成阶段，以及金融监管国际化初露倪端阶段。中央银行的监管职能经历了一个从松散到系统，由宽松到严格，由单一监管到宽泛监管的演变历程，各国的金融监管制度得以不断完善。但是，对系统性风险和衍生工具的监管不到位最终引致了金融危机的爆发，2007 年金融危机爆发后，各国针对金融监管存在的问题进行改革和完善，使得监管职能进入一个全面监管、系统监管、合作监管的新阶段，其中全面监管主要是加强对金融衍生品和对冲基金的监管，各国分别从投资基金的设立、信息披露、业务运作、评级机构等方面强化监管。系统监管主要是针对系统性风险的监测和调控。长期以来，西方发达国家信奉"最少的监管就是最好的监管"理念，不重视系统性风险，金融监管体系中少有系统性风险管理。美国金融危机中系统性风险的巨大破坏力使各国改变传统的监管理念，强化政府对金融危机的干预能力，提出赋予政府独立决策、自主运用应对危机所需政策工具的权利，在必要时有权解散那些"太大而不能倒闭"的公司，从而避免政府为是否应救助困难企业或让其破产而左右为难[1]，并要求将所有系统重要性机构纳入监管。合作监管是金融监管国际协作的深化。20 世纪八九十年代，许多发展中国家为克服"金融抑制"，奉行麦金农、肖等的金融深化思想，形成一股金融自由化和国际化浪潮，跨国银行和跨国资本发展迅猛。金融自由化使金融市场得以深化，资源配置效率得以提高，抵御金融动荡的能力得以增强，实现经济增长和金融稳定。但这一作用不是自动实现的，它必须以充分有效的监管为前提，否则金融全球化带来的金融风险加剧足以冲抵其正面效应。许多国家的实践已经证明，从封闭到开放的转型时期，缺乏有效的监管制度会形成金融风险甚至酿成全球性危机，加强监管的国际协作成为完善监管职能不可或缺的部分。新阶段的监管职能代表了未来金融监管的发展趋向，也势必随着开放程度的深化和下一次危机的到来而继续丰富和完善。

三、中国人民银行的职能

(一)中国人民银行的职能演变

中国最早出现的具有部分中央银行职能的国家银行是 1905 年设立的户部银行，1908年更名为大清银行。同年，交通银行成立，与大清银行共同发行货币。1912 年，大清银行改组为中国银行，与交通银行共同承担中央银行的部分职能，1942 年货币发行权完全

---

[1]　陈柳钦 . 美国金融监管体系改革新框架 . 学习与探索，2010，(3)：5-15.

集中到中央银行，其职能基本健全，中央银行制度得以较快发展。1948 年 12 月，中国人民银行在石家庄正式宣告成立，1949 年 2 月总行迁入北京。中国人民银行成立以后，中央银行制度经历了由"大一统"银行体制向中央银行体制转变的过程，大体分为两个时期。

第一个时期：1949～1983 年。这一时期的中国人民银行既发行人民币、代理国库，又办理短期信贷和城乡人民储蓄业务，属于一身兼有二任的复合式的中央银行体制。这种体制很难兼顾微观经营业务和宏观金融调控，削弱了其统管金融全局的地位。在这一背景下，各专业银行相继从中国人民银行的职能中分离出来。1979 年 2 月，中国人民银行的农村金融业务全部移交给中国农业银行经营，3 月，中国银行从中国人民银行独立出来专营外汇业务。之后，中国建设银行也从财政部分设出来。1984 年，中国工商银行最后分离出来，办理工商信贷业务和城镇储存业务，标志着中央银行体制在中国正式建立。

第二个时期：1984 年以后。中国人民银行于 1984 年开始正式行使中央银行的职能，但是在相当长一段时间内，它依然承担着大量政策性贷款业务和财政性融资职能。于是，1994 年中央提出要把中国人民银行办成真正的中央银行，组建政策性银行办理政策性金融业务，并于 1995 年颁布《中华人民共和国中国人民银行法》。1998 年 11 月对中国人民银行的机构框架进行改革，设立了 9 家跨省区分行，在不设分行的省会城市设立中国人民银行中心支行①。2003 年中国银监会成立，它专司银行业监管工作，中国人民银行则主要承担制定和执行货币政策的职责。

（二）监管职能分离后中央银行职能新变化

中国银监会成立后中国人民银行的职能被重新表述为"制定和执行货币政策，防范和化解金融风险，维护金融稳定"。其职能定位可以概括为"一个强化、一个转换和两个增加"。

1. 强化其制定和执行货币政策的职能

银行监管从人民银行中分离会不会影响货币政策的实施？这是许多学者关心的问题。1998 年，宏观调控由直接变为间接，取消对商业银行的信贷规模控制，商业银行贷款规模在很大程度上取决于其资金平衡能力和风险控制能力，其信贷行为主要受市场相关指标变量的引导。借由监管职能分离后的超然地位，中国人民银行可以更灵活地制定与实施货币政策，运用利率、汇率等各种货币政策工具进行操作，影响市场资金供求，密切关注货币市场与资本市场之间的关联渠道，疏通货币政策传导机制，促进金融市场的规范运行和协调发展。因此，银行监管的分离并不影响中央银行货币政策的制定和实施，反而使其更加专注于此。

2. 转换宏观调控方式和防范系统风险的方式

监管职能分离后，中国人民银行的风险防范方式和重点发生了转变，主要针对金融业的风险进行监测和评估，对金融机构资本充足率和流动性进行监控，救助有危机的金融机构并防范系统性金融风险。此外，在对资本项目实行外汇管制的情况下，国家外汇管理局加强了外汇储备管理及对外汇业务的监控，中国人民银行必须加强相应的协调工作和政策研究工作。

---

① 九大分行分别为上海分行、天津分行、沈阳分行、南京分行、济南分行、武汉分行、广州分行、成都分行和西安分行。除九大分行外还设有重庆和北京营业管理部。

3. 增加反洗钱和管理信贷征信业的职能

中国人民银行将组织协调全国的反洗钱工作，指导、部署金融业反洗钱工作，承担反洗钱的资金监测职责，还将管理信贷征信业，进而推动社会信用体系的建设。

值得注意的是，监管分离并不意味着中国人民银行对金融监管的全面淡出，其仍负责一部分监督工作，具体包括：执行有关存款准备金管理规定的行为；执行有关人民币管理规定的行为；执行银行间同业拆借市场和债券市场管理规定的行为；执行黄金、外汇管理规定的行为；执行有关清算规定的行为。同时，中国人民银行有权要求金融机构报送资产负债表、利润表以及其他统计报表。理论上，由于金融监管的专业性、连续性及中央银行的最后贷款人角色，金融监管不可能同中央银行绝无干系，目前来看，关键是建立各个部门的协调机制。

第三节　中央银行业务

一、中央银行的资产负债业务

(一)中央银行资产负债表

中央银行资产负债表是中央银行资产、负债业务活动的综合会计记录，比较全面地反映中央银行的业务活动及其主要职能。其中资产和负债项目的关系表现为资产＝负债＋所有者权益，中央银行资金运用数量等于资金来源数量。表 3-1 是 2011 年中国人民银行资产负债表①，它反映了中国人民银行的基本业务状况。

表 3-1　2011 年中国人民银行资产负债表(单位：亿元)

资产		负债	
外汇	2 494 217.19	储备货币	2 250 682.34
货币黄金	7 368.24	货币发行	558 809.00
其他国外资产	78 307.77	其他存款性公司存款	1 691 873.34
对政府债权	169 443.94	不计入储备货币的金融性公司存款	9 603.27
其中：中央政府	169 443.94	发行债券	291 790.15
对其他存款性公司债权	110 873.73	国外负债	48 855.88
对其他金融性公司债权	122 350.00	政府存款	364 954.52
对非金融性部门债权	274.88	自有资金	2 417.27
其他资产	74 341.85	其他负债	88 874.16
总资产	3 057 177.60	总负债	3 057 177.59

资料来源：中国人民银行网站

---

① 中国人民银行自 1994 年开始向社会公布《货币当局资产负债表》。其中 1994～1999 年按年编制发布，2000 年之后则按月编制。目前《货币当局资产负债表》的报表项目结构及其内在含义并非自始即有，有些项目的内在含义也并非始终如一，而是逐步演化的结果。例如，自 2008 年起，增设报表项目"不计入储备货币的金融性公司存款"，删除原报表项目"非金融性公司存款"及其子项"活期存款"。又如，自 2011 年 1 月起，中国人民银行采用国际货币基金组织关于储备货币的定义，不再将其他金融性公司在货币当局的存款计入储备。货币、境外金融机构在中国人民银行存款数据计入国外负债项目，不再计入其他存款性公司存款。

(二)中央银行资产业务

1. 中央银行资产业务种类

中央银行的资产业务是指其资金运用的业务，具体包括再贴现和贷款业务、证券买卖业务、黄金外汇储备以及其他资产业务。再贴现和贷款业务主要是对商业银行和其他金融机构提供的融资渠道。中央银行作为最后贷款人，当商业银行等金融机构出现资金紧缺时，可以通过再贴现或再抵押方式获取资金。中国人民银行的这项业务主要以信用贷款为主，但贷款期限一般不超过一年。证券买卖业务是指中央银行通过公开市场买入或卖出有价证券，以调控银行资金流动性，进而调节货币供应量的信用活动。一般来讲，中央银行在公开市场上买卖的证券主要是政府公债、国库券以及流动性很高的有价证券，体现了中央银行资产必须保持高度流动性的业务原则。中央银行保管和经营一定规模的黄金外汇储备资产基于稳定币值、稳定汇价和调节国际收支的目的。对外汇储备资产的经营要以安全性为第一要求，遵循流动性和增值性的原则。从外汇储备总量来说，一国外汇储备持有量的国际标准是该国3～4个月的进口用汇水平，并且不少于该国外债余额的30%。从外汇储备结构来说，对外汇储备资产应实施多元化管理，选择坚挺的货币合理组合储备资产，并安排好储备期限结构以分散风险。在此基础上，建立合理的经营模式经营外汇储备资产，以获取较高的收益。

2. 中央银行的资产业务与基础货币的变动关系

基础货币又称货币基数(M_B)或高能货币，由两部分组成：一是银行体系外社会公众持有的通货(C)；二是商业银行的存款准备金(R)，即 $M_B = C + R$。结合中央银行的资产负债表可知基础货币体现为中央银行的负债，是由中央银行直接控制的影响货币供给量的重要因素，其数量变化由中央银行的资产业务变动决定。中央银行资产项目增加，基础货币增加，反之，基础货币减少。

第一，中央银行在公开市场上买入有价证券，如果从社会公众手中买入，且证券资产的出售者出售证券后持有所得货币，则流通货币增加；如果证券资产所有者将所得货币存入银行体系，则商业银行准备金增加，上述两种情况都意味着基础货币增加。如果中央银行直接从商业银行那里买进有价证券，则直接增加商业银行的存款准备金，基础货币增加。

第二，中央银行对商业银行的贷款增加，将直接增加银行体系的准备金存款，基础货币增加。当商业银行再贴现时，中央银行按贴现率扣除利息后其余部分贷记银行的准备金账户，基础货币增加。

第三，中央银行黄金、外汇储备资产增加，基础货币增加。如果中央银行以现金形式向个人买入黄金、外汇，则流通中现金增加；如果以存款向企业购买，则商业银行的存款准备金增加；如果向商业银行购买黄金、外汇，则直接增加商业银行的准备金，基础货币增加。

值得注意的是，中央银行能够决定其资产业务进而影响基础货币，但不能完全控制基础货币，如再贴现业务主动权在于商业银行而不是中央银行。

(三)中央银行负债业务

中央银行的负债业务是中央银行的资金来源业务，主要包括存款业务、货币发行业务及其他负债业务。

1. 存款业务

中央银行不直接针对个人和工商企业开展存款业务，其最主要的存款业务是准备金存款业务。所谓存款准备金是指商业银行等金融机构按吸收存款的一定比例提取的准备金，由法定存款准备金和超额准备金两部分构成，其中前者由法定存款准备金率和商业银行存款总额决定，后者由商业银行自主决定。中央银行的准备金存款业务内容包括规定存款准备金比率及调整幅度、确定可充当准备金的内容和计提基础。西方国家通常将库存现金和法定存款准备金作为第一准备，将国库券及其他容易变现而又不致遭受重大损失的资产作为第二准备。

2. 货币发行业务

货币发行是指一国货币从中央银行的发行库通过各商业银行的业务库流向社会的全过程，所发行的货币构成基础货币的一部分影响货币供应量。货币发行渠道通常有再贴现、贷款、购买证券、购买金银和外汇等。一般来说，中央银行必须以某种金属或资产作为其货币发行的准备，使货币的发行与某种金属或某些资产建立起制约关系。在金属货币制下，以贵金属作为货币发行准备。在信用货币制度下，以金融资产或实物资产作为发行准备。目前，主要的货币发行制度有五种，即现金准备发行制、证券保证准备制、先进准备弹性比例制度、证券保证准备限额发行制及比例准备制。世界各国依据本国的银行法实施相应的货币发行准备制度，以保证货币发行的顺利进行。

我国的人民币发行并无准备金规定，但国家实行严格的发行管理，对现金的投入和回笼编制现金计划，作为执行计划的依据，具体操作由中国人民银行发行库办理。当商业银行基层处的现金不足时，到当地人民银行从其存款账户中提取现金，人民币从发行库出库，进入商业银行的业务库，进而进入流通领域；反之，退出流通领域。这一过程可以用图 3-1 表示。

图 3-1　人民币发行流程图

3. 其他负债业务

中央银行的资金来源还包括发行中央银行债券、对外负债以及资本业务。发行中央银行债券是中央银行针对国内金融机构采取的主动负债业务，可作为公开市场操作的一个工具，其目的在于调节金融机构的超额准备金以便有效地控制货币供应量。中央银行对外负债的机构包括国外银行、外国中央银行以及国际金融机构，除此之外还包括在国外发行的中央银行债券。通过对外负债可以达到平衡国际收支、维持币值稳定等目的。资本业务是中央银行筹集、维持和补充资本的业务，各国中央银行补充资本金的渠道和方法因中央银行出资方式不同而有所不同。

二、中央银行支付清算业务

中央银行作为支付清算体系的参与者和管理者，通过一定的方式使金融机构之间的债权债务得以最终清偿，一方面提高清算效率，减少资金在途时间，加速资金周转；另一方面有利于中央银行掌握商业银行等金融机构的资金运动状况，更好地制定货币政策。

具体来说，中央银行清算业务包括同城票据清算、异地清算及跨国支付清算。随着金融深化的推进，证券和金融衍生工具在金融市场上扮演着日益重要的角色。加之证券交易金额大，衍生金融工具杠杆效应强，不确定因素多，易引发支付系统风险。因此，许多发达国家设有专门的证券和金融衍生工具交易的支付结算系统。

同城票据结算，主要通过票据交换所进行，最后票据交换所将应收应付款项通过中央银行集中进行差额清算。异地清算的具体做法因各国使用的票据和银行组织方式而有所差异，一般有两种类型：一种是先由各商业银行通过内部联行系统划转，最后由其总行通过中央银行办理转账结算；另一种是直接把异地票据送到中央银行总行统一办理轧差转账。与同城清算和异地清算相比，跨国支付清算具有全局性、世界性，并涉及多种国家的货币。随着国际间经济、贸易、投资的日益频繁，跨国支付清算业务迅速扩大，从而为跨国支付系统提出了更高要求，SWIFT[①]系统即为提高跨国支付系统运行效率而开发的。

支付清算业务在提高金融机构债权债务清偿速度的同时也带来各种金融风险。1974年赫斯塔特银行倒闭案使信用风险逐渐受到关注，赫斯塔特风险由此得名。支付系统的风险还包括流动性风险、系统风险、法律风险以及其他风险。作为维护金融稳定的管理者，中央银行负有管理风险的职责，可采取的措施包括以下几种：第一，对大额支付系统进行有效管理，如限制对大额支付系统的透支等；第二，严格监管银行结算支付活动，以保护银行与客户的合法权益；第三，发展 RTGS（real time gross settlement，即实时全额结算）支付系统，降低支付系统的系统风险系数；第四，加强支付系统的法规建设和现代化建设；第五，按照资金同步收付原则建立持续联结清算系统（continuous linked settlement，CLS），以避免赫斯塔特风险的重演。

三、中央银行其他业务

中央银行的其他业务包括经理国库、会计和调查统计。目前，多数国家不单独设立经营国家财政预算的专门机构，而是委托中央银行代理国库业务，如美国联邦储备系统代理政府保管资金、代理发行政府债券等。

会计业务反映中央银行履行其职能和业务活动的情况。首先，中央银行按照会计的基本原则制定核算形式和核算方法，对其自身业务活动进行会计核算、会计分析和会计检查。其次，中央银行对商业银行等金融机构的会计核算进行指导和监管。

调查统计业务指中央银行坚持客观性、科学性、统一性、及时性和保密性的原则，对

---

① 英文全称为 society for worldwide interbank financial telecommunication，即环球银行通信系统。其为全球范围成员金融机构传送汇总信息，成员接到信息后，将其传送到相应资金调拨系统或结算系统内，再由后者进行资金转账，从而有助于提高跨国资金结算效率。

金融和经济状况进行统计调查，有助于中央银行把握国民经济各部门资金和经济运行状况，更好地进行宏观调控。其中金融调查统计处于核心地位，具体包括货币供应量和货币流量统计、信贷收支和现金收支统计、金融市场统计等内容。

第四节　中央银行独立性与政策透明度

一、中央银行的独立性

(一)对中央银行独立性的界定

一般认为，中央银行的独立性是指中央银行履行自身职责时法律赋予或实际拥有的权力、决策与行动的自主程度，集中地反映在中央银行与政府的关系上。就中央银行独立性的内容而言，国外学者认为中央银行独立性主要集中在三个方面，即人事独立性、政策独立性和融资独立性。大多数经济学家认为中央银行的人事任命应该独立于政府，但不能完全排除政府的影响。政策独立性指中央银行在政策的制定与执行过程中受政府影响的程度。如果中央银行能够自主决定货币政策的目标及手段，则具有政策上的独立性。融资独立性指中央银行与政府在资金融通方面的关系，其强弱与否需从两方面考虑：一是从政府融资的角度分析，政府如果能依赖从中央银行获得信贷以弥补政府支出，意味着中央银行独立性较弱，反之则中央银行独立性较强；二是从中央银行融资的角度研究，如果中央银行筹资主要依赖政府或议会的拨款，则独立性较弱。

国内学者对中央银行独立性的分析主要集中在货币政策方面。一般认为，现代中央银行的独立性是指中央银行在政府的指导下，独立地制定和执行货币金融政策，履行中央银行的职能。也有学者提出中央银行独立性是指中央银行能够免受政府的干预，享有确定货币政策目标及政策工具来达到所选目标的自由[1]。

综合国内外学者对中央银行独立性内涵的界定，我们认为中央银行的独立性应包含三方面的内容：①组织上的独立性。不仅包括人事的任命、任期和撤换与政府的关系，而且涉及中央银行组织结构设置问题。②政策的独立性。弗里德曼曾对此做过系统分析。他首先分析中央银行独立性的原因，"独立的货币当局——中央银行——对货币政策的控制，并防止货币政策成为一种不受政治操纵的足球……防止货币政策成为日日凭现时的政治当局每一突发念头摆布的意见玩物……对货币的控制，是可以与立法、司法或行政权力相提并论的、政府的一种基本职责……让中央银行具有一种大致地与立法、行政、司法方面的权力同等的权力，以便在每日的基础上执行总的宪法授权"[2]。其后得出结论，"中央银

---

①　蔡志刚.中央银行独立性与货币政策.北京：中国金融出版社，2004：38.

②　弗里德曼尽管主张货币政策有效，政府应减少对中央银行在制定和执行货币政策时的干预。但是，弗里德曼并不认为中央银行应该脱离政治，在其1962年发表的《应该有一个独立的货币当局吗？》和1984年发表的《20世纪80年代的货币政策》两篇文章中对此都有表述。弗里德曼指出：独立的中央银行在政治上是不可忍受的，让如此之大的权力集中在独立于任何种类的、直接的和有效的政治控制之外的团体手中，是明确的和彻头彻尾的独裁主义和极权主义。独立的中央银行导致货币政策过分地依赖于个人的品质，并促成由于中央银行负责人及其个性方面的偶然改变而造成的不稳定。这实际上是一种人治的体制而不是一种法治的体制。

行应该是与立法、行政及司法部门同等的一个独立的政府部门，而且它的行动受制于司法部门的解释"①。③融资独立性。包括中央银行是否能够抵制财政赤字融资以及中央银行自身的融资是否依赖于政府两个方面。

综上，中央银行独立性应从组织的独立性、政策的独立性及融资的独立性三个方面分析。其中，有关三个方面的权重，不同学者亦持不同观点，多数认为政策独立性是中央银行独立性中最为关键的部分。诚然，货币政策能否按照经济运行的需要而制定和执行，关系着一国宏观经济能否顺利运转。但是，我们认为组织独立性决定了中央银行能否避免政治性商业周期带来的机会主义和政治的干扰，关系着一国货币政策的制定是否科学合理，制约着货币政策的方向和效果，影响金融监管和宏观调控是否能够稳步推进以保证一国经济持续发展。Rogoff（1985）提出保守且独立的中央银行行长能够有效提高货币政策在保持低通货膨胀上的可信度。格林斯潘担任美国联邦储备系统主席期间采取的政策以及美国联邦储备系统的组织机构共同奠定了其在全球独立性最高的地位。简言之，我们认为组织独立性是中央银行独立性中至关重要的要素，中央银行组织机构的设置以及各级机构决策层、执行层的人员配置，尤其是中央银行行长的决策在很大程度上影响政策独立性以及融资独立性。

（二）中央银行独立性的发展过程

对中央银行独立性的研究始于20世纪20年代。由于凯恩斯主义的盛行，中央银行的职能在一定程度上附属于财政部，其独立性一度被忽视。70年代以后，西方国家经济体系普遍出现滞胀局面，使中央银行的独立性再度被关注，理论探讨也愈益深入。有关中央银行独立性的相关理论和主张大致经历了三个阶段。

第一阶段：中央银行成立至第一次世界大战。第一次世界大战前，西方国家处于资本主义自由竞争时期，传统的货币主义思想占据统治地位，认为货币只是经济的面纱，资本主义经济可以通过"看不见的手"自发地实现充分就业，经济危机根本不可能发生。当时普遍实行金本位制，中央银行的货币发行与黄金挂钩，核心任务仅仅是维护金本位制度的稳定，即维持银行券与黄金的自由兑换，不承担其他职能。政府对中央银行的干预较少，经济金融形势相对稳定，中央银行独立性相对较强。

第二阶段：第一次世界大战后至20世纪60年代。第一次世界大战爆发后，各国政府为了筹措军费及战后恢复创伤，加强了对中央银行的控制，中央银行暂失独立性被迫增发纸币，造成了严重的通货膨胀，提高中央银行独立性的呼声日益高涨。参加1920年布鲁塞尔国际金融会议的各种政府一致呼吁"中央银行必须不受政府的压力，而应依循慎重的金融路线而行动"。但20世纪30年代大危机之后，西方国家经济生活陷入动荡之中，传统的市场经济均衡理论再度受到质疑，凯恩斯理论逐渐取代萨伊定律占据理论前沿。凯恩斯提出必须通过财政政策和货币政策增加有效需求，资本主义经济也逐步由自由资本主义向垄断资本主义过渡，国家干预和调节经济的职能日益加强，特别是第二次世界大战之后，各国通过立法强化政府对中央银行的影响，中央银行独立性被大大削弱。

第三阶段：20世纪70年代以后。20世纪70年代初，布雷顿森林体系崩溃，双挂钩

---

① 弗里德曼 M. 弗里德曼文萃. 高榕，范恒山译. 北京：北京经济学院出版社，1991：555-556.

制度被不兑换的信用货币制度取代，货币价值不再稳定，世界金融市场波动频繁。加之主要资本主义国家经历第二次世界大战至 60 年代末的高速经济增长之后，经济出现滞胀局面。凯恩斯认为的失业和通货膨胀不会并存的理论不攻自破，现代货币主义思想遂成为经济学的主流。弗里德曼强烈反对相机抉择的经济政策，主张按规则行事，减少政府对中央银行的干预，保持中央银行的独立性。此时，对中央银行独立性问题的讨论再度升温，国际货币基金组织提出成员国应把独立性作为健全中央银行制度的实践问题重点解决。

(三)中央银行的相对独立性

从理论上讲，中央银行与政府的关系是独立的。但是，实践中，"完全独立于政府的中央银行是从未有过的，总是有许多正规的或非正规的途径，通过它们政府可以影响货币政策，而且，在极端的情况下，政府总是能够改变中央银行的法令"。因此，中央银行的独立性是相对的。所谓相对独立性是指中央银行享有"政府范围内的独立"，而不能完全凌驾于政府之上。中央银行为什么要保持相对独立性？究其原因，主要有四个方面。

(1)从金融与经济的关系看，金融是经济系统的一个子系统。作为金融系统的核心和金融管理者的中央银行必须服从这个系统的运转，服务于国家的根本利益。

(2)从货币政策的有效性和适应性看，中央银行的货币政策并不总是有效的，在对经济增长的作用和不同经济周期的适应性上存在"盲区"。同时，政府与中央银行之间在宏观经济政策目标方面存在差异，"具有充分独立性的中央银行力图实施的是反通货膨胀政策，而不关心范围更广泛的宏观经济目标，特别是实际产出拥护就业的变动"[①]。客观上要求货币政策和财政政策搭配使用，亦即中央银行与政府协调操作以降低政策"摩擦损失"。

(3)从个人理性与集体理性的关系看，个人的理性行为可能导致集体非理性，出现"囚徒困境"局面。例如，当发生通货膨胀时，理性的个人不会主动削减开支以降低通货膨胀率，其结果是导致抑制通货膨胀的集体理性失败。这时就需要借助政府的"引导之手"或适当的制度安排，如由中央银行采取紧缩的货币政策。

(4)从中央银行独立性与通货膨胀的关系看，国内外已有的研究表明，无论是工业化国家、转型国家或发展中国家，都存在中央银行独立性与通货膨胀呈现反向变化的关系。V. 格里利、D. 马希安达罗和 G. 塔贝利尼(Grill et al.，1991)认为，"我们的结论证实了其他作者以前的发现，这些发现是通过采取不同样本国家并对其独立性进行不同程度的分级而得出的"，所以中央银行独立性总体上与低通货膨胀有关。A. 布施(Bush，1994)也认为："几个学者验证了中央银行独立性与通货膨胀率反向关系这一假设，并提供了实际的经验支持。"此外，S. 埃吉芬格和 J. 哈恩(Eijffinger and de Haan，1996)通过对中央银行独立性的实际调查研究得出相似的结论："足够证据已表明中央银行独立性与通货膨胀呈负相关。"国内学者大多持相同的观点，认为中央银行独立性提高有利于中央银行客观地制定和执行货币政策，增强对通货膨胀的控制力，防范财政赤字货币化倾向。

综上所述，中央银行作为国家重要的宏观经济调控部门，在履行其自身职责时不能完全独立于政府，政府的管理、干预是必要的，亦即中央银行的独立性是相对的。但是，对

---

① 米什金 F S. 货币银行金融市场学. 李扬，贝多广，等译. 北京：中国财政经济出版社，1990：386-387；梅耶 T，杜森贝里 J S，阿利伯 R Z. 货币、银行与经济. 洪文金，林志军，等译. 上海：上海人民出版社，1994：204-205.

于中央银行独立性的"度"的问题,我们认为应该持有以下观点。

第一,中央银行独立性不是越高越好,应保持在一个合理的区间范围。中央银行的独立性是相对的,中央银行与政府的协调配合能够提高其宏观调控效果,提高资源配置效率。同时政府作为中央银行的监督者,也能够降低中央银行在政策方面的随意性。二者绝非越独立越好,而应保持一个适度的关系。

第二,中央银行独立性的"度"在各国有所不同,其影响因素有经济体制、政治体制、法律环境、社会文化环境、经济金融基础、对外开放程度等。我国中央银行的独立性与其他国家相比,提高的空间仍很大。但历史地看中国人民银行的独立性是不断增强的,且在改革开放以来数次金融危机中采取的危机应对措施都较为得当,使得中国在危机中受波及较小,说明中国人民银行独立性与经济运行是相匹配的,让中国人民银行独立于国务院而大力提高其独立性的看法实则无太大必要,也与我国当前的国情不相符。

第三,目前国内外研究成果表明,中央银行的独立性与通货膨胀呈现负相关的关系,即中央银行的独立性越高,在降低通货膨胀率方面效果越好。不过已有的这些研究成果在测定中央银行独立性时由于难以获取时间序列数据,均采用以国家为单位的横截面数据,基于这些数据分析所得出的结论是否全面呢?对此,我们做了大胆的猜测:中央银行独立性与通货膨胀的关系呈现出开口向上的抛物线轨迹,即随着中央银行独立性的增加,货币政策效果增强,通货膨胀率下降。但当中央银行独立性超过一个临界点后,极端的例子是中央银行完全脱离政府的干预而独立,这时货币政策效果反而减弱,通货膨胀率上升。简言之,中央银行的独立性应该有一个临界点,在这个临界点之前,通货膨胀率随着中央银行独立性的提高而降低,临界点之后通货膨胀率随着中央银行独立性的提高而上升。为此,我们并不支持毫无保留地提高中央银行独立性的观点。

第四,中央银行独立性与通货膨胀不是简单的一对一的因果关系。中央银行与通货膨胀在国内外、工业化国家、发展中国家以及转型国家都表现出一定的负相关关系,但两者之间的负相关性并不意味着一种简单的因果关系。中央银行独立性不是唯一决定通货膨胀的因素,而仅仅是影响通货膨胀的一个重要因素。

二、中央银行独立性与货币政策透明度

(一)货币政策透明度

与中央银行相比,货币政策透明度是一个相对新鲜的名词。1999 年 9 月 26 日,国际货币基金组织通过的《货币和金融政策透明度良好行为准则》对货币政策透明度做了描述性界定:在通俗易懂、容易获取并及时的基础上,让公众了解有关政策目标及其法律、制度和经济框架,政策决定过程和原理,以及与货币和金融政策有关的数据、信息和机构的职责范围。目前对于货币政策透明度的界定多来自于 Eijffinger(2002)对货币政策透明度的分类:①行政透明度(political transparency),即政策目标和能阐明政策制定者动机的制度安排的公开程度;②经济透明度(economic transparency),即制定货币政策所用到的数据、模型和中央银行的经济预测等经济信息的披露程度;③程序透明度(procedural transparency),即中央银行制定货币政策的方式和过程等信息的披露程度;④政策透明度(policy transparency),即中央银行的政策意图(倾向)以及未来可能采取政策的解释程度;

⑤操作透明度(operational transparency)，即对政策调控误差的解释及其控制，以及政策效果评价等信息的披露程度。鉴于上述分类存在一定程度的替代性，货币政策透明度被Hahn归纳为中央银行目标的透明度，中央银行在公布其内部使用的经济数据、经济模型上的透明程度，以及中央银行在货币政策操作上的透明度[①]。

在过去相当长的一个时期，中央银行大多通过隐秘的货币政策实现货币政策目标和效果。20世纪90年代，理论界普遍认为货币政策透明度的提高有助于中央银行克服动态不一致困境(Canzoneri，1985)，增强中央银行的独立性，进而有助于货币政策效果的发挥。同时，货币政策透明度能够以很小的成本实现中央银行的政策目标(Howells and Mariscal，2002)，货币政策越透明，降低通货膨胀的成本越低。有鉴于此，越来越多的中央银行通过各种途径告知公众货币政策的意图和操作办法，以提高货币政策透明度。1990年，新西兰创新地采用通货膨胀目标制，大大促进了货币政策目标的透明性并且加强了中央银行与公众的信息交流。

但是，货币政策并非越透明越好，围绕着"透明"与"模糊"的争论已有二三十年的历史。相反的观点同时存在，Garfinkel和Seonghwan(1985)、Lewis(1991)、Eijffinger(2000)等学者在引入中央银行偏好随经济环境变化的不确定性的假定下，发现中央银行在货币政策目标上保留一定程度的模糊性更加有助于稳定产出，提高社会福利。其中Eijffinger(2000)进一步给出了提高社会福利的条件，即当中央银行对政策灵活性的偏好胜过对可信性的追求时，具有一定程度隐秘性的货币政策操作可以提高整个社会的福利。实践中，各国中央银行通常也有保持适度隐秘性的传统(Svensson，1996)。Goodfriend(1986)发现，以德国、美国为代表的一些国家，它们的货币制度允许中央银行保持一定程度的隐秘性，相应地，货币政策具有一定程度的模糊性。德国中央银行是公认的透明度较低的中央银行，美国联邦储备系统的货币政策也存在一定程度的不透明[②]。

(二)货币政策透明度与中央银行独立性的关系

已有的研究成果表明，中央银行的独立性与货币政策的透明度两者呈现较强的正相关关系。如果中央银行不透明，表现为中央银行的货币政策目标不清晰，不公开报告自己的行动和相关的政策操作。相应的，中央银行容易受到来自政治等各方面的压力而改变货币政策制定和执行中的偏好，中央银行的独立性降低。因此，不透明的中央银行的偏好更容易改变，透明度的意义之一在于减少中央银行偏好的波动，提高中央银行的独立性。例如，Fry等利用93个国家的数据分析得出，政策解释透明度与独立性指标之间的相关系数为0.42[③]。此外，从中央银行独立性的可信性来看，因公众无法直接观测中央银行的失信行为而不能证明其是否可信，将货币政策授权给独立的中央银行，也没有解决可信性问题，只是将可信性转移给制定授权决策的政府(McCallum and Hargraves，1994)。为此，透明度可以保证政府对中央银行独立性的承诺可靠。货币政策透明度一方面降低了警惕性高的公众对政府操纵货币政策的发现成本；另一方面提高了政府对中央银行的干预成本。

---

①　Hahn V. Transparency in monetary policy：a survey. Ifo Studien，2002，48(3)：429-455. 转引自谢平，程均丽. 货币政策透明度的基础理论分析. 金融研究，2005，(1)：24-31.

②　贾德奎. 西方经济学界货币政策透明度理论研究述评. 财经理论与实践，2006，(6)：29-34.

③　这里独立性反映的是法定的价格稳定目标、目标和工具独立性、预算赤字的货币性融资限制与任期长短。

在透明度下，政府向中央银行施加压力侵蚀其独立性更容易被公众察觉。通过公布指派给中央银行的任务、中央银行的实际责任、中央银行与有关政府部门间的隶属关系等，能够降低中央银行受政治压力胁迫而降低独立性的可能。

反之，中央银行的相对独立性越高，抵制政治势力（或政府）不当干预的能力越强，货币政策制定和执行的自主权就越大，更加有助于促进货币政策透明度。前已有述，美国联邦储备系统是目前世界上独立性最高的中央银行。鉴于透明度与货币政策有效性之间联系紧密，美国联邦储备系统的相对独立性使其可根据自身需求选择较高的知识透明度和决策透明度、低得多的目标透明度和操作透明度。

三、中央银行独立性国际比较

1. 美国联邦储备系统的独立性

美国是中央银行独立性很强的国家。美国联邦储备系统前任理事会主席威廉·麦克切斯尼·马丁指出："联邦储备系统的独立性是自由企业体系的基本防线，当它屈服于政治利害或私利的支配时，坚挺货币的基础也就受到损害了。"[①]为了确保因通货膨胀而受损失的人们的公正利益，需要有一个尽量摆脱政治压力的独立性中央银行[②]。国际货币基金组织副总裁查德·D. 厄伯也认为，"在强大的中央银行所具备的特性中，独立性是最重要的，中央银行应当独立，不屈从于任何来自其他政府机构的指令。中央银行不应依靠财政拨款，而应自己解决资金来源"[③]。当然，对于美国联邦储备系统的独立性存在反对的声音，第一，"不能委托选举产生的政府官员去评判货币政策的说法是不民主的"[④]。第二，美国联邦储备系统并没有成功地运用独立性，如20世纪30年代紧缩的货币政策造成大量失业，20世纪60～70年代实行扩张的货币政策又助长了通货膨胀。事实上，美国联邦储备系统为了保护它的行动，与政治有着千丝万缕的联系，并使它过分追逐狭隘的自身利益。

尽管关于美国联邦储备系统独立性问题存在着表面上似乎不可调和的观点，但事实上美国联邦储备系统享有像最高法院那样彻底的独立性，在制定和执行货币政策时有能力按自身意志和判断行事，并抵制政府机构的非理性行为。从组织独立性看，《联邦储备法》赋予美国联邦储备系统与政府平行的地位，二者相互制衡与合作。美国联邦储备系统总裁委员会的成员任期长达14年，主席的任期与政府的任期错开，当选总统不能完全控制自己任期内美国联邦储备系统主席的人选，以尽可能地减少因政府更替或议会选举对美国联邦储备系统货币政策决策的影响，避免行政及立法当局操纵货币政策的执行。从经济独立性看，美国联邦储备系统的收入主要来源于证券和对银行的贷款，经费自理且有大量节余，

① 克利福德 A J. 联邦储备系统的独立性，1965：18. 转引自范方志. 中央银行独立性的辨证观. 石家庄经济学院学报，2005，(10)：595-598.
② 梅耶 T，杜森贝里 J S，阿利伯 R Z. 货币、银行与经济. 洪文金，林志军，等译. 上海：上海人民出版社，1994：203.
③ 中国人民银行，国际货币基金组织. 宏观经济管理中的中央银行. 北京：中国金融出版社，1990：107-113.
④ 梅耶 T，杜森里贝 J S，阿利伯 R Z. 货币、银行与经济. 洪文金，林志军，等译. 上海：上海人民出版社，1994：204.

不受国会控制的拨款程序支配，能够拒绝联邦政府审计机构的审计，有助于其摆脱对政府的依赖。从政策独立性看，美国联邦储备系统直接对国会负责，具有货币政策自主决策权，可以自行选择并决定如何以及何时使用货币政策工具。

2. 日本银行的独立性

日本银行的独立性介于美国和中国之间，能够较为独立、自主地进行决策。但其独立性并不是天然形成的，而是经历了无独立性、具有不完全独立性和享有充分独立性的发展历程。1882年，《日本银行条例》规定日本银行最高决策机构为股东大会，但日常业务（如法定准备金率等）仍由政府任命的总裁会议决定，并且总裁会议做出的决定还要由大藏大臣批准。因此，从货币政策决策的视角看，日本银行独立性很弱，直接导致1882～1945年严重的通货膨胀。1942年，《日本银行条例》修改为旧《日本银行法》，并于第二次世界大战后进一步修改，废除了由大藏大臣批准日常经营决策的做法，赋予日本银行金融监管的权力，使日本银行拥有一定的独立性，但政府仍是日本银行最大的股东，且对货币政策有很强的影响力。因此，这一时期日本银行独立性是不完全的。20世纪90年代日本经济泡沫破灭以后，日本政府全面修改《日本银行法》，从法律上明确日本银行在货币政策制定与执行方面的独立性，如日本银行实行零利率政策，而当1998年经济陷入"最黑暗时期"时能够适时中止这一政策。尽管日本银行在人事、职能及货币政策方面独立性不断增强，但与欧美发达国家相比较仍然是不完全的，属于中间型独立性的中央银行。

3. 欧洲中央银行的独立性

1998年欧洲中央银行成立以来即表现出较高的独立性。首先，组织上具有独立性。根据1997年《阿姆斯特丹条约》的规定，欧洲中央银行独立于各成员国，不受成员国政府监督和干扰，其官员的任免、任期和罢免也不由某个成员国政府单独决定。其次，货币政策具有独立性。首先，在欧元区内，欧洲中央银行的货币政策决策与操作不受成员国政府的影响，如欧洲中央银行成立不久，德国财政部长要求欧洲中央银行降低主导利率，以刺激经济增长，但遭到欧洲中央银行的严词拒绝，显示了其极强的独立性；其次，在金融全球化的背景下，欧洲中央银行尽量使其货币政策制定不受美国联邦储备系统的影响；最后，欧洲中央银行具有经济独立性，欧洲中央银行在经济上的独立性主要表现为其拥有独立的资金来源，且在运作过程中发生的收益分配和亏损弥补与成员国政府无关，避免了欧洲中央银行由于资金缺乏而被成员国操纵的情况。欧洲中央银行运行以来，其独立性表现出很明显的积极作用：保证了欧元的使用，减少了汇率风险，降低了成员国的交易成本，欧盟的经济增长率由1999年的2%上升到2001年的3%左右[1]。

4. 中国人民银行的独立性

中国人民银行具有国家机关和特殊金融机构的双重属性，这决定了中国人民银行必须具有独立性，"中国人民银行在国务院领导下依法独立执行货币政策，履行职责，开展业务，不受地方政府、各级政府部门、社会团体和个人的干涉"。但同时《中华人民共和国中国人民银行法》规定："中国人民银行就年度货币供应量、利率、汇率和国务院规定的其他重要事项作出的决定，报国务院批准后执行。"说明中国人民银行在政策上的独立性是不充

① 陈敏强. 2001年美、欧、日中央银行货币政策回顾与展望. 中国金融, 2001, (2): 46-48.

分的。尽管如此，中国人民银行独立性与通货膨胀之间的经验关系表明，中国人民银行政策的独立性随着中央银行体系的完善有较大的提高，1997 年我国实现"软着陆"即是证明。

从信用独立性的角度考察，中国人民银行的独立性也有待加强。首先，中国人民银行行为目标的双重性影响其信用独立性。《中华人民共和国中国人民银行法》规定货币政策目标是保持币值的稳定，并以此促进经济增长。币值稳定和经济增长之间存在冲突很可能影响信用的独立性。其次，中央银行部分职能的财政化削弱了其信用独立性。作为国有金融机构的出资人，财政承担了金融改革和防范、化解金融风险的绝大部分成本，而这些成本目前大多由中国人民银行通过再贷款的形式来承担，其实质是牺牲中国人民银行的信用独立性来减轻财政负担。

综上所述，中国人民银行属于独立性较弱的中央银行，但历史地看，其独立性呈现逐步递增的趋势。

复习思考题

1. 简述中央银行产生的客观经济原因。
2. 简述中央银行的基本职能及其在现代经济系统中职能的扩展。
3. 如何理解中央银行的独立性？
4. 请比较美国联邦储备系统与欧洲中央银行的独立性的差异。
5. 中央银行为什么要保持相对独立性？
6. 中央银行的资产业务如何引起基础货币的变化？
7. 中国人民银行监管职能分离后职能变化集中表现在哪些方面？
8. 如何看待中央银行的独立性与通货膨胀的关系？

参考文献

蔡志刚. 2004. 中央银行独立性与货币政策. 北京：中国金融出版社

弗里德曼 M. 1991. 弗里德曼文萃. 高榕，范恒山译. 北京：北京经济学院出版社

胡庆康. 2001. 现代货币银行学教程. 上海：复旦大学出版社

怀特 L H. 2004. 货币制度理论. 李扬，等译. 北京：中国人民大学出版社

江其务. 2002. 货币银行学. 西安：陕西人民出版社

刘肖原. 2007. 中央银行学教程. 北京：中国人民大学出版社

梅耶 T，杜森贝里 J S，阿利伯 R Z. 1994. 货币、银行与经济. 洪文金，林志军，等译. 上海：上海人民出版社

米什金 F S. 2011. 货币金融学. 郑艳文，荆国勇译. 北京：中国人民大学出版社

钱小安. 2000. 中国货币政策的形成与发展. 上海：上海三联书店

王广谦. 2003. 中央银行. 北京：高等教育出版社

王松奇. 2004. 思考金融问题. 北京：清华大学出版社

Canzoneri M B. 1985. Monetary policy games and the role of private information. American Economic Review，75(5)：1056-1070

Eijffinger S C W. 2000. The Democratic accountability of the European Central Bank：a comment on two fairy-tales. Journal of Common Market Studies，38(3)：393-407

Eijffinger S C W, de Haan J. 1996. Central bank independence—only part of the inflation story: a comment. De Economist: 658-666

Garfinkel M R, Seonghwan O. 1985. When and how much to talk: credibility and flexibility in monetary policy. Journal of Monetary Economics, 16: 341-357

Grilli V, Masciandaro D, Tabellini G. 1991. Political and monetary institutions and public financial policies in the industrial countries. Economic Policy, 6(2): 341-392

Goodfriend M. 1986. Monetary mystique: secrecy and central banking. Journal of Monetary Economics, (17): 65-80

Howells P, Mariscal I B F. 2002. Central bank transparency: A market indicator. Working Paper

Lewis J. 1991. Why doesn't society minimise central bank secrecy. Economic Inquiry, 29(3): 403-415

McCallum B T, Hargraves M. 1994. A monetary impulse measure for medium-term policy analysis. IMF Working Paper

Rogoff K. 1985. The optimal degree of commitment to an intermediate monetary target. The Quarterly Journal of Economics, 100(4): 1169-1189

Svensson L E O. 1996. Commentary: how should monetary policy respond to shocks while maintaining long-run price stability? —Conceptual issues. Achieving Price Stability, The Federal Reserve Bank of Kansas City: 229-239

第四章

商 业 银 行

伴随经济发展和金融领域发生的一系列变化，商业银行已经由过去仅仅吸收存款、发放贷款、办理结算和单纯以获取利润为目标的金融机构，逐渐发展演变为多角度、全方位运用公众资金，以多种金融资产和负债为经营对象，具有多方面综合性服务功能的金融服务企业。尽管全球不同地区、国家的金融市场发展迅速，商业银行在经济生活中的地位与作用仍然不可或缺，是现代市场经济中社会资本运动的枢纽和货币政策传导的微观基础。本章首先对商业银行的演化过程、组织形式和职能予以介绍，其次对商业银行的业务、经营原则与商业银行经营管理理论作一般性描述，最后对商业银行风险控制的理论以及操作机制作较为系统的介绍。

第一节 商业银行制度

一、现代银行的产生与发展

(一)商业银行的起源

金融组织结构的变化既寓于生产组织形式变革之中，也是对商品货币关系演进的一种积极的适应。商品生产交换活动在规模、多样性和空间上不断延伸，导致生产与交换以及同一交易者的出售与购买行为在时间上的分离、在空间上的转移，从而在客观上需要专事货币兑换、保管的经营商提供金融服务，由于社会中不同经济部门、单位和家庭总是分别存在着货币资金的盈余和赤字，客观上需要"第三方"作为中介实现转移，金融服务的基础最终也不局限于货币兑换、保管和结算，而是通过吸收存款、发放贷款实现其业务扩张并赚取利润。商业银行起源于早期金融机构的存、贷款业务。

在古代的东方和西方都先后出现货币兑换商和银钱业的发展。在西欧，很早就有关于银钱业的记载，如公元前2000年的巴比伦寺庙、公元前500年的希腊寺庙，当时已有经营金银、发放贷款、收取利息的活动，公元前400年的雅典和公元前200年的罗马帝国也有类似活动。在我国，有关高利贷的记载可以追溯到南北朝时期由寺庙经营的典当业，在唐代已有大量经营典质业的质库、保管钱财的柜房、打制金银饰物和经营金银买卖的金银铺，以及专门放债收息的官府机构。到明、清两朝钱庄和票号等银钱业相继兴起，然而由于封建社会的长期停滞，这些银钱业未能完成向现代银行业的转化。

现代银行业的先驱是历史上的货币经营业。在资本主义早期，商品生产和商品交换的发展促进了地区间和国家间的贸易发展。但由于在金本位制下各种铸币的材料、重量和成色并不一致，需要对不同铸币进行兑换。起初由一些商铺兼营货币兑换，后来出现了铸币兑换商专门从事铸币的鉴定和兑换业务，并收取一定的手续费，但并不办理信用业务。此后，随着商品经济的进一步发展，经常来往于各地的商人为了避免货币保存与长途携带的麻烦和风险，就把货币交给兑换商人保管，并委托他们办理支付与汇兑。兑换商人手中所聚集大量货币资金成为他们放款生息的基础。当这些商人不是依靠保管业务所集聚的货币资金贷款，而是主要靠向货币所有者以提供服务和支付利息为条件吸收存款扩展贷款业务时，则意味着古老的银钱业向近代银行业的演变。于是，现代商业银行存贷款业务的雏形得以成形，货币经营业就相应地发展成为经营存放款和汇兑业务的银行业。

(二)现代商业银行的确立

随着资本主义生产方式的产生和发展，现代商业银行体系逐步形成。银行(bank)一词来源于意大利语"banca"(或 banco)和古法语"banque"，被用于描述早期的货币兑换商借以办理业务活动时所使用的"板凳"或"桌子"。

现代商业银行基本上是通过两条途径建立起来的：一是由旧高利贷性质的银行业逐渐适应新的经济条件而转变为现代资本主义银行。当早期的银行(如威尼斯银行)诞生时，资本主义生产关系尚未确立，贷款形式主要是放高利贷。在简单商品生产条件下高利贷较能满足小生产者免于因生产中断、生活来源没有保障而对于货币资金产生的需要，从而处于一种垄断地位。而在资本主义条件下，资本家借贷行为的目的是扩大再生产，追逐利润，从而产生与借贷资本家之间对生产利润的竞争。产业资本家创造的利润成为借贷资本家生存的基础和条件，货币借贷关系由原有的小生产对高利贷资本的依赖转化为借贷资本对产业资本的依附关系[①]。这种机制变化必然降低借贷利率，使发放高利贷的金融机构顺应资本主义经济发展的需要，主要为工商企业提供流动性贷款，从而转变为商业银行。

二是根据资本主义经济发展的需要，以股份公司形式组建商业银行。股份制商业银行在现代银行体系中起着主导作用。1694 年在英国政府支持下由私人创办的英格兰银行是最早出现的股份银行，它一成立就宣布以较低的利率向工商企业提供贷款，正式贴现率规定为 4.5%～6%，远远低于早期银行业的贷款利率。英格兰银行的成立，标志着现代银行制度的建立，也意味着高利贷在信用领域的垄断地位已经被动摇。18 世纪末到 19 世纪初，欧洲其他国家纷纷建立起规模巨大的股份制银行，现代商业银行逐渐在世界范围内得到普及。

中国现代银行业的发展比西方晚了约一个世纪。当西方国家相继建立起新的银行体系时，中国信用领域内占据统治地位的依旧是高利贷性质的钱庄和票号。直到 1845 年英国资本在香港、广州开设丽如银行(后称东方银行)，中国领土上才有了第一家新式商业银

---

① 刘明. 论利率运动规律——对马克思利率理论的重新探讨. 陕西师范大学学报，1995，(4)：43-50.

行。此后外国资本纷纷侵入中国，相继在华设立银行或分支机构。这些银行除经营中国的对外结算和进出口信贷外，还发行钞票，攫取了很多特权，它们控制和操纵中国的金融市场，其业务经营带有明显的侵略性质。1897 年在上海设立的中国通商银行是中国人创办的第一家新式银行，标志着中国现代银行业的发端。

对货币兑换商演变为现代商业银行的主要影响因素可以归纳为三个方面：第一，全额准备金制度演变为部分准备金制度，使商业银行的信贷业务得以扩大；第二，保管凭条演化为银行券，使现代货币得以产生；第三，保管业务演化为存款业务，并使支票制度、结算制度得以建立，使商业银行具有了创造货币、创造信用的功能。

二、商业银行的组织形式

商业银行的组织形式也称商业银行制度，是指商业银行在社会经济生活中的存在形式。

(一)单元银行制

单元银行制又称独家银行制，指业务由一个独立的银行机构经营而不设立分支机构的组织制度。从商业银行的发展历史看，这种制度主要存在于美国，但在 20 世纪 80 年代以后也发生了变化。美国单元制银行的建立，是为了克服银行间过度竞争进而导致兼并现象，防止国民经济受到少数银行资本的控制。单元制银行是美国特殊经济条件下的特殊产物，从某种意义上讲，它是与商业银行发展轨迹背道而驰的，不利于银行资本的集中，也会削弱商业银行向外部发展的整体竞争力。

(二)总分行制

总分行制又称分行制，是指银行在大城市设立总行，在国内或国外各地设立分支行的商业银行制度。当今世界绝大多数国家的商业银行采取这一组织形式。

总分行制商业银行的优越性在于：首先，其可以使商业银行规模扩大，实现专业化管理，降低交易成本，取得规模经济效益；其次，总分行制有利于资金在总行、分行和支行之间灵活调度，更加高效地使用有限资金，获取更大的经济效益。有利于扩大银行的业务基础，有效地分散风险，保障利润水平稳定增长；最后，总分行制商业银行便于国家对其实行宏观金融管理，也可以使银行与政府、中央银行及企业之间保持良好的关系，为自身的发展塑造良好的外部环境。

(三)银行控股公司

银行控股公司制又称集团银行制，一般是专以控制和收购两家以上银行股票所组成的公司。从法律角度看，控股公司拥有的多家银行是其附属机构，但实际上这些银行控股公司往往是由商业银行组建并由商业银行操纵和控制的一个组织。银行控股公司 19 世纪出现于美国，其重要性在 20 世纪 20 年代逐渐被人们认识。

商业银行组建控股公司是为了避开银行法规的限制，在州内或跨州设立分支行，以有效地突破业务限制，拓宽金融服务领域，扩大经营规模。银行持股公司可以通过各种渠道筹措资金，规避法规对其筹资的限制，如利率限制、资金来源渠道限制等，从而弥补银行资金的短缺。最早的银行持股公司出现在美国，目前美国银行控股公司可以直接或间接经办诸如各种放款、投资、信托、租赁、保险、咨询和信息服务等多种非银行业务，并可获准在其他行业中设立与银行业务有关的子公司。现在，几乎所有的大银行都归属于银行控股公司，大约75％的商业银行资产归控股公司的银行所有。银行控股公司的优越性首先是大银行的资金利用效率更高，母公司可以通观全局，统一调配资金。其次，控股公司可以同时控制大量的非银行企业，为其所控制的银行提供稳定的资金来源和客户关系。最后，通过持股公司的方式，集团可以同时经营非银行业务，增加赢利。

除上述商业银行组织形式之外，还存在代理银行制和连锁银行制。代理银行制是指银行之间相互签订代理协议，委托对方银行代办指定业务，双方互为代理行。实行单元银行制的美国代理行制最为发达，银行常以此解决不准设立分支机构的矛盾。连锁银行制也称作"联合制商业银行"，它与银行控股公司的差别在于：它不设立银行控股公司，而是通过若干商业银行相互持有对方的股票、相互成为对方的股东的方式结为连锁银行。

三、商业银行的性质与特征

(一)商业银行的性质

商业银行是以追求最大利润为经营目标，以多种金融资产和金融负债为经营对象，为客户提供多功能、综合性服务的金融企业。在所有金融机构中，商业银行最初是专门从事短期商业融资的金融机构，现代商业银行业务向全能化发展，使商业银行成为一种提供综合性服务的"全能"性的特殊金融企业。具体可以从以下三个层次加以理解。

1. 商业银行具有显著的企业性质

因为商业银行必须有与其业务发展相适应的资本金，有其固有的经营范围与对象，实行自主经营、自负盈亏、依法经营、照章纳税，并且以追求利润最大化、股东价值最大化为最终目标，按照市场经济规律从事经营活动。商业银行的企业性质将其与中央银行、政策性银行区分开来。商业银行的业务活动处在社会再生产过程之内，是实现资本循环周转的一个必要环节。现代商业银行制度的确立是现代企业制度产生和发展过程的重要内容之一，它的主要产权特征是所有权与控制权的彻底分离、法人产权的确立以及所有者权益的自由转让。

2. 商业银行是金融企业

商业银行作为金融媒介经营着特殊的商品，即作为一般等价物的货币，经营的内容包括货币的收付、借贷以及各种与货币运动有关的或者与之相联系的资金融通服务。银行与生产企业相比是典型的负债经营单位。银行一方面控制着社会金融资源，从而在一定程度上依附产业部门赚取利润，以银行经营者(代理人)为中心节点形成经营者与银行资本所有者、存款人、贷款人相互间的多重委托代理关系以及债权—债务纽结。有关各方既可能是协调博弈的利益共同体，也可能是竞争博弈的利益矛盾体。所以，银行系统的经营状况必然牵系多方的经济命运，银行业的经营风险也必然波及整个生产体系。银行损益、银行风险可能会以放大形式转化为社会损益和社会风险。

3. 商业银行是特殊的金融企业

商业银行是唯一可以经营活期存款业务的金融企业，具有信用创造功能，从而影响货币数量，在国民经济中扮演着特殊角色。商业银行也由此成为金融监管的重要对象。随着各国金融管制的放松，各种金融机构的业务相互交叉，竞争加剧，混业经营的趋势愈益明显，但从整体上看，商业银行仍然保持着自己的特点，它的业务更综合、功能更全面，被称为"金融百货公司"。

(二)商业银行的特征

1. 涉猎领域的竞争性

市场机制发挥作用的重要途径是优胜劣汰，在分散决策基础上，生产部门经营单位也不断出现破产、兼并而导致集中和垄断趋势。商业银行体系作为国民经济第三产业中的一个部门，为社会提供金融服务产品，其需求量取决于社会经济基础、收入水平以及各市场主体的选择取向，也属于竞争性行业。在现实中，非银行金融机构也能创造、交易金融商品，这些商品具有同质性和易于扩张性特点，所以，商业银行之间及商业银行与非银行金融机构间的竞争日趋激烈。

2. 作用对象的选择性

商业银行作为自主经营、自负盈亏的特殊金融企业，以盈利性、安全性、流动性为经营准则，就决定其作用对象具有选择性。一般的选择是"扶优限劣"，扶持优势的企业，才能降低风险，增强流动性并实现盈利。这一特征与政策性银行不同，后者有特定的作用对象；其他专业银行作用对象虽然可以选择，但是范围有限。因此，商业银行能够选择客户，客户也能选择商业银行，这种作用对象的双向选择性是商业银行的又一特征。

3. 资产结构的多元性

商业银行直接与工商企业接触，工商企业资金的运动与商业银行信贷资金运动有着密切的联系，广大客户对其金融产品的多样化需求决定了商业银行资产结构的多样性。

4. 经营运作的集中性

经营运作的集中性指商业银行追求规模经济效益。在经济发展中银行业务操作现代化水平不断提高，市场竞争也日益激烈，商业银行的经营运作呈现出集中化的趋势，这种趋势反映在机构的兼并、资金的集中和"批发业务"的发展等不同方面。

四、商业银行的职能

(一)信用中介职能

信用中介职能指商业银行通过负债业务将社会上盈余单位的闲置资金集中起来，再利用资产业务将资金转移到具有投资价值的赤字单位。这种间接性金融中介功能的发挥在保持货币资金所有权不变的条件下，通过改变货币资金使用权，对经济过程形成多层次的调节关系，提高了社会总体经济效益。首先，银行把社会再生产过程中游离出来的闲置资金转化为职能资本，在社会资本总量不变条件下改变不同部门的资本使用量和使用期限，形成对资本总量的聚沙成塔式再分配，扩大生产规模使资本增值；其次，在利润原则支配下把资金从效益低的部门引向效益高的部门，通过对资本要素的重新组合形成对社会资源配置和经济结构的调整，提高了社会经济效益。

(二)支付中介职能

支付中介职能是指商业银行以客户活期存款为基础，代理客户办理各种货币结算、货币收付、货币兑换和转移存款等业务活动。商业银行支付中介职能的发挥，使其成为货币流通的枢纽机关，成为经济组织结构中的关键部门。该职能形成了以商业银行为中心的国民经济运行中的支付链条和债权债务关系，大大减少了现金的使用，加速了结算过程和货币资金周转，提高了资金的使用效率。

(三)信用创造职能

信用创造职能在信用中介和支付中介职能的基础上产生。信用创造是指商业银行利用其吸收活期存款的有利条件，通过发放贷款，从事投资业务，衍生出更多的存款货币，从而扩大货币供应量。商业银行的信用创造包括两层意思：其一是指信用工具的创造，如银行券或存款货币；其二是指信用量的创造。商业银行通过吸收各种存款，并通过资金运用，把款项贷给工商企业，在支票流通和转账的基础上，贷款转化为新的存款，在这种新的存款不提现或不完全提现的条件下，又可用于发放贷款，贷款又会形成新的存款，在整个银行体系中，除了开始吸收的存款为原始存款外，其余都是商业银行贷款创造出来的派生存款。商业银行通过创造流通工具和支付手段，可节约现金与流通费用，同时满足社会经济发展对流通和支付手段的需要[①]。

(四)金融服务职能

由于工商企业经营环境日益复杂以及国际融资的发展，银行业间的业务竞争日趋激烈，因此无论从各经济部门对商业银行的要求看，还是从商业银行自身拓展市场、创新业务判断，商业银行为客户提供全面而有效的金融服务是其职能特点的一个变化趋势。现代商业银行除了传统的存贷款、汇兑等传统业务以外，随着市场的不断扩展、金融服务领域的不断创新，各种中间业务、表外业务应运而生，如信息咨询、现金管理、担保、代理、租赁等，使商业银行成为名副其实的"金融超市"。

■ 第二节　商业银行业务

商业银行是经营货币资金的特殊金融企业，特殊的经营对象形成其特定的业务内容。商业银行业务一般分为负债业务、资产业务、中间业务与表外业务三类。负债业务和资产业务是商业银行最基本的受授信用业务，也是其主营业务；中间业务与表外业务是资产和负债业务派生与拓展的结果，但也同样构成商业银行经营活动的重要内容。

一、负债业务

负债业务(liability business)是指形成资金来源的业务，它是商业银行经营活动的基础，具体包括资本金业务、存款负债业务和借款负债业务。

(一)资本金业务

资本金是商业银行自身拥有并永久性支配的资金，各国都用法律条款明确规定了商业银行注册资本的最低限额。对于新建的股份制银行，资本金是其实收的股本金；对于营运中的商业银行，资本金就是其资产的市场价值扣除全部负债后的余额。商业银行资本金数量会伴随资产的市场价值的变化而发生变化。《巴塞尔协议》把银行资本分为核心资本和附属资本两大类，其中核心资本由股本和公开储备组成，附属资本由未公开储备、资产重估

---

① 商业银行具体的信用创造过程见本书第十一章。

储备和呆账准备金组成，附属资本的总额不能超过核心资本的总额。

资本金具体包括以下几方面。

(1)股本金，指股东持有的所有权凭证而形成商业银行基本而稳定的外源资本[①]，包括普通股和优先股。普通股代表股东对银行的永久所有权，构成银行资本的核心部分；优先股兼有普通股与债券的特点，持有者按固定利率取得股息，对银行的清算剩余资产分配权优于普通股，但不享有对银行经营表决权。

(2)盈余留存，包括资本盈余和留存盈余。资本盈余是由外源资本渠道形成的盈余，反映银行资本的增值部分与接受捐赠所增加的资本等；留存盈余是由内源资本渠道形成的盈余，属于权益资本，是尚未动用的银行累计税后利润部分[②]。

(3)债务资本，是 20 世纪 70 年代起被西方商业银行广泛使用的一种外源资本，其所有者的求偿权排在各类银行存款所有者之后，也称后期偿付债券，可视为银行的补充资本。例如，2003 年 11 月上海浦东发展银行准备融资的 70 亿元和招商银行计划融资的 100 亿元均属于债务性资本融资行为。

(4)其他来源，资本金还包括为了防止意外损失而从收益中提留的各种储备资金，包括资本准备金、贷款与证券损失准备金等。储备金在应付各种损失方面作用重大，在许多国家享有税收优惠。

(二)存款负债业务

存款负债业务是指商业银行通过吸收各阶层、各部门的储蓄和存款所形成的最主要的资金来源，可以按期限划分为活期存款(demand deposit)、定期存款(time deposit)和储蓄存款(saving deposit)。

(1)活期存款，又称为支票存款，指那些可以由存户随时存取并用于交易和支付的存款。为了通过银行进行各种支付结算，各市场主体都在银行开立活期存款账户。活期存款的特点：一是具有很强的派生能力，是商业银行创造存款货币的基础；二是流动性大、风险较高，银行一般不对其支付利息；三是相对稳定部分可以用于发放贷款；四是活期存款是密切银行与客户关系的桥梁。

(2)定期存款，指那些近期暂不支用，只有在确定的到期期限才能提取的存款。商业银行向定期存款储户出具存单或存折并给予较高利息。定期存款对储户是一种风险很小的投资方式，对其自身是稳定的资金来源；定期存款对银行所要求的存款准备金率低于活期存款；其业务流程手续简单，费用较低，风险较小。

(3)储蓄存款，是商业银行针对居民个人积蓄货币之需而开办的一种存款业务，通常发给储户存折，以作为存款和提款的凭证。储户不能据此开立支票，支用时只能提取现金或转入活期存款账户。储蓄存款的特点是个人为了积蓄购买力而进行的存款。金融监管当

---

① "外源资本"指外部权益人投入使企业所取得的资本(如股票、债券)等形成企业的资本；"内源资本"指实收资本等。"外源性融资"则指企业从外部筹集资金；"内源融资"指企业通过自身的积累获得资本。

② 现行会计实务中，为了提供与决策相关的信息，会计人员对股东权益的划分并未完全遵循来源标准，而是考虑了多重目标。典型的分类方式是将股东权益划分为资本金账户和留存收益账户。前者可以进一步划分为永久性资本(股份公司为股本)和资本盈余账户(在我国为资本公积金)。这样结转分录就可以分别由资本盈余和留存收益向永久性资本账户结转。

局对经营储蓄业务的商业银行有严格的规定。

(三)借款负债业务

借款负债是商业银行主动通过金融市场融资或向中央银行融通资金，主要有五种形式。

(1)同业拆借，指银行间相互资金融通的短期借贷行为。银行法规定各商业银行必须向中央银行交纳一定比例的存款准备金，保持一定量的库存现金，以应付客户提款要求。该业务通过中央银行进行，拆出银行通知中央银行将相应的款项从自己的账户转到拆入银行的账户，据此，中央银行借方记拆出银行账户，贷方记拆入银行账户。拆入行主要是利用短期低利率的同业拆借来解决自身临时资金周转的需要。

(2)向中央银行借款，中央银行是金融机构的最后贷款人，商业银行向中央银行借款的直接目的在于缓解本身资金暂时不足的境况，主要有两种形式：一是再贴现，即商业银行将其办理贴现业务所买进的尚未到期票据，如商业票据等向中央银行申请再贴现；二是直接借款，商业银行将其持有的合格票据、银行承兑汇票、政府公债等有价证券作为抵押品向中央银行取得抵押贷款。

(3)回购协议，指商业银行通过出售金融资产获取可用资金，同时规定在某一期限后按预定的价格从对方再次购回该项金融资产。回购协议的主要资金需求者是证券交易商和商业银行，最大的资金供应者是公司和政府机构。回购协议还可以用来增加收益，如某银行持有长期证券，由于利率的上升，其出售有价证券换取资金将遭受相当的本金损失，为提高收益，银行可以将这些证券作为回购协议担保以增加银行的净利息收入。

(4)发行中长期金融债券，是指商业银行以发行人的身份直接向货币所有者举借债务并且承担债券利息的融资方式，主要是商业银行适应中长期投资和贷款的资金需求，或者作为其附属资本的来源。其特点是来源稳定但成本较高，增大了银行的经营风险。

(5)向国际金融市场借款，近二三十年来，各国商业银行在国际货币市场上通过吸收存款、发行信用违约互换(credit default swaps，CDs)、发行商业票据和银行债券等方式广泛地获取资金，特别是在欧洲货币市场上，其交易量巨大，资金来源充裕，借款手续简单、流动性强。

(四)结算过程中的负债

结算中的负债是指商业银行在办理结算业务中由于一些特殊的结算方式所要求的临时负债，银行在为客户办理转账结算等业务过程中可以暂时占用客户的资金。以汇兑业务为例，从客户把款项交给汇出银行起，到汇入银行把该款项付给指定的收款人止，中间总会有一定的时间间隔。在这段时间内，对于该笔款项，汇款人和收款人均不能支配，而为银行所占用。

二、资产业务

资产业务(assets business)是商业银行运用资金创造收益从而实现其利润的业务。商业银行为了应付客户提存不能将通过各种负债吸收的资金全部投放出去，通常保留一定比例的现金和其他准备金，由此构成银行资金运用的一个特殊项目，即现金资产和其他准备资金。除此之外，银行的资金运用主要是贷款和投资。

(一)现金资产业务

现金资产是商业银行中最富流动性的资产,属于商业银行的一级准备金。该部分资产的数额不大,但是作用特殊、意义重大。

(1)库存现金,即商业银行金库保留的现钞和硬币,主要用于客户提取现金和商业银行自身的日常开支。商业银行在经营过程中,为了保证客户提存的要求需要保留一定金额的现金,但是,现金是一种非盈利资产,一般不宜保留过多,它只占商业银行一级准备的很少一部分。库存现金的经营原则就是保持正常的流动性现金支付需要。

(2)在中央银行的存款,指商业银行存放在中央银行的存款准备金,其用途主要是满足中央银行所规定的法定准备金要求和用于银行间交易。具体由两部分构成:一是法定准备金,指商业银行按照中央银行要求的法定备金比率缴存的准备金;二是超额准备金,即商业银行存放在中央银行的存款准备金账户中超过法定准备金的余额。

(3)同业存款,指存放在其他金融机构的存款。银行间相互存款是为了便于同业之间的结算收付及开展代理业务。由于存放同业存款属于活期存款性质,可以随时支用,因而可以视为商业银行的现金资产。

(二)贷款资产业务

与其他资产业务相比,贷款的风险较大,但利率较高,通过贷款联系,银行还可密切与工商企业的往来关系,从而有利于拓宽业务领域。贷款是商业银行最主要的资产业务,是银行业务经营的重点。

按不同的标准可以将贷款划分为不同类别。

(1)按贷款是否有抵押品可划分为抵押贷款与无抵押的信用贷款。抵押贷款是指以特定抵押品作担保的贷款。为了减少借款人的违约风险,抵押品一般要求价值稳定,流动性强,容易保管且大于贷款资金。信用贷款是指贷款无抵押品作为担保,仅凭借款人的信用发放那些具有良好资信借款者的贷款。银行通常对信用贷款收取较高利率,附加一定条件了解借款人经营状况,并对其进行控制和管理。

(2)按贷款对象划分为工商业贷款、农业贷款和消费贷款。工商业贷款主要用于工业企业固定资产投资和购入流动性资产的需要以及商业企业商品流转的资金需要。农业贷款中,短期的主要用于购买种子、肥料和农药等,长期的主要用于改良土壤、建造水利等农业基础设施。消费贷款是指贷放给个人用来购买消费品的贷款,其清偿依靠借款者的可靠收入。

(3)按贷款期限划分为短期贷款、中期贷款和长期贷款。短期贷款通常指贷款期限在一年和一年以下的临时性、季节性贷款,也称为流动资金贷款。中期贷款期限一般为一年以上十年以下,长期贷款期限在十年以上。中长期贷款使银行资金被长期占压,流动性差,风险也比较大,但相应地可获得较高利息收入。

(4)按还款方式划分为一次偿还贷款和分期偿还贷款。一次偿还贷款指在贷款到期时一次性偿还本金的贷款,此类贷款的利息可根据约定,或在整个贷款期间分期支付,或在贷款到期时一次结清。分期偿还贷款是指按年或者按月以相等的金额偿还本息。

(三)证券资产业务

证券资产是商业银行重要的资产项目之一,是商业银行在公开市场购进有价证券,如公债、国库券、公司债券等,以有价证券为经营对象的资产业务。商业银行进行证券投资可以增加收益、分散风险并增强银行资产的流动性。证券投资常常被视为商业银行的二级准备。

(四)票据贴现

票据贴现是指商业银行对工商企业持有的未到期商业票据,按照一定的贴现率,扣除自贴现日至票据到期日的利息后支付给持有者剩余款项的一种特殊放款业务。一般将商业银行之间办理的票据贴现称为转贴现。票据贴现主要发生在商业银行和工商企业之间。

三、中间业务与表外业务

中间业务与表外业务之间既有联系、又有区别,二者都不反映在商业银行的资产负债表中。

(一)中间业务

中间业务(middleman business)指商业银行不用或较少占用自己的资金,以中间人的身份为客户办理其他委托事项,提供各种金融服务并收取费用的业务。该业务由资产业务和负债业务衍生而来,一经产生后便具有相对独立性,具体包括结算业务、代理业务、信息咨询业务等。

(1)结算,是存款业务的延伸,指商业银行利用一定的结算工具,以信用收付代替现金收付,通过收付款双方在银行开立的存款账户,将资金由付款方账户划至收款方账户。通过开展这一业务活动可以提高资金的周转速度、节约结算成本、提高结算效率和保证收付款双方的资金安全,同时也加大了商业银行对企业的监督和控制能力。结算类业务主要有支票结算、汇兑结算、托收和信用证结算。

(2)代理,指商业银行按照客户的要求,以代理人的身份执行客户命令,办理一些经双方议定好的经济事务的业务。商业银行不参与客户的决策、不承担风险,单靠提供服务来收取服务费与手续费,是典型的中间业务。

(3)信息咨询,是商业银行依靠自身的信息、人才和信誉等优势,收集整理相关信息,并通过对这些信息及银企资金运作的记录和分析,形成系统的资料和方案提供给客户,并为其提高经营水平、扩大经营范围、增加盈利出谋划策。

(4)信托,即信用委托,是指接受他人委托,代为管理、经营和处理经济事务的行为。商业银行信托业务是指经营金融性质的委托代理业务,即银行作为受托人按照委托人的委托,代为管理经营和处理有关钱财方面的事项。

(5)租赁,指出租人以收取租金为条件,将财产出租给承租人使用的经济行为,承租人按其交纳租金享有使用权,所有权仍属出租人。

(二)表外业务

表外业务(off balance sheet business)是资产负债表以外的业务。根据巴塞尔银行监管委员会提出的判定标准,表外业务可分为狭义和广义两种:狭义表外业务即本节所讨论的表外业务,是指商业银行所从事的按国际会计准则不计入资产负债表内的业务,表外业务变动不影响资产负债总额,但在一定条件下会转化为资产或负债。它构成了商业银行的或有资产、或有负债,其特点是高收益高风险。广义表外业务包括所有不在资产负债中反映的业务，由中间业务和狭义表外业务构成。常见的表外业务主要有以下几种。

(1)贷款承诺，指商业银行向客户做出承诺，保证在未来一定时期内根据一定条件，随时应客户要求提供贷款或融资支持的业务。贷款承诺一般是商业银行在向客户所提供的信贷额度内，随时根据客户的贷款需求提供贷款，主要有信贷便利和票据发行便利两种形式。

(2)备用信用证，是商业银行应客户要求开立的给予第三方(受益人)的信用保证书，向第三方保证客户依据合同做出的支付承诺有效。该业务涉及三方当事人，即开证商业银行、客户、受益人，客户与受益人之间已经达成某种协议，客户对于受益人负有偿付或其他义务，商业银行应客户要求向受益人开立备用信用证，保证客户在未能按照协议偿付或履行义务时，代替客户向受益人进行偿付。

(3)贷款销售，指商业银行通过直接出售或资产证券化方式将已发放贷款转让给第三方的业务。贷款售出后，银行要为买方提供售后服务，如代收利息、监督贷款资金运用、对抵押品进行管理等。商业银行不仅可以直接减少风险资产的比例，提高资产的流动性，还可以获取一定收益。

表外业务对于商业银行来说是一把双刃剑，既可以带来巨大的收益，也可以带来巨大的风险。20 世纪 80 年代以来，西方商业银行的表外业务飞速发展，其根本原因应归结为规避巨大的利率和汇率风险，逃避监管当局对资本金的监管，增加更多的盈利，应对更加激烈的市场竞争，满足日益多样化的客户需求。表 4-1 为 2000～2001 年中国银行资产负债表。

表 4-1　2000～2001 年中国银行资产负债表（单位：亿元）

资产	2001 年	2000 年	负债及所有者权益	2001 年	2000 年
现金	179.62	179.87	对中央银行负债	986.30	1 422.24
存放中央银行	1 294.56	1 433.28	发行货币债务	10.57	9.85
存出发钞基金1)	10.05	9.25	同业存入及拆入	3 768.15	5 895.59
存放及拆放同业	3 307.18	6 470.50	客户存款	17 988.64	16 854.79
投资	7 304.05	5 805.84	汇款	282.16	278.05
应收款项	624.45	676.92	应付款项	602.30	654.15
贴现、买汇及贸易融资	286.28	200.82	发行债券	61.64	72.68
各项放款及透支	12 461.87	11 501.49	其他负债	81.14	55.93
减：准备金	509.40	242.57	负债合计	23 780.90	25 243.28
固定资产净值	511.52	464.34	少数股东权益		
在建工程	74.67	95.30	所有者权益		
其他资产	421.57	256.09	实收资本	1 421.00	1 045.00
			公积金	738.06	544.09
			未分配利润	26.46	18.76
			所有者权益合计	2 185.52	1 607.85
资产总计	25 965.42	26 851.13	负债及所有者权益总计	25 966.42	26 851.13

1)存出发钞基金指中国银行(香港)有限公司和中国银行澳门分行分别作为香港和澳门特别行政区的发钞行，按照特区政府及有关货币发行制度的规定，向特区政府缴纳或存出的发钞准备金

资料来源：中经网，http://www.cei.gov.cn

第三节　商业银行经营管理

商业银行的核心目标是实现利润最大化和银行股东价值最大化。商业银行作为特殊的金融企业，其资金主要源于负债，并且具有独特的信用创造能力，因此，商业银行在经营管理上有其特殊性。如何处理好盈利性、流动性和安全性三者间的关系是商业银行永恒的主题。

一、商业银行的经营原则

(一)盈利性原则

盈利性是商业银行经营管理的归宿，也是其改进服务、开拓业务和改善经营管理的内在动力。这是因为增加盈利能够使商业银行的投资者获得较高的投资回报率，否则股东会将其资本转而投入盈利高的其他行业；增加盈利是商业银行充实其资本金的一个重要渠道，它的增加可以使商业银行内部留存而形成的资本规模扩大；要求在运动中保值是资金商品的本质属性，商业银行经营的专供借贷使用的货币资金必须在循环周转中实现价值的增值才能符合有偿使用、还本付息的运行规律要求。增加盈利也有利于商业银行增强抵御风险的能力，提高商业银行的信誉和市场竞争力。此外，从宏观角度看，商业银行的盈利水平高则可提高公众对商业银行的信任度，有利于巩固商业银行制度维持正常的社会信用秩序；有利于商业银行为经济发展提供多样化的服务；是国家筹集建设资金的重要渠道和社会资金运动的重要枢纽。

为了增加盈利，商业银行必须尽量扩大资产负债规模，提高经营效率。影响商业银行盈利性指标的因素主要有存贷款规模、资产结构、自有资金比例，以及资金管理体制和经营效率等。

(二)流动性原则

流动性原则是指商业银行的资产负债能够保持合理结构，正常循环，以及随时满足客户提存的原则。在这里，流动性有两层意思，即资产的流动性和负债的流动性。资产的流动性是指银行资产在不受损失的前提下随时变现的能力；负债的流动性是指银行能经常以合理的成本吸收各种存款和其他所需资金的能力。影响商业银行流动性的主要因素有客户的平均存款规模、资金的自给水平、清算资金的变化规律、贷款经营方针、银行资产质量及资金管理体制等。当然，流动性也会受到宏观金融市场因素的影响，如证券市场价值下跌会导致银行在将证券资产变现时遭受损失。流动性是实现安全性和盈利性的重要保证。

商业银行有必要保持适当的流动性，因为：第一，作为资金来源的客户存款和其他借入资金要求银行保证随时提取和按期归还；第二，企业、个人和政府在不同时期产生的多种贷款需求，也需要及时组织资金来源加以满足；第三，银行资金的运动具有不规则性和不确定性，需要资产的流动性和负债的流动性保证资金平衡；第四，在银行业激烈的竞争中，投资风险也难以预料，经营目标不能保证完全实现，需要一定的流动性作为预防措施。

(三)安全性原则

安全性原则是指商业银行的资产在投放后能够安全顺利返还,保证资金本息完整不受损失的原则。商业银行一般总是面临高负债经营和期限转换困难的风险,此外,银行经营还面临信用风险、市场风险、管理风险、道德风险等。如果银行不能采取有效措施控制各类风险,必然会削弱银行的清偿能力,危及银行的声誉和自身安全。安全性要求银行坚持稳健经营理念,保持较高资本充足比率,合理安排资产负债结构,提高资产质量,运用各种法律允许的策略和措施来分散和控制风险,提高银行的抗风险能力。坚持安全性原则是银行家理应奉行的基本准则。安全性原则不仅是银行盈利的客观前提,也是银行生存和发展的基础;不仅是银行经营管理本身的要求,也是社会发展和安定的需要。

"三性"原则具有各自的特殊要求,同时又相互影响、相互制约,既对立又统一,使其协调一致是商业银行各种业务流程要努力达到的目标。一方面,从统一角度上讲,流动性和安全性正相关,流动性越强的资产遭受风险可能性越小,即安全性也较强;保持适度的流动性是商业银行发展业务获取盈利的基础,盈利水平越高越能够提升自身的信誉及竞争力,便于融通资金保持流动性。此外,盈利性以安全性为前提,没有安全性,商业银行资金本息无法正常收回,盈利性就失去了保障,同时盈利又是弥补资产损失的来源,保证资产的安全性。另一方面,从对立角度分析,银行在其经营过程中经常面临两难选择:为增强经营的安全性、流动性,就要把资金尽量投放在短期周转的资金运用上,这就不能不影响到银行的盈利水平。而为了增加盈利,就要把资金投放于周转期较长但收益较高的贷款和投资上,就不可避免地给银行经营的流动性、安全性带来威胁。这就引出了一个类似的问题:银行经营者既不能完全规避风险,也不能一味追求盈利,而是在两者之间进行权衡,在控制风险基础上追求最大化的风险报酬比率。

二、商业银行经营管理理论

(一)资产管理理论

资产管理理论反映商业银行传统的管理思路。决定存款规模和期限的主动权操纵在客户手中,但资金运用的主动权却在银行,所以银行必然会看重资产管理。在资产管理中,资产流动性管理占有特别重要的地位。随着经济环境的变化和银行经营业务的发展,其理论也经历了不同的发展阶段。

第一阶段是商业贷款理论,即真实票据论。这一理论始于亚当·斯密时代,是一种确定资产运用方向的理论,其基本要求是贷款应以具有真实交易背景的商业票据为根据,商业银行只能发放短期与商品周转相联系或与生产物资相适应的自偿性贷款①。因为此类贷款能随物资周转和产销过程的完成,从销售收入中得到贷款偿还。据此,以商业行为为基础,以真实票据为凭证进行贷款,保障贷款按期收回,假使企业不能偿还贷款,商业银行可处理相关票据,挽回贷款损失。在相当长时期内,该理论占据着商业银行资产管理的支配地位,商业银行根据资金来源期限结构配置资产,树立了流动性管理理念,但是该理论忽视了部分活期存款也具有一定的稳定性,使银行的资金运用局限在狭窄范围之内。

---

① 自偿性是指在生产或购买商品时所借的款项,可用生产或出售商品的款项予以偿还。

第二阶段是可转换性理论,简称转换理论。该理论 20 世纪初由莫尔顿提出,他认为银行能否保持流动性,关键在于资产的变现能力。商业银行为应付存款提取所需保持流动性,可以将部分资金投资于具有转让条件的证券上,这些盈利资产能够随时变现,取款并非局限于短期的和具有自偿性的投放范围。该理论以金融工具和金融市场的发展为背景,商业银行把其资产业务拓展到证券投资、不动产贷款和长期贷款领域,资产范围显著扩大,业务经营较为灵活多样。但人们竞相抛售证券时,银行很难完好无损地将所持证券顺利转让。此外,该理论忽视了与银行资产相应的物质保证,可能导致信用膨胀。

第三阶段是预期收入理论。该理论是美国学者普鲁克诺在 1949 年提出的,他认为一笔好的贷款,应当以借款人未来收入或现金流量为基础,强调借款人的确有可用于还款付息的预期收入。无论放款期限长短,借款人只要具有可靠的预期收入就不至于影响流动性。但借款人未来收入的预测并不完全准确,尤其在长期放款和投资中,借款人的经营情况可能发生变化,届时并不一定具备偿还能力,因而会破坏商业银行的流动性要求。

第四阶段是超货币供给理论。该理论认为银行信贷提供货币只是其经营目标手段之一,银行资产管理应提供更多的服务。据此,银行在购买证券和发放贷款以提供货币的同时,应积极开展投资咨询等中间业务,使银行业务达到前所未有的深度和广度。但该理论容易诱使银行涉足宽泛的业务范围,加大银行在未知领域遭受损失的风险。

(二)负债管理理论

负债管理理论的出现与金融创新有关。其核心思想是主张以借入资金满足银行流动性需要,从而扩张资产业务,增加银行收益。这一理论将银行经营着眼点从主要关注资产转向关注负债,由单靠吸收存款的被动型负债方式发展为向外借款的主动型负债方式,根据资产业务的需要组织负债,让负债适应、支持资产。这就为银行扩大业务规模和范围创造了条件。

负债管理理论产生于 20 世纪 60 年代中期以后,它的形成是多方面因素共同作用的结果:第一,追求高额利润的内在动力和市场激烈竞争的外在压力,这是负债管理理论形成的主要原因;第二,经济的发展、资金需求的上升,迫切需要银行为社会提供更多的资金;第三,银行经营管理制度的限制以及社会经济中严重的通货膨胀,使存款利息在吸引资金方面的吸引力越来越小、竞争力不断下降;第四,存款保险制度的建立与发展,进一步增强了人们的冒险精神,刺激了负债经营的发展。

负债管理理论对商业银行有一定积极意义。首先,为银行加强经营管理、保证流动性方面提供了新方法、新途径,较好地解决了流动性和盈利性之间的矛盾;其次,为银行扩大信贷规模、增加贷款投放创造了条件;最后,由于主动性负债增加了银行的资金实力,因而增强了银行的市场竞争力,使其在国民经济中的作用更加显著。其局限性是一味扩张负债容易引起债务危机,进而导致经济的全面波动,诱发信用膨胀和通货膨胀,也使银行自身面临更大风险。

(三)资产与负债综合管理理论

资产负债综合管理理论产生于 20 世纪 70 年代末 80 年代初,由于许多西方发达国家相继取消了利率管制,整个金融界出现了自由化浪潮,种类繁多的浮动利率资产与负债金融产品纷纷涌现。商业银行在争取金融市场融资权的同时,也面临新的利率风险。

根据资产负债综合管理理论，商业银行经营要适应市场利率、汇率及资金供求变化，对资产和负债协调配置、统筹安排，使之在总量上均衡、结构上优化，体现"三性"原则的要求。这样就既克服了资产管理理论注重安全性和流动性，忽视盈利性的缺点，又避免了负债管理理论指导下商业银行经营风险较大，缺乏流动性和安全性保障的弊端。

进行资产负债综合管理须把握下述原则：第一，资产负债匹配原则，即商业银行在资产与负债之间从规模、结构和期限上均要求匹配和对称。第二，目标互补原则。该原则认为，商业银行"三性"原则的共性即效用，效用总和就是银行的总效用。安全性、流动性和盈利性的均衡。协调不是比例的绝对平衡，而是可以相互替代和补充的，是一个相机抉择的均衡。第三，资产分散原则，是指商业银行的资产需要适当予以分散，避免过度集中带来损失。在实际工作中，即使最佳的银行也无法将风险降至零，而坚持该原则至少能把风险控制在某一限度内。显然，上述分析将微观经济理论和资产选择理论引入了银行经营管理。

资产负债管理理论至今仍然是世界上大多商业银行经营管理思想主流，但其局限性也很明显。在金融创新和市场竞争不断加剧的背景下，商业银行需要寻找新的利润增长点，于是出现一种新的商业银行管理理论——资产负债表外管理理论。其理论主旨认为商业银行应该极力拓展表外记录的新经营领域，表外业务是以表内业务为基础的业务延伸，其客观背景是银行所拥有的广泛客户、庞大分支机构网络、所掌握社会经济活动信息、具备高知识储备的人力资源以及先进的计算机信息系统。

三、商业银行的信贷审查原则

为确保贷款的安全与盈利，西方商业银行非常重视对借款人信用情况的调查与审查，并在多年的实际操作中逐渐形成一整套的衡量标准。其中产生广泛影响的是对放款审查的"6C"原则。

(1)品德(character)。考察借款人是否具有清偿债务的意愿以及是否严格履行合同条件，还款的愿望是否强烈，是否能正当经营。品德体现了客户履行义务的主动性和决心以及借款人人格的精髓。不论借款者是个人还是企业，其履行协议条款的以往记录对其品德的判断都具有重要意义。

(2)才能(capacity)。才能是指客户的才干、经验、判断能力、业务素质等创造利润、偿付银行债务的能力。企业管理者若不具备才能，极易导致经营失败，造成贷款风险。

(3)资本(capital)。资本是指借款人财产的货币价值(通常用资产净值来衡量)，它反映了客户的财力以及承受风险的能力。评价借款人资本实力要看所投入的股东权益资本总量、所有资本的使用效率以及资本的稳定性和变现能力。

(4)担保品(collateral)。借款人应提供一定合适的物质担保品，以减少或避免银行贷款的风险，特别是在中长期贷款中，无担保品作抵押，银行通常不予放款。评估贷款担保须视借款人提供担保品的变现能力、保险状况及贷款保证人的经济实力、信用状况等是否适合抵押而定。

(5)经营环境(condition)。经营环境是指借款者的行业在整个经济中的经营趋势或贷款申请者的就业环境。必须将厂商经营所面临的经济环境、整个贷款使用期间的经济规划以及使借款者对经济波动特别敏感的任何特征，如经济状况、同业竞争、劳资关系、政局变化等，都包括在经营环境信用评价分析之内。

(6)事业的连续性(continuity)。事业的连续性指对借款企业连续经营前景的审查。现代科学技术日新月异，产品更新换代的周期愈益缩短，市场竞争更加激烈，企业只有能适应经济形势及市场行情的变化，才能继续生存发展下去。

第四节　商业银行风险控制

随着人类社会活动和经济活动范围扩大，相对于自然风险，经济风险成为人类面临的主要挑战。将风险引入科学领域进行考察和分析，既是人们对经济认知程度和经济发展的客观要求，也反映了经济学发展的进程。银行作为现代经济生活中联系宏观、微观世界，实现资金融通和宏观经济管理的重要枢纽，面临的复杂性、不确定性和风险性日益凸显，如何识别风险、控制风险、管理风险成为商业银行日常经营管理的重要内容。

一、商业银行风险控制理论及历史演进

从古希腊学者色诺芬、古典政治经济学家威廉·配第，到资产阶级政治经济学家亚当·斯密和大卫·李嘉图，其著作中都呈现出朴素的经济风险分析思想和方法。19世纪法国管理学家亨利·法约尔更是首次把风险管理思想引入企业经营活动，拓宽了企业管理的视野范围。20世纪30年代经济金融危机爆发，推动风险管理的快速发展，国家和企业纷纷设立独立的风险管理机构，风险管理得到理论界广泛的重视和探讨。20世纪50年代，风险管理更发展为一门新兴学科。1983年，在美国召开的风险和保险管理协会年会上，世界各国学者共同讨论并通过了"101条风险管理准则"，标志着风险管理理论与实践的发展进入新阶段。

商业银行风险管理伴随风险管理思想的产生发展，是银行业自身发展和人们对金融风险认识深化的产物。随着现代商业银行经营范围和功能的转化，商业银行风险已从借贷风险演变为信用、市场、操作等多类型风险，风险的广度和深度不断加大。此外，伴随20世纪70年代全球金融自由化、全球化和金融创新快速发展，我国金融机构面临的经营环境不确定性、复杂性和风险性深化，金融风险对我国银行体系稳定的威胁进一步加大。商业银行风险管理主要历经以下阶段。

第一，资产业务风险管理。早期商业银行经营范围主要限于传统存贷款业务，风险管理活动相应地集中于资产业务管理，由之保证银行资产的流动性。

第二，负债风险管理。20世纪60年代以后，商业银行风险管理的重点从资产业务风险管理转向负债风险管理，商业银行经营理念也从依靠吸收存款的被动负债方式，发展成为向外借款的主动负债方式。商业银行通过使用借入资金保持或增加其资产规模，增加收益。负债风险管理采用两种方法：一种是用很短期限的借入资金来弥补资产上的缺口，称为准备头寸负债管理；另一种是对所有到期负债进行严格管理，称为贷款头寸负债管理。

第三，资产负债风险管理。20世纪70年代末，布雷顿森林体系瓦解，固定汇率向浮动汇率制度转变，国际市场环境变得更为复杂，利率汇率也波动剧烈。简单地运用资产风

险管理或负债风险管理已经无法应对现实挑战，必须将两者结合，注重资产和负债的协调管理，通过对资产负债业务结构和期限的共同调整以及经营目标的互相替代实现总量平衡和风险控制。

第四，资本配备风险管理。20 世纪 80 年代，伴随金融衍生工具的使用，银行竞争加剧和金融创新深化，银行业市场环境呈现新的变化。资产负债管理理论过于强调商业银行对利率风险的管理而忽略了其他风险，逐渐被资产配置的管理取代。以资产组合理论、资本资产定价模型和期权定价模型为代表的现代金融理论成为商业银行风险控制的重要理论基础。

为了应对世界经济一体化、金融全球化和银行经营环境与条件的变化，1975 年国际银行界成立巴塞尔银行监管委员会，并于 1988 年推出《巴塞尔协议》，《巴塞尔协议》标志国际银行界协调管理的开始，也是风险管理的革命性成果。此后，该协议历经多次修改，1999 年 6 月和 2001 年公布《新巴塞尔协议》征求意见稿，2010 年 9 月 12 日，巴塞尔银行监管委员会宣布达成《巴塞尔协议Ⅲ》，新协议作为一个完整的银行业资本充足率监管框架，由三部分组成：一是最低资本要求，商业银行的核心资本充足率由 4％上调到 6％，同时计提 2.5％的防护缓冲资本和不高于 2.5％的反周期准备资本，使核心资本充足率可达到 8.5％～11％；二是监管当局对资本充足率的监督检查；三是银行业必须满足的信息披露要求。《新巴塞尔协议》的签订表明全球银行业对全面风险管理理念达成了共识。

二、商业银行风险分类及控制程序

商业银行风险是指商业银行在经营过程中，由于事前无法预料的不确定因素的影响，商业银行的实际收益与预期收益产生背离，从而导致银行蒙受经济损失。商业银行作为从事货币经营的特殊企业，具有流动资本量大、服务面广、贷款对象错综复杂和创造信用等特征，较一般企业面临更大风险。

(一)商业银行风险分类

商业银行的风险可由自然灾害、犯罪活动、国内外经济波动和银行自身经营风险等多种因素造成。根据商业银行风险的表现形式，其可分为以下几种形式。

(1)流动性风险，是指银行掌握的可用于即时支付的流动资产不足以满足支付需要，从而使银行丧失清偿能力的可能性。商业银行作为存款人和借款人的中介，手中留有随时应付支出需要的流动资产只是其负债总额的一小部分，如果商业银行的大批债权人同时兑现债权，银行就可能面临流动性风险。

(2)信用风险，又称违约风险，是指交易对象未能按照合同规定的义务履约导致银行遭受损失的可能性。信用风险是商业银行最主要的风险表现，不仅表现在贷款、债券投资等传统业务中，也表现在信用证、金融衍生交易、贴现、贷款承诺等业务中；不仅存在于资产业务，也存在于负债和中间业务。商业银行缺乏银行客户信息和客户经营状况不佳是导致信用风险的主要原因。

(3)市场风险，又称价格风险，是指被用于交易或可交易的资产的价格(如利率、汇率、证券价格、不动产价格)发生剧烈波动，引起银行收益不确定性而带来的风险。依据导致市场风险因素的不同，可将市场风险分为利率风险、汇率风险、股票价格风险和商品价格风险等。

(4)操作风险，是银行在日常经营活动中由于内部机制、系统、人员和意外事故引起的风险。公司内部治理机制失效和内部控制不到位通常是造成操作风险的主要因素。一方面，银行未能直接反映的失误、欺诈会导致银行财务损失；另一方面，自然灾害事件或信息技术系统失效也给银行带来风险。

(5)国家风险，是指经济主体与非本国居民进行国际经贸与金融活动时，由于债务国的政治、经济和文化状况发生变化，从而该国的个人、机构或政府不能履行合同偿还本息，致使债权人承受损失的可能性。国家风险是最难以预料、最复杂、最危险的风险。

(6)声誉风险，是指由于意外事件、操作失误、违反法规、经营不佳和管理不善，银行长期建立的声誉遭到破坏，造成存款人、贷款人和市场对其失去信心，银行遭受损失的风险。声誉风险对银行损害极大，银行必须建立危机公关机制，应对和管理其可能面对的潜在风险。

(7)法律风险，是指当银行正常的业务经营与法规变化不相适应时，因为无法满足或违反相关法律要求和相关准则，导致不能履行合同、发生争议或其他法律纠纷，从而使银行遭受损失的风险。

(8)战略风险，是指银行在追求短期商业目标和长期发展目标的系统化管理过程中，由于制定决策失误、决策执行不当，对银行的收益和未来发展造成不利的影响。战略风险是影响银行的发展方向、银行文化、信息和生存能力或银行效益的因素。

(二)商业银行风险控制程序

现代银行风险管理部门成立使得银行风险管理系统化、制度化。商业银行进行风险管理、控制的步骤主要包括以下几个阶段。

1. 风险识别

银行在处理应对风险前首先应判明所面临风险的具体形式。例如，风险是主观的还是客观的；是系统性风险抑或非系统性风险；属于可规避风险还是不可规避风险。银行通过判断自身运行过程中内部经营环境、微观和宏观经济环境的潜在风险，识别出可能对银行经营带来损失的风险因素以及生成风险的原因。风险识别是风险管理的第一步，为风险度量、风险分析、风险评价与风险控制等确定了方向与范围。常见的风险识别分析法包括财务报表分析、风险环境分析等。

2. 风险估测

风险评估是风险管理的关键环节，其通过加工分析所搜集的大量信息，应用统计方法准确、科学地估计和预测银行风险发生的概率和损失幅度。银行风险评估主要涉及资本金、资产质量、管理水平、收益能力和流动性五个方面，概率统计法、假设经验法和损失模拟法为银行风险评估提供了有力手段。

3. 风险评价

风险评价是在银行风险识别和估测环节之后，综合考虑风险概率、风险损失程度、风险产生原因和类型等因素，研究采取何种措施及措施采取何种程度为宜，为风险决策创造先决条件。银行风险评价是银行风险管理的中间环节，具有承前启后的作用。

4.风险处理

风险处理是指针对不同类型、程度和概率的风险，采取相应的技术和方法，使商业银行风险损失降至最低程度。合理的风险处理不仅可以弥补风险损失、缓解不良影响，还能为以后风险处理环节积累经验与教训。风险处理的内容包括研究处理方案和确保方案实施两大方面，方法包括风险规避、风险分散、风险转移、风险保险和风险补偿等。

5.风险管理效果评价

风险管理效果评价即测定银行风险管理的目标是否实现和实现程度，以此判断风险管理方案的科学性、适应性和收益性。由于银行风险的可变性，人们的认识水平具有阶段性，以及银行风险管理技术处于不断完善的过程中，因此，对于风险的识别、估测、评价，乃至管理技术的选择需要进行定期分析、检查和修正，使选择的风险管理技术适应现实情况变化。

三、商业银行市场风险控制

商业银行的市场风险包括利率风险、汇率风险、商品价格风险和股票价格风险，是由市场价格变动而带来的表内和表外业务发生的损失。市场风险具有较强的系统性。

(一)利率风险管理

利率风险是指市场利率变化时银行资产和负债利息不一致给银行带来的损失。利率风险不仅影响银行的盈利空间，也影响资产、负债和表外业务的市场价值，从而改变银行的净值及股东在银行的投资价值(图 4-1)。银行可运用现代金融工具和技术，管理银行资产和负债，规避市场利率波动带来的损失。

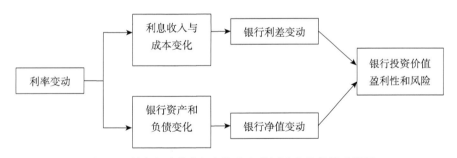

图 4-1　利率变动带来银行资产负债风险变化的影响机制

商业银行管理利率风险经常使用资金缺口或者资产负债表缺口管理。

由于利率的变动会使银行资产收益率发生波动，资产负债表缺口管理会减缓利率变动对银行盈利能力的影响。银行的资产负债缺口是指银行的利率敏感型资产总额与利率敏感型负债总额的差额，即缺口等于浮动利率资产总额减去浮动利率负债总额。当缺口的值为零时，称为零缺口；当缺口的值为正时，称为正缺口或者资产缺口；当缺口的值为负时，称为负缺口或者负债缺口。可用如下公式表示：

资金缺口(CAP)＝利率敏感型资产(RSA)－利率敏感型负债(RSL)

随着市场利率的变化，不同缺口状态下带给银行的利差收益不同。当缺口为正或资产缺口时，市场利率上升所带来的银行资产利息收益增加大于银行负债利息的支付增加，银行利差收入增加，总体利润上升。反之，市场利率下降所带来的银行资产利息收益减少大于银行负债利息的支付减少，银行利差收入减少，总体利润下降。

当缺口为负或负债缺口时，市场利率上升所带来的银行资产利息收益增加小于银行负债利息的支付增加，银行利差收入减少，总体利润下降。反之，市场利率下降所带来的银行资产利息收益减少小于银行负债利息的支付减少，银行利差收入增加，总体利润上升。为了便于掌握，表 4-2 对在不同资本缺口状态下利率变动对银行利息收入的影响予以归纳。

表 4-2　在不同资本缺口状态下利率变动对银行利息收入的影响

缺口类型 利率变动	正缺口	零缺口	负缺口
利率上升	利息收入增加	利息收入不变	利息收入减少
利率不变	利息收入不变	利息收入不变	利息收入不变
利率下降	利息收入减少	利息收入不变	利息收入增加

(二)汇率风险管理

1. 汇率风险概念

汇率风险是由于汇率不利变动对外汇持有者或外汇经营者所带来的风险。并非所有的银行外汇资产和负债都有风险，风险主要表现在外币资产负债不相匹配的风险头寸部分。随着对外开放步伐加快，我国从 2005 年 7 月 1 日开始实施有管理的浮动汇率制度，人民币与全球主要货币的汇率波动呈扩大态势。汇率风险也相应地加剧。商业银行汇率风险主要分为外汇买卖风险、交易结算风险、评价风险和对外债权债务清算风险。

控制汇率风险主要依靠两类方法：一是与具体银行业务联系在一起，在具体业务发生时选择相应方法加以控制，如选择交易货币、加列货币保值条款、资产和负债在币种上相匹配等；二是与具体银行业务相分离，利用金融市场上的金融工具进行风险规避，如外汇期货、外汇期权、远期外汇买卖等。

2. 汇率风险控制

存在风险头寸并不必然给银行带来损失，只要银行采取有效的控制风险手段，就可以规避或减少风险损失。汇率风险控制主要从以下几方面进行。

(1)强化汇率预测。影响汇率变动的因素主要有国际收支状况、相对通货膨胀率、相对利率、中央银行干预等，可结合影响汇率变动因素，一方面运用德尔菲法、主观概率法和社会调研法预测汇率变动的趋势和幅度，另一方面运用时间序列预测法和计量模型预测法，建立模型并运用计算机模拟汇率走势。

(2)选择交易货币。订立合同时要选择能够规避或减小汇率风险的货币作为价值尺度和支付手段，银行作为债权人时尽量使用硬货币，银行作为债务人时应设法使用软货币。交易货币的选择对双方是有矛盾的，一方有利则另一方不利。因此，有时需要采用软货币和硬货币搭配的方法，使硬货币的升值和软货币的贬值互相抵消规避风险。

(3)加列货币保值条款。如果商业银行有信心准确预测未来货币走势，就会明确选择交易货币。如果对货币未来走势缺乏信心，则可在合同中加列货币保值条款，货币保值条款的参照物可以是黄金价格、特别提款权或一揽子货币的平均汇率。

（4）资产和负债的货币匹配。在错综复杂的经济活动中，商业银行作为中介机构，常常既是债权人又是债务人，因此，可选择与原有债权债务相同币种、相同金额、相同期限的货币，来抵消原有债权债务的风险敞口，达到消除外汇风险的目的。

（5）利用金融工具。随着金融创新力度的加大，国际金融市场金融工具具有灵活、多样化、成本低等特点，借助金融创新防范汇率风险的做法非常普遍。规避汇率风险常见的金融工具有远期外汇买卖、择期外汇买卖、外汇期货、外汇期权、利率和货币掉期等。

四、商业银行信用风险控制

信用风险是指交易对手或债务人未能履行金融工具合约或信用品质发生变化而导致金融工具持有者或债权人发生损失的风险。信用风险主要由违约风险和信用评价差风险组成，无论是传统贷款，还是金融衍生交易、外汇交易、同业拆借、担保等，在金融交易中都会出现信用风险。银行业务中贷款占据重要位置，贷款业务的信用风险较为突出，下面以贷款的信用风险为主要介绍对象。

(一)借款者信贷风险分析

从借款人道德品格、资金实力、担保及外在环境等方面，通过对客户进行系统的信贷风险分析，银行可以了解客户履约还款的可靠性，从而为有针对性地防范贷款风险提供依据。

（1）道德品性分析。借款人的道德品行会影响借款人还债意愿和履行合约的责任，其受年龄、家庭背景、人际关系、生活理念及有无不良记录等多方面的影响，很难具体准确估量。银行可以根据借款人过去的"记录"和经验进行调查，从而设法评测借款人道德水平。

（2）偿债能力分析。偿债能力分析主要是考察借款人是否具有能力有效运用借入资金获取利润以偿还贷款。因此，需要关注借款人的收入状态、生产经营能力和管理水平。一方面分析借款企业的生产成本、产品质量、产品竞争力及销售利润；另一方面分析借款人的组织、领导、决策和创新能力。

（3）资本风险分析。资本体现了借款人的财力，反映企业经营规模和风险承受能力，也是借款人能够获得贷款的关键因素。评估借款人资本时，需要关注资本的真实性、准确性及合法性，进而评估资本稳定性和变现能力。

（4）担保条件分析。借款人取得贷款时会有贷款担保，而贷款担保条件发生变化会影响偿贷风险。评价贷款担保风险时要看担保品是否合法、价格稳定性、变现能力、担保人的担保资格、经济能力和信用状况，以及担保人担保能力与贷款额度是否相符。

(二)信贷风险的分析方法

商业银行对借款人进行信贷风险分析，不仅需要全面掌握借款人曾经的信用状况，也要对借款人现在的收入状况、经营状态和还款能力进行评测。因此，财务报表、财务指标和现金流量是分析借款人财务状况和还款能力的有效指标。

1. 财务报表分析

财务报表分析是对企业经营活动中经营成果、财务状况以及现金流量状态的分析，需要运用借款人的资产负债表、利润表和现金流量表，分析借款人资产负债状况、经营状况、获利能力和现金流量，评测借款人还款能力及信贷风险大小。一般可从损益表和资产负债表分析开始，依次评价借款人的盈利能力和财务状况，最后分析借款人的现金流量，评估其现在和未来的偿还能力，具体包括盈利能力分析、偿债能力分析和营运能力分析三方面。而到期日企业能否偿还债务，关键在于企业是否有足够的现金，良好的盈利能力并不一定意味着有足够的现金流入企业。因此，企业现金流量应是银行分析财务状况及盈利能力的重点。

2. 财务指标分析

财务指标是对借款人财务状况进行量化分析，了解借款人的短期偿债能力、长期偿债能力、盈利能力和营运能力。企业盈利能力需要考察毛利率、销售成本费用率、资产收益率、净资产收益率；企业财务状况主要关注流动比率、速动比率、资产负债率；衡量借款人长期偿债能力的指标有资产负债率、权益负债率等；衡量借款人营运能力的指标有资产周转率、应收账款周转率及存货周转率等。

3. 现金流量分析

现金流量充足与否是影响还款能力的主要因素，需要将借款人本期的现金流量与偿还债务进行比较，分析现金流量能否足够偿还到期债务，考察现金流量需要借助现金流量表，分析借款人本期经济活动现金收入与支出和现金的增加额，探寻为什么有的借款人损益表上有利润却没有足够现金偿还借款，而有的借款人即使出现亏损却有足够现金偿还借款。现金流量分析包括现金流入、流出结构分析，现金流量净额分析，未来现金流量预测和现金流量充足性分析。

五、商业银行操作风险控制

1. 强化员工风险管理意识

国内商业银行队伍过于庞大，难以避免操作风险隐患，有效的风险控制需要全体员工良好的职业操守作为保障。因此，一方面要培养员工价值观，增强操作风险控制意识和自觉性，另一方面通过知识和技能培训，使员工了解业务潜在风险、银行风险控制政策、违规操作的惩罚，从而增强风险控制意识。

(1)厘清职员操作边界。由于"经纪人"逐利倾向，职员出于自身利益考虑，会产生怠用操作权和滥用操作权的情况，造成银行内部欺诈行为。应对内部欺诈，商业银行组织结构应体现权限和职责分离的原则，做到业务操作与风险控制分离，岗位之间相互监督制约，严防职员越权交易和内部欺诈。此外，部分商业银行的重要岗位轮换制度和近亲属回避制度等没有得到严格执行，这必然会给一些价值观扭曲的人以可乘之机，导致银行业的贪污、挪用、盗窃等现象不断出现，资金流失严重。

(2)加强银行内部控制。商业银行内部控制是通过制定实施商业银行系统化的政策、程序和方案，有效识别、评估、管理、监测和报告风险的过程和机制。商业银行营建系统化、透明化的内部控制体系，需要完善银行组织结构、明确岗位职责规定、强化对账、控制程序等会计政策和程序，做到职能分离、交叉核对、双人控制资产、双人签字的制衡机制。良好的内部控制可以促进商业银行恪守法律法规和秉承审慎经营原则，有效评估和控制可能出现的风险。

2. 金融信息化的操作风险控制

以互联网、云计算、大数据等为代表的现代信息技术正与我国金融发展模式和创新方式高度融合，而手机客户端、电子商务的快速发展，不仅使金融创新日趋关联化、复杂化，也为金融发展带来新的挑战。

(1)建设网上银行操作风险监控系统。各商业银行应加强网上银行风险控制管理系统的建设，如网上银行外围监督可主要由事后监督系统、内部控制审计系统、实时预警监控系统等银行的内部控制系统及风险控制数据库组成，负责对网上银行操作风险的事中、事后的分析与控制管理。网上银行内部控制系统部分可由网上银行各个交易控制系统及入侵检测实时控制组成，负责对网上银行操作风险的事前、事中的控制管理。

(2)加强移动支付链的安全防护。目前通过在移动客户端嵌入定制化的因特网网银系统(the internet explorer online banking system，IE)，虽然可以简化部分支付环境风险，但是仍然存在较大的防御漏洞。银行应进一步与移动终端设备厂商合作，研制开发面向对公客户和高端客户的定制移动终端，开展对资金安全性要求更高的业务品种。

(3)成立专业化的防御网络攻击队伍，巩固信息安全防护体系。我国虽已形成自助银行、电话银行、手机银行和网上银行构建的电子银行立体服务体系，但是面对电子银行业务的迅猛发展，商业银行信息安全体系却未同步跟进。黑客组织通过攻击大型金融公司的网站和服务器，中断正常的金融服务，删除数据信息，甚至盗取客户资料，对金融机构的安全性和稳定性造成了严重影响。此外，客户端木马病毒、假冒网上银行网站的欺诈技术也时有出现。因此，商业银行体系应成立专业化的防御队伍，紧密关注国际信息攻击技术的前沿动向，有针对性地研究防护措施，及时提出预警报告和防护建议，完善金融企业的安全防御体系。

复习思考题

1. 简述现代商业银行的历史发展过程。

2. 请简要对比分析单元银行制和总分行制的区别。

3. 为什么说商业银行是特殊的金融企业？

4. 商业银行的信用中介职能和支付中介职能有什么不同？

5. 商业银行的存款负债业务包括哪些内容？

6. 为什么说商业银行的中间业务与表外业务之间既有联系又有区别？

7. 如何理解商业银行"三性"原则的对立统一性？

8. 商业银行资产管理理论经历了哪些发展阶段？

9. 金融创新的直接原因和内在动力是什么？

10. 金融创新对货币供给的影响体现在哪些方面？

11. 商业银行风险控制的程序是什么？

12. 已知某银行的资产负债情况如下：

项目	资产/亿元	负债/亿元
利率敏感性	30	60
固定利率	70	40

试计算：

(1)如果利率上升5%，则银行利润如何变化？

(2)假定银行资产的平均持续期为5年，负债的平均持续期为3年，当利率上升5%时，银行净值如何变化？该变化相当于原始资产总额的百分比是多少？

(3)该银行如何避免利率风险？

13. 什么是利率缺口分析，如何用其控制利率市场风险？

14. 商业银行应如何进行信用风险控制？

15. 金融服务信息化背景下，商业银行应如何防范操作风险？

参考文献

巴曙松，朱元倩. 2011. 巴塞尔资本协议Ⅲ研究. 北京：中国金融出版社

戴金平. 2009. 货币银行学. 厦门：厦门大学出版社

甘当善. 2009. 商业银行经营管理. 上海：上海财经大学出版社

黄达. 2004. 金融学. 精编版. 北京：中国人民大学出版社

凯德 E C. 2009. 银行风险管理. 王松奇，张云峰，等译. 北京：中国金融出版社

科罗赫 M，加莱 D，马克 L. 2005. 风险管理. 曾刚，罗晓军，卢爽译. 北京：中国财政经济出版社

刘新利. 2006. 风险管理. 北京：北京大学出版社

米什金 F S. 2011. 货币金融学. 郑艳文，荆国勇译. 北京：中国人民大学出版社

莫利纽克斯 F，沙姆洛克 N. 2003. 金融创新. 冯健，杨娟，玉仁，等译. 北京：中国人民大学出版社

史建平，吴志民. 2010. 商业银行业务与经营. 北京：中国人民大学出版社

斯密 E. 1999. 国民财富的性质和原因的研究. 郭协，王亚南译. 北京：商务印书馆

温红梅，姚凤阁，刘千. 2011. 商业银行经营管理. 大连：东北财经大学出版社

徐谨良. 2011. 风险管理. 北京：中国金融出版社

杨开明，宋志秀. 2010. 商业银行经营管理. 北京：经济管理出版社

张金清. 2011. 金融风险管理. 上海：复旦大学出版社

朱新蓉，宋清华. 2009. 商业银行经营管理. 北京：中国金融出版社

庄毓敏. 2008. 商业银行业务与经营. 北京：中国人民大学出版社

第五章

利 率 理 论

　　利率是金融运行与经济发展中物质资本积累之间的一种联系，也是货币如何影响经济这一问题的核心。有关利率的理论渊源可以追溯到人类经济思想史的萌发时期，但随着现代金融体系和货币经济的发展，伴随着社会经济单位进行资产选择的序列不断丰富，现代利率理论不断引入新的解释变量，试图捕捉住影响利率变动的主要市场特征，促使理论在逻辑上更为清晰。本章对利率及其种类、复利与现值公式、利率理论和利率期限结构理论进行介绍。

■ 第一节　利率及其种类

一、利息的本质

　　历史上曾经对利息有过不同认识，人们由于民族、宗教、风俗、习惯和文化传统的差异都会产生对放贷收取利息的不同看法。即使在当代，一些伊斯兰国家或地区还明令禁止收取利息。

　　利息率水平在历史上曾经受到国家法律的干预。在资本主义发展初期，职能资本家与生息资本家处于利益严重对立状态，生息资本已由高利贷资本的统治、垄断地位转变为从属、依附于职能资本的地位，使生息资本通过放高利贷牟取暴利的力量受到削弱。马克思曾经指出 18 世纪到 19 世纪 60 年代，产业资本家有和国家统治者联合起来压低利率的倾向，"整个 18 世纪都有一种呼声（立法也照此办理），要以荷兰为例，强制压低利息率来使生息资本从属于商业资本和产业资本，而不是相反"。

　　远在 17 世纪，威廉·配第(1623～1687 年)和约翰·洛克(1632～1704 年)就认识到利息是给借出者的应有补偿或者报酬。不过，配第认为利息是因为借贷货币会给贷出方带来诸多不便，所以贷出方可就自己不方便索取补偿；洛克认为利息是贷款人因承担了风险而得到的报酬，并认为报酬的多少应与所承担风险的大小相适应。

　　一些学者探讨了利息与实体经济部门中利润的关系。约瑟夫·马西(？ ～1784 年)较早提出"利息源于利润",他认为贷款人贷出的是货币或资本的使用价值,即生产利润的能力,"人们为了使用他们所借的东西而作为利息支付的,是所借的东西能够生产的利润的一部分"。贷款人因此得到的利息直接来源于利润,并且是利润的一部分。马克思认为这是一个伟大的发现。亚当·斯密(1723~1790年)是英国古典政治经济学的主要代表。他提出了"利息剩余价值说",认为利息具有双重来源:其一,当借贷的资本用于生产时,利息来源于利润;其二,当借贷的资本用于消费时,利息来源于别的收入,如地租等。斯密明确地说明利息代表剩余价值,马克思对亚当·斯密有关利息与剩余价值关系的观点做了肯定。

马克思才真正地揭示了利息的本质,指出利息不是产生于货币的自行增值,而是产生于它作为资本的使用。按照马克思的基本观点,利息是利润的一部分,是利润在借贷资本家和产业资本家之间的分割。利润来源于剩余价值,以剩余价值理论进行分析,利息体现了借贷资本家和产业资本家共同占有、瓜分剩余价值的关系。现代经济学则将利息看做贷出者让渡资本使用权而索取的报酬,这种报酬包括机会成本和风险溢酬两个部分。

二、收益资本化

在长期经济实践中,人们已经习惯于与放贷收息进行比较,对各种有形资产(如厂房、机器设备、土地)和无形资产(如有价证券、专利、店名、商标),以及人力资本甚至公司的形象代言人按照其发挥作用、效能所能产生的收益计算其当前的资本价值。所谓收益的资本化,就是指人们将某一项投资的未来预期收益按让渡借贷资本利率计算其目前的本金。或者,对某项资本品(有形的或者无形的)按照未来预期收益计算它的资本价值。马克思指出:人们把每一个有规则的会反复取得的收入按平均利息率来计算,把他算做是按这个利息率贷出的资本会提供的收入,这样就把这个收入资本化了。

在货币借贷关系中,贷出货币额被称作本金(P),本金与利息收益(I)、利率(r)之间的关系为

$$I = P \times r \tag{5-1}$$

假如知道利息额和利率,可由之计算本金值为

$$P = I \div r \tag{5-2}$$

如果一笔一年期贷款的利息收益是50元,一年贷款利率为5%,依照$P = I \div r$就可以计算出本金为1 000元(50÷5%)。

【例5-1】用收益资本化方法评估土地价格。

土地本身是自然赐予的,按劳动价值论无法知道其由价值决定的价格。但是,土地由于可以作为农业部门、工业部门的生产要素,对其的使用可以产生收益,因而被看做资本品。这种资本品的价值(类似本金)如何决定?可以参考按照利息收益计算本金的方法。假如一块土地的年平均收益(I)为100元,市场年借贷利率仍为5%,则有

土地价格=100÷0.05=2 000(元)

如果与这块土地毗邻的城市扩建,使土地由农业用地转为城市工、商业用地,所产生的年收益是原来的5倍,土地价格在理论上也会涨到原来的5倍,达到10 000元。

【例5-2】对消费品也可以根据收益资本化评估其潜在价值,进一步计算消费者剩余。

假如你买了一台冰箱储存制成的食品、半成品，从而免去了许多日常采购、烹饪的劳作，将节约的时间和精力用于从事其他经济活动的收益是每年 1 000 元，市场利率为 5%，那么你对这台冰箱资本价值的估计值为 1 000÷0.05＝20 000（元）。如果厂家按生产成本加成定价出售冰箱的价格是 5 000 元，你对冰箱的消费收益为 15 000 元，或者说消费者剩余为 15 000 元。可以将 15 000 元看做社会分工、交换扩大以后所产生的社会福利的增加。

上述情况说明，对各种资本品以及商品、劳务都可以根据其产生的收益和提供的服务流进行资本化处理，确定其市场价值。

收益资本化和后面讲到的现值概念相联系，这种方法在资产评估中被广泛使用，费雪在《利率理论》一书中对收益资本化方法也有详细的论述。收益资本化是商品经济中的一个规律，在我国迈向市场经济过程中这一规律作用的范围日益广阔。

三、利率的种类

利率即利息与借贷资金之比。在金融市场中，利率也指有价证券交易的收益率，尤其债券交易。在我国，利率已经不仅是一个经济术语，也是一个家喻户晓的社会经济生活用语，利率变动会相应地改变人们的利益关系，因而会引起社会的普遍关注。人们通常所说利率泛指经济系统中的利率体系，但具体的利率种类名目繁多，如存款利率、贷款利率、同业拆借利率、债券利率、长期利率、短期利率等。这里主要介绍基准利率（无风险利率），实际利率与名义利率，固定利率与浮动利率，市场利率、官定利率、行业利率等。

（一）基准利率（无风险利率）

基准利率对金融体系中的各种类别利率产生普遍影响。在政府部门对国民经济进行宏观调控过程中可以通过影响、改变基准利率而产生"牵一发而动全身"的作用。但是，由于经济环境、决定利率的体制背景不同，对基准利率可以有不同理解。一种理解是中央银行向商业银行的再贷款、再贴现率，其具体水平和变动会影响到各类别市场利率。另一种是成熟金融市场中的政府债券利率，其交易规模大，债券价格变动对市场资金供求变动的反应也较敏感，但由于政府债券信誉好，其市场收益率波动性又很小。所以，政府债券收益率也成为市场上各种利率变化的参照基准，从而被当做"基准利率"。因为中央银行公开市场操作的对象主要是政府债券，所以，政府债券收益率变动也隐含着中央银行货币政策操作的影响效果，并进而影响各类别市场利率。

由于政府作为债券发行主体一般不存在违约问题，到期本金和票面利息有安全保障，因而，又将政府债券的利率称作无风险利率。

利息包含对贷出方或投资者机会成本补偿和风险补偿两个部分，也就决定了可以将利率表示为

$$利率＝机会成本补偿水平＋风险溢价水平$$

机会成本即某项投资本金如果改作其他各种可能用途的平均收益；风险即投资的未来收益可能落空甚至本金遭受损失的可能性；风险溢价即各种投资因为面临风险而对其有所补偿，又可称为风险报酬。

如果参照基准利率确定利率水平，将基准利率看做机会成本率，则有

$$利率＝基准利率＋风险报酬率$$

(二)实际利率与名义利率

用通货膨胀率对名义利率加以折扣即得到实际利率。出借人的贷出本金在到期归还后因为在借贷期出现价格水平上涨降低了购买力，意味着本金按购买力衡量实际上受损。此外，与不变价格水平比较，价格水平上涨使得按实际购买力衡量的利息不如贷出本金时想象的那么高，即利息也相对贬值。结果，由于价格水平变动的影响，尽管名义利率大于零，但如果将最初本金按照未发生借贷前的价格购买商品数量与期末本息合计按照期末价格购买的商品数量进行比较，后者既可能大于前者，也可能小于前者。按购买力衡量的利率即实际利率，其与名义利率在数量上往往不一致，一致的情况只是偶然。实际利率完全有可能为负值。

例如，当借贷期为一年，贷出本金为 1 000 元，借贷利率为 5%，在这一年中物价上涨了 10%。假如期初价格水平为 1，可以计算出期初用 1 000 元可以购买 1 000 单位商品；但贷出资金一年后，本息合计购买的商品数量为 954.45 单位(1 050/1.1)。尽管名义货币额由 1 000 元增加到 1 050 元，但按购买力衡量的实际价值却下降了约 45.55 元。在这个例子中实际利率为 -4.55%。

假如事先能确定一个实际利率水平 i，并预期在借贷期通货膨胀率为 $\dot{p}^e$，名义利率 (r) 如果必须对贷出方面临的通货膨胀风险加以补偿从而维持实际利率不变，概略的计算公式为

$$r = i + \dot{p}^e \tag{5-3}$$

如果预期将发生通货紧缩，$\dot{p}^e$ 则为负值。名义利率对通货膨胀做出反应，即通货膨胀预期效应，由于最先由费雪提出，所以其又被称作费雪效应。也可以用名义利率、预期通货膨胀率表示实际利率：

$$i = r - \dot{p}^e \tag{5-4}$$

计算实际利率的准确公式为

$$i = \frac{1+r}{1+\dot{p}^e} - 1$$

或者

$$i = \frac{r - \dot{p}^e}{1 + \dot{p}^e} \tag{5-5}$$

在名义利率一定的条件下，通货膨胀不利于债权人，通货紧缩不利于债务人。

我国自 20 世纪 70 年代末改革以后对利率的调节渐趋灵活，但总体而论仍然实行管制利率，在调整利率时考虑到财政、银行、国有企业三方的利益平衡，随着市场化进程的发展，近年来也越来越重视资金供求状况和价格水平变动，即利率调节对价格水平做出反应。不过，利率调节仍然滞后于价格变动。

1985 年、1988~1989 年、1990~1991 年、1993~1995 年、1996~2002 年分别调高或者调低利率与同期的通货膨胀率有关。例如，企业流动资金贷款利率在 1995 年 7 月 1 日~2002 年 2 月 21 日下调 8 次，由 12.06% 降到 5.31%，下调 6.75 百分点，下降幅度为 55.97%，这与通货膨胀率下降和 1997 年年底开始出现通货紧缩有关。

(三)固定利率与浮动利率

根据在借贷期内是否调整区分出固定利率和浮动利率。

固定利率指在借贷期内不作调整的利率。以这种方式计息，对借(贷)方而论未来利息成本(利息收益)是确定的量，是传统上采取的计息方式。浮动利率指在借贷期以内以某种市场利率为基数定期做出调整的利率。一般每半年调整一次。

浮动利率对贷出方而论，一般可以避免未预期到的通货膨胀风险。当发生未预料到的通货膨胀，市场利率将上升，浮动利率也随之向上调整。国际金融市场借贷多采取浮动利率。

我国人民币借贷仍主要执行固定利率。但在 1988～1989 年出现较高通货膨胀后曾一度实行对中长期储蓄存款实行保值贴补的办法是浮动利率的一种形式，目前也已经出现浮动利率债券。中国人民银行允许商业银行贷款执行浮动利率则意义有所不同，它是指商业银行以中央银行规定的各期限利率为基准上浮一定百分比发放贷款，贷款发生后即执行固定利率。

(四)市场利率、官定利率、行业利率

市场利率即在市场资金供求作用下由借贷双方商定的利率。在市场机制中商业银行存款、贷款利率的决定是资金供求各方竞争的结果。

由货币金融管理部门(如中央银行)确定的各类别利率通常称为官定利率，也叫做法定利率。

行业利率指民间金融组织(如银行公会等)为维护公平竞争和金融市场秩序所确定的利率。这种利率反映的是行业自律行为，对行业内成员有一定的约束力。

按计息期限还可以划分出年利率、月利率、日利率。按日计息多用于金融机构互相间的短期拆借，时间很短的有"隔夜拆""当日拆"，习惯上称为"拆息"。

在我国传统习惯中，借贷利率的年率、月率、日拆利率都用"厘"作单位。但各自数量上的意义均有所不同。

第二节　复利与现值公式

可以根据计息的方式区分单利和复利，复利借贷将上一期利息计入本金计算下一期利息。两种计息方式不同，计算终值(即借贷期或投资收回时的本息和)的方法也不同。

一、单利、复利概念和复利的计算

所谓单利即对已过计息日而不提取的利息不计入本金再计算利息，其利息额和终值的计算公式分别为

$$I=P\times r\times n \tag{5-6}$$

$$S=P(1+r\times n) \tag{5-7}$$

其中，I 为利息额；P 为本金；r 为利息率(单利利率)；n 为借贷期限；S 为投资的终值。

复利是依次将上一期利息计入下一期本金重新计算利息。仍设本金为 P，利息率为 r(复利利率)，期限为 n，则各时期末计算的终值为

第一年年末：$S_1 = P(1+r)$

第二年年末：$S_2 = P(1+r)(1+r)$

$$\vdots \qquad \vdots$$

第 n 年年末：$S_n = P(1+r)^n$

其中，P、$P(1+r)$ 和 $P(1+r)^{n-1}$ 分别为第一年、第二年和第 n 年的本金。

将各种投资的收益率看做贷款利率，可以按复利贷款方式计算投资的终值。复利贷款与投资的终值、利息额(收益额)的计算公式分别为

$$S = P(1+r)^n \tag{5-8}$$

$$I = S - P \tag{5-9}$$

【例 5-3】对于期限 5 年，复利利率 6% 的 100 000 元贷款，其终值和利息额分别为

$$S = 100\,000 \times (1+6\%)^5 = 133\,822.56(元)$$

$$I = 133\,822.56 - 100\,000 = 33\,822.56(元)$$

在收益资本化中，以利率为参数计算资本价值。利息也是收益资本化的产物。利息在借贷资本所有者眼中看来也可以作为资本使用，在借贷延续期间，也必然存在资本增值问题。

我国不同类别、不同期限存款利率的设计实际上也考虑到了复利问题。例如，定期一年的储蓄利率必须保证按这样的利率计算出的利息要大于按活期储蓄的月利率用复利方法计算出的一年的利息。例如，1971 年调整的个人储蓄利率，活期月利率为 0.18%，一年定期年利率为 3.24%。活期存一年的利息回报按单利计为 2.16%，按复利计为 2.18%，均低于 3.24%。

承认复利的合理性，并在实践中根据具体情况设计复利计息的资金借贷等金融工具有一定积极意义，可以诱导人们重视资金的时间价值，加快货币资金的周转，从而提高资金使用效率。

二、现值公式及其应用

(一)现值公式

将未来收益看做现在投入本金按一定利率取得的终值(即本金与利息之和)，即可以对式(5-9)表示的终值公式加以变换，得到与未来收益(用 S 表示)对应的目前投资的本金额：

$$P = \frac{S}{(1+r)^n} \tag{5-10}$$

式(5-10)即未来某一时点收益的现值公式。

假如希望 5 年后取得 100 000 元的货币收益，设利率为 6%，目前的投资本金或现值为

$$\frac{100\,000}{(1+6\%)^5} = 74\,725.82(元)$$

设某项投资在以后 n 年中每年取得的收益为 S_1，S_2，…，S_n，这项投资未来各年连续收益的现值总和为

$$P = \sum_{t=1}^{n} \frac{S_t}{(1+r)^t} \tag{5-11}$$

其中，P 为现值总和；t 为年份；r 为市场利率。

现值与终值的关系是：在终值公式中现值被作为投资本金看待；在现值公式中，终值被作为未来收益看待。两者使用同一参照利率，利率在现值公式中是被作为贴现因子使用的。现值是终值的逆运算。

(二)现值公式的应用

在商业票据交易中可以将票据面额作为终值，选择某一市场利率按现值公式估计票据的当前价格，即票据的"贴现值"。对于各种无息债权（如短期国库券）也可以按照类似的方法估计现值。现值公式也被用于各类资产以及投资项目评估中。

【例 5-4】可以用现值方法比较同一投资项目的两种投资方案。

设有一投资项目需 10 年建成，甲、乙两种方案分别需投资 9 500 万元和 1 亿元，市场利率为 10%。两种方案各年度投资以及投资的现值分布见表 5-1。

表 5-1　两种方案各年度投资以及投资的现值分布（单位：万元）

年度	甲方案		乙方案	
	每年年初投资额	现值	每年年初投资额	现值
第 1 年	5 000	5 000.00	1 000	1 000.00
第 2 年	500	454.55	1 000	909.09
第 3 年	500	413.22	1 000	826.45
第 4 年	500	375.66	1 000	751.31
第 5 年	500	341.51	1 000	683.01
第 6 年	500	310.46	1 000	620.92
第 7 年	500	282.24	1 000	564.47
第 8 年	500	256.58	1 000	513.16
第 9 年	500	233.25	1 000	466.51
第 10 年	500	212.04	1 000	424.10
合计	9 500	7 879.51	10 000	6 759.02

哪一种方案更好一些？将两种方案的现值总额作为投资成本，显然乙方案更为可行，可以比甲方案节约 1 000 多万元投资成本。

【例 5-5】用现值方法比较两种投资项目的收益。

假如甲、乙两种投资项目目前一次性投资额相同，生产周期为 5 年，市场利率为 10%，两种方案各年度收益及现值如表 5-2 所示。

表 5-2　两种方案各年度收益及现值（单位：元）

年度	甲项目		乙项目	
	每年收益	现值	每年收益	现值
第 1 年	5 000	4 545.45	1 000	909.09
第 2 年	4 000	3 305.79	2 000	1 652.89
第 3 年	3 000	2 253.94	3 000	2 253.94
第 4 年	2 000	1 366.03	4 000	2 732.05
第 5 年	1 000	620.79	5 000	3 104.61
合计	15 000	12 092.00	15 000	10 652.58

甲项目比乙项目现值高出 1 439.42 元，是更值得选择的投资。

可以将例 5-4 中各年度投资分布称作支出川流，将例 5-5 中各年度收益分布称作收入形态；也可分别将其称作支出、收入的时间形态。

结合现值应用的举例加以小结。

第一，设不同项目各年度投资额之和相同，各年度投资分布呈递减的投资现值较高，实际成本较高；呈递增的现值较低，实际成本较低。

第二，设不同项目各年度收益之和相同，各年度投资收益分别呈递减的收益现值较高，呈递增的收益现值较低。对同一累计收益，随着分布年限延长，递减的收入形态比递增的收益形态高出的现值差额增加。

第三，同一投资项目可能既有各年度投资，也发生各年度收益，将未来各年度收益现值之和减去各年度投资现值之和，就得到投资项目的净现值。对各年度投资和生产的计划作不同安排，通过优化支出川流和收入形态，或者选择最优的支出、收入的时间形态，可以增加投资项目的净现值。

第四，对于第一、第二两种情况可以直观地判断投资项目的优劣；对于呈各种交错态的投资分布、收益分布（即支出、收入的时间形态呈现不规则变化），对投资项目的方案要根据连续收益的现值公式计算后做出评价。

第三节　利率理论

一、马克思的利率决定理论

马克思在《资本论》（第三卷）第五篇中集中阐述了他的利息和利息率理论。但根据恩格斯的说明，马克思在撰写《资本论》第二、三卷期间遇到难以克服的身体方面的原因，使得这一篇"只不过是开了一个头"。恩格斯在整理这一篇时本来希望"至少可以接近于作者原来打算写成的那个样子"，但至少试了三次，每一次都失败了，最后只好"尽可能整理现有的材料，只作一些必不可少的补充"。马克思的利率理论在他本人那里并没有完成。国内学者当对于马克思利率理论进行阐释并加以借鉴时在一些主要结论上基本看法一致，但也存在不同程度的认识上的差异。

（一）马克思利率理论的主要结论

马克思以剩余价值理论为基础分析了利息的本质及其来源，除此之外，马克思利率理论中比较清晰的结论在于以下几点。

1. 平均利息率由一般利润率决定并调节

马克思指出："利息率对利润率的关系，同商品市场价格对商品价值的关系相类似。就利息率由利润率决定来说，利息率总是由一般利润率决定，而不是由可能在某个特殊产业部门内占统治地位的特殊利润率决定，更不是由某个资本家可能在某个特殊营业部门内获得的额外利润决定。"[①]

---

① 马克思. 资本论(第三卷). 中共中央马克思恩格斯列宁斯大林著作编译局译. 北京：人民出版社, 1975：409.

2. 利率与经济周期相关，也呈现出周期变动的特点

马克思指出低的利息可能和停滞结合在一起，稳步提高的利息可能和逐渐活跃结合在一起，达到高利贷极限程度的最高利息则与危机相适应。在危机期间，利息率会高于利润率，因为借款人不惜花费较高代价而维持已经萎缩的生产或应付债务，也有一部分企业家对经济繁荣仍抱有幻想，所以，尽管生产利润已经下降，其仍不惜以高于利润率的利率借贷以维持、扩大生产。

3. 短期的或任一时点的市场利率由供求关系决定

马克思认为："生息资本虽然是和商品不同的范畴，但却变成特种商品，因而利息就变成它的价格，这种价格，就像普通商品的市场价格一样，任何时候都由供求决定。"[①]以此而论，马克思利率理论已经具有当代意义。

(二)有关平均利息率和一般利润率数量关系的不同观点

1. 利息率的变化范围在"零"与平均利润率之间

这是国内教科书中长期持有的看法，根据是马克思讲到"因为利息只是利润的一部分，……所以，利润本身就成为利息的最高界限，达到这个最高界限，归执行职能资本的部分就会＝0"[②]。

这是将利润与利息、利润率与利息率两组范畴未予认真区分造成的曲解。马克思也曾经讲到：如果利息是利润的四分之一，那么，假如利润率为20%，利息率则为5%。但实际上，利息占利润的百分比并不等于利息率。利息额一定时利息率高低取决于借贷资本的数量。

如果企业预付资本总额为1 000元，利润率是20%，利润则为200元。又设利息是利润的四分之一，为50元。在1 000元资本总额中如果有250元是借贷资本，利息率是多少？这是再简单不过的除法，即利息率＝利息÷借贷资本。

所以在以上例子中：

$$利息率＝50÷250＝20\%$$

可见利息率可以等同于利润率。甚至，利息率高于利润率时产业资本家也可以获取利润。这与利息低于利润并不矛盾。

如果勉为其难地要使利息率等于5%，则只有一种可能，即将利息率公式改写为

$$利息率＝利息额÷预付资本额$$

国内学者在论证"利息率的变化范围在零与平均利润率之间"时实际上令人费解地将借贷资本等同于总预付资本[③]。

2. 若干不同观点

20世纪90年代以后，国内出现一些不同于传统认识的观点：其一，马克思利率理论中隐含着"平均利率等于一般利润率"的思想，利率运动的规律为"平均利率由一般利润率

① 马克思.资本论(第三卷).中共中央马克思恩格斯列宁大林著作编译局译.北京：人民出版社，1975：411.
② 马克思，恩格斯.马克思恩格斯全集(第二十五卷).中共中央马克思恩格斯列宁斯大林著作编译局译.北京：人民出版社，1974：401.
③ 张熏华.资本论脉络.第二版.上海：复旦大学出版社，1999：163.

决定与调节，利率围绕利润率波动，在长期趋势中平均利率等于一般利润率"[1]；其二，认为"利息率的上限是平均利润率"不是马克思本人的观点，平均利率决定于资本边际生产力[2]；其三，从我国金融宏观调控角度提出应该将利率调整到"使市场各种利率尽量围绕平均利润率上下波动"[3]。后两者事实上是对上列第一种观点的认同。

马克思主要观察到两种情况：中世纪的高利贷及他所处的资本主义转变期借贷资本利息率和利润率的关系，发现两种场合中利息率与利润率的关系是背离的，高利贷占统治地位时期是利息率决定并限制着资本收益率，资本主义时代则是利润率决定利息率。平均利率与一般利润率的数量关系在不同社会经济条件下会有所不同。

二、边际生产力利率理论

庞巴维克较早地将边际方法用于分析利息和利率问题，提出时差利息理论，从而赋予利率理论较为抽象的思辨色彩。此后沿不同方向发展出魏克塞尔、费雪以至马歇尔的利率理论，人们将其统一称为利率的生产力理论或实际利率理论。事实上，不同理论模式都涉及经济活动主体的主观评价，且可以观察到边际学派的重要影响。

(一)庞巴维克的时间偏好利率理论

庞巴维克首先分析只有消费者的交换经济，其次将纯交换模型扩展到包含生产者的交换经济中。他认为消费者对现货的评价一般要高于对未来相同商品的评价，也即消费者有正的时间偏好。用于交换的未来商品与现在商品的差额与现在商品之比即消费者主观上所确定的利率。假定生产者由于技术原因低估将来商品的价值，为生产目的的贷款会促进迂回生产过程的发展和生产方法的变化，意味着资本密度增加和生产周期的延长，利率即等于生产周期延长的边际产品。简言之，市场利率由生产者和消费者双方对现在和未来产品的相对评价决定。根据假定(正的时间偏好)，市场利率必然为正数。

此外，庞巴维克尽管不认可由剩余价值解释利息来源的劳动价值论，但还是看到了资本主义社会中存在高利"盘削"的情况，指出所有制关系和与之相关的资本所有权状况使利息"收益太过分了"。承认"我们近代社会财富十分不均的情况常常使我们有遭受剥削和盘剥的危险"。他还指出利息"即使在社会主义国家内，也不会消失"[4]。理论界曾经将庞巴维克视为马克思主义的"敌人"，至少就目前的分析看有失公允。庞巴维克对社会主义时期利息问题的预见也基本符合事实。

(二)魏克塞尔的"自然利率"

强调实际生产因素被认为是庞巴维克利率理论中的古典主义部分，类似的分析被魏克塞尔继承和发展，并进一步转化为边际主义的利率理论。魏克塞尔被认为是经济学中第一次应用总供求研究方法，同时强调用投资与储蓄的关系解释货币价值的变化或价格波动的经济学家，从而成为凯恩斯宏观经济理论的主要来源，甚至在对某些具体问题作分析时，

---

① 刘明.论利率运动规律——对马克思利率理论的重新探讨.陕西师范大学学报,1995,(4):43-50.
② 郭金林,赵宪武.《资本论》与21世纪中国社会主义市场经济问题研讨会述要.经济学动态.1997,(4):43-45.
③ 夏斌,郑耀东.中国社会游资变动分析.见:陈百助,方星海,李扬.中国金融市场:改革与发展.北京:经济管理出版社,1999:44.
④ 庞巴维克.资本实证论.陈端译.北京:商务印书馆,1992:354,362.着重号为原文所加.

凯恩斯直接借鉴了魏克塞尔的相关结论，凯恩斯由此被认为是"后魏克塞尔主义"者。魏克塞尔明确指出"利率是商品价格的调节者"，这一主张在凯恩斯分析通货紧缩与经济萧条时被完全接受。凯恩斯认为市场利率（相对自然利率）向下调整迟缓是导致经济衰退的主要因素。

魏克塞尔将生产中假设通过实物资本借贷决定的均衡利率称作"资本自然利率的现值"，晚近时期瑞典学派的代表人物之一米尔达尔将"自然利率"解释为企业的预期利润率。按照庞巴维克的资本利息理论，自然利率是指生产要素不直接用于生产消费资料而用于生产资本品以进行迂回生产时，实物资本的物质的边际生产率。

魏克塞尔详细论证了货币利率、自然利率与价格三种变量之间的运动关系，货币利率与自然利率的差异会影响价格，但价格变动却会使货币利率恢复到自然利率。其中自然利率是被作为中介变量看待的。当货币利率与自然利率比较过低时，投资增加，价格上涨，贷款需求增加，现金持有扩大，货币供应不足，使货币利率恢复到正常水平，与自然利率相一致。

（三）费雪的"人性不耐与投资机会"利率理论

费雪认为消费者一般有正的时间偏好，即现在商品比未来商品有更大的边际效用，所以用"人性不耐"替代时间偏好概念。

不耐的程度"特别决定于早期收入项目与遥远收入项目数量的相对大小，或可叫做预期收入川流的时间形态"[1]。将来收入量较大，不耐程度愈强烈，人们则希望以较多数量的将来收入换取相对少量的现在收入，意味着利率水平较高。决定利率的另一条原理是投资机会原理，主要涉及物质技术方面。"投资机会"基于"选择"概念。选择是指个人可能有的任何收入川流，他可以使各种生产要素的投入产生相应收入川流，"一种投资机会就是从这样一种选择或任意收入川流改向另一种选择或任意收入川流的机会"[2]。放弃一种选择改向另一选择要投入成本并取得收获，利率即决定于收获超过成本的比率。费雪引入投资机会（而避免使用资本生产力范畴）的创新之处即在于此。凯恩斯承认"收获超过成本率"与他的"资本的边际效率"概念意义及目的完全相同。市场利率最终决定于消费者的时间偏好率与生产者的收获超过成本率。费雪在其利率理论中对消费者跨时选择的分析对微观、宏观经济学理论都产生了影响。

（四）马歇尔的均衡利率模型

马歇尔对利率问题的分析是基于他所处时代的社会融资结构特征：第一，现代企业（指当时）运作的基本条件是需要有巨额资本，创办企业融资的方式分股权融资、短期借贷和长期借贷；第二，合股银行发放短期信贷倾向于有借款担保品，私人银行对抵押品的要求相对宽松，原因是后者主要以自有资本冒风险[3]；第三，公司一般采取发行债券方式筹集长期借款，创业期公司尤其如此，债券是对有关企业财产的留置权，所以事实上起着借款抵押契具的作用；第四，股份公司债券行市决定长期借贷利率[4]。

---

① 菲歇尔 I. 利息理论. 陈彪如译. 上海：上海人民出版社，1999：53.
② 菲歇尔 I. 利息理论. 陈彪如译. 上海：上海人民出版社，1999：119.
③ 内在因素是掌握更多私人信息，从事关系融资。
④ 马歇尔. 货币、信用与商业. 叶元龙，郭家麟译. 北京：商务印书馆，1996：80-83.

　　从我们对庞巴维克到费雪利率理论的分析中均可以看到一点：均衡利率条件是投资＝储蓄。马歇尔的利率理论抓住了他自己所理解的这一普遍特征。将他的抽象层的从供求平衡原理出发的均衡利率理论融入具体的债券市场的均衡利率分析框架中，利率变动使得储蓄等于投资也就自然地转化为(或等同于)债券的供求相等。

　　基于债券市场的实际利率模型有如下特点：第一，企业通过发行债券筹集资金用于投资，计划投资水平等于计划的债券供给；第二，消费者将收入的一部分用于储蓄，储蓄形成对债券的需求，计划储蓄等于计划的债券需求；第三，上述投资与储蓄均为流量概念。所以，债券供给、债券需求分别反映企业发行新债券以及消费者增加储蓄的愿望。

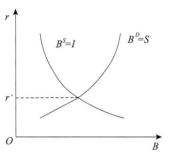

　　以 r^* 表示均衡利率，S 与 I 表示储蓄与投资，B^D 和 B^S 表示债券需求与债券供给，均衡利率的形成如图 5-1 所示。债券需求与债券供给函数决定均衡利率。均衡条件为

$$B^D = B^S \tag{5-12}$$

或

$$S = I \tag{5-13}$$

图 5-1　债券供求与均衡利率的形成

　　上述局部均衡分析的结论即意味着均衡利率可以使储蓄与投资调节到相等状态。

　　作为传统货币数量论的最后一位杰出代表人物，马歇尔的现金余额理论是由新古典主义向现代货币理论过渡的非常耀眼的一环。就利率理论而言，此后罗伯逊等对古典均衡利率理论加以继承，并部分地调和近现代银行体系下的货币供求问题。凯恩斯则大致是"离经叛道"，转向了货币供求的利率理论。

三、可贷资金利率模型

　　以罗伯逊为代表的可贷资金模型以及凯恩斯的流动偏好理论通过削弱，甚至放弃实际因素的影响，将利率决定机制不断转向货币领域。

　　罗伯逊、俄林等的可贷资金模型以分析新债券供给与需求的流量变化为基础，同时引入货币供给与需求因素。计划储蓄与短期内(如一周)货币存量的增加形成可贷资金供给(债券需求)；其中 ΔM^S 可看做货币当局增加的货币供给。可贷资金需求(债券供给流量)等于为资本设备筹资并加上希望增加货币余额存量的人的贷款需求。

　　债券市场均衡的条件为

$$S + \Delta M^S = I + \Delta M^D \tag{5-14}$$

　　设储蓄与投资、货币余额存量增加都是债券利率的函数，ΔM^S 是外生变量。将式(5-15)写为

$$I(r) + \Delta M^D(r) = S(r) + \Delta M^S \tag{5-15}$$

　　图 5-2 为可贷资金利率模型，其中，L_S、L_D 分别为可贷资金供给和可贷资金需求(或者债券需求与债券供给)。

　　在可贷资金框架下可以作如下分析。

　　第一，当货币供给存量的增加与货币余额存量的增加相等，如当货币供给存量的增加

ΔM^S 恰好满足在 S 与 I 相等时利率水平为 r_0 条件下的货币余额存量的增加 ΔM^D，则由可贷资金决定的利率水平与不含货币因素的债券市场利率相同。换言之，当 I、S 不变，货币供给存量增加与货币余额需求相同水平地增加，仅使可贷资金供给与需求曲线移动，均衡利率保持不变。

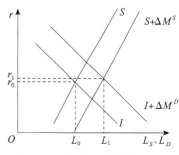

图 5-2 可贷资金利率模型

第二，当货币供给存量增加与货币余额需求增加不相一致，如当 $\Delta M^S > \Delta M^D$ 时，由债券供给与债券需求决定的利率将下降，同时有 $I > S$。

第三，相反的情况是 $\Delta M^D > \Delta M^S$，利率水平上升，如达到图 5-2 中的 r_1，出现 $S > I$ 的情况。

可贷资金对均衡利率的分析说明：第一，利率水平由实际因素（即投资与储蓄）和货币供求因素共同决定，货币供给变动会改变利率水平；第二，在引入货币因素后即使达到均衡利率，社会计划储蓄与投资也可能不相等。原因在于货币供给存量增加与货币余额需求增加的不一致。这也是新古典学派较古典学派货币理论的一个进步，即在引入货币因素以后社会储蓄并不必然等于投资。

四、流动偏好利率理论

1. 凯恩斯否定资本边际效率决定利率

凯恩斯对他以前的各家利率理论均做了批判论证，认为资本边际效率（或者资本边际生产力）决定利率是循环论证，因为资本边际效率部分地决定于投资量，而计算投资量要以利率为已知条件，即存在：$I \to E$，$r \to I$。

从而引出：

$$r \to E$$

这就破坏了所谓资本边际效率决定利率的因果关系（r，I，E 分别表示利率、投资和资本边际效率）。

2. 货币供给与货币需求决定利率

凯恩斯将利息归因于放弃持有现金所享有的周转灵活性的报酬，决定利率的两个因素即货币数量与灵活偏好。

灵活偏好反映公众在一定利率下希望持有货币量——货币需求的函数。设 M、r、L 分别为货币数量、利率和灵活偏好函数，则有

$$M = L(r) \tag{5-16}$$

当利率下降，货币需求量增加，即

$$L'(r) < 0 \tag{5-17}$$

凯恩斯分析利率问题的前提是区分货币需求的三种动机：交易动机——持有货币是为了购买商品和劳务；预防动机——持有货币是为了应付不时之需；投机动机——持有货币是为了随时捕捉住债券市场的投资机会。

短期内因交易动机、预防动机吸纳的货币量对利率不敏感，而主要受收入的影响，灵

活偏好函数中变动部分主要起因于投机需求。由于灵活偏好实际上决定各种利率水平的货币需求，其结果必然是货币供给与货币需求决定利率。其中货币供给被凯恩斯看做外生变量。

在图 5-3 中，L 表示流动偏好函数，L_1 表示交易需求和预防需求决定的流动偏好，这两个部分主要取决于收入水平，短期内相对稳定，在图中等于 K；L_2 表示投机需求决定的流动偏好，取决于人们对债券市场利率的预期。曲线渐趋平缓表示由投机货币需求的增加对利率下降的反应趋于敏感。原因是利率下降过程中债券价格越是接近高限（未来偿付额），人们越会放弃持有债券而增加货币余额。货币当局将货币供给由 M_1 增加到 M_2，利率由 r_1 下降到 r_2。但是，货币供给增加降低利率的效果是衰减的，当货币供给进一步增加到 M_3，利率不再下降，而是维持 r_2 的水平。希克斯将这一情况称作流动性陷阱，r_2 被看做临界利率。

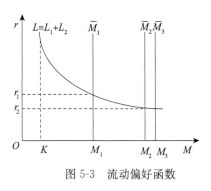

图 5-3　流动偏好函数

凯恩斯的心理分析方法源于庞巴维克与费雪。庞巴维克与费雪分析了人们对现在消费品相对于未来消费品的正时间偏好，凯恩斯则着眼于预期未来利率变化，在预期基础上判断放弃灵活周转的安全性如何，决定目前是持有货币还是非货币资产，在货币存量既定条件下决定利率。凯恩斯将货币职能重点由媒介功能转向价值储藏功能。

流动偏好理论将利率作为货币现象看待引发了凯恩斯与罗伯逊-俄林等之间的争论。较为普遍的看法是两种理论的实质差别是两者分别着眼于存量分析与流量分析。在一般均衡框架中，存量分析与流量分析、债券市场与货币市场分析可以达成一致。只不过，在他的理论中利率是货币需求的决定因素，货币需求与货币供给又一同决定利率，似乎也有了它所批评古典理论中循环论证的疑点。问题是经济变量中清晰的、单方面的因果关系往往并不存在。

五、利率理论评述

第一，与以后各种理论比较，马克思的利率理论也是一种实际利率理论，只不过是以劳动价值论为基础的。马克思的利率理论也承认市场利率直接决定于货币供给与需求，认为利率水平在零与平均利润率之间，或者平均利率低于一般利润率的传统观点在逻辑上难以成立，也缺乏经济事实上的依据。我国上市公司资金盈利率 20 世纪 90 年代低于一年期存款利率，近期企业的一般利润率也低于或近似等于企业流动资金贷款利率[①]。这些对传统认识均提出了反证。

第二，实际利率理论自庞巴维克始就贯穿了边际分析方法。庞巴维克的时间偏好利率理论及费雪对消费者时际选择、生产者投资机会选择的论述对以后经济理论的发展产生了重要影响。马歇尔基于债券市场的分析实际上也是此后货币利率理论与实际利率理论的分

---

① 例如，2002 年，利率尽管连续 8 次下调后达到 5.31% 的低点，而同期工业企业利润率为 5%。

水岭。值得注意的是：实际利率理论也并非不涉及货币问题，只不过在其中货币只是作为实际资本品的代理者出现在前台，仅仅是作为"标签"和从属物出现的，背后主使是投资（资本品的需求）和储蓄（资本品的供给），最终的主人是生产者和消费者。古典理论中类似的说法是"货币是经济的面纱"，货币数量变化不影响利率。

第三，可贷资金理论将货币因素融入利率理论，体现了实际利率理论向货币利率理论的过渡，到凯恩斯则在更为抽象的层次上将利率变动归结为货币因素。这种变化反映了中央银行、商业银行体系和金融市场对经济运行的影响日益增强，利率理论分析的方法由微观转向宏观，也与货币贮藏职能对货币流通以及社会投资、储蓄的影响不断强化有关。在新的货币经济条件下储蓄并不必然等于投资。

第四，由凯恩斯的流动偏好利率理论不能得出凯恩斯根本不顾及实际因素对利率会产生影响的结论，他的利率理论及其以后的货币需求理论都体现了短期分析的特点。在《就业、利息和货币通论》等著述中，当联系到经济衰退、企业家预期资本边际效率下降和投资不足时，凯恩斯对高利率深恶痛绝，认为高利率是"地狱之火"，极力主张推行低利率政策，可见其思想中仍然认为利率水平应根据实际经济因素决定。

第四节 利率期限结构理论

一、利率期限结构概念

由各种存贷款、债券、票据所形成的债权债务关系都具有一定的期限，利率期限结构指对应于不同期限利率水平变动的结构性差异。具体有存款利率期限结构、贷款利率期限结构、国债利率期限结构等。对于债券，尽管可以根据票面利率确定期限结构，但由于利率期限结构主要被用来综合地反映金融市场上长短期利率结构以及同一时期短期与长期资金的供求状况，况且，短期债券尤其国库券往往无票面利率，所以，债券利率期限结构一般是根据债券的市场交易价格确定的。在成熟市场经济中，国债利率被作为基准利率，国债收益率期限结构也就成为市场利率期限结构的代表。企业债券定价及票面利率确定往往以国债利率期限结构为主要参照。在分析利率期限结构时实际上假定利率仅仅与现在到可以预见的未来偿还期的时间长度——期限——有关。

二、即期利率与远期利率

即期利率是目前所明确标示的不同期限债权债务的利率。例如，一张距偿还期一年的债券目前的市场价格是 900 元，到期按面值 1 000 元偿还，不支付利息，即期利率为 10%。远期利率指隐含在即期利率中从未来某一时点到另一时点的利率。或者目前长期利率中隐含的未来短期利率。在正式合同中远期利率指双方同意在未来某特定时期借贷货币所采用的利率。我们这里主要分析隐含的远期利率。以下举例说明。

我国 1999 年 6 月执行的一年期、两年期、三年期、五年期定期存款的单利利率分别为 2.25%、2.43%、2.70%、2.84%。换算为复利利率分别为 2.25%、2.40%、2.63%、2.73%。

换算方法是将单利存款的终值直接看做按复利存款方式取得，本金不变，然后按复利

终值公式中终值、本金、复利利率的关系求解单利存款的复利利率。计算单利存款复利利率和复利存款单利利率的公式分别为

$$r_复 = n\sqrt{1+r_单 \times n} - 1 \qquad (5\text{-}18)$$

$$r_单 = \frac{(1+r_复)^{n-1}}{n} \qquad (5\text{-}19)$$

对于贴现票据的复利利率计算使用以下公式：

$$r_复 = n\sqrt{\frac{S}{P}} - 1 \qquad (5\text{-}20)$$

其中，S 为票据面额(相当于终值)；P 为购买价格(相当于本金)；n 为票据剩余期限(一般以年为时间单位)。

现在参照一年期、两年期即期利率，分离出隐含在两年期即期利率中的第二年的远期利率：

存 1 000 000 元两年定期，到期本利和为

$$1\,000\,000 \times (1+0.024)^2 = 1\,048\,600(元)$$

其中第一年末本利和应该是

$$1\,000\,000 \times (1+0.022\,5) = 1\,022\,500(元)$$

假如第一年年末无其他合适投资机会，仍选择一年定期存款，且执行同样的一年期利率，第二年年末本利为

$$1\,022\,500 \times (1+0.022\,5) = 1\,045\,506.25(元)$$

比一次存两年定期的本利和 1 048 600 元少 3 093.75 元。这种差别是由于选择两年定期存款意味着放弃了对第一年年末本利和的自由处置权。如果两年定期存款的第一年仍取得 2.25% 利息，则 1 022 500 元就是第二年年初的本金，1 048 600 元则为第二年年末的终值，照此计算的第二年的利率为

$$(1\,048\,600 \div 1\,022\,500 - 1) \times 100\% = 2.55\%$$

这就是隐含在两年期即期利率中的第二年的远期利率(一年期)。

以 f_n 表示第 n 年的远期利率，r 表示即期利率，一般计算式为

$$f_n = \frac{(1+r_n)^n}{(1+r_{n-1})^{n-1}} - 1 \qquad (5\text{-}21)$$

三、到 期 收 益 率

选择某一计算现值的因子使债券未来分期支付利息和归还本金的现值总和恰好等于债券当前的市场价格，这一因子即债券到期收益率。实际上是已知以后各期收益和投资本金求投资的复利利率。设每年付息(息票债券)，期终还本，距到期日 n 年的国债，面值为 P，每期支付利息为 C，当前市场价格为 p_m，到期收益率为 y，y 可依据下式求出：

$$p_m = \frac{C}{(1+y)} + \frac{C}{(1+y)^2} + \cdots + \frac{C}{(1+y)^{n-1}} + \frac{C}{(1+y)^n} + \frac{P}{(1+y)^n} \text{①}$$

---

① 以下使用了级数求和公式：$S_n = \dfrac{a_1(1-q^n)}{1-q}$。

$$p_m = C \times \frac{1-(1+y)^{-n}}{y} + \frac{P}{(1+y)^n} \qquad (5\text{-}22)$$

由于进入二级市场的债券期限、票面利率和面值一定，所以，债券到期收益率主要取决于债券市场价格。

四、收益率曲线

收益率曲线是对期限结构的直观描述，方法是将利率看做期限的函数，根据一定时点上各期限债券的到期收益率描绘，如有如下形状，见图 5-4。

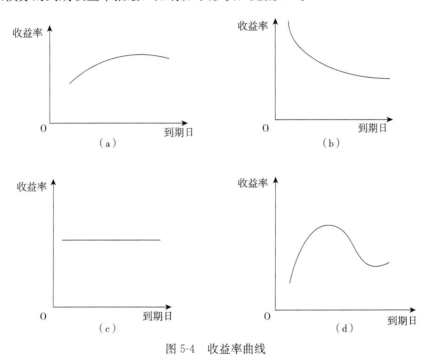

图 5-4　收益率曲线

五、期限结构理论

对不同收益率曲线的解释就形成期限结构理论的不同观点，主要有纯预期理论、期限溢价理论和市场分割理论。

(一)纯预期理论

纯预期理论认为即期利率隐含了对远期利率的预期值，使得在不同时期先后投资于短期债券与目前一次投资于长期债券的收益率相同。该理论最先由费雪提出。

【例 5-6】试举若干数据说明即期短期利率、即期长期利率和预期远期利率之间的关系：

到期日	1 年	2 年	3 年	4 年	5 年
即期收益率	0.05	0.06	0.08	0.10	0.12
预期远期利率	第 1 年	第 2 年	第 3 年	第 4 年	第 5 年
（均为 1 年期）	0.05	0.07	0.12	0.16	0.20

以上说明即期收益率伴随到期日延长而上升是由于预期的远期利率上升。预期理论可以对图5-4(a)~图5-4(c)标示的收益率曲线做出解释。但不能说明为什么向上倾斜的收益率曲线较为常见。

(二)期限溢价理论

希克斯认为较长期限债券面临未来不确定性显著，其收益中包含了期限溢价(期限升水)或风险溢价。这种理论解释了为什么向上倾斜的收益率曲线较为常见，但不能解释为什么即使向上倾斜的收益率曲线也会出现在到期日延长一端收益率下降的问题。

(三)市场分割理论

该理论认为借款者和贷款者的行为偏好导致各种长期市场与短期市场处于分割状态，从而决定了收益率曲线的形态，如商业银行由于强调流动性而偏好中短期贷款，拥有长期负债的保险公司则偏好较长期限的债券。债务方的借款期限与其经营业务特点与借款用途相关，一般都要求债务期限与预期现金流相匹配。

市场分割理论提出的"期限偏好"解释将特定期限的利率决定局限于该期限债券的供求状况，各种期限的债券市场彼此孤立。假如有四组不同期限的市场，这四种市场各自集中了有相对呆板(或固定)的期限偏好的借贷双方，他们不关心其他期限债券的收益状况。市场通过供求平衡决定利率。将不同组别债券各自形成的市场利率联系起来即得到债券收益率曲线(图5-5)。这一理论解释了为什么处于极端期限的债券收益率反而下降的问题。

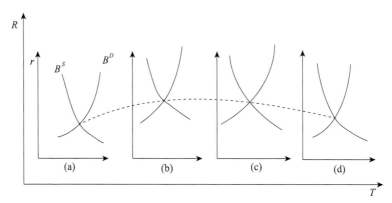

图 5-5 完全分割市场的收益率曲线
注：(a)、(b)、(c)、(d)代表四组期限不同的债券市场

对图5-5表示的收益率曲线可以同时用预期理论与市场分割理论解释。但总体而论，还没有一种理论能很好地解释形态的收益率曲线。实际上还存在一些更为复杂的收益率曲线。

复习思考题

1. 在多种利率并存的条件下起决定作用的利率是何种利率，为什么？

2. 试举例说明收益资本化及其应用。

3. 利率可以区分为哪些基本种类？区分名义利率与实际利率有什么意义？

4. 简述不同利率期限结构理论之间的异同。

5. 简述凯恩斯的利率决定理论。

6. 简述古典利率理论与可贷资金理论的联系与区别。

7. 试述复利的终值公式与现值公式的联系。

8. 现值公式中的贴现因子(或者利率)决定于哪些因素?

参考文献

范霍恩 J C. 2000. 金融市场：利率与流量. 赵智文，余良标译. 大连：东北财经大学出版社

菲歇尔 I. 1999. 利息理论. 陈彪如译. 上海：上海人民出版社

弗里德曼 B. 2003. 货币与财政政策效应：金融市场的作用. 见：中国人民大学中国财政金融政策研究中心. 黄达-蒙代尔讲座(第一辑). 北京：中国人民大学出版社

哈里斯 L H. 1989. 货币理论. 梁小民译. 北京：中国金融出版社

凯恩斯. 1993. 就业、利息和货币通论. 马鸿业译. 北京：商务印书馆

马克思. 1975. 资本论(第三卷). 中共中央马克思恩格斯列宁斯大林著作编译局译. 北京：人民出版社

马歇尔. 1996. 货币、信用与商业. 叶元龙，郭家麟译. 北京：商务印书馆

米尔达尔. 1995. 货币均衡论. 钟淦恩译. 北京：商务印书馆

庞巴维克. 1992. 资本实证论. 陈端译. 北京：商务印书馆

魏克塞尔. 1982. 利息与价格. 刘凤良，等译. 北京：商务印书馆

张熏华. 1999. 资本论脉络. 第二版. 上海：复旦大学出版社

Honohan P. 2003. 利率在自由化实施时会如何变化：一个统计回顾. 见：Caprio G，Honohan P，Stiglitiz J. 金融自由化：距离多远？多快实现？王永兰译. 北京：中国财政经济出版社

第六章

货币市场与资本市场

货币市场和资本市场是金融市场中的核心与基础部分，在资金融通期限、交易方式、风险收益结构和市场参与主体等方面都有各自不同的特点，但两者又相互贯通，包括资金的相互流动、金融工具的相互转化、政策的相互传导等，在诸多方面发生千丝万缕的联系，共同为金融市场基本功能的实现发挥极其重要的作用。本章对货币市场和资本市场的工具与机制作概略介绍，对我国货币市场与资本市场的发展和现存问题作初步分析。

第一节 货币市场

货币市场是期限在一年以内的资金融通活动的总和。货币市场的主要参与者有中央银行、商业银行、非银行金融机构、非金融企业和政府等机构投资者，进行资产交易的期限很短，一般以 3～6 个月居多；单笔交易金额大，交易成本低且收益较为固定；所交易金融工具流动性极强，具有"准货币"与低风险特征。货币市场基本是一个无形市场，交易手段的现代化水平很高。通过货币市场可以调剂短期资金余缺，灵敏地反映社会资金供求变化，从而成为中央银行制定货币政策的重要依据。除短期借贷市场外，可以根据交易内容和方式的不同，将货币市场分为同业拆借市场、回购市场、票据市场、短期债券市场和大额存单市场等子市场。

一、同业拆借市场

同业拆借市场是指金融机构之间以货币借贷方式进行短期资金融通活动的市场。同业拆借实际上是银行等金融机构之间相互借贷在中央银行存款账户上的准备金余额，用于调剂准备金头寸。

(一)同业拆借市场的形成和发展

金融机构(尤其是银行)的经营特点是高负债，因而其安全性和流动性至关重要。但作为一个特殊企业，又必须最大限度地追求盈利，于是在安全性、流动性和盈利性之间就产生了矛盾。同业拆借市场的产生正是解决此矛盾的需要，而法定存款准备金制度则是同业拆借市场的直接推动力。

20世纪20年代，英、美先后出台法定存款准备金制度，在增强银行体系安全性的同时也使部分商业银行由于存在超额准备金而出现资金闲置。为使这些闲置资金得到充分有效的运用，并保证资金头寸临时不足的部分商业银行可以根据需要拆入资金，同业拆借市场应运而生。1921年，纽约首先出现会员银行之间的储备头寸拆借市场，市场参与者不断增多，市场融资规模迅速扩大，逐渐发展成较为规范的联邦基金市场，也是美国最主要的同业拆借市场。

20世纪80年代以后，西方国家的同业拆借市场普遍获得较快发展。如今，无论交易内容、开放程度，还是融资规模和功能，同业拆借市场都有了深刻变化。大多数国家的同业拆借市场都已形成全国性网络，成为交易手段最先进、交易量最大的货币市场。

(二)同业拆借市场的构成

同业拆借市场的主要参与者是金融机构，资金需求者主要是大的商业银行。由于大规模的商业银行通常资信好，有更强的放贷和投资能力，就经常通过同业拆借市场进行循环拆借，获取稳定的资金来扩张业务。而市场份额有限、承受经营风险能力弱的中小银行及其他金融机构，则向资信好的大银行拆出资金，在提高资产质量、降低经营风险的同时增加利息收入。

同业拆借市场交易主要有两种，即头寸拆借和同业拆借。前者指金融机构为轧平头寸、补足存款准备金和票据清算资金而在拆借市场上融通资金的活动，通常期限很短，以今日拆入、明日归还的"隔夜拆借"居多；后者是以调剂临时性、季节性的资金余缺为目的，期限较头寸拆借要长。

(三)同业拆借的特点

(1)资金期限比较短，一般是1天、2天或一个星期，最短几个小时，或隔夜拆借。

(2)银行同业拆借市场的拆借活动有严格的市场准入条件。一般在金融机构或某类金融机构之间进行，而非金融机构包括工商企业、政府部门及个人或非指定的金融机构，不能进入拆借市场。

(3)交易手段比较先进，交易手续比较简便，成交时间也较短。该市场的交易主要采取电话协商方式进行，是无形市场。达成协议后，就可以通过各自在中央银行的存款账户自动划账清算，或者向资金交易中心提出供求和进行报价，由资金中心进行撮合成交，并进行资金交割划账。

(4)交易金额较大，一般不需要担保或抵押，双方完全是以自己的信用担保，并严格遵守交易协议。

(四)同业拆借利率

同业拆借利率市场化程度很高，能够充分灵敏地反映市场资金供求状况及变化，因此被视为基础利率，是中央银行执行货币政策、进行宏观调控的重要指标。

在国际货币市场上，比较有代表性的同业拆借利率有三种，即伦敦同业拆借利率(London Interbank Offered Rate，LIBOR)、新加坡银行同业拆借利率(Singapore Interbank Offered Rate，SIBOR)和香港银行同业拆借利率(Hong Kong Interbank Offered Rate，HIBOR)。LIBOR是银行之间相互拆借英镑、欧洲美元及其他欧洲货币的利率，由报价银行在每个营业日上午 11 时对外报出，分为存款利率和贷款利率两种报价。资金拆借的期限为 1 个月、3 个月、6 个月和 1 年等几个档次。自 20 世纪 60 年代初，该利率已经成为伦敦金融市场借贷活动的基本利率，后来逐渐成为国际金融市场的一种关键利率，许多浮动利率的融资工具在发行时以该利率为基准。新加坡同业拆借利率和香港同业拆借利率报价方法和拆借期限等与前者并无区别，但两者的生成和作用范围主要是两地的亚洲货币市场，对国际金融市场的影响有限。

联邦基金利率被视为美国金融市场中最重要的同业拆借基准利率。我国 1996 年 1 月建立全国银行间同业拆借市场，并形成全国银行间同业拆借利率(China Interbank Offered Rate，CHIBOR)，它是目前我国具有代表性的市场利率。

二、回购市场

回购市场是指通过回购协议进行短期资金融通的市场。所谓回购协议是指在出售证券的同时和证券购买者签订的、约定在指定日期以约定价格购回所卖证券的协议，证券出售者由此获得即时可用的资金。本质上说，回购协议是一种质押贷款，质押物为有价证券。与之相反的概念是逆回购协议。

(一)回购市场概况

回购市场没有完全独立的市场形态，它和国库券市场、同业拆借市场及长期债券市场有着十分密切的关系。20 世纪 60 年代后，回购市场迅速发展，成为最大、最具流动性的货币市场之一。

回购市场的资金供给者以资金雄厚的非银行金融机构和地方政府为主，其他还有存款机构、外国金融机构等。回购市场的主要资金需求者是大银行和证券交易商。银行一方面持有大量政府证券可以作为回购协议的合格抵押品，另一方面利用回购协议所取得的资金不属于存款负债，无需缴纳存款准备金；证券交易商利用回购市场融入短期资金，满足自己或顾客的需要，或者在预测到证券市价将要下降时签订逆回购协议，实现套利目的[①]。中央银行也通过回购交易实施公开市场操作，执行货币政策。回购协议交易市场没有集中的有形场所，主要以电信方式进行交易。交易大多在资金供求者之间直接进行，少数通过市场专营商进行。

(二)回购利率

协议约定的回购价格与售出价格之间的差额称为回购利息，它取决于回购利率的水平。回购利率与协议中涉及的标的证券本身的年利率无关，由交易双方协商决定。决定回购利率的因素主要包括：回购证券的流动性、证券价值和供求状况；回购期限的长短；交割方式[②]；货币市场的整体利率水平；等等[③]。

证券回购价格、回购利率和回购利息之间的关系如下：

---

① 即预测价格将下降时，签订逆回购协议，向客户进行融券，等价格下跌后从市场上买入证券并按原来约定的较高价格回售给客户。

② 实物交割的方式回购利率较低，转账方式交割则回购利率较高。

③ 通常参照同业拆借市场利率。

$$I_R = \frac{P_R - P_0}{P_0} \div \frac{T}{360} \times 100\% \tag{6-1}$$

$$R_0 = P_R - P_0 \tag{6-2}$$

其中，I_R 表示回购利率；R_0 表示回购利息；P_0 表示售出价格；P_R 表示回购价格；T 表示回购天数。

(三)回购协议的风险

回购交易通常使用高质量证券，交易双方面临的主要风险是信用风险[①]。例如，由于市场利率上升，证券价格下降，协议中的回购方拒绝购回证券，则对方被迫持有证券而遭受损失。反之，证券价格上涨时，逆回购方可能拒绝回售，造成回购方的损失。减少信用风险的方法有两种：一是设置保证金(margin)，即要求抵押证券的市值大于贷款额，两者之间的差额称作保证金，一般为贷款额的 $1\% \sim 3\%$；二是市场调整法，即根据协议证券的市值，可以随时调整变动保证金的数额，也可以重新调整回购协议的价格。

回购交易中还存在清算交割等风险。一方面，回购交易往往采取账户划转的方式，以证券保管凭单代替实物证券，这样就可能出现无足额抵押证券的行为，为此通常要求把抵押证券转到一个中立的银行监管的账户上。另一方面，某些国家的破产法规定回购协议属于担保借贷协议，因此在回购方破产并违约的时候，对方无权直接处理回购协议中的抵押证券。

三、票据市场

货币市场中使用的票据主要包括商业票据和银行承兑汇票。商业票据是大公司为筹措资金，以贴现方式出售给投资者的一种短期无担保承诺凭证。银行承兑汇票是由收款人或付款人开出，并由大银行保证在将来某一特定日期兑付的远期票据[②]。

(一)票据市场的产生和发展

票据是货币市场上历史最悠久的工具，它起源于商业信用。最早的票据可追溯至公元12 世纪商品交易中货款的延期支付。第一次工业革命后，票据得到快速发展，在很大程度上成了与货币一样媒介商品流通和生产循环的工具。据说，在马克思生活的年代，每张商业票据至少背书两次。这说明至少在 19 世纪，票据的流通已非常广泛。

20 世纪 60 年代，美国经济持续增长 8 年，企业资金需求大幅增加，而联邦储备系统实行从紧的货币政策，银行受到 Q 条例利率上限的限制，融资困难迫使企业和银行求援于票据市场。70 年代通货膨胀严重，短期融资需求进一步增加，进入 80 年代，商业票据的数量成倍增长，银行承兑汇票也在国际贸易的过程中被创造出来，并得到迅猛发展。

随着经济的发展，票据得到更为灵活的运用，品种也不断创新。20 世纪 90 年代，许多公司开始用商业票据进行桥梁融资(bridge financial，也称为桥式融资)，即遇到大项目需要长期资金时，通过连续"滚动"发行票据的方式先进行短期融资[③]，直到市场条件有利

---

① 指由于交易双方不履行回购协议中的买回或卖回义务，而使对方遭受损失的可能性。

② 由此可见，商业票据是由大公司以商业信用担保发行，银行承兑汇票实质上是以银行信用代替商业信用，银行承担最后付款责任，由此降低了票据的风险。

③ 即所谓的"滚动票据"。在东南亚金融危机时期，韩国许多大企业利用这种发新债还旧债的方式进行融资，最终资金链断裂，很大程度上对本国金融危机起了推波助澜的作用。

于长期融资时再调整融资方式。同时，在传统的本票和汇票基础上(美国的商业票据属于本票，英国的商业票据属于汇票)^①，出现了信用证支持的商业票据、资产支持的商业票据、免税的商业票据等新品种。

(二)票据贴现

由于票据具有高度异质性，期限、面额、利率都不同，所以二级市场交易并不活跃，大多数票据都被持有到期或到期之前通过承销商在柜台市场(over-the-counter market, OTC，又称店头市场、场外市场)以贴现、转贴现、再贴现的方式兑现。贴现时的贴现率通常采取银行折现率，贴现率的高低取决于票据的质量。

票据贴现中的买方通常是商业银行和大金融公司，如共同基金、保险公司等，非金融性企业也参与其中，中央银行则经常以调整再贴现率的方式进行公开市场业务操作^②。目前世界上最著名的贴现市场是英国伦敦贴现市场。

(三)票据的优势

(1)从筹资者的角度看，票据融资成本低，灵活性大，可以不限次数、不限时发行，且公司发行商业票据必须经过四大评级公司的评级，实际上提高了公司声誉；而以其他方式融资较为困难的企业利用银行承兑汇票则相当于获得了一笔贷款；银行也可以通过控股公司发行商业票据，间接突破利率条款的限制。

(2)从投资者的角度看，投资于票据既能获得比银行短期存款更高的投资收益，又具有很好的流动性。承兑汇票又是银行重要的中间业务之一，为其提供了与传统贷款截然不同的投资组合。

(3)从中央银行的角度看，其可以通过对票据进行再贴现、调节贴现率等方式扩张或紧缩银行信用，实现货币政策目标。

四、短期债券市场

短期债券市场的金融工具以短期政府债券为主。政府债券是指政府部门以债务人的身份承担到期偿付本息责任的债务凭证。将期限在一年以内(包括一年)的政府债券称为国库券，一年以上的称为公债或国债。

短期政府债券市场的参与者众多，包括政府、银行、非银行金融机构、企业及个人。作为投资者，商业银行通常将短期政府债券作为其"第二准备金"和重要的无风险资产；个人由于资金和精力有限、抵抗风险能力差，将短期政府债券也作为主要短期投资工具；非银行金融机构、企业、政府可以通过短期政府债券平衡资产的流动性和收益性。正因为短期政府债券在市场上备受欢迎，政府不同部门既可以发行短期债券来满足其短期资金周转的需要，又可以通过在市场上公开投放或回购短期政府债券来调节货币供应量，执行货币政策。

---

① 本票由债务人向债权人发出，到期由债务人向债权人支付规定款项。汇票由债权人向债务人发出，到期由债务人根据债权人的指令向指定的第三方或持票人支付规定款项。汇票须经过债务人承认才有效。

② 应当注意的是，再贴现反映了中央银行和商业银行间的信用关系，它可以形成基础货币投放；而转贴现只是资金在商业银行等金融机构间转移，不影响基础货币数量。

(一)短期政府债券的特点

与其他货币市场工具相比，短期政府债券明显具有独特的投资特征，概括如下。

(1)信用风险小。由于国库券是由国家政府发行的，以国家信用为担保，以政府的税收为保障，所以被认为是无风险的"金边债券"。相反，商业票据、大额存单等货币市场工具都具有一定的信用风险，这就大大增强了短期政府债券对投资者的吸引力。

(2)流动性强。短期政府债券具有极强的流动性。由于短期债券市场参与者众多，许多国家的相关法律都规定在商业银行等金融机构以及地方政府等的投资组合中，必须有一定比例的短期政府债券，因而短期政府债券变现性极强。

(3)面额小。短期政府债券的面额通常很小，因而许多资金有限的中小投资者都可以参与进来。例如，在美国，1970年以前国库券的最小面额仅1 000美元，目前也不过10 000美元，远远低于其他货币市场票据的面额。

(4)收入免税。在所有投资工具中，唯有政府债券是可以免税的，如美国的政府债券，可以免除州或地方政府税，只需缴纳联邦所得税。当税率提高时，政府债券的吸引力就增加。

(二)短期政府债券的发行

短期政府债券的发行可以定期也可以不定期，其发行售出通常采取拍卖的方式，以此保证以市场接受的最高价格及最低成本完成发行任务。整个拍卖的过程通过两种方式完成——竞价方式和非竞价方式。

在竞价方式下，投标人报出认购数量和价格，并可多次报价，中标原则是价高者优先。竞价拍卖分为美国式拍卖和荷兰式拍卖，两者基本程序一样，不同的是，美国式拍卖中中标的投资者按照自己的报价购买国库券，而荷兰式拍卖中中标投资者统一按照"清除价"来购买国库券[①]。在非竞价方式下，投资者只需报出认购数量，并同意以公认的平均竞价购买国库券即可，个人及其他小投资者为避免风险往往采用这种认购方式。

(三)短期政府债券的收益率

短期政府债券没有给定利率，以贴现方式发行，即投资者以低于面值的价格购买，到期得到面值，投资者的收益是购买价与面值的差额。根据计算方法的不同，短期政府债券的收益率有两种表示方式，即银行贴现率和真实收益率。用P_0表示债券面值，P_1表示购买价格，T表示债券距到期日的天数，则银行贴现率R_1和真实收益率R_2的计算公式分别为

$$R_1 = \frac{P_0 - P_1}{P_0} \div \frac{T}{360} \times 100\% \tag{6-3}$$

$$R_2 = \frac{P_0 - P_1}{P_1} \div \frac{T}{365 \times 100\%} \tag{6-4}$$

例如，一种182天期的短期政府债券面值为1 000美元，价格为965美元，则这一债券的银行贴现率为

---

① 一个恰好可以售出该公司全部股票的价格即为"清除价"，也即所有投标人中的有效最低价。荷兰式拍卖中中标者报价是不同的，但最终的认购价却同为清除价。

$$\frac{(1\,000-965)}{1\,000}\div\frac{182}{360}=6.92\%$$

真实收益率为

$$\frac{(1\,000-965)}{965}\div\frac{182}{365}=7.27\%$$

由上述例子可以看出：两种收益率之间存在一定的差额，其中真实收益率更能够反映投资者的实际收益水平，并且以365天为基础进行报价也使得短期政府债券与其他货币市场报价具有更好的可比性。

此外，大额可转让定期存单市场和货币基金市场也是两个重要的货币子市场。

第二节 资本市场

资本市场是期限在一年以上的资金融通活动总和，包括一年以上期限的证券市场和银行信贷市场两大部分[①]。资本市场的基本要素包括发行人、投资者、资本市场工具、中介机构、监管机构和交易场所等，这些要素以市场为载体，相互协作，实现长期资金的流动，并使资本市场在资源配置、风险定价、公司治理和宏观调控等方面发挥重要作用。除中长期信贷市场外，资本市场主要由股票市场、债券市场和投资基金市场等构成。

一、股票市场

(一)股票的性质与特征

股票是股份公司发行的按标准化方法设计的、可流通转让的股权凭证，持有人可凭其取得股息、红利并行使对其的所有权。股票的所有权体现在股票持有人所拥有的两种基本权益上，即剩余索取权和剩余控制权，因此股票被称为权益证券(equity securities)[②]。股票具有以下特征。

(1)无期限性。股票是一种没有期限的有价证券，投资者购买后不能要求发行人退还本金，只能在二级市场上转让变现。

(2)高风险性与高收益性。高风险性不仅表现在其本金不能退还，而且表现为其投资收益(包括股息和红利、资本利得)的高度不确定性。

(3)流通性。股票可以在二级市场上进行买卖，也可以继承、赠予、抵押，具有很强的流通性，通常被众多投资者视为变现力强的资产持有。

(4)权责性。股票是公司的所有权凭证，因而股票持有者拥有股息红利分配、资产清偿，以及选举董事、参与公司重大事项决策等权利。

(二)股票的种类

根据股东的权益，可以将股票简单分为普通股和优先股。普通股是最基本、最重要的股票，它包含股东的四大权益——投票权、收益分配权、资产分配权和优先认股权；优先

---

① 由于人们分析资本市场时侧重于证券市场，故而也有不做严格区分，径直将资本市场视同证券市场。
② 剩余索取权指股东在利润分配和资产清偿上拥有完全的权益；剩余控制权指股东拥有对公司经营的监督管理权。

股在收益分配和资产清算上比普通股享有优先权，股息固定，但优先股通常无投票权。此外，根据股东的持有主体可以将股票分为国家股、法人股、个人股和外资股等；根据股票发行上市地的不同，可分为 A 股、B 股、H 股、N 股等；根据风险收益特征的不同，可分为蓝筹股、成长股、收入股、周期股、防守股、投机股等。

（三）股票价格与股价指数

1. 股票价格

通常，股票具有五种不同的价格形式，即票面价格、账面价格、清算价格、内在价格和市场价格[①]。前三种价格形式相对而言都是静态的，是对股票某一时点的价值进行衡量。后两种价格形式有更丰富的内涵，往往建立在对未来市场信息进行预测判断的基础上。

（1）股票的内在价格（价值），指股票的动态理论价格，既要考虑公司的股息、红利，又要考虑现值因素。确定这一价格通常有两种方法。

一是现金流贴现法，即把股票未来的预期收益按市场收益率贴现。计算公式如下：

$$P = \sum_{t=1}^{\infty} \frac{E_t}{(1+i)^t} \tag{6-5}$$

其中，P 表示股票价格；E_1、E_2、$\cdots$、E_t 表示各年预期股利收入；i 表示市场收益率或贴现率。

二是市盈率估价法，即计算出股票市盈率在不同公司间进行比较，衡量股票价格[②]。如果股票市盈率较低，可认为该股票价值被低估；反之，股价被高估。市盈率模型如下：

$$K = \frac{P}{E} \tag{6-6}$$

其中，P 为股票价格；E 表示每股预测收益；K 代表市盈率。

（2）股票的市场价格，即股票在市场上买卖的实际成交价格。理论上，股票的市场价格围绕其内在价值上下波动，与股票的预期收益率成正比，与市场利率成反比。但现实生活中影响股票市场价格的因素很多，所以经常出现股票市场价格偏离其内在价值的情形，如市场供求关系的变化会迅速影响股票价格的变化。当市场上大量抛售股票时，股价急剧下跌；众多投资者抢购股票时，股价急剧上涨。而影响股票供求关系的因素涉及方方面面，如公司经营状况、行业因素、宏观经济形势，市场利率、汇率、税率变化，甚至政治变化、自然灾害和市场违法违规事件等都会改变投资者的心理预期，引发市场价格波动。当然，不同股票市场对各种影响股票价格的信息的反应能力也不同，即市场效率不同[③]。股票价格是股票市场的灵魂，在价格机制的作用下，股票市场才能实现其优化资源配置、提升企业质量的重要功能。

2. 股价指数

股价指数是由各金融服务机构编制的，用以表示多种股票甚至整个股市的价格水平及

---

① 票面价格指股票的面值或面额，表示每份股本的资本金额；账面价格指每份股权所含实际资产价值，是将公司的净资产除以流通中的普通股股票数量得到的每股净资产值；清算价格则指股份公司破产或倒闭后进行清算时每股股票代表的实际价值。

② 市盈率是股票价格与每股收益之间的比率，反映了投资者愿意为一单位的预期收益支付多高的价格。

③ 参见本节下文对有效市场理论的介绍。

其变动状况，从而衡量股市行情的指标。通常用报告期的样本股票价格与选定的基期股价相比，再将比值乘以基期指数值(通常为 100、1 000 等整数值)得到。股指没有实际单位，以"点"数变化表示股价涨落。目前世界上计算股指的方法主要有以下几种。

(1)简单算术平均法。假定基期股价指数为 I_0，报告期股价指数为 I_1，基期第 i 种样本股票的价格为 P_{0i}，报告期第 i 种股票价格为 P_{1i}，样本股票数为 n，则计算公式为

$$I_1 = \frac{1}{n} \sum_{i=1}^{n} \frac{P_{1i}}{P_{0i}} \times I_0 \tag{6-7}$$

(2)简单综合法。计算公式为

$$I_1 = \frac{\sum\limits_{i=1}^{n} P_{1i}}{\sum\limits_{i=1}^{n} P_{0i}} \times I_0 \tag{6-8}$$

(3)加权平均法。这种方法通常以样本股票的成交量(或发行量)作为权数进行计算，假设 Q_{0i}、Q_{1i} 分别表示样本股票基期和报告期的成交量(或发行量)，则股价指数计算公式为

$$I_1 = \frac{\sum\limits_{i=1}^{n} P_{1i} Q_{0i}}{\sum\limits_{i=1}^{n} P_{0i} Q_{0i}} \times I_0 \tag{6-9}$$

或者

$$I_1 = \frac{\sum\limits_{i=1}^{n} P_{1i} Q_{1i}}{\sum\limits_{i=1}^{n} P_{0i} Q_{1i}} \times I_0 \tag{6-10}$$

两种方法计算的结果分别被称为拉氏指数和贝氏指数。

(4)加权综合法，即同时考虑基期和报告期成交量(或发行量)计算加权平均指数。

$$I_1 = \sqrt{\frac{\sum\limits_{i=1}^{n} P_{1i} Q_{0i}}{\sum\limits_{i=1}^{n} P_{0i} Q_{0i}} \times \frac{\sum\limits_{i=1}^{n} P_{1i} Q_{1i}}{\sum\limits_{i=1}^{n} P_{0i} Q_{1i}} \times I_0} \tag{6-11}$$

全球各种股票价格指数根据不同需要，采用不同样本和不同方法编制而成。最早的道琼斯股价平均指数，采用简单算术平均法编制；标准普尔股价指数选取 1941~1943 年的平均市价总值为基数，采用加权平均法，以股票发行上市量为权数进行计算，其样本数量大，比前者更具代表性。我国内地的主要股价指数，如上证综合指数是由上海证券交易所用加权平均法编制的全样本指数，以 1990 年 12 月 19 日为基期，基期指数为 100，权数是基期股票总发行量，属于拉氏指数；深证成份股指数由深圳证券交易所编制，基期为 1994 年 7 月 20 日，基期指数为 1000，以选取成份股的可流通量作为权数进行计算。

(四)股票发行和流通市场

股票市场包含发行和流通市场两个相辅相成的市场。发行市场指发行人直接或通过中

介机构向投资者出售新发行股票的市场；流通市场指股票发行后进行转让流通形成的市场。

股份公司通过公募发行或私募发行，以代销或包销等承销方式将股票推向市场，筹集长期资金，同时为投资者创造投资机会。投资者主要通过证券交易所的会员证券交易商进行委托代理买卖股票，在股票交易所实现股票的流通转让，达到投资目的。此外，股票也可以在场外进行交易，如未能上市的股票可以在柜台市场进行交易，已上市的股票为降低交易成本也可以在第三市场或第四市场进行交易①。

发行与流通市场都是资金供求双方的连接器。前者是股市一切活动的起点，是流通市场的前提和基础，发行市场的规模决定流通市场的规模，并影响其交易价格。流通市场是发行市场存在和发展的条件，发达的流通市场可以使股票更具流动性，使风险分散化、长期投资短期化，保证投资者随时出售所持有的股票，使股票发行市场对投资者更有吸引力。

二、债券市场

债券是债务人为筹措资金向债权人出具的，承诺按规定计算和支付利息，到期偿还本金的债务凭证。其收益大多固定，因此也称固定收益证券(fixed-income securities)。

(一)债券的特征及其功能

债券通常具有四个基本特征，即偿还性、收益性、流动性和安全性。它反映了债权债务关系，而不是所有权关系，其持有人不参与公司经营管理，而是到期索回本金，并领取稳定收益，其安全性远高于股票，尤其是政府发行的国债，往往被视为无风险证券②。

债券的品种十分丰富，按照发行主体的不同，可以分为政府债券、金融债券、公司债券；按照偿还期限的不同，可以分为短期债券、中期债券和长期债券；按照内含选择权的不同，可以分为可赎回债券、可转换债券、偿还基金债券和带认股权的债券③等；按照利息计算与支付方式不同，可以分为单利债券、复利债券、附息债券和贴息债券；等等。

债券参与者众多，政府、金融机构和非金融企业都通过发行债券获得稳定的资金，并把债券作为重要的投资对象。通常，政府发行债券主要是为了弥补财政赤字及扩大公共建设投资；企业发行债券除扩大资金来源外，还可能是出于维持对公司的控制权、灵活运用资金等目的；个人投资者则因债券的本金安全性和收益稳定性而将其作为重要的投资工具。不仅如此，中央银行也常常将债券作为重要的货币政策传导工具。

(二)债券的价格及收益率

1. 债券的价格

债券价格包括票面价格（即债券面值）、发行价格、理论价格与市场价格（即交

---

① 第三市场和第四市场原属于柜台市场范围，近年来由于交易量增大，逐步变成独立的市场。它们与普通柜台市场的主要区别在于其交易对象是已经在交易所上市的股票，是适应大额投资者的需要发展起来的。在第三市场交易通常需向经纪人交纳较低的佣金，而第四市场的投资者则直接进行证券交易，不通过任何中介机构。

② 这里自然包括货币市场一节提到的国库券，就期限与风险关系而论，国库券安全性优于中长期国债。

③ 它是一种债券衍生工具，即发行债券同时附带认股权证，凭其在指定时期内以约定的执行价格（通常会低于市价）购买普通股。通常由处于风险边缘或资信稍差的公司以附带认股权证方式增强其发行债券的吸引力。

易价格)。

(1)发行价格是债券第一次发售时的价格,通常由发行者根据预期收益率计算出来。

假定发行价格为 P,年利息为 C,偿还年限为 n,债券面值为 P_0,预期收益率为 r,则发行价格为

$$P=\frac{P_0+C\times n}{(1+r)^n} \tag{6-12}$$

(2)理论价格又称公平价格,反映了债券的内在价值,由债券未来现金流的贴现值决定。设 n 为偿还年限,i 为票面利率,r 为贴现率,在到期一次还本付息和分期付息的情况下,理论价格 P 的计算公式分别为

$$P=\frac{P_0(1+i\times n)}{(1+r)^n} \tag{6-13}$$

和

$$P=\sum_{t=1}^{n}\frac{P_0\times i}{(1+r)^t}+\frac{P_0}{(1+r)^n} \tag{6-14}$$

(3)市场价格指债券在市场上流通买卖时形成的价格,又称债券行市。

债券的市场价格以其内在价值为基础,由市场供求关系直接决定。影响债券内在价值的因素及影响市场供求的因素都会导致债券市场价格背离理论价格而不断变化。

由式(6-13)和式(6-14)可知,债券的理论价格与债券的面额、票面利率、债券的到期时间及市场利率等都有关,它们之间的关系如下:债券面额和票面利率是给定的外生变量,在债券有效期内不变;距债券到期时间越长,债券价格波动幅度越大;债券市场价格与市场利率呈反方向变动;此外,经济发展状况、财政收支状况、债市开放程度,甚至债券的税收、信用评级等都会影响到债券市场的供求,并最终影响债券价格变化。

2. 债券收益率

债券收益率指债券投资收益占投资金额的比率,一般以本金百分比和年收益率的形式表示,主要包括票面收益率(即息票率)、即期收益率、到期收益率和持有期收益率。

(1)直接收益率又称即期(本期)收益率,指每年利息收入占当期市场价格的比率。

(2)到期收益率又称最终收益率,是使购买债券后所得全部现金流的现值等于其市场价格的贴现率。到期收益率更能反映投资者的真实收益,对它的精确计算采用插入法。

假定 P 为市场价格,n 为债券到期前支付利息的次数,C 为每期利息,则到期收益率 i 由如下公式决定:

$$P=\sum_{t=1}^{n}\frac{C}{(1+i)^t}+\frac{P_0}{(1+i)^n} \tag{6-15}$$

上述插入法运算很麻烦,实际计算中通常采用近似值来代替。其公式为

$$P=\frac{C+\dfrac{(P-P_0)}{n}}{\dfrac{P+P_0}{2}}\times100\% \tag{6-16}$$

(3)持有期收益率指自债券购买日起到卖出日止的持有期间收益率。它对于未将债券

持有到期的投资者而言更具参考价值。其计算公式为

$$i = \frac{P_1 - P_0 + C}{P_0} \div N \qquad (6\text{-}17)$$

其中，i 代表持有期年收益率；P_0 代表债券买入价格；P_1 代表债券卖出价格；C 代表持有期全部利息；N 代表持有年限。

(三)债券发行和流通市场

债券发行市场指发行新债券的市场。由于债券要求发行方到期偿还本金，存在着违约风险，因此，债券的发行市场中通常有评级机构建立信用评级体系，专门为投资者提供债券各方面信息，同时，为解决发行方与债券持有人之间的利益冲突，保护债券持有人的利益，发行合同中往往会制定一系列保护性条款。

债券的流通市场是已发行债券买卖、转让、流通的场所，分为证券交易所市场和场外交易市场，共有现货交易、期货交易、期权交易和信用交易四种债券交易方式。与债券发行市场相比，债券的二级市场交易只代表债券债权的转移，并不创造新的实际资产和金融资产，也不代表社会总资本存量的增加。但通过流通市场的交易，债券被不断重新定价，并引导资金流动，将短期的闲散资金不断转化为长期资金。

(四)债券市场发展

最早的债券投资是随着国债的发行而产生的，早在 12 世纪末，威尼斯共和国就发行过债券。17 世纪中叶，公司债券开始出现，但当时的发展规模与各国国债规模相距甚远，1697 年仅英国的国债发行额就达 2 100 万英镑。国债被誉为"金边债券"也源于英国。英国的国债种类较多，但都是在交易所进行交易，不存在场外交易。

美国自 1776 年首次发行国债以来，国债市场规模迅速扩大，20 世纪是其市场规模扩大最快的时期，70 年代中期尤其是 80 年代以后，美国国债的绝对规模与相对规模（占 GDP 的比重）均稳步上升。到 2003 年，美国国债余额已达 3.62 万亿美元，占 GDP 的比重超过 100%。美国的债券二级市场是世界上流动性最好的金融市场，以场外交易为主，用做市商制度维持交易活跃度。

随着各国债券市场的发展，债券品种日益丰富，20 世纪 90 年代以后，随着全球股票市场风险的逐渐凸现，可转换公司债券获得巨大发展，美国、日本、欧洲及亚洲的新兴国家的可转换公司债券发行额度都迅速扩张。

三、投资基金市场

(一)投资基金概述

投资基金是由专门的投资机构发行受益凭证或入股凭证，将零散资金集中起来，交由专家经营管理的一种共同投资的组织形式。它在不同国家或地区称谓不同，在美国称"共同基金"，在英国和中国香港称"单位信托基金"，在日本和中国台湾称"证券投资信托基金"。投资基金将众多小投资者的资金集中起来，大大增加了资金规模，而专家管理更注重对市场的理性分析，通过使用现代投资组合实现投资分散化并降低风险，有助于金融市场稳定。

按募集方式不同，基金可分为公募基金和私募基金；按组织形式不同，基金可分为公

司型基金和信托型基金①；按基金凭证可否赎回从而基金规模是否不变，基金可分为封闭型基金和开放型基金②；按投资对象不同，基金可分为货币市场基金、股权基金、固定收益基金、指数基金；按投资策略不同，基金可分为进取型基金、收入型基金和平衡型基金。此外，还有衍生基金、对冲基金、创业基金、风险基金、伞形基金③等。

(二)投资基金的发行与运作

对投资基金发起设立要求条件较为严格。基金发起人必须是公司法人且至少有一家金融机构；实收资本在基金规模的一半以上；首次认购基金份额不低于20％且基金存续期内持有份额不低于10％等。通常，基金由基金管理公司或下设基金管理部的投资银行作为发起人，发起设立基金后成为基金的管理者，负责资产的具体运作，实现其保值增值。基金托管人一般由投资银行、商业银行或保险公司等金融机构承担，主要职责是托管基金财产，包括保管基金财产、办理结算、支付业务等。基金发起设立后投资者出资认购基金受益凭证，全体投资者共担风险，共同受益，基金管理者则获取管理费用。

不同类型投资基金的发行与交易也有所不同。开放型基金的发行规模不固定(只有最低规模限制)，也没有固定存续期限，其交易在投资者和基金管理公司之间进行，投资者可以在该基金专门设立的柜台上根据自己的需要随时进行申购或直接赎回套现，申购和赎回的价格以该基金当天的单位净值为基础进行计算。封闭型基金在发行之初就有固定规模和固定存续期限，封闭期内不能接受追加投资，投资者也不可以赎回基金内份额，其交易与股票、债券类似，通过自营商或经纪人在证券交易所进行公开买卖，买卖价格以基金净值为基础，但主要由市场供求关系决定。所以，封闭型基金经常会出现大幅折价的现象，而开放型基金的买卖价格通常不会大幅度偏离基金净值。

(三)投资基金市场的发展

证券投资基金作为一种信托业务已有一百多年的发展历史，它源于19世纪的欧洲，1868年英国的"外国和殖民地政府信托"是世界上第一家投资信托基金。证券投资基金源于英国，却在美国得到最充分的发展。20世纪20年代，第一个具有现代证券投资基金形态的开放式基金"马萨诸塞投资信托"诞生于波士顿。之后美国在1940年前后订立《投资公司法》《投资顾问法》等，证券投资基金得以迅猛发展，并由"英国时代"过渡到"美国时代"。到1970年，美国已有投资基金361只，总资产近500亿美元；进入90年代后，美国的证券投资基金更是以每年超过20％的速度增长。2000年12月底，美国基金占全球基金资产总值的比例超过50％，近一半美国家庭都持有基金。

随着投资基金业的不断发展，基金的产品创新不断出现，新基金的交易方法日趋多样化。美国先后创造许多基金新品种，如先锋集团于1976年创造第一只指数基金——先锋

① 公司型基金是依据公司法募集资金组成的、以盈利为目的并投资于特定对象(如有价证券)的投资公司，投资公司具有独立法人资格；信托型基金亦称契约型基金，是按信托原则，由基金发起人、基金管理人和基金托管人共同订立契约而组建的投资基金，三方各司其职。

② 封闭型基金指在基金发起设立时事先确定发行总额，募集成立(通常要达到总额的80％以上才可成立)后进行封闭，封闭期内不再接受新的投资，投资者也不可以赎回基金份额；开放型基金指发行总额不固定，基金单位总数可根据投资者需求随时增减。

③ 伞形基金也称"伞子基金""雨伞基金""伞子结构基金"。它是在一个总的基金名称下，由具有各种不同的投资策略、投资风格、投资对象及不同的风险收益水平的子基金组成的基金集合。

500 指数基金，造就了美国证券投资业的革命。到目前为止，美国证券市场上已有超过 400 种指数基金，而且每年还在以很快的速度增长，指数基金类型不仅包括广泛的美国权益指数基金、美国行业指数基金、全球和国际指数基金、债券指数基金，还包括成长型、杠杆型和反向指数基金等。近年备受欢迎的指数基金产品是交易所交易基金（exchange traded funds，ETFs），它不仅像普通的指数基金那样采用被动管理的方式，而且集中封闭型与开放型基金的优点，既可以随时申购和赎回，也可以在交易所挂牌上市，为投资者提供了最大的交易便利、更为灵活的交易方式和更低的交易成本。

四、有效市场假说

在股票和债券市场价格的相关分析中已经指出，对影响价格的诸多因素，不同市场反应不同。这是由于市场对各种信息做出反应的速度及吸收能力不同，集中表现在市场价格信号能否快速、充分地反映所有可能获得的信息（即速度和信息覆盖面），形成对证券内在价值的最佳评估。以美国芝加哥大学教授法马为代表的众多经济学家对该问题进行大量研究，于 1965 年提出有效市场假说（effective market hypothesis），将资本市场分为效率程度不同的三种形式——弱式有效市场、半强式有效市场和强式有效市场。

1. 弱式有效市场

弱式有效市场指证券价格能够充分反映历史价格和其他交易信息的市场。该市场中技术分析无效，但由于市场信息高度不对称，价格与价值可能有较大偏离，提前掌握更多公开可用信息及内幕信息的投资者可以比别人更准确地识别证券价值，获取超常收益。

2. 半强式有效市场

在该市场中，证券价格反映了所有公开信息，不仅包括过去的价格和交易信息，还包括一切可以公开得到的信息，如各公司的财务状况报表及其他公告资料、政府发布的宏观经济形势和政策等。因此，不仅技术分析无效，基础分析也无效，只有掌握内幕信息的人才可以获取超常收益。

3. 强式有效市场

强式有效市场是最有效率的市场，其证券价格反映了所有相关信息，包括内幕信息和公开信息。在市场中不存在信息不对称，任何证券价格偏离其价值的信息都会迅速被投资者掌握并做出反应，通过买进或卖出行为纠正这一偏离。所以，使用任何投资分析方法都不能获取超常收益，所有的投资者只需按照市场综合价格指数进行被动的资产组合管理（如投资于指数基金等）获取市场平均收益即可。

上述三种市场上证券价格反映出的市场信息的关系如图 6-1 所示，图中由内到外依次为弱式有效市场、半强式有效市场和强式有效市场。

假设在 t 时刻出现利好新信息，则不同市场做出反应的过程也不同，如图 6-2 所示。

如图 6-2 所示，当 t 时刻出现利好新信息时有几种可能情况：完全（强）有效市场能够迅速、充分地做出反应，证券价格由 P_0 迅速上升到合理价位 P_1；弱式有效市场则出现对信息的过度反应或反应滞后、不足，价格既有可能升高到 P_2 再慢慢回落到合理价位 P_1，也可能由 P_0 缓慢推升到合理价位 P_1；而半强式有效市场的价格调整到合理价位的速度落后于强式有效市场，快于弱式有效市场。

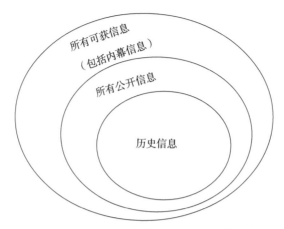

图 6-1　三种市场上证券价格反映出的市场信息的关系

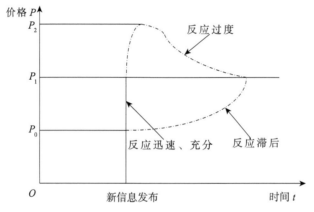

图 6-2　证券价格对市场新信息的反应

　　当然，有效市场假说中实际上暗含一个前提，即所有的投资者都完全是理性经济人。实际生活中，投资者获得信息的难易程度、知识储备及分析思考能力等都有差异，大多数投资者也都只是有限理性的，这使得完全有效的市场很难存在，对有效市场假说的检验不断受到挑战。新发展的行为金融学等理论试图进一步将心理因素引入投资者行为分析，更好地解释市场实际状况，但这并不影响我们对众多市场进行分析时仍然将经济人理性假设作为一种重要基础或者逻辑起点，在理论与实践两个层面充分关注对市场有效性的研究。

第三节　中国货币市场与资本市场

一、中国货币市场发展

　　中国货币市场建立于 20 世纪 80 年代，经过近 20 年的改革发展，历经萌芽、发展和不断规范等阶段，已基本形成了以全国统一的银行间同业拆借市场和债券市场为主体、票据市场和货币基金市场为补充的市场体系。

(一)同业拆借市场

我国 1996 年 1 月建立全国银行间同业拆借市场，并在交易量、利率期限等基础上生成全国银行间同业拆借利率。随后，债券交易、银行间债券回购、现券等业务纷纷在该市场开展起来。1996 年银行间同业拆借市场交易量为 5 871.61 亿元，1997 年年末全国银行间同业拆借中心成员 96 家。2007 年 7 月中国人民银行颁布《同业拆借管理办法》，明确了市场准入资格，对各类金融机构拆借期限和额度进行了规范。成员类型由中资商业银行扩展到外资银行、城乡信用社、证券公司、保险公司、投资基金、社保基金等在内的大多数金融机构。拆借交易量从 2007 年的 10.6 万亿元扩大至 2012 年的 46.7 万亿元，复合增长率达 34.4%。

银行间拆借市场的快速发展促进了货币市场的总体发展，同时也有力推动了利率市场化改革。从 1999 年 6 月 1 日起，我国取消银行间同业拆借利率上限，由拆借双方根据市场资金供求自行商定利率，银行间市场基本形成市场化的利率体系。

(二)国债回购市场

我国自 1981 年恢复国债发行和 1988 年正式批准国债流通转让业务以来，国债发行和交易市场规模不断扩大，1991 年，全国证券交易自动报价系统（Securities Trading Automated Quotation System，STAQ）成立后，国债回购交易市场作为国债二级市场的派生市场也逐步形成。早期国债回购主要在场外交易，1995 年上海证券交易所与深圳证券交易所推出国债回购业务，交易量迅猛增长，1996 年上海证券交易所国债回购日均交易量达 50 亿元，显示出市场巨大的生命力。

但我国国债市场发展不完善、不规范，国债回购交易演变成纯粹的资金信用拆借，导致严重的"金融三角债"问题[①]。大量银行资金通过回购渠道流入股市，造成不良影响。1997 年 6 月，中国人民银行先后发布《银行间债券回购业务暂行规定》和《禁止银行资金违规流入股票市场》的法规，把国债回购市场分离成两个独立的市场，即交易所国债回购市场和银行间国债回购市场，将两个市场的参与者人为隔离开来，阻断银行资金流入股市。

我国国债回购市场的交易方式有两种，即封闭式回购和开放式回购。

1. 封闭式回购

封闭式回购又称质押式回购。2005 年以前，我国国债回购均实行封闭式回购的交易方式，只有融资和买空功能，而不具备开放式回购的融券和卖空功能[②]，对国债市场的供求均衡产生了不利影响[③]。2002 年上半年，股市低迷，大量资金涌入债券市场，市场缺乏对封闭式回购融资功能的制衡机制，造成国债价格被不断推高，国债收益率上升，利率风险凸现。2002 年下半年，中国人民银行开始回笼货币资金，市场对利率上升的预期增强，

---

① 由于金融机构间互相拖欠金融债务，最终可能引发严重的金融信用危机。

② 买空、卖空是信用交易的两种形式。买空指投资者用借入的资金买入证券。卖空指投资者自己没有证券而向他人借入证券后卖出。目前我国法律上明确禁止买空、卖空行为。这里封闭式回购之所以没有卖空功能是在于之前法律规定逆回购方（即资金供给方）在回购期间没有回购证券的所有权，也就是说无权在持有期间处理回购协议的证券。

③ 封闭式回购指在国债回购交易中，正回购方（资金融入方）必须以足额抵押债券作为担保，同时在回购期间抵押债券被冻结；逆回购方（资金融出方）不具有质押债券的所有权，在回购期限内不能动用质押债券。

国债价格急剧下跌，国债发行受到影响，年内三期国债招标数量出现不足，封闭式回购的局限性逐渐暴露，迫切需要引入新的交易模式，促进市场均衡发展。

2. 开放式回购

开放式回购(买断式回购)。2005年3月21日，上海证券交易所推出国债开放式回购业务——买断式回购[①]。除具有做多的融资功能外，它还具有做空的融券功能，并赋予逆回购方对抵押债券的所有权，使其在回购期内可以将质押债券在现券市场抛售或再次利用其进行正回购融资，只要在回购到期时有足额同种债券进行结算即可。实际上，买断式回购赋予逆回购方在回购期内连续套做的机会，可以像期货一样放大交易倍数，以一搏十，弥补了封闭式回购的不足，是中国资本市场继国债期货(后被叫停)之后第二次真正意义上的做空机制。

然而，鉴于目前我国国债市场大部分机构仍以融资为主要需求，不太容易找到买断式回购的交易对手，加上会计处理制度不合理、操作复杂、国债市场一直处于慢牛行情，少有做空机会等原因，买断式回购上市之初并未能吸引符合标准的机构的热情参与。

(三)其他短期证券市场

我国货币基金市场起步较晚。货币市场基金投资于高流动性、低风险、收益稳定的货币市场工具，包括政府证券、大额存单、商业票据等。2003年12月30日，我国首只货币市场基金——"华安现金富利投资基金"宣告成立，受到中小投资者的青睐，首发募集42.54亿份基金单位，个人认购比例超过93%。此后，在金融创新不断加快、互联网金融快速发展以及居民理财意识不断增强的背景下，货币市场基金的数量和规模更是增长迅速，截至2013年12月底，我国共有公募货币市场基金1 549只，基金的份额总规模为31 259.89亿份，资产净值总规模为30 065.37亿元。货币市场基金已成为目前我国市场上炙手可热的投资品种之一，且未来的几年中仍将以较快的速度持续增长。

在我国，严格意义上的商业票据并不存在，票据市场上流通的票据95%以上是银行承兑汇票，而通常使用的商业汇票等只是企业之间相互授信的支付手段，并非货币市场的短期融资工具。究其原因在于社会信用制度不够发达，银行信用比商业信用有更高的可靠性和稳定性，更易于推广。1982年，上海首次开展票据承兑贴现业务，之后的三四年间发展较快，但由于票据行为不规范，发展步伐一度放缓。1996年，我国出台《中华人民共和国票据法》，开始逐步规范、发展票据市场。1998年以后，票据市场发展速度加快，但鉴于我国金融市场的现状，目前该市场发展较其他货币市场仍显缓慢。

我国于1994年1月25日首次发行期限短于一年的国库券，时值我国国债期货交易、回购交易出台，短期国库券的现货流通市场成交活跃，成交价格稳步上升。但由于"3·27国债期货事件"的影响，1997年政府下令停止全部国库券的二级市场流通。至此，货币市场体系中短期国库券子市场缺失。

此外，货币市场体系中目前还未推出大额可转让定期存单子市场。

---

①   实际上从2002年下半年以来，银行间市场的成员已经尝试进行准开放式回购业务，采取两次买断的方式进行实际上的开放式回购。

二、中国资本市场发展

20 世纪 90 年代初，沪、深证券交易所相继成立，标志着中国资本市场的发展进入一个崭新阶段。经过二十多年的飞速发展，中国的资本市场体系日益完善，不仅传统的银行信贷体系实现多元化发展，债券与股票市场作为直接融资的主渠道也取得快速发展，尤其是 2004 年中小企业板块和 2009 年创业板的启动，更加丰富和完善了我国的多层次资本市场。

(一)债券市场发展

1981 年、1985 年和 1986 年我国先后恢复国债、金融债券、企业债券发行，但当时的发债方式为单一的行政分配。直到 1988 年，中国第一次通过银行和邮政储蓄柜台发行国债，建立国债公开发行市场。国债发行规模从 1986 年的 62.51 亿元增加到 2012 年年底的 16 062.26 亿元，增长了 257 倍；金融债券的发行量自 1995 年的 842.6 亿元增加到 2012 年的 25 333.7 亿元；企业债券发行由最初的严格控制的几十亿到 2012 年的 6 499.31 亿元。2008~2012 年中国债券市场业务纵览表见表 6-1，截至 2012 年年底中国债券市场的构成见图 6-3。

表 6-1　2008~2012 年中国债券市场业务纵览(单元：亿元)

项目	2008 年年末	2009 年年末	2010 年年末	2011 年年末	2012 年年末
债券发行量(本币债)	70 734.11	86 474.71	95 088.33	69 625.13	58 640.44
现券交割量(银行间)	408 269.74	488 682.15	676 872.18	677 585.53	708 413.22
回购交割量	599 953.60	725 730.09	947 929.48	1 121 477.16	1 475 955.49
远期成交量	4 980.10	6 409.36	3 108.19	1 026.18	140.3
债券兑付量	43 201.79	61 504.82	67 387.09	57 600.27	32 770.54
债市托管量(本币债)	151 102.26	175 294.70	201 747.96	213 575.97	237 569.11
债市市值(本币债)	160 700.91	179 048.73	202 915.42	216 409.14	240 429.53

资料来源：中国债券信息网

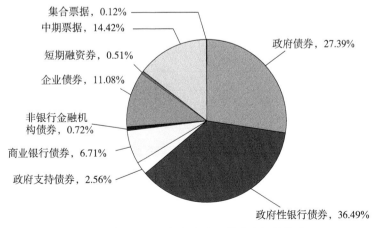

图 6-3　截至 2012 年年底中国债券市场的构成

1988 年开始以试点方式建立公开的债券流通市场，到 90 年代初形成以沪、深两个证券交易所为中心，众多银行证券机构开展柜台交易的点面结合的全国性债券交易格局。国债市场改革也不断取得成效，国债发行与交易方式不断完善，以国债为标的的公开市场操作力度逐步加大，为执行货币政策提供了较大空间。

目前，中国的债券市场总体划分为两个相互独立的市场——银行间债券市场和证券交易所债券市场。银行间债券市场成员以银行为主，采用询价的方式进行市场交易；交易所市场成员以证券公司、保险公司、基金等非银行金融机构为主，采取集中撮合的方式进行净价交易[①]。

(二)股票市场发展

我国从 1984 年开始公开发行股票，但股票市场的真正发展是在 1990 年、1991 年沪、深证券交易所相继成立之后。近二十年来，中国股票市场发展迅猛，融资渠道不断扩展，市场主体数量不断增加，股票市值不断上升，股票种类也循序增加。发行市场除最初的 A 股外，1991 年开始发行 B 股，1993 年后相继推出 H 股和 N 股、S 股等境外上市外资股，2004 年和 2009 年又分别推出了中小企业板和创业板。上市公司从 1992 年的 53 家增加到 2012 年的 2 494 家(包括 A 股与中小企业板、创业板)，上市公司的总市值从 1992 年的 1 060.050 亿元增加到 2012 年的230 357.620 亿元。具体数据见表 6-2。

表 6-2   中国股票市场发展概况(A 股市场)

年份	上市公司总数/家	总股本/亿股	流通股本/亿股	总市值/亿元	成交量/亿股	成交额/亿元
1992	53	67.990 461 3	20.965	1 060.050	26.09	650.20
1993	183	382.876 742 8	105.557	3 657.076	199.04	3 506.24
1994	291	684.766 557 2	225.467	4 052.384	986.10	7 983.92
1995	323	851.347 251 4	301.275	3 939.275	683.71	3 963.99
1996	530	1 218.681 134	425.005	10 904.486	2 481.67	21 099.17
1997	745	1 951.602 621	674.252	18 995.029	2 498.95	30 358.41
1998	852	2 536.349 409	864.323	20 918.273	2 109.92	23 429.88
1999	949	3 095.569 897	1 080.411	28 155.500	2 843.73	31 096.12
2000	1 088	3 802.297 621	1 365.597	50 755.160	4 629.09	60 370.01
2001	1 160	5 220.304 875	1 819.093	46 328.629	2 637.47	33 962.87
2002	1 224	5 877.556 45	2 041.733	40 966.160	2 871.22	27 153.62
2003	1 287	6 436.913 862	2 281.116	45 647.312	4 012.38	31 290.11
2004	1 377	7 163.774 814	2 592.197	39 898.422	5 687.95	41 590.14
2005	1 381	7 639.114 794	2 924.327	34 953.616	6 482.84	31 120.01
2006	1 434	14 847.461 83	5 562.090	103 524.918	15 828.88	88 849.58
2007	1 550	22 312.416 66	10 181.627	401 296.955	35 804.82	454 567.73
2008	1 625	24 378.224 15	12 373.680	148 383.091	23 906.63	265 510.51
2009	1 718	26 207.327 17	19 719.878	290 727.179	50 461.16	532 076.71
2010	2 063	33 281.668 06	25 226.928	305 214.865	41 793.06	542 769.10

---

① 净价交易指债券的报价不包含利息在内，与之相反的概念是全价交易。

续表

年份	上市公司总数/家	总股本/亿股	流通股本/亿股	总市值/亿元	成交量/亿股	成交额/亿元
2011	2 342	36 200.519 84	28 556.426	250 115.896	33 643.25	418 907.29
2012	2 379	38 395.00	31 339.6	230 357.620	32 881.06	314 667.41

资料来源：Wind 数据库

股票发行制度和发行方式也在不断探索中。1999 年 7 月 1 日颁布的《中华人民共和国证券法》(简称《证券法》)规定自 2001 年 4 月起停止行政审批制，代之以新的核准制，并配之以发行审核制度和保荐制，使证券发行的市场化程度进一步提高。在发行方式上，中国股票市场先后经过 1991 年和 1992 年限量发售认购证的方式、1993 年无限量发售认购证的方式，以及此后的全额预缴款、上网竞价、上网定价等方式，显著增强了股票市场的资金集聚力。

股票流通市场上，除在沪、深两个全国性的交易所进行场内集中竞价交易外，曾先后创立全国证券交易自动报价系统和中国证券交易系统有限公司(National Exchange and Trading System，NET)两个系统，依托计算机网络进行场外交易(1999 年两个系统中断交易)，2001 年 5 月股票柜台交易恢复。在交易制度上，为控制市场风险，避免市场剧烈波动，我国暂不允许信用交易，仅实行股票现货交易，并采用 T＋1 的交割制度和涨跌停板制度。2004 年与 2009 年推出的中小企业板和创业板很大程度上弥补了主板市场的不足，建立了更加完善的融资市场。此外，相继采取了一系列措施规范市场，包括不断完善股票退市制度，疏通公司上市和退市渠道；先后几次国有股减持、全流通改革，解决历史遗留问题，为股市发展扫清障碍，2005 年 5 月正式推行股权分置改革，以试点的方式分批次解决全流通问题。

其中，2004 年推出的中小企业板和 2009 年推出的创业板，为我国中小企业融资提供了很好的平台，在短短的几年之内，两个板块都有很大的发展，为越来越多的中小企业和创新性企业提供了强有力的资本支持，具体见表 6-3。

表 6-3 中国中小板及创业板股票市场发展(单位：个)

板块名称	2004 年	2005 年	2006 年	2007 年	2008 年	2009 年	2010 年	2011 年	2012 年
中小企业板	38	50	102	202	273	327	531	646	701
创业板						36	153	281	355

资料来源：Wind 数据库

(三)中国证券投资基金发展

20 世纪 90 年代初，我国开始逐步引入基金制度，90 年代末期开始规范基金业的发展。证券投资基金在我国发展的时间还比较短，但在证券监管机构的大力扶植下，在十多年时间里获得了突飞猛进的发展。1997 年年底，国务院颁布《证券投资基金管理暂行办法》；1998 年年初，仅有两只封闭式基金；2004 年 6 月，《中华人民共和国基金法》正式实施，以法律形式确认了证券投资基金业在资本市场及社会主义市场经济中的地位和作用，成为中国证券投资基金业发展史上的一个重要里程碑。证券投资基金业从此进入崭新的发展阶段，其数量和规模迅速增长，市场地位日趋重要。1998 年年底，我国仅有 5 只封闭式基金，基金净值为 107.4 亿元；2012 年年底，我国共有证券投资基金 979 只，净值总额合计约为 22 013.55 亿元。在 979 只基金中，有 77 只封闭式基金，基金净值总额约 1 404.23亿元；有 902 只开放式基金，净值总额合计约 20 609.32 亿元。开放式基金净值占全部基金净值总额的 93.68%。

中国基金业为投资者带来了丰厚的回报。仅 2009 年，中国基金业共为持有人赚取了 9 100 亿元的利润，相当于当年全部上市公司盈利总和的百分之九十。赚钱效应的再现，不断壮大着基金持有人的队伍，到 2009 年年底，开放式基金投资者已达到 1.86 亿户，一年间，增加了将近两千万户。随着经济的复苏、投资者人数的增加，中国基金业的队伍也在迅速壮大。2009 年全年共有 120 只新基金成立，创历史新高，基金总数量突破了 600 只，募集金额高达 3 853 亿元，中国基金业已经真正实现了跨越式的发展。截至 2012 年 12 月 31 日，我国资本市场全部基金的份额规模已达 26 801.86 亿份，资产净值已达 22 000.08亿元。

证券投资基金作为我国主要的机构投资者和重要的投资工具，投资基金在引导储蓄转化为投资，倡导理性投资、稳定市场，促进中国资本市场发展等方面发挥着越来越重要的作用。表 6-4 为中国基金业资产净值增长率及份额增长率。

表 6-4 中国基金业资产净值增长率及份额增长率

年份	份额规模/亿份	份额规模增长率/%	资产净值/亿元	资产净值增长率/%
1998	100		103.638 365 3	
1999	445	3.45	574.222 075 7	4.54
2000	560	0.33	845.618 553 3	0.58
2001	803.989 777 9	2.12	818.025 817 6	−0.10
2002	1 330.402 65	2.16	1 206.734 847	−14.09
2003	1 632.756 582	0.57	1 673.076 782	1.20
2004	3 308.717 265	5.54	3 223.007 937	3.32
2005	4 714.921 158	0.84	4 691.163 172	0.95
2006	6 220.785 398	1.07	8 564.611 419	2.64
2007	22 331.613 38	10.70	32 755.904 97	6.25
2008	25 741.303 02	0.21	19 388.674 48	−0.55
2009	24 535.952 53	−0.35	26 695.439 2	−0.55
2010	24 228.412 01	0.26	24 972.494 22	−0.24
2011	26 511.530 71	−7.42	21 676.262 98	1.91
2012	26 801.859 33	0.13	22 000.084 51	−0.10

资料来源：Wind 数据库

三、货币市场与资本市场存在的主要问题

(一)货币市场结构不完善、市场不统一

中国货币市场经过近 20 年的改革发展，融通短期资金、实施宏观金融调控的基本功能得到了较好体现，但就中国经济发展的内在需要而言，货币市场仍然存在规模偏小、结

构不均衡、市场不统一等突出问题。

1. 市场总体规模小、结构不均衡

中国货币市场的发展远落后于经济货币化进程。如果以 M_2/GDP 的值衡量经济货币化程度，中国和其他国家相比并不逊色，但若以货币市场交易总量/GDP 的值衡量，中国货币市场发展则相对缓慢。

结构均衡、协调发展是货币市场实现其功能的前提，而中国货币市场发展处于结构不均衡状态。一方面，市场中可供交易的工具短缺，商业票据、银行汇票和大额可转让存单无法在市场上大量流通；另一方面，参与者单一，工商企业不能进入货币市场，从而制约了中央银行公开市场操作发挥影响的深度与广度。目前货币市场中已形成一定规模的只有银行间同业拆借市场、银行间债券市场和票据市场，而且票据市场发展相对滞后。此外，中国货币市场发展还存在着地区性不平衡、金融机构间发展不平衡，以及同一个货币子市场内各项业务间的发展不平衡等问题。

2. 货币市场不统一

货币市场发展受到过多非市场因素干扰，各子市场相互分割，无法通过市场参与者买卖各种金融工具将各子市场的利率紧密联系起来，就无法形成金融市场基准利率，宏观的金融调控功能也无法很好发挥。

由于中国货币市场的主体是银行间同业拆借和银行间债券回购两个市场，市场基准利率的形成就有两种途径：一是以货币市场交易报价为基础形成的市场基准利率，即同业拆借利率；二是以短期国债的发行与交易确定的收益作为市场基准利率，即债券回购利率。但中国银行间市场成员主要由金融机构组成，其他非金融机构和个人投资者无法参与，市场流动性大大降低，银行间市场价格无法反映资金的真实供求，从而这两种市场利率缺乏弹性，且与其他子市场利率关联性差，不能成为整体市场利率的基本指针。

(二)资本市场结构失衡严重

我国资本市场体系结构不健全，股票市场发展快，债券市场发展慢，公司债券市场发展更慢。首先是市场结构失衡，截至 2012 年 10 月末，我国上市公司 2 493 家，主要是大中型、成熟型企业。资本市场外部，大批中小型企业急待上市融资，而在资本市场内部，大批产能传统产业却占据着再融资的重要席位，高新技术产业上市公司少。其次是资本市场投资主体结构失衡，投资者现在还是以中小散户为主，专业权威机构投资者数量相对来说较少，两者比重相差较大。最后是市场体系失衡，缺乏层次性。我国目前只有主板市场，虽然推出了中小企业板块，但离真正的二板市场还有相当的距离，三板市场还远未形成气候，资本市场缺乏层次性，不能满足投资者和筹资者多样性投融资要求，产权交易体系尚未完善，资本市场体系发展不完善。

(三)货币市场与资本市场的联动问题

1. 货币市场与资本市场的联动机制

作为金融市场的核心组成部分，货币市场与资本市场在资金融通期限、参与主体、利率结构、风险、收益等方面都有很大区别，但两个市场参与主体的交叉性和交易对象的同质性却使二者不可避免地有机联系在一起。具体如下。

1)货币市场影响资本市场的两个渠道

第一,货币供给量和贷款余额的改变,经由金融中介直接影响流入资本市场的净资金规模,从而影响企业、居民的投资行为,使资本市场价格发生变化。

第二,通过利率传导机制间接影响资本市场价格。中央银行基准利率变动首先直接传导到其他短期货币市场工具,如同业拆借利率、债券回购利率、商业票据利率和短期存贷款利率等,商业银行根据政策利率的变动很快调整可变抵押贷款利率、储蓄存款利率等,投资者预期收益率随之变化,并据此调整资产组合,资本证券价格水平随之变化,从而形成中央银行基准利率→货币市场利率→资本市场预期收益率→资本证券价格的传导机制。

2)资本市场变动影响货币市场的资金供求及利率水平

第一,托宾q值效应。托宾将q定义为股票市场价格与企业重置成本之比。q值和资本市场价格成正比,q值上升则投资意愿增加,投资者资产偏好转向资本市场,货币市场收益率下降,资金从货币市场流向资本市场。反之则相反。

第二,财富效应。资本证券价格变化意味着人们名义财富的变化,货币需求也随之变化,如人们可以增加证券投资,也可以增加存款等。

第三,预期效应。资本证券价格变化使市场主体对经济增长的预期发生改变,并随之改变投资、消费行为,各种金融工具相对价格水平变化,货币市场资金供求受到影响,利率发生变化。

由此可见,在货币当局、金融中介、企业和居民等参与主体行为的互动下,货币市场和资本市场通过多种渠道联结起来。中央银行调整货币政策,其他市场主体根据货币市场与资本市场利率及预期收益率的变化调整投资、消费行为,从而引起货币与资本市场间的资金流动,形成合理的资金利率期限结构,并反过来又在一定程度上决定了社会投资与消费、短期与长期金融资产、金融资产与实物资产的分布结构。上述过程具有互动性和可逆性。不同的连通(联通)渠道具有替代性,既可以通过金融中介同时参与货币市场和资本市场使其直接联结起来,也可通过金融中介客户(企业和居民)的投资、消费行为间接联结两个市场,如图6-4所示。

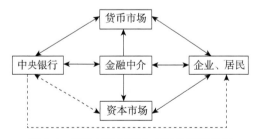

图 6-4   货币市场与资本市场的联动机制

注:虚线表示较为间接的关系

2. 中国货币与资本市场的弱联动效应

1)中国货币与资本市场联动的现状

对中国货币和资本市场资金流量的实证分析表明,深、沪股票市场与银行间同业拆借市场、回购市场的资金流动存在着相关性:在证券及基金的拆借及回购量增长后的一定时期，股市价格有上升的趋势；反之，在证券及基金在货币市场的融入资金减少后的一定时期，股市价格有下跌的趋势。但这种关联效应很弱。即使在中国资本市场的两个子市场——债券市场和股票市场之间，以及银行间债券市场和交易所债券市场之间，联动效应同样较弱。

对两个市场利率联动机制的研究表明，中国货币市场利率下调对证券市场有一定影响，但有很大的不确定性。以利率对股票市场的影响为例，从 1996 年起，我国连续 8 次下调利率，利率一直处于较低水平，流入股市资金量增长速度加快，股指几年间持续上涨，但 2001 年进行国有股减持后股价则一路阴跌。

目前，货币市场和资本市场形成的利率及收益率水平仍存在明显差异，投资主体难以根据失真的价格信号变动所引致的各种金融产品成本与收益的变化做出灵活反应。

2）中国货币与资本市场弱联动效应的后果

中国 1993 年开始一直实行"分业经营、分业管理"的金融体制，政府先后制定了一系列法规，试图在货币市场与资本市场之间构造坚实的隔离墙。1997 年 6 月中国人民银行下发的有关通知和 1999 年实施的《证券法》中都明确规定"禁止银行资金违规流入股票市场"。货币市场和资本市场被人为分割，市场间缺乏资金和信息的沟通渠道，市场联动效应受到严重约束。直到 1999 年 8 月，证券公司和基金管理公司才被准许进入货币市场；2000 年 2 月 13 日起，符合条件的证券公司可以以自营的股票和证券投资基金券作质押向商业银行借款，两个市场的联动效应逐渐增强。

政府对货币市场和资本市场人为分割的初衷主要是抑制资本市场投机、规避金融风险，但同时也带来诸多弊端：两个市场资金结构严重失衡，企业资本金严重不足与大量社会闲置资本并存；各种金融工具价格之间比例关系不合理，扭曲的价格使货币政策传导受阻；货币市场的滞后发展使大量资金通过各种渠道涌入资本市场，造成股票市场剧烈波动，风险过分集中；资本市场优化资源配置、加强公司治理的功能无法得到实现。长远看来，国家宏观调控的职能也无法充分实现。

复习思考题

1. 货币市场的主要参与者有哪些？各方的主要目的是什么？
2. 股票市场价格是如何形成的？
3. 货币市场和资本市场的主要区别是什么？
4. 简述有效市场理论，谈谈中国资本市场的有效性问题。
5. 股票、债券和基金的性质特点有何不同？
6. 债券的收益率如何计算？
7. 简述货币市场与资本市场之间的联动机制。
8. 中国货币市场与资本市场存在哪些主要问题？
9. 建立二板市场对中国有何意义？推出二板市场需要具备什么条件？
10. 试述中国股权分置的由来及改革的历程。

参考文献

范方志 . 2004 . 当代货币政策：理论与实践 . 上海：上海三联书店

黄达 . 2003 . 金融学 . 北京：中国人民大学出版社

孔祥毅 . 2003 . 金融理论教程 . 北京：中国金融出版社

米什金 . 2011 . 货币金融学 . 郑艳文译 . 北京：中国人民大学出版社

王松奇，李扬，王国刚 . 2003 . 金融学 . 北京：中国金融出版社

谢百三 . 2003 . 金融市场学 . 北京：北京大学出版社

于洪波 . 2004 . 中国资本市场发展中的货币政策抉择 . 大连：东北财经大学出版社

张亦春 . 2002 . 现代金融市场学 . 北京：中国金融出版社

朱宝宪 . 2001 . 金融市场 . 沈阳：辽宁教育出版社

第七章

汇率理论与外汇市场

汇率(exchange rate)是国际经济交往中必须密切关注的经济变量,汇率变动会影响相关国际收支平衡,并导致国内经济运行和国际经济形势的变化。尽管外汇市场牌价可以被作为汇率变动的直观表现,但外汇市场上的资金流动和技术分析并不能完全解释汇率水平及其波动,汇率的变动应该反映一国经济与他国交往的过程及结果,汇率的弹性化波动应该体现国际交往的水平和力量。基于此,对汇率的研究就成为货币金融理论的重要课题。本章将依次对汇率基本知识、汇率决定理论、外汇市场交易机制及人民币汇率有关问题做出解读。

■第一节 汇率概念与汇率种类

一、汇率及其表示

什么是外汇? 外汇(foreign exchange)是指外国货币或以外国货币表示的能用来清算国际收支差额的资产。一种外币成为外汇还应该具备三个前提条件:第一,自由兑换性,即这种外币能自由地兑换成本币;第二,普遍接受性,即外币在国际经济往来中被各国普遍地接受和使用;第三,可偿性,指外币资产是可以保证得到偿付的。《中华人民共和国外汇管理条例》规定外汇包括外国货币、外币支付凭证、外币有价证券、欧洲货币单位以及其他外汇资产。

汇率是两种不同货币之间的折算比价,也就是以一种货币表示的另一种货币的相对价格。当一种商品或劳务参与国际交换时,就遇到把该商品或劳务以本国货币表示的价格折算成以外币表示的国际价格问题,这种折算是按汇率来进行的。

汇率可以由两种方式表示:其一是直接标价法(direct quotation),即固定外国货币的单位数量,以本国货币表示这一固定数量的外国货币的价格。例如,我国 1998 年 12 月 17 日公布的外汇牌价中,每 100 美元价值人民币 827.78 元,这一标价方法就是直接标价法。另一种是间接标价法(indirect quotation),即固定本国货币的单位数量,以外国货币表示这一固定数量的本国货币价格，从而间接地表示出外国货币的本国价格。仍以人民币与美元的汇率为例，对于我国来说，用间接标价法表示汇率就是每 100 元人民币价值 12.08 美元。英国就采用间接标价法。全世界各国大多采用直接标价法。我国对外币的标识也使用直接标价法。用公式表示，假定 A 货币是本国货币，B 货币是外国货币。

外币的直接标价法：汇率＝A 货币/B 货币

外币的间接标价法：汇率＝B 货币/A 货币

可以看出，在直接标价法下，汇率的数值越大，意味着一定单位的外国货币可以兑换越多的本国货币，也就是本国货币的币值越低；在间接标价法下，这一关系则相反。如果我们将一国货币币值的提高称为上升或升值（appreciation or revaluation），则升值意味着直接标价法下汇率数值的减少，间接标价法下汇率数值的增大；相反，一国货币币值的降低可称为下降或贬值（depreciation or devaluation），这意味着直接标价法下汇率数值的增大，间接标价法下汇率数值的降低。

二、汇率的种类

(一)基本汇率和套算汇率

设有 A、B、C 等多种外币，一国在折算其本国货币汇率时，若先计算出本币与某一种外币（假定为 A 币）之间的汇率，再根据 A 币与 B 币、C 币的汇率折算出本币与 B 币、C 币的比价，则我们称本币与 A 币之间的汇率为基本汇率，本币与 B 币、C 币等之间的汇率为套算汇率。我国在计算人民币汇率时，曾经长时间以美元为媒介来折算人民币与其他外币之间的比价。因此，人民币与美元的汇率为基本汇率（basic rate），而人民币与英镑、日元等货币之间的汇率为套算汇率（cross rate）。为了避免汇率风险、反映外汇市场汇率波动的实际状况，我们在确定了人民币与美元之间的基本汇率后，按天折算人民币与其他货币的套算汇率。

(二)固定汇率和浮动汇率

固定汇率（fixed exchange rate）是指政府用行政或法律手段选择一个基本参照物，并确定、公布和维持本国货币与该单位参照物之间的固定比价。充当参照物的东西可以是黄金，也可以是某一种外国货币或某一组货币。当一国政府把本国货币固定在某一组货币上时，我们就称该货币盯住在一篮子货币上或盯住在货币篮子上。与固定汇率联系的相应的货币制度内容是固定汇率制度。固定汇率并不意味着汇率永远不能改变，在纸币流通的条件下及经济形势发生较大变化时，就需要对汇率水平进行调整（升值或贬值）。因此，纸币流通条件下的固定汇率制实际上是一种可调整的固定汇率制，或称为可调整的盯住（adjustable peg）。所以，我们可以认为，固定汇率是指基本固定的、波动幅度在一定范围内的不同货币间的汇率。

浮动汇率（float exchange rate）是指汇率水平完全由外汇市场上的供求决定、政府对汇率变动不施加任何指令或者行政性的干预。与之相应的汇率制度是浮动汇率制度。在当今世界上，由于政府力量的强大和对经济生活的干预日益加深，各国政府也同样或多或少地对汇率水平进行干预和指导。我们将这种有干预、有指导的浮动汇率称为管理浮动汇率（managed floating exchange rate）。依照干预程度的大小，浮动汇率又可分为较大灵活性的管理浮动汇率和较小灵活性的管理浮动汇率。

在第二次世界大战后至 20 世纪 70 年代初期，世界各国的货币间采取固定汇率的方式；而在此之后，大部分国家货币之间的汇率均采用了浮动汇率。当然，在可调整的固定汇率制与管理浮动汇率制之间，又有许多形形色色的折中的汇率制度。

(三)单一汇率与复汇率

单一汇率(single exchange rate)是指一种货币(或一个国家)只有一种汇率，这种汇率通用于该国所有的国际经济交往中。复汇率(multiple exchange rate)是指一种货币(或一个国家)有两种或两种以上汇率，不同的汇率用于不同的国际经贸活动。复汇率是外汇管制的一种产物，曾被许多国家采用过。双重汇率指一国同时存在两种汇率，是复汇率的一种形式。

(四)实际汇率和有效汇率

实际汇率(real exchange rate)和有效汇率(effective exchange rate)是国际金融研究和决策中的两个重要概念。实际汇率和有效汇率是相对于名义汇率而言的。名义汇率是指公布的汇率。我们知道，各国政府为达到增加出口和限制进口的目的，经常对各类出口商品进行财政补贴或减免税收，对进口则征收各种类型的附加税。实际汇率便是名义汇率与这些补贴和税收之和或之差，可以表示为

$$e_r = e \pm B \tag{7-1}$$

其中，e_r 和 e 分别表示实际汇率和名义汇率；B 表示财政补贴和税收减免。在研究汇率调整、倾销调查与反倾销措施、考察货币的实际购买力时，常常会用到这一概念的实际汇率。实际汇率的另一种概念是指名义汇率减去通货膨胀率。第二种概念的实际汇率旨在解释通货膨胀对名义汇率的影响；同时，它在货币实际购买力的研究中也常被用到。

有效汇率是指某种加权平均汇率。目前，国际货币基金组织定期公布 17 个工业发达国家的若干种有效汇率指数，包括劳动力成本、消费物价、批发物价等为权数的经加权平均得出的不同类型的有效汇率指数。其中，以贸易比重为权数的有效汇率反映的是一国在国际贸易中的总体竞争力和该国货币汇率的总体波动幅度。我们知道，一国的产品出口到不同国家可能会使用不同的汇率；另外，一国货币在对某一种货币升值时，也可能同时对另一种货币贬值，即使该种货币同时对所有其他货币贬值(或升值)，其程度也不一定完全一致。因此，从 20 世纪 70 年代末起，人们开始使用有效汇率来观察某种货币的总体波动幅度及其在国际经贸和金融领域中的总体地位。

(五)即期汇率和远期汇率

即期汇率(spot exchange rate)和远期汇率(forward exchange rate)是按时间来划分的。即期汇率是指目前的汇率，用于外汇的现货买卖。远期汇率是指将来某一时刻的汇率，如 1 个月后的、3 个月后的或 6 个月后的汇率，用于外汇远期交易和期货买卖。即期汇率与远期汇率通常是不一样的。以某种外汇汇率为例，在直接标价法下，当远期汇率高于即期汇率时，我们称该种外汇的远期汇率为升水(premium)；反之，当远期汇率低于即期汇率时，我们称该外汇的远期汇率为贴水(discount)；当两者相等时，则称为平价(par value)。升水或贴水的幅度为远期汇率与即期汇率之差。在市场经济国家中，即期汇率和远期汇率一般是由外汇市场的供需决定的，而在非市场经济国家，汇率水平掺杂了许多政策和行政因素。

■第二节　汇率决定理论

一、不同货币制度下的汇率决定

(一)金币本位制度下汇率的决定

在金币本位制度下,各国都规定金币的法定含金量。两种不同货币之间的比价通过比较各自的含金量决定。例如,在1925~1931年,1英镑的含金量为7.322 4克,1美元的含金量则为1.504 656克,两者相比等于4.866 5(7.322 4÷1.504 656),即1英镑等于4.866 5美元。这种由两种金属铸币含金量之比得到的汇价被称为铸币平价(mint parity)。铸币平价是金平价(gold parity)的一种表现形式。所谓金平价,就是两种货币含金量或所代表金量的对比。

在金币本位制度下,汇率决定的基础是铸币平价。实际经济中的汇率因供求关系而围绕铸币平价上下波动,但其波动的幅度受制于黄金输送点(gold points)。在金币本位制度下,黄金可以自由输出/入。如果汇价涨得太高,人们就不愿购买外汇,而要运送黄金进行清算了。但运送黄金是需要种种费用的,如包装费、运费、保险费和运送期的利息等。假定在英国和美国之间运送1英镑黄金的费用为0.02美元,那么,铸币平价4.866 5美元加上运送费0.02美元就等于4.886 5美元,这是美国对英国的黄金输出点。如果英镑的汇价高于4.886 5美元,美国债务人觉得购买外汇不合算,不如直接向英国运送黄金有利,于是美国的黄金就要向英国输出。铸币平价4.866 5美元减去运送费0.02美元等于4.846 5美元,就是美国对英国的黄金输入点。如果1英镑的汇价低于4.846 5美元,美国的债权人就不要外汇,而宁可自己从英国输入黄金。黄金输入的界限,叫做黄金输入点;黄金输出的界限,叫做黄金输出点。汇价的波动,是以黄金输出点作为上限、以黄金输入点为下限的,它总是以金平价为中心,在这个上限和下限的幅度内摇摆。黄金输出点和黄金输入点统称为黄金输送点。

以上说明,铸币平价加上黄金运送费,是汇价上涨的最高点;铸币平价减去黄金运送费,是汇价下跌的最低点。这是汇率变动的界限。由于黄金输送点限制了汇价的变动,所以汇率波动的幅度比较小,基本上是稳定的。

(二)金块本位和金汇兑本位制度下汇率的决定

在金块本位制度下,黄金已经较少直接充当流通手段和支付手段,金块的绝大部分为政府所掌握,其自由输出/入受到影响。同样,在金汇兑本位制度下,黄金储备集中在政府手中,在日常生活中,黄金不再具有流通手段的职能,输出/入受到极大限制。在上述两种货币制度下,货币汇率由纸币所代表的金量之比决定,称为法定平价。法定平价也是金平价的一种表现形式。实际汇率因供求关系而围绕法定平价上下波动。但这时,汇率波动的幅度已不再受制于黄金输送点。因为,黄金输送点存在的必要前提是黄金的自由输出/入,而在金块本位特别是金汇兑本位下,由于黄金的输出/入受到了限制,黄金输送点实际上已不复存在。在这两种削弱了的金本位制度下,虽说决定汇率的基础依然是金平价,但汇率波动的幅度则由政府来规定和维护。政府通过设立外汇平准基金来维护汇率的稳定。当外汇汇率上升，便出售外汇；当外汇汇率下降，便买进外汇，以此使汇率的波动局限在允许的幅度内。显然，与金币本位制度时的情况相比，金块本位和金汇兑本位下汇率的稳定程度降低。

(三)纸币本位制度下汇率的决定

纸币是价值的符号。在金本位制度下，纸币因黄金不足而代表或代替金币流通。在已经与黄金脱钩的纸币本位下，纸币不再代表或代替金币流通，相应地，金平价(铸币平价和法定平价)也不再成为决定汇率的基础。那么，在纸币本位下，汇率决定的基础是什么呢？按马克思的货币理论，纸币是价值的一种代表，两国纸币之间的汇率便可用两国纸币各自所代表的价值量之比来确定。马克思的这一观点，至今依然正确。因此，纸币所代表的价值量是决定汇率的基础。在实际经济生活中，由于各国劳动生产率的差异，由于国际经济往来的日益密切和金融市场的一体化，以及信息传递技术的现代化等因素，纸币本位制下的货币汇率决定还受其他多种因素影响。自世界金本位制瓦解后，汇率波动成为常态，经济学人纷纷著书立说，探讨纸币同黄金脱钩后货币汇率的决定，形成了形形色色的汇率理论。

二、汇率决定理论

(一)购买力平价说

购买力平价说(theory of purchasing power parity，简称 PPP)的理论渊源可以追溯到 16 世纪，瑞典学者卡塞尔(G. Cassel)于 1922 年对其进行了系统阐述。购买力平价的基本思想是：货币的价值在于其购买力，因此不同货币之间的兑换率取决于其购买力之比。也即汇率与各国的价格水平之间具有直接联系。我们对汇率与价格水平之间关系的分析，将从某一商品在不同国家里的价格之间存在的联系开始。

1. 一价定律

为便于说明问题，首先分析某一商品在一国内部不同地区的价格之间的关系。我们假定不同地区的该商品是同质的，商品的价格能够灵活地进行调整，不存在任何价格上的粘性。

如果上述同质商品在两个地区的价格不同，这种差价必然会带来地区间的商品套利活动，即在低价地区买入这种商品，然后在高价地区卖出。差价减去商品在两地的交易成本(如运输费用等)就是商品的套利利润。为了赚取套利利润，交易者不断地在两地间进行商品贸易，使两地的供需关系发生变化，最终使两地价格趋向一致。如果交易成本为零，则同质商品在各个地区的价格将完全一致。但是，如果是像房地产这样的不可贸易商品或是交易成本过大的商品，则不能通过套利活动消除各地的价格差异。由此，一国内部的商品可以分成两种类型。第一种商品在区域间的价格差异可以通过套利活动消除，我们称之为可贸易商品(tradable goods)；第二种是不可移动的商品以及套利活动交易成本无限高的商品，主要包括不动产与个人劳务项目，其区域间的价格差异不能通过套利活动消除，我们称之为不可贸易商品(non-tradable goods)。如上文所述，如果不考虑交易成本等因素，同种可贸易商品在各地的价格都是一致的，可贸易商品在不同地区的价格之间存在的这种关系可以称为"一价定律"(one price rule)。

在开放经济条件下，可贸易商品在不同国家的价格之间的联系与上述分析存在区别。首先，不同的国家使用不同的货币，因此商品价格的比较必须折算成统一的货币再进行。其次，在进行套利活动时，除商品的买卖外，还必须进行不同货币间的买卖活动，产生了外汇市场上相应的交易活动和由此产生的汇率风险。再次，跨国套利活动还存在着许多特殊的障碍，如进出口关税或非关税壁垒。所以，与一国内部情况相比，各国间的套利活动更加困难，套利的交易成本也更为高昂。如果不考虑交易成本等因素，则以同一货币衡量的不同国家的某种可贸易商品的价格应是一致的，这就是开放条件下的"一价定律"。

2. 购买力平价的基本形式

购买力平价理论主要的表现形式是绝对购买力平价和相对购买力平价。

(1)绝对购买力平价。绝对购买力平价的前提包括：第一，对于任何一种可贸易商品，一价定律都成立；第二，在两国物价指数的编制中，各种可贸易商品所占的权重相等。这样，两国由可贸易商品构成的物价水平之间存在着下列关系：

$$\sum_{i=1}^{m} a_i p_i = e \times \sum_{i=0}^{m} a_i p_i^* \tag{7-2}$$

其中，a_i 表示第 i 种商品的权数；p_i、p_i^* 分别表示本国、外国第 i 种商品的价格；e 表示本币与外币的汇率(使用直接标价法)。则 $\sum_{i=1}^{m} a_i p_i$、$\sum_{i=0}^{m} a_i p_i^*$ 分别为本国、外国的物价指数。如果将两种物价指数分别用 P、P^* 表示，则有

$$P = e \times P^* \tag{7-3}$$

式(7-3)表明不同国家的可贸易商品的物价水平以同一种货币计量时是相等的。将其变形，得

$$e = \frac{P}{P^*} \tag{7-4}$$

这就是绝对购买力平价的一般形式。它意味着汇率取决于以不同货币衡量的可贸易商品的价格水平之比，即不同货币对可贸易商品的购买力之比。

(2)相对购买力平价。相对购买力平价认为各国间存在交易成本，同时各国的贸易商品的权重存在差异，因此各国的一般物价水平以同一种货币计算时并不完全相等，而是存在着一定的偏离，即

$$e = \frac{\theta \times P}{P^*} \tag{7-5}$$

其中，θ 为偏离系数。对式(7-5)取变动量，得

$$\Delta e = \frac{\Delta P}{\Delta P^*} \tag{7-6}$$

式(7-6)为相对购买力平价的一般形式。相对购买力平价意味着汇率的升值与贬值是由两国的通货膨胀率的差异决定的。如果本国通货膨胀率超过外国，则本币将贬值。与绝对购买力平价相比，相对购买力平价更具有应用价值，因为它避开了前者过于脱离实际的假定，并且通货膨胀率的数据更加易于得到。购买力平价的结论是：第一，购买力平价的理论基础是货币数量说。在购买力平价中，一般假设单位货币的购买力是由货币的发行数量决定的。在社会可供商品总量已定的情况下，货币的供应量越多，单位货币的购买能力

就越低。因此，货币数量通过决定货币购买力和物价水平从而决定汇率；第二，由于汇率完全是一种货币现象，物价的变动会带来名义汇率在相反方向上的等量调整，所以名义汇率在剔除货币因素后所得的实际汇率是始终不变的；第三，购买力平价决定中长期内均衡汇率，或者其本身就是中长期均衡汇率。

3. 对购买力平价理论的实证检验

实证研究发现，一般只有在高通货膨胀时期(如 20 世纪 20 年代)，购买力平价才能较好地成立。而对战后尤其是 20 世纪 70 年代以来工业化国家汇率的分析，一般的结论是：第一，在短期内，高于或低于购买力平价的偏差经常发生，并且偏离幅度很大；第二，从长期看，没有明显的迹象表明购买力平价的成立；第三，汇率变动非常剧烈，这一变动幅度远远超过价格变动的幅度。一般两国间的相对通货膨胀率在一年中可能会达到 4%～5%，而汇率在一天的变化就可能达到 10%甚至更多。以上的分析可归结到一点：购买力平价一般并不能得到实证检验的支持。

4. 对购买力平价理论的评述

第一，在所有的汇率理论中，购买力平价是最有影响的。首先，它是从货币的基本功能(具有购买力)的角度分析货币的交换问题，非常符合逻辑、易于理解。同时，它的表达形式也最为简单。所以，购买力平价被广泛运用于对汇率水平的分析和政策研究。我国经济学者就将购买力平价与我国情况相结合，提出了一种汇率决定理论——换汇成本说。另外，购买力平价理论中所牵涉到的一系列问题都是汇率决定中的非常基本的问题，始终处于汇率理论中的核心位置，是理解全部汇率理论的出发点。第二，购买力平价在理论上的意义还在于，它开辟了从货币数量角度对汇率进行分析的先河。汇率作为一国货币的对外价格，既受到各种货币因素的作用，同时也对宏观经济与实际经济的各种变化做出反应，这就产生了对汇率进行分析的两种最为主要的研究角度。购买力平价就是前者的代表。第三，购买力平价并不是一个完整的汇率决定理论。例如，对于汇率与价格水平之间的因果关系，即究竟是相对价格水平决定了汇率，还是汇率决定了相对价格水平，还是两者同时被其他变量外生决定，并没有在购买力平价理论中阐述清楚，直至今天还存在着很大争论。另外，购买力平价说的前提——一价定律——存在与否也是一个有争议的问题。

(二)利率平价说

在现实生活中，许多国家与外国金融市场之间的联系越来越密切，甚至比商品市场之间的联系更为紧密，而国际资金流动的发展使汇率与金融市场上的价格——利率之间也存在着密切的关系。从金融市场角度分析汇率与利率之间存在的关系，就是汇率的利率平价说(theory of interest-rate parity)。与购买力平价说相比，利率平价说是一种短期分析，这两者之间的关系可以用图 7-1 说明。

中长期：货币数量──→购买力(商品价格)──→汇率

短期：货币(资金)供求数量──→利率(资产价格)──→汇率

图 7-1　购买力平价理论与利率平价理论关系示意图

利率平价说的基本思想可追溯到 19 世纪下半叶，在 20 世纪 20 年代由凯恩斯等予以完整阐述。利率平价说又可分为套补的利率平价(covered interest-rate parity，CIP)与非套补的利率平价(uncovered interest-rate parity，UIP)两种。

1. 套补的利率平价

为便于说明问题，我们不妨假设自己是一个甲国投资者，手中握有一笔可自由支配的资金，可以自由进出本国与乙国金融市场。我们假定资金在国际上移动不存在任何限制与交易成本。如果我们想把这笔资金用于投资一年期的债券，则存在着投资于甲国金融市场还是乙国金融市场两种不同选择。我们在进行选择时，若其他条件不变，显然要确定哪种投资收益更高。我们假定甲国金融市场上一年期投资收益为 i，乙国金融市场上同种投资的收益为 i^*，即期汇率为 e(直接标价法)。

如果投资于本国金融市场，则每 1 单位本国货币到期可增值至 $1+i$。如果投资于乙国金融市场，则这一投资行为可以分为三个步骤。首先，将本国货币在外汇市场上兑换成乙国货币；其次，用所获得的乙国货币在乙国金融市场上进行为期一年的投资；最后，在到期后，将这一以乙国货币为面值的资金在外汇市场上兑换成本国货币。

我们逐步分析这一投资方式的获利情况。首先，对于每 1 单位本国货币，可在外汇市场上即期兑换为 $1/e$ 单位的乙国货币。将这 $1/e$ 单位的乙国货币用于一年期投资，期满时可增值为

$$\frac{1}{e}+\frac{1}{e}\times i^*=\frac{1}{e}(1+i^*) \tag{7-7}$$

在一年后期满之时，假定此时的汇率为 e_f，则这笔乙国货币可兑换的本国货币为

$$\frac{1}{e}(1+i^*)\times e_f=\frac{e_f}{e}(1+i^*) \tag{7-8}$$

可以发现，由于一年后的即期汇率 e_f 是不确定的，因此这种投资方式的最终收益是很难确定的，或者说汇率变动因素使这笔投资的收益具有非常大的风险。为了消除这种不确定性，我们可以在即期购买一年后交割的远期合约，这一远期汇率记为 f。这样，这笔投资就不存在任何风险，届时 1 单位本国货币可增值为 $\frac{f}{e}(1+i^*)$。

显然，我们选择哪种投资方式取决于这两种方式收益率的高低。如果 $1+i>\frac{f}{e}(1+i^*)$，则我们将投资于本国金融市场；如果 $1+i<\frac{f}{e}(1+i^*)$，则我们将投资于乙国金融市场；如果 $1+i=\frac{f}{e}(1+i^*)$，则投资于两国金融市场并无差别。

市场上的其他投资者也面临着同样的决策选择。因此，如果 $1+i<\frac{f}{e}(1+i^*)$，则众多的投资者都会将资金投入乙国金融市场，这导致外汇市场上纷纷即期购入乙国货币及远期、卖出乙国货币行为，从而使本币即期贬值(e 增大)，远期升值(f 减小)，投资于乙国金融市场的收益率下降。只有当这两种投资方式的收益率完全相同时，市场上才处于平衡状态。所以，当投资者采取持有远期合约的套补方式交易时，市场最终会使利率与汇率间形成下列关系：

$$1+i=\frac{f}{e}(1+i^*) \tag{7-9}$$

$$\frac{f}{e}=\frac{1+i}{1+i^*} \tag{7-10}$$

我们记即期汇率与远期汇率之间的升(贴)水率为 ρ，即

$$\rho=\frac{f-e}{e} \tag{7-11}$$

综合式(7-10)与式(7-11)，即有

$$\rho=\frac{f-e}{e}=\frac{1+i-(1+i^*)}{1+i^*}=\frac{i-i^*}{1+i^*}$$
$$\rho+\rho\times i^*=i-i^* \tag{7-12}$$

由于 ρ 及 i^* 均是很小的数值，所以它们的乘积 $\rho\times i^*$ 可以省略，即

$$\rho=i-i^*$$

上式即为套补的利率平价的一般形式。它的经济含义是：汇率的远期升(贴)水率等于两国货币利率之差。如果本国利率高于外国利率，则远期汇率必将升水，这意味着本币在远期将贬值；如果本国利率低于外国利率，则本币在远期将升值。也就是说，汇率的变动会抵消两国间的利率差异，从而使金融市场处于平衡状态。

需要指出的是，套补性交易行为一般不存在任何风险。因此，当市场上套补利率平价不成立时，投资者就可以进行金融市场上的套利活动。以 $1+i<\frac{f}{e}(1+i^*)$ 为例，投资者可以在本国金融市场上以 i 的利率借入资金，随之将它投资于外国金融市场并进行相应的套补措施，便可以获得无风险利润 $\frac{f}{e}(1+i^*)-(1+i)$。可以说，这种套利活动是使套补的利率平价始终成立的主要条件。在实证检验中，除了外汇市场激烈动荡的时期，套补的利率平价基本上都能比较好地成立。当然，实际汇率变动与套补的利率平价间也存在一定的偏离，这一偏离常被认为反映了交易成本、外汇管制及各种风险等因素。

2. 非套补的利率平价

实际上还存在着另外一种交易策略，即投资者根据自己对未来汇率变动的预期而计算预期的收益，在承担一定的汇率风险情况下进行投资活动。在不进行远期交易时，投资者是通过对未来汇率的预期来计算投资活动的收益的，如果投资者预期一年后的汇率为 E_{e_f}，则在乙国金融市场投资活动的最终收入为

$$E_{e_f}(1+i^*)/e \tag{7-13}$$

如果这一收入与投资本国金融市场的收入存在差异，则投资者会在市场上进行相应的操作以使两者相同。这样，在市场处于平衡状态时，有下式成立：

$$1+i=\frac{E_{e_f}}{e}(1+i^*) \tag{7-14}$$

对之进行类似上面的整理，可得

$$E_\rho=i-i^* \tag{7-15}$$

其中，E_ρ 表示预期的汇率远期变动率。式(7-15)即为非套补利率平价的一般形式，它的经济含义是：预期的汇率远期变动率等于两国货币利率之差。在非套补利率平价成立时，如果本国利率高于外国利率，则意味着市场预期本币在远期将贬值。在非套补利率平价已

经成立时，如果本国政府提高利率，则当市场预期未来的即期汇率并不因之发生变动时，本币的即期汇率将升值。利用非套补的利率平价的一般形式进行实证检验的并不多见。这是因为，预期的汇率变动率在一定程度上是一个心理变量，很难获得可信的数据进行分析，并且实际意义也不大。在经济分析中，对非套补的利率平价的实证研究一般是与对远期外汇市场的分析相联系的。

3. 从利率平价说角度对远期外汇市场的分析

在前文的分析中，套补与非套补的利率平价的成立分别是由两种类型的套利活动实现的。但在外汇市场上，还存在着另外一种交易者——投机者，他们的投机活动使以上两种利率平价统一起来，对远期汇率的形成起着决定性的作用。这是因为，投机者总是试图在汇率的变动中谋利，当预期的未来汇率与相应的远期汇率不一致时，投机者就认为有利可图。如果 $E_{e_f} > f$，这意味着投机者认为远期汇率对未来的本币价值高估了，他将购买远期外汇，这样在期满后，当汇率变动到预期水平时 $E_{e_f} = f$，就可以将远期合约进行交割时获得的外币以这一预期汇率水平卖出，从而获得这一差价所形成的利润。投机者在远期市场的交易将会使 f 值增大，直至与预期的未来汇率相等时为止。可见，投机者的活动将使远期汇率完全由预期的未来汇率决定，此时套补的利率平价与非套补的利率平价同时成立，即

$$f = E_{e_f} \times \rho = E_\rho = i - i^* \tag{7-16}$$

4. 对利率平价说的简单评价

首先，利率平价说从资金流动的角度指出了汇率与利率之间的密切关系，有助于正确认识现实外汇市场上汇率的形成机制。由于现实的外汇市场上资金流动非常迅速而频繁，使利率平价(主要是套补的利率平价)的前提始终较好地成立，具有坚实的分析基础。其次，利率平价说不是一个独立的汇率决定理论，它只是描述了汇率与利率之间相互作用的关系，即不仅利率的差异会影响到汇率的变动，汇率的改变也会通过资金流动影响不同市场上的资金供求关系，进而影响利率。更为重要的是，利率和汇率可能会同时受到更为基本的因素(如货币供求等)的作用而发生变化，利率平价只是在这一变化过程中表现出来的利率与汇率之间的联系。因此，利率平价理论与其他汇率决定理论之间是相互补充而不是相互对立的，它常常作为一种基本的关系式而被运用到其他汇率决定理论的分析中。最后，利率平价说具有特别的实践价值。由于利率的变动非常迅速，同时利率又可较为敏感地对汇率产生影响，利率与汇率间存在的这一关系就为中央银行对外汇市场进行灵活的调节提供了有效的途径，即培育一个发达的、有效率的货币市场，在货币市场上利用利率，尤其是短期利率的变动来对汇率进行调节。例如，当市场上存在着本币将贬值的预期时，就可以相应提高本国利率以抵消这一贬值预期对外汇市场的压力，维护汇率的稳定。

(三)国际收支说

汇率是外汇市场上的价格，外汇市场上供需流量的变动对汇率有直接的影响，而外汇市场上的交易行为又都是由国际收支决定的，因此国际收支状况与汇率间存在着密切的联系。国际收支说就是从国际收支角度分析汇率决定的一种理论，它的理论渊源可追溯到14 世纪。到了 1861 年，英国学者葛逊(G. I. Goschen)较为完整地阐述了汇率与国际收支的关系，他的理论被称为国际借贷说(theory of international indebtedness)。第二次世界

大战后，随着凯恩斯主义的宏观经济分析被广泛运用，很多学者应用凯恩斯模型来说明影响国际收支的主要因素，进而分析了这些因素如何通过国际收支作用到汇率，从而形成了国际收支说的现代形式。

1. 国际收支说的早期形式：国际借贷说

国际借贷说实质上可以概括为：汇率是由外汇市场上的供求关系决定的，而外汇供求是由国际收支引起的。具体而言，商品的进出口、债券的买卖、利润、捐赠和旅游收支、资本交易等，都会引起国际收入和支出。而只有已进入支付阶段和收入阶段的国际收支，才会影响外汇的供求。当一国进入支出阶段的外汇支出大于进入收入阶段的外汇收入时，外汇的需求大于供给，因而本国货币汇率下降；反之，则本国货币汇率上升。当进入收支阶段的外汇供求相等时，汇率便处于稳定状态。这种进入支出阶段的外汇支出又称为流动债务，进入收入阶段的外汇收入又称为流动债权。故此，葛逊的理论被称为国际借贷说。葛逊的理论实际上就是汇率的供求决定论，但他并没有说清楚哪些因素具体影响到外汇的供求，这就大大限制了这一理论的应用价值。国际借贷说的这一缺陷在现代国际收支说中得到了弥补。

2. 国际收支说的基本原理

假定汇率完全自由浮动，政府不对外汇市场进行任何干预。在这一前提下，我们分析有哪些因素通过作用于国际收支而影响汇率的变动。汇率是外汇市场上的价格，它通过自身变动来实现外汇市场供求的平衡，从而使国际收支始终处于平衡状态。假定国际收支仅包括经常账户(CA)和资本与金融账户(K)，所以有

$$BP = CA + K = 0 \tag{7-17}$$

如果将经常账户简单视为贸易账户，则它主要是由商品与劳务的进出口决定的。其中，进口主要是由本国国民收入(Y)和实际汇率等决定的，出口主要是由外国国民收入(Y^*)和实际汇率决定的。这样，影响经常账户收支的主要因素可表示为

$$CA = f(Y, Y^*, P, P^*, e) \tag{7-18}$$

为简单起见，假定资本与金融账户的收支取决于本国利率(i)、外国利率(i^*)、还有对未来汇率变化的预期$(E_{e_f} - e)/e$。

再综合式(7-18)，可得影响国际收支的主要因素为

$$BP = f(Y, Y^*, P, P^*, i, i^*, e, E_{e_f}) = 0 \tag{7-19}$$

如果将除汇率外的其他变量均视为已给定的外生变量，则汇率将在这些因素的共同作用下变化至某一水平，从而起到平衡国际收支的作用，即 $e = g(Y, Y^*, P, P^*, i, i^*, E_{e_f})$。我们不妨简单分析下各变量的变动对汇率的影响：第一，国民收入的变动。当其他条件不变时(下同)，本国国民收入的增加将通过边际进口倾向而带来进口的上升，这导致对外汇需求的增加，本币贬值。外国国民收入的增加将带来本国出口的上升，本币升值。第二，价格水平的变动。本国价格水平的上升将带来实际汇率的升值，本国产品竞争力下降，经常账户恶化，从而本币贬值(此时，实际汇率恢复原状)。外国价格水平的上升将带来实际汇率的贬值，本国经常账户改善，本币升值。第三，利率的变动。本国利率的提高将吸引更多的资本流入，本币升值。外国利率的提高将造成本币贬值。第四，对未来汇率预期的变动。如果预期本币在未来将贬值，资本将会流出以避免汇率损失，这带来

本币即期的贬值。如果预期本币在未来将升值，则本币币值在即期就将升值。

需要指出的是，以上对各变量如何影响汇率的分析是在其他变量不变的条件下得出的。而实际上，这些变量之间存在着复杂的关系，从而它们对汇率的影响是难以简单确定的。以国民收入这一变量为例，本国国民收入增加会在增加进口的同时，造成货币需求的上升从而提高利率，但这又带来了资本流入。因此，国民收入增长对汇率的影响取决于以上两种效应的相对大小。此外，本国国民收入的增加还有可能导致对未来汇率预期的改变，这就更加难以确定它对汇率的影响。

(四)汇率的资产市场分析法

20 世纪 70 年代以来，国际资本流动的发展对汇率产生了重大影响。据统计，在外汇市场上，90%以上的交易量都与国际资本流动有关。因此，外汇市场上的汇率呈现出与股票等资产的价格相同的特点，如变动极为频繁而且波幅很大、受心理预期因素的影响很大等。这启发人们将汇率看做一种资产价格。因为从定义上看，汇率是一国货币用另一国货币表示的价格，即一种相对资产价格。这一价格是在资产市场上确定的，从而在分析汇率的决定时应采用与普通资产价格决定基本相同的理论。这一分析方法被统称为汇率决定的资产市场说，在 20 世纪 70 年代中后期取代了国际收支流量分析，成为汇率理论的主流。

资产市场分析法与传统理论相比，在分析方法上存在两点不同。首先，决定汇率的是存量因素而不是流量因素。对于普通商品而言，价格是供求曲线相交的结果，只有当影响供求的实际因素变动(如收入提高)后，价格才随供求的变动进行调整。而资产在市场上的供求反映的是对这一资产的持有存量进行调整的需要。换句话说，一种资产价格的变动，是由于整个市场改变了对该资产价值的评价，因此在很少甚至没有发生供求关系根本变动的情况下，资产价格也有可能发生变动(甚至是相当大的变动)，其表现就是交易者直接标高或标低价格。所以，资产市场说一般又被称为汇率决定的存量模型。其次，在当期汇率的决定中，预期发挥了十分重要的作用。与普通商品市场不同的是，资产市场对未来经济条件的预期会非常迅速地反映在即期价格之中，因此对资产价值评价的改变在相当程度上起因于预期的变化。这就可能导致在现实经济没有明显变化的情况下，汇率变动极为剧烈。

资产市场分析有三个假定前提：第一，外汇市场是有效的，即市场的当前价格反映了所有可能得到的信息；第二，一国的资产市场包括本国货币市场、本币资产(主要是本国债券)市场和外币资产(包括外国债券和货币存款)市场；第三，资金完全流动，套补利率平价(covered interest parity，CIP)始终成立。

依据对本币资产与外币资产可替代性的不同假定，资产市场说可分为货币分析法(monetary approach)与资产组合分析法(portfolio approach)。货币分析法假定这二者可完全替代(即投资者风险中立)，因此非套补的利率平价成立。而后一分析法则与之相反。在货币分析法内部，又依对价格弹性(灵活性)的假定不同，分为弹性价格货币分析法(flexible-price monetary approach)与黏性价格分析法(sticky-price monetary approach)。对于这些理论这里不作介绍。

三、汇率理论的发展趋势

20 世纪 70 年代以来，浮动汇率制成为各国汇率制度的主流。由于浮动汇率制本身的特点，外汇市场上的汇率水平波动较大，传统的汇率理论显然不能解释汇率的这种易变性。经过二十多年的发展，汇率理论不再仅仅专注于均衡汇率水平的决定，而是对汇率决定的过程进行更为细致的研究。以下以外汇市场行为分析中的"新闻"理论为例考察汇率理论的新发展，并对汇率理论的发展趋势与特点加以简单概括。

(一)"新闻"理论与汇率变动分析

"新闻"理论在有效市场假说成立的前提下，对信息的作用作进一步的分析[①]。根据有效市场假说可以得出结论，即如果外汇市场是有效率的，那么汇率将反映所有可能得到的信息，在数学上就可以认为远期汇率是将来的即期汇率的无偏误差。在这种情况下，两者之间的差额就是预测误差，这种误差来自于未预期到的信息对汇率的影响。根据这种观点，汇率的变动大部分是由未预期到的信息引起的。

这些未预期到的信息就是所谓的"新闻"。具体而言，"新闻"是指那些不可预料的事件，包括经济统计数字的发表、政治事件、新的国际货币安排、谣言等。需要注意的是，新信息和"新闻"之间存在很大的差别。新的信息是否能够成为"新闻"，必须先经过一个剔除过程。因为外汇市场对信息的反映不取决于它们是"好"的还是"坏"的，而是取决于它们是比预期中"更好"还是"更坏"。新的信息中可能不仅包括未预期到的信息，还包括人们已经预期到的信息。由于预期到的信息已经包含在现有的市场汇率之中，汇率只根据未预期到的信息发生变化。例如，当政府发布货币供给、贸易差额等统计数字后，汇率变化并不取决于这些统计数字本身的大小，而是取决于这些统计数字和人们预期之间的差额。所以，只有从"总"信息中减去预期到的信息，剩下的"净"信息才是"新闻"。

实证检验表明，"新闻"分析能够部分地解释汇率波动。但是，现实中的汇率水平比根据"新闻"理论模型回归得到的汇率波动幅度更大、频率更高。"新闻"变量不能完全解释汇率波动的原因是：首先，"新闻"变量不能完全包括所有的未预期信息。影响汇率变动的"新闻"很多，既有经济性的，也有大量非经济性的，后者一般很难进行量化，如市场谣言和政府公告等。所以，此类信息一般被摒弃在"新闻"模型的变量范围之外。但有时恰恰是这种不可量化的"新闻"对汇率的影响超过了可以量化的因素，所以就削弱了"新闻"对汇率易变性的解释力。第二，外汇市场上存在"理性泡沫"，它使汇率偏离由基本经济因素所决定的均衡水平之后继续维持这种状态。例如，20 世纪 80 年代中期美元曾过度升值，虽然当时的市场参与者都认为美元高估的情形不会持久，但事实是这种状况持续了两年多。在这种情况下，尽管美元高估，持有美元也是理性的。因为，只要泡沫能够继续下去，持有美元的收益必然可以补偿泡沫破灭的风险。第三，"比索问题"影响了"新闻"理论对较大的汇率变动(如金融危机时期一国货币的大幅贬值)的分析和预测能力。所谓"比索问题"，是指虽然人们已经预期到决定汇率水平的基本因素将会发生很大的转变，但由于基本因素变化是一个重大事件，立即发生转变的概率很小，所以在一定的时期内并没有发生，在这种

---

① 对有效市场假说的介绍见本书第六章。

情况下，预期的汇率变动和实际的汇率变动方向刚好相反。

(二)现代汇率理论发展的特点

现代汇率理论还包括多国模型、政策偏好模型等，在此不一一列举。汇率理论的新发展具有如下趋势与特点：首先，新的汇率理论突破了传统的分析框架，引进了新的变量。20世纪80年代初期，许多经济学家在检验资产市场分析法的过程中，发现其变量之间存在严重的自相关问题。他们认为，产生这种情况的原因很可能是由于资产市场分析法忽略了一些重要的经济变量，从而不能解释浮动汇率下的汇率波动。因此，以弗兰克为代表的经济学家就试图在模型中引进新的解释变量。这种研究分成两个方向。第一种方向是继续从传统的基本经济因素出发，找寻新的基本因素对传统模型进行扩充，或是对其假定前提进行质疑和修正(汇率分析的有效市场假说)。他们一般充分利用宏观经济学、货币银行学等相关学科和一些边缘经济学的研究成果构建自己的理论体系。例如，一些经济学家曾把财政政策等变量引入模型，研究国家的政策偏好和政策力度对汇率变动的影响。第二种方向则突破了传统的基本因素分析的框架，引进了预期、信息等全新的非基本因素的概念，甚至引进了外汇市场上用于实际操作的基本分析和技术分析等手段，并试图将其进行量化。随着研究技术的发展和更新，第二种研究方向有后来居上之势。其次，新的汇率理论与实际更为贴近。例如，汇率决定理论中更加注重对外汇市场参与者汇率预期的调查，同时，微观分析(包括外汇市场结构和外汇交易者的行为分析)成为汇率理论的研究重点。此外，由于汇率波动幅度和频率日益增长，所以尽管汇率均衡点的确定仍然是汇率理论的重要研究对象，但是已有越来越多的学者将精力放在对汇率波动的解释上，并提出了许多政策建议。最后，新的汇率理论大量使用计量经济学和统计学工具。许多经济学家认为，传统的模型采用的是单一方程的简化形式，解释力不足。为此，现代汇率模型越来越多地引进了联立方程，从而更好地体现了多种经济变量变动对汇率水平的影响，以及这些变量之间的相互作用，使模型的结果更加符合实际汇率水平的运动。同时，新的统计技术和计量技术对联立方程模型的构建提供了全新的手段，在研究者区分和剔除噪声因素对模型变量独立性的影响中起到了重要作用。

第三节　外汇市场交易机制

一、外汇市场构成

外汇市场(foreign exchange market)是一个从事外汇买卖、外汇交易和外汇投机活动的系统。我们之所以将外汇市场界定为一个系统，是因为国际金融市场上的外汇业务活动并非一定有。无数从事外汇业务的机构通常是通过计算机网络来进行外汇的报价、询价、买进、卖出、交割和清算的。因此大体而言，外汇市场是一个包含无数外汇经营机构(和个人)的计算机网络系统。由于外汇交易系统的存在，世界范围内因时间、地点、信息和主观判断等因素而时刻发生变动，差异的汇率水平在庞大的交易中不断地波动和趋同。总而言之，外汇市场不仅决定了远期汇率和即期汇率的水平，为投资者或投机者提供了规避汇率风险或赚取汇差的机会，还为汇率理论的形成奠定了宏微观基础。

（一）外汇市场构成及其参与主体

（1）外汇银行。这类银行通常包括专营或兼营外汇业务的本国商业银行；在本国的外国银行分行或代办处；其他金融机构。

（2）外汇经纪公司。外汇经纪人自己不买卖外汇，而是依靠同外汇银行的密切联系和对外汇市场情况的了解，促进买卖双方成交，从中收取手续费。

（3）中央银行。各国政府为了防止国际短期资金的大量流动而对本国外汇市场发生猛烈冲击，故由中央银行对外汇市场进行干预，中央银行通过买入或卖出本币来消除被认为不真实或不需要的货币波动，从而使本国货币的汇率不致发生过分剧烈的波动。

（4）跨国公司。跨国公司参与外汇市场交易活动通常是其国际贸易的一部分。有些公司已建立了其内部交易室，从而在市场上扮演准银行的角色。它们也愿意承担汇率风险并参与交易、进行投机。

（5）一般客户。在外汇市场上，凡与外汇银行有外汇交易关系的公司或个人都是外汇银行客户，他们是外汇的最初供给者和需求者，在外汇市场上的作用和地位仅次于外汇银行。

（二）外汇市场交易的三个层次

从外汇市场参与者的角度，外汇市场的交易可以分为三个层次：顾客和银行之间的外汇交易，银行同业间的外汇交易，以及商业银行与中央银行之间的外汇交易。

（1）顾客和银行之间的外汇交易。顾客出于各种动机向外汇银行买卖外汇。

（2）银行同业间的外汇交易。银行在从事外汇买卖时，难免会在营业日内出现各种外汇的多头（long position）或空头（short position）。为了避免外汇变动的风险，银行通常要到同业市场进行交易以轧平各种外汇的头寸，如多头抛出、空头补进。另外，银行还会出于投机、套利、套汇等目的从事同业外汇交易，以获取利润。

（3）商业银行与中央银行之间的外汇交易。中央银行为了稳定汇率而对外汇市场进行公开市场操作，主要交易对手是商业银行。这种外汇交易实际上有中央银行"干预"市场的意蕴。

（三）全球主要外汇交易市场

目前，世界上有30多个主要的外汇市场，它们遍布于世界各大洲的不同国家和地区。根据传统的地域划分，可分为亚洲、欧洲、北美洲三大部分。其中，最重要的有欧洲的伦敦、法兰克福、苏黎世和巴黎，北美洲的纽约和洛杉矶，大洋洲的悉尼，亚洲的东京、新加坡和中国香港等。它们相互之间通过先进的通信设备和计算机网络连成一体，市场的参与者可以在世界各地进行交易，外汇资金流动顺畅，市场间的汇率差异极小，形成了全球一体化运作、全天候运行的统一的国际外汇市场。可以说，外汇市场是一个没有时间和空间障碍的市场。

（1）伦敦是世界最大的外汇交易中心。作为世界上最悠久的国际金融中心，伦敦外汇市场的形成和发展也是全世界最早的。

（2）东京是亚洲地区最大的外汇交易中心。日本中央银行对美元兑日元汇率的波动极为关注，频繁地干预外汇市场，这是东京外汇市场的一个重要特点。

（3）在北美洲最活跃的外汇市场当属纽约。第二次世界大战以后，随着美元成为世界性的储和清算货币,纽约成为全世界美元的清算中心,纽约外汇市场迅速发展成为一个完全开放的市场,是世界上第二大外汇交易中心。目前世界上90%以上的美元收付通过纽约的"银行间清算系统"进行。

二、外汇交易的组织与管理

在过去的30多年间,外汇市场可供交易的产品大量增加,银行的外汇交易员提供这些产品给客户以满足客户在投资、投机或避险等方面的需求。因此,必须有严格的外汇交易组织与管理。

(一)外汇市场组织形式

各国的外汇市场,由于各自长期的金融传统和商业习惯,其外汇交易组织方式不尽相同,主要有柜台交易和交易所交易两种方式,其中柜台交易方式是外汇市场的主要组织形式。

(1)柜台交易方式。这种组织方式无一定的开盘收盘时间,无具体交易场所,交易双方不必面对面地交易,只靠电传、电报、电话等通信设备相互接触和联系,协商达成交易。英国、美国、加拿大、瑞士等国的外汇市场均采取这种柜台交易方式。因此,这种方式又称为英美体制。

(2)交易所方式。这种方式有固定的交易场所,如德国、法国、荷兰、意大利等国的外汇交易所。这些外汇交易所有固定的营业日和开盘收盘时间,外汇交易的参加者于每个营业日规定的营业时间集中在交易所进行交易。由于欧洲大陆各国多采用这种方式组织外汇市场,故又称这种方式为大陆体制。柜台交易方式是外汇市场的主要组织形式。这不仅是因为世界上两个最大的外汇市场——伦敦外汇市场和纽约外汇市场是用这种方式组织运行的,还因为外汇交易本身具有的国际性。

(二)外汇市场交易的技术工具

在现代外汇市场上,外汇交易人员进行外汇买卖的工具主要有路透社金融信息终端机、路透社交易机、德励财经金融信息终端机、德励财经交易机、电传机、电话机和录音机。路透社(Reuter)是英国一家新闻通讯社,它除了为100多个国家的新闻通讯社、报纸电台、电视台提供新闻服务外,在金融、期货、黄金、股票、债券等方面的服务也享有盛名。路透社交易系统是一部高速电脑系统,全世界参加路透社交易系统的银行达数千家,每家银行都有一个指定的英文代号,用户输入自己的英文代号就可进入系统,若想与某银行进行交易,输入对方的英文代号,叫通后即可进行交易,并且可同时与多方交易。德励财经资讯服务是德励财经资讯有限公司(Telerate Financial Information Network Limited)提供的全球性金融网络服务,以即时同步的方式通过通信卫星24小时为用户提供最新的多达60 000页(pages)的经济和金融信息。它们除了提供100多种货币在不同外汇市场中时刻变化的汇率外,还提供影响汇率变化的最新信息及具有权威性的专家对汇率变动趋势的预测和分析。

(三)外汇交易的报价

外汇交易报价是指在一定标价方式下,外汇银行对其他银行或客户报出的愿意买入外汇和愿意卖出外汇的价格。在外汇市场上,一般把提供交易价格(汇价)的机构称为报价者，通常由外汇银行充当这一角色；与此相对，外汇市场把向报价者索价并在报价者所提供的汇价上与报价者成交的其他外汇银行、外汇经纪、企业、个人和中央银行等称为询价者。

1. 外汇银行报价的国际惯例

(1)对于所有可兑换货币的报价，报价方都必须同时报出买入价和卖出价。外汇市场上银行间报价都采取双报价方式，即在外汇交易中报价方向外报价时，必须同时报出买入价和卖出价。无论交易对方是卖还是买，双向价格的买卖价差是银行外汇交易主要利润来源。

(2)除特殊标明外，所有货币的汇价都是针对美元的，即采用美元报价方法。在外汇市场上，外汇交易银行所报出的买卖价格，如没有特殊表明外，均是指所报货币与美元的比价。例如，东京银行 1998 年 3 月 18 日报出日元的开市价是 117.30～117.40，这一价格就是指美元兑日元的即期买卖价格。

(3)根据美元是否为基准货币分为"单位美元"和"单位镑"两种标价法。"单位美元"标价法是世界各主要外汇市场中所交易的多数货币使用的汇率标价方法，即以美元为基准货币，表示为每 1 美元等于若干数额其他货币；"单位镑"标价法是出于历史或习惯上的原因，英镑、爱尔兰镑、澳元、新西兰元、欧元及特别提款权(special drawing right，SDR)采用"单位镑"标价法，即英镑、爱尔兰镑、澳元、新西兰元、欧元及特别提款权是基准货币，等于若干数额美元的标价法。

2. 银行报价的依据

外汇银行在报价时是有其原则和依据的，了解银行报价的依据对个人交易者来说是十分必要的，并可以此作为自己买卖外汇时可接受的报价范围参考。银行报价的依据主要有以下几点。

(1)市场行情。市场行情是银行报价时的决定性依据，包括：①现行的市场价格，一般是指市场上上一笔交易的成交价；②市场情绪，即指报价行对外报价时，市场是处于上升或下降的压力之下，这种依据具有很大的主观性。

(2)报价银行现时的某种外汇头寸情况。任何头寸都可能成为风险之源，保持外汇头寸的适度是外汇交易的一个基本原则。所以，若外汇银行持有较多的某种外汇时，银行报价时一般会将该外汇的报价降低，以便于抛出该货币，减少风险。

(3)国际经济、政治及军事最新动态。报价银行所在国家及主要西方国家(如美国、德国、英国等)的繁荣或萎缩、财政的盈余或赤字、国际收支的顺差或逆差、政治军事动荡与稳定等，都会引起外汇市场的动荡不安。报价银行必须时刻注意，并在进行外汇交易时以此调节本行的报价。

(4)询价者的交易意图。有经验的交易员在报价时，能够推测询价方的交易目的(买入或卖出)，借此调整报价。在外汇市场上，不同银行的外汇报价可能一致，也可能不一致。关心汇率走势的人们可以根据某银行(假设为甲银行)与其他银行之间的报价差异，获得一些相当有用的信息。例如，甲银行愿意从事何种交易，即其倾向于买入还是卖出。也可通过比较甲银行报价与历史价格信息差异了解甲银行对未来货币趋势的看法。

第四节　人民币汇率制度

当前国内外关于人民币汇率问题的讨论，对完善和改革人民币汇率政策有着重要的帮助。我国的汇率制度也从固定汇率制向弹性汇率制内生演进，人民币汇率的形成机制经历了不断市场化的过程和自主的弹性调整。

一、人民币汇率决定的历史回顾

人民币自由兑换问题是 20 世纪 90 年代以来讨论得比较热烈的问题，在国内外都引起了较大的关注。作为我国外汇管理（即外汇管制）的核心，对人民币可兑换性的制度改革在 20 世纪 90 年代中期取得了一系列进展。

对人民币可兑换性的改革可划分为以下四个阶段。

（1）高度集中控制时期（1979 年以前）。这一时期，对人民币自由兑换的控制是同当时高度集中的计划经济体制相一致的：一切外汇收支由国家管理、一切外汇业务由中国银行经营、国家对外汇实行全面的计划管理、统收统支。

（2）向市场化过渡时期（1979～1993 年）。随着经济体制改革的发展，这段时期内对人民币兑换的控制开始放松。1979 年，国务院决定实行外汇额度留成。所谓额度留成，是指当一企业通过商品和劳务的出口获得外汇收入后，可按规定的比例获得外汇留成归其支配。但是，留成外汇并不采用外币现金的办法，而是采用额度留成的办法。所谓额度，就是一种外汇所有权的凭证。例如，一企业出口所得外汇为 100 万美元，留成比例是 20％。则当该企业将全部出口收汇 100 万美元结售给政府时，它便获得 20 万美元的留成额度。之后，当该企业需要用汇时，可凭此留成额度向政府以官方汇率买回等值的美元（20 万美元）。实行外汇额度留成之后，创汇企业和用汇企业之间产生了调剂外汇余缺的需要，在我国又形成了外汇调剂市场，在这一市场上汇率根据供求状况变动，逐步形成了调剂汇率（swap exchange rate）。

外汇留成制在推动人民币向可兑换货币方向发展的过程中起了重要作用，这体现在相当一部分用汇需求可以在外汇调剂市场上实现。但是，经常账户下的支付用汇仍有一部分需要计划审批，并且由外汇留成导致的多重汇率的出现（我们将在下文对此进行专门分析）也不符合经常账户下自由兑换的特征，因此，它与人民币经常账户下的自由兑换还有较大的差距。

（3）经常账户下有条件自由兑换时期（1994～1996 年）。1994 年 1 月 1 日，我国对外汇管理体制进行了一次影响深远的改革，其内容包括：第一，汇率并轨，取消人民币官方汇率，人民币汇率由银行间外汇市场的供求决定。第二，实行结汇制，取消外汇留成制，企业出口所得外汇收入须于当日结售给指定的经营外汇业务的银行，同时建立银行间外汇买卖市场。第三，实行银行售汇制，取消经常项目下正常对外支付用汇的计划审批，境内企事业、机关和社会团体在此项目下的对外支付，可持有效凭证用人民币到外汇指定银行办理购汇。

上述改革使我国实现了经常账户下有条件的可自由兑换，这体现在取消对经常账户收支的各类歧视性的多重汇率制，对境内团体的经常账户下的用汇取消计划审批等方面。至于有条件性，则主要体现在对外商投资企业及个人的经常账户下用汇仍存在一定限制方面。

（4）经常账户下完全自由兑换时期（1996 年 12 月以后）。针对经常账户下兑换尚残存的限制，于 1996 年 7 月 1 日又进行了改革，从而基本上取消经常账户兑换的限制。1996 年 11 月 27 日，中国人民银行行长戴相龙正式致函国际货币基金组织，宣布中国自 1996 年 12 月 1 日起，接受国际货币基金组织协定第 8 条的全部义务，从此不再限制不以资本转移为目的的经常性国际交易支付和转移，不再实行歧视性货币安排和多重货币制度，这标志着中国实现了经常账户下人民币的完全可兑换。

在实现经常账户完全可兑换后，对经常账户下的外汇收支的管理仍然存在。例如，我国实行结汇制，除个人外，企业团体在经常账户下的外汇收入必须及时出售给外汇指定银行，个人外汇则可选择自行持有、存入银行或卖给外汇指定银行。又如，为加强对经常账户下外汇收支的监管，我国还实行出口收汇与进口付汇的核销监管，由国家外汇管理局对这些外汇收支的真实性进行审核，以防止各种非法行为（如骗汇、资本与金融账户下外汇收支混入经常账户下）。与此同时，我国还对资本与金融账户实行较严格的管制并执行三个共同原则：一是除国务院另有规定外，资本项目外汇收入均需调回境内；二是境内机构（包括外商投资企业）的资本项目下外汇收入均应在银行开立外汇专用账户，外商投资项下外汇资本金结汇可持相应材料直接到外汇局授权的外汇指定银行办理，其他资本项下外汇收入经外汇管理部门批准后才能卖给外汇指定银行；三是除外汇指定银行部分项目外，资本项目下的购汇和对外支付，均需经过外汇管理部门的核准，持核准件方可在银行办理售付汇。现阶段，中国国际收支资本项目中主要是对外借债、外商来华直接投资和对境外直接投资三种形式。

二、人民币汇率的市场化改革

有管理浮动是人民币汇率制度改革的中长期目标。从中长期看，逐渐提高人民币汇率的弹性，实行真正意义的"有管理的浮动汇率制度"将成为一种趋势。这是更好地发挥汇率在国际收支调节过程中的作用，以及保持我国货币政策独立性的必然要求。

加入世界贸易组织以后，更多地发挥汇率杠杆的作用不可避免。这是因为，在可供选择的各类国际收支调节工具中，除了货币政策、财政政策等宏观经济政策工具外，最具直接影响的当属贸易管制、外汇管制和汇率调整这三类（在资本高度自由流动的国家，利率也有明显的影响）。在贸易管制明显存在、外汇管制较为严格并且有效的情况下，汇率对国际收支的调节作用不占有重要地位。事实上，在改革开放后的 20 多年里，中国国际收支的调节便主要依靠贸易和外汇管制。但是，当贸易管制大幅度放松、外汇管制逐渐放松或者在事实上已经变得十分低效且成本巨大的时候，汇率的主导性调节地位理应被逐步确认。毫无疑问，如果长期实行缺乏弹性的盯住汇率安排，那么汇率是不可能充当主导性调节工具的。换言之，人民币汇率应当以其经常性的适当变化和调整来更为准确地反映国际收支的发展变化，避免过度和持久的高估或低估，以便有效地对国际收支失衡产生调节作用。扩大人民币汇率弹性的另一个重要原因，是维持中国货币政策的独立性。根据"蒙代尔不可能三角"，任何开放经济体都无法同时实现汇率稳定、货币政策独立和资本自由流动这三个政策目标，而只能选择其中之二。目前，中国仍然维持着较为严格的资本管制，因此，同时实现汇率稳定和货币政策独立性的冲突似乎并不明显。但是，伴随着资本管制的逐步放松，这种冲突势必会加剧。中国是一个人口众多、地区发展很不平衡的发展中大国，在一个相当长的时间里，维持货币政策的独立性具有极为重要的意义。因此，当资本账户逐步开放后，只有相应地提高人民币汇率安排的弹性，才能使中国的货币政策继续保持独立性。

值得指出的是，增强人民币汇率的弹性，并不意味着主管当局最终会完全放弃对汇率变动的适当管理。即使从长期看，也是如此。这是因为，其一，大量的理论和实证研究表明，外汇市场并不是一个充分竞争和完全有效的市场，因信息不充分而产生的非理性行为经常存在。这使得货币汇率时常会受到投机性冲击而偏离由基本经济因素决定的均衡水平。在这种情况下，适时的中央银行干预将变得极为重要。其二，在当今所有国家（包括美国在内），外汇市场干预都在某种程度上被看成是一种宏观经济政策工具。在特定时期，这些国家的主管当局总会在一定程度上通过市场干预来实现本国货币的适当低估或高估，以便满足其经济稳定增长和发展的需要。中国当然也不例外。可以认为，伴随着中国经济的发展和结构调整，在未来的不同历史时期，为了特定的政策目标，适时地运用汇率政策，使人民币处于某种程度的低估或高估将是难以避免的。

三、人民币汇率改革的最新进展与启示

2005 年 7 月 21 日，中国人民银行宣布，我国开始实行以市场供求为基础、参考一篮子货币进行调节、有管理的浮动汇率制度。人民币汇率至此不再盯住单一美元，而是依据不同国家与我国贸易的重要程度选择若干种主要货币，组成一篮子货币。然后，参考一篮子货币计算人民币多边汇率指数的变化，对人民币汇率进行管理和调节，维护人民币汇率在合理均衡水平上的基本稳定。

2005 年的汇率改革是人民币汇率改革进程中的历史性一步，我国开始对人民币实行以市场供求为基础，参考一篮子货币进行调节的有管理的浮动汇率制度，人民币的汇率制度形成机制更加市场化和更趋于完善。改革后的人民币汇率制度包括以下特点：第一，"以市场供求为基础、参考一篮子货币进行调节、有管理的浮动汇率制度"与典型的盯住一篮子货币汇率制度有很大不同。参考一篮子货币汇率制度可以看做介于单一盯住美元汇率制度和盯住一篮子货币汇率制度之间的一种中间形态。"参考一篮子货币"并非是"盯住一篮子货币"进行调节，其意味着中央银行在确定人民币兑美元和其他货币的汇率水平时，只是参考一篮子货币给定计算公式得出的汇率水平，这给予中央银行更多决定汇率水平的灵活性。第二，人民币兑美元的汇率设定了一个变动区间。"每日银行间外汇市场美元对人民币的交易价仍在人民银行公布的美元交易中间价上下千分之三的幅度内浮动，非美元货币对人民币的交易价在人民银行公布的该货币交易中间价上下一定幅度内浮动"。变动区间的设定可以防止参考一篮子货币的汇率制度变成某种事实上固定汇率制度或其他汇率制度。第三，存在一个人民币兑美元汇率逐渐上浮的机制。根据中国人民银行 2005 年 7 月 21 日的声明："中国人民银行于每个工作日闭市后公布当日银行间外汇市场美元等交易

货币对人民币汇率的收盘价，作为下一个工作日该货币对人民币交易的中间价格"。这种机制的引入，必然导致货币篮子参数的不断调整，但并不必然导致人民币的不断升值。第四，人民币汇率的调整遵循主动性、可控性、渐进性原则。主动性就是中国人民银行将充分考虑对宏观经济稳定、经济增长和就业的影响，考虑金融体系状况和金融监管水平，考虑企业承受能力和对外贸易等因素，还要考虑对周边国家、地区及世界经济金融的影响，适时调整汇率浮动区间；可控性就是维护人民币汇率的正常浮动，保持人民币汇率在合理、均衡水平上的基本稳定，促进国际收支基本平衡，维护宏观经济和金融市场的稳定；渐进性就是有步骤地放大汇率波动的幅度，不仅要考虑当前中国的经济发展、市场需求和企业承受能力，而且要考虑长远的发展需要，不急于求成。

2005 年的人民币汇率制度改革的核心是放弃盯住单一美元，改盯住一篮子货币，以建立市场供求为基础的、调节和管理自主的、更富有弹性的人民币汇率机制。此次改革后的 3 年里，人民币对美元汇率总体呈现"小碎步"升值态势，3 年累计起来人民币对美元汇率升值幅度达到 21％。人民币的缓慢升值将有利于缓解我国外部失衡的巨大压力，释放人民币潜在的升值压力，并能淡化人民币兑美元的国际矛盾。从长远战略来看，人民币汇率新机制的建立将会促进我国经济结构调整、产业优化升级和经济增长方式的转变，培育金融机构自主定价和风险管理的能力，增强我国宏观经济调控政策的效能。

复习思考题

1. 什么是外汇？我国所谓的外汇有哪些具体表现形式？

2. 什么是汇率？简述汇率的分类。

3. 现行人民币汇率制度属于哪种汇率制度？其主要内容是什么？

4. 试述一国物价和利率的变动是如何影响汇率的。

5. 请概括并简要评价主要的古典汇率决定理论和现代汇率决定理论。

6. 汇率变动对一国经济有哪些影响？产生这些影响的前提条件是什么？

7. 固定汇率制度与浮动汇率制度各有怎样的优点？当今世界还存在哪些其他的汇率安排？

8. 简述银行外汇的交易报价机制。

9. 简述现代汇率理论发展的特点。

10. 简述人民币汇率制度改革。

参考文献

陈岱孙，厉以宁 . 1991. 国际金融学说史 . 北京：中国金融出版社

戴相龙 . 1998. 中国人民银行五十年 . 北京：中国金融出版社

多恩布什 R，费希尔 S，斯塔兹 R. 2011. 宏观经济学 . 王志伟译 . 北京：中国人民大学出版社

国际清算银行 . 1998. 巴塞尔银行监管委员会文献汇编 . 北京：中国金融出版社

黄达 . 2013. 金融学 . 第三版 . 北京：中国人民大学出版社

姜波克 . 2008. 国际金融 . 北京：高等教育出版社

金德尔伯格 C. 1991. 西欧金融史 . 徐子建，何建雄，朱忠译 . 北京：中国金融出版社

盛慕杰 . 1989. 中央银行学 . 北京：中国金融出版社

陶湘，陈雨露.1994.国际金融与管理.北京：中国人民大学出版社

王爱俭.2011.国际金融概论.北京：中国金融出版社

王广谦.2010.20世纪西方货币金融理论研究：进展与述评.北京：经济科学出版社

赵天荣.2014.内外均衡冲突下利率与汇率政策的选择.北京：科学出版社

周升业.1995.对外开放下的金融运行.北京：中国金融出版社

第八章

衍生金融工具市场

由远期商品交易发展到各种衍生金融工具的交易是商品经济及市场结构演进的一种自然过程。与金融全球化相联系，金融衍生工具在 20 世纪 80 年代后快速发展是机构、个人对全球性竞争加剧和资产价格波动的响应。远期合约、期货合约、期权及互换合约等衍生工具均具有套期保值与投机的双重功能，一方面强化了金融运行的规模与效率，另一方面放大了市场投机效果并增加了系统风险。本章对衍生工具市场与金融及经济运行的联系予以一般性描述，并分别对期货市场、期权市场和利率互换的功能、特征与定价机制作较为系统的介绍。

■第一节　衍生工具概述

衍生工具（derivative）指价值主要依赖于其他基础证券和基础变量的一类金融产品。基础证券和基础变量包括股票、债券、股票指数、债券指数、货币、利率等。也有商品或商品指数的衍生工具，包括基于贵金属、农产品、石油和国民经济研究与预测部门颁布的商品价格指数的衍生工具。基于衍生工具可以对冲风险这一基本原理的推广和运用，一些经济活动者以商业周期循环景气指数、气象指数等作为基础变量设计和参与衍生交易，这些一般不纳入金融学专门研究的范围。衍生工具又可以分为远期合约、期货合约、期权和互换合约。

一、衍生工具发展的经济背景

尽管衍生工具产生的历史更为久远，但衍生工具交易有较快发展的经济根源，可追溯到 20 世纪 70 年代布雷顿森林体系和固定汇率制的终结。

第二次世界大战结束时，美、英等西方国家在国际货币体系安排中主要考虑两点：其一，为重建欧洲等不同地区的国家在战争中受到严重破坏的经济提供便利；其二，防止 30 年代出现过的竞争性货币贬值和贸易保护主义，避免重蹈大萧条的覆辙。为实现这两个目标,全世界 45 个国家和地区政府的代表于 1944 年 7 月在美国新罕布什尔州的一个滑雪胜地签署协定,建立国际货币基金组织以维持一种固定汇率制度,即广为人知的布雷顿森林体系。

布雷顿森林体系实际上是按照金汇兑本位制运行的,在这种体制下美国保证随时可以通过"黄金窗口"用美元兑换黄金,美元兑黄金的价格固定在 35 美元兑 1 盎司黄金。其他国家将本国货币与美元的汇率固定,只有在必须维持国际收支平衡时,才使本国货币贬值或升值。1968 年,非官方的自由黄金市场开始运作,导致了黄金的双重价格,从而使官方的黄金价格背离市场价值。缘于 20 世纪 50、60 年代以后不断加速的通货膨胀,美国官方维持美元与黄金的固定比价已愈益困难,1973 年 8 月 15 日,美国总统尼克松宣布关闭"黄金窗口",布雷顿森林体系最终崩溃,结果使战后稳定的金融市场出现动荡。再者,随着 60 年代末通货膨胀进一步加速,控制通货膨胀成为主要工业化国家的政策目标,它们较少关注利率水平变动,最终导致利率大幅波动。短期资本为追求利润最大化随利率的变动而流动,进而又主导和加剧了汇率的波动。

利率、汇率波动与通货膨胀增加了金融机构及各类投资者所面临的风险,导致人们寻求新的消除或降低这些风险的方法和参数。而衍生工具提供了一种流动的、有效的手段,可以将风险转移给第三方,第三方承担这种风险是因为这恰好可以对冲他们本身的风险敞口,或他们将衍生工具交易作为一种通过投机而盈利的机会。我们可以远期合约为例对衍生工具转移风险的情况作一般性的说明:当棉花种植者预期在棉花收获季节有一个棉花的基础头寸,他不愿承担价格波动的风险,就在期市卖出棉花远期合约,合约的购买者则希望从棉花现货市场价格上升中受益。

二、金融全球化与衍生工具的成长

(一)金融全球化的一般趋势

20 世纪的经济全球化体现在三个领域,即贸易自由化、生产一体化和金融全球化。金融全球化是指以全球化金融市场、跨国金融机构为载体的资本在世界范围的自由流动,也是全球范围的金融自由化。金融全球化的直接起因是欧洲美元市场和欧洲货币市场的发展,以及发达国家与新兴工业化国家放松对国内的金融管制,但若追根溯源,其是贸易自由化的必然结果,并且在技术上受到现代通信与计算机技术的支撑,得到世界贸易组织、国际货币基金组织和全球性金融中心、离岸金融市场的强力推动。

金融全球化代表着资本这一生产要素在全球范围内的优化配置,使全球贸易在更高水平上发展,是全球生产一体化的重要基础,极大地促进了世界经济的增长。但另一方面,金融全球化是资本寻求利润这一本质在国际金融空间上的外在化表现,使脱离贸易投资与生产的纯金融交易愈益成为可能,使全球金融活动的虚拟化水平空前高涨。

在 20 世纪 70 年代以前,国际资本流动绝大部分是因贸易和投资引起的,贸易支付和产业性投资活动本身是国际金融活动的基本内容。但迄止今日,国际金融业务的 90% 以上已经与贸易和投资活动完全无关,而独立地通过金融活动获得资金的最大利润,或者为了规避风险而产生。这些传统性的金融活动导致外汇交易、国际证券交易、国际银行业务和国际衍生工具交易迅猛增长,使国际金融活动日益脱离现实经济活动而作为"虚拟经济"

独立存在和运行。

　　表 8-1 是国际货币基金组织对不同区域、国家银行系统截至 1994 年年底对外负债所做的估计，说明银行负债来源超出本国范围的情况。对所有的国家来说，这一数字在 1994 年年底达到 8 万亿美元之巨，差不多是当年全世界商品贸易额的两倍。此外，工业国家持有其中的 75%，另外约 14% 被亚洲地区的银行持有(主要在中国香港地区和新加坡)。

表 8-1　1994 年 12 月 31 日存款银行的对外负债(单位：亿美元)

国家或地区	金额
工业国家	54 624
英国	12 740
美国	9 413
日本	7 237
法国	5 926
卢森堡	3 868
瑞士	3 844
德国	3 788
比利时	3 633
意大利	2 305
荷兰	1 870
发展中国家或地区	11 782
亚洲	10 940
中国香港地区	5 318
新加坡	3 813
西半球国家	8 420
中东	1 130
欧洲	365
非洲	192
所有国家或地区	66 406

　　注：工业化国家包括英国、美国、日本、法国、卢森堡、瑞士、德国、比利时、意大利、荷兰。10 个国家之和等于工业化国家或地区。亚洲数字包括中国香港地区、新加坡，中国香港、新加坡并非亚洲全部。列出中国香港与新加坡，没有列出其他亚洲国家地区，是因为中国香港与新加坡是亚洲相关数字主要部分。西半球国家包括中东、欧洲、非洲，但其不是西半球全部。亚洲与西半球国家之和等于发展中国家或地区。工业化国家与发展中国家或地区之和等于所有国家和地区

　　资料来源：国际货币基金组织. 国际金融统计, 1997

　　在金融全球化背景下各国间金融系统的依存关系加强。表 8-2 则综合地说明全球金融依存度指标及其随时间演进的情况。

表 8-2　1976～1994 年不断上升的金融依存度指标

指标	1976 年	1980 年	1985 年	1990 年	1994 年
(1)存款机构的对外负债/亿美元	7 460	19 010	30 570	71 370	80 470
(2)外国直接投资年均的总流出量/亿美元	1976～1980 年	1981～1985 年	1986～1990 年	1993 年	1994 年
	400	430	1 680	1 990	2 340
(3)债券与股票跨国界的交易占 GDP 的百分比/%	1975 年	1980 年	1985 年	1990 年	1995 年
加拿大	3	10	27	64	194
法国	—	5	21	54	184
德国	5	7	33	57	172
意大利	1	1	4	27	253
日本	2	8	62	119	65
美国	4	9	35	89	135

资料来源：国际货币基金组织. 国际金融统计年鉴，1991；国际清算银行. 年度报告，1997

表 8-2 第(1)行说明银行和其他存款机构对外国居民、机构、公司和政府持有的负债（支票和储蓄账户、存单等）在不断增长。这些负债以 14.1% 的年平均速度从 1976 年的 7 460 亿美元增长到 1994 年的 80 000 亿美元，从中可以看出货币和金融市场是如何在范围上一步步趋于国际化的。接下来的两行给出了国际资本流动的其他方面的情况。对外直接投资流量包括购买外国企业的控制权和在海外建立新工厂等活动。表 8-2 第(2)行表明，这一活动从 1976～1980 年的年均 400 亿美元上升到 1994 年的 2 340 亿美元，差不多增加了 500%。表 8-2 第(3)行描述了几个工业化国家跨越国界(流入和流出)的股票和债券交易总规模的一般增长趋势，以其占 GDP 的百分比表示。例如，1975 年，这类交易的数量在美国仅占到 GDP 的 4%(或说 650 亿美元左右，因为 GDP 为 16 310 亿美元)，但到 1995 年，它已升至 GDP 的 135%(9.8 万亿美元左右)。也就是说，这类交易的美元价值在 1975～1995 年的年均增长率超过了 28%。

表 8-2 中反映出美国的国际金融资本交易总额从 1980 年占 GDP 的 9% 上升到 1995 年占 GDP 的 135%。这里的交易总额指相关国家居民购买的所有国际债券和股票，以及外国居民购买的所有该国的债券与股票这二者总和。除日本外，表中其他国家 1995 年跨国交易占 GDP 的比重甚至还超过了美国。

金融全球化强化了全球金融业的竞争，极大地促进了资本跨越国界的流动，其结果是使资金在全球不同金融市场上的价格指标更为充分地体现出"一价定律"，不同国家、地区金融市场的利率尽管不是完全趋同，但差距在缩小。各股票市场价格指数间的相关系数也大体趋于上升。全球不同区域、国家货币市场、股票市场波动的传导效应则更为明显。纳入全球化轨道的国家，其金融体系、金融市场已经很难独立于国际货币体系。就微观层次而论，银行系统的存贷款利差缩小，依赖传统存放款业务获取的利润份额有下降的迹象。

（二）金融衍生工具的成长

美国从 19 世纪中叶就已出现以金融与农产品为基础产品的期货交易，某些国家期货交易的历史甚至还要早几个世纪。但外币、利率和股票等衍生金融工具的全球性交易直到 20 世纪 80 年代才出现惊人发展。这一方面是由于衍生工具能够分散或改变外汇资产、利率和价格中所隐含的风险，另一方面要归功于 20 世纪 50 年代以后融入风险及不确定性因素的各种资产定价理论的发展，尤其是 70 年代初由于布莱克（Blak）、斯科尔斯（Scholes）和默顿（Merton）开发的期权定价模型。人们在评价布莱克和默顿时认为他们的理论贡献造就了全球衍生工具市场的繁荣。

图 8-1 说明 1980～1995 年不同利率与货币互换两种衍生工具的美元价值快速增长的趋势，1980～1990 年年均增长率为 33.6％，1990～1995 年年均增长率为 39％（图 8-1 中美元价值为市场价值，是对合约有效期内当事人之间交易的现金流量净值的估计）。

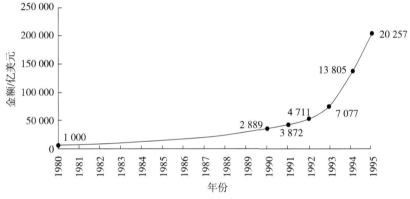

图 8-1 1980～1995 年利率与货币互换的增长情况

资料来源：国际清算银行

表 8-3 列出在 1989～1998 年全球主要衍生金融工具市场名义金额（即合约面值）。在 10 年间远期利率工具增加了 5.4 倍，利率期权增加了 10.9 倍。其中北美洲和欧洲市场占市场份额的 86.6％。亚太市场 1998 年衍生工具中名义本金余额是 1989 年的 493.5％，北美洲与欧洲 1998 年衍生工具名义本金余额是 1989 年的 401.3％，说明亚太地区衍生工具交易有较快发展。

表 8-3 1989～1998 年若干衍生金融工具市场名义本金额（单位：亿美元）

年份	1989	1990	1991	1992	1993	1994	1995	1996	1997	1998
远期利率	1200.80	1454.50	2156.70	2912.00	4958.70	5777.60	5863.40	5931.20	7489.20	7702.20
短期工具期货	1002.80	1271.40	1907.00	2663.80	4632.90	5422.30	5475.30	5532.70	7062.50	7289.80
3 个月期欧洲美元	671.90	662.60	1100.50	1389.60	2178.70	2468.60	2451.70	2141.80	2599.10	2915.10
3 个月期欧洲日元	109.50	243.50	254.50	431.80	1080.10	1467.40	1400.70	1462.20	1629.90	1236.40
3 个月期欧洲马克	14.40	47.70	110.00	229.20	421.90	425.70	654.60	626.20	1016.90	1210.10
3 个月期 PIBOR 期货	12.40	23.30	45.80	132.50	223.70	184.60	167.10	209.60	212.20	133.70

续表

年份	1989	1990	1991	1992	1993	1994	1995	1996	1997	1998
长期工具期货	198.20	183.40	250.40	249.30	325.90	355.30	388.10	398.50	426.70	412.40
美国国债	33.20	23.00	29.80	31.30	32.60	36.10	39.90	45.70	72.10	61.10
法国政府国债	6.10	7.00	11.40	21.00	12.60	12.70	12.40	12.90	14.90	9.50
10 年期日本政府债券	129.50	112.90	122.10	106.10	135.90	164.30	178.80	145.60	118.00	142.30
德国政府债券	4.20	13.70	22.50	34.30	47.60	49.10	74.80	94.20	82.50	63.70
利率期权	387.90	599.50	1 072.60	1 385.40	2 362.40	2 623.60	2 741.80	3 277.80	3 639.90	4 602.80
货币期货	16.00	17.00	18.30	26.50	34.70	40.10	38.30	50.30	51.90	38.10
货币期权	50.20	56.50	62.90	71.10	75.60	55.60	43.50	46.50	33.20	18.70
股票指数期货	41.30	69.10	76.00	79.80	110.00	127.70	172.40	195.90	211.50	321.00
股票指数期权	70.70	93.70	132.80	158.60	229.70	238.40	329.30	378.00	776.50	866.50
总计	1 767.10	2 290.70	3 520 10	4 634.50	7 771.20	8 862.90	9 188.60	9 879.60	12 202.20	13 549.20
北美洲	1 155.80	1 268.50	2 151.80	2 694.70	4 358.60	4 819.50	4 849.60	4 837.40	6 326.50	7 317.80
欧洲	251.20	461.50	710.80	1 114.40	1 778.00	1 831.80	2 241.90	2 828.60	3 587.40	4 411.90
亚太	360.00	560.50	657.00	823.50	1 606.00	2 171.80	1 990.10	2 154.00	2 229.90	1 776.70
其他	0.10	0.20	0.50	1.90	28.70	39.90	107.00	59.60	58.50	42.70

注：PIBOR 为三个月期巴黎银行间拆放款利率

资料来源：国际货币基金组织. 国际资本市场：发展、前景和主要政策问题. 北京：中国金融出版社，1999：24

三、衍生工具对金融与经济运行的双重效果

衍生工具对微观经济活动主体的基本用途是对冲风险，以保护交易者免受基础产品、基础证券价格及基础变量波动的影响。但当市场上一部分交易者寻求规避风险时，必须有投机者通过收费来接受风险，投机者则试图捕捉到未来不确定因素而获利。一方通过支付成本而转移风险，另一方通过承担风险而享有盈利机会，这是金融市场具有分摊风险这一基本机能的体现。微观主体既可以利用衍生工具有效地管理风险，也可以利用衍生工具有效地投机。不过，转移风险者的成本事先是已知的，并且在事前证明是可以承受的；对投机者而论，其面临的损失风险却是难以把握的。衍生工具交易通过杠杆作用对投机者的盈利或亏损均造成放大效应。

毋庸置疑，衍生工具的发展给基础产品的增长和基础证券的发行与交易提供了机遇，对金融市场总规模起到了扩张和放大的作用，增加了金融市场吸纳和分配资金的能力，促进了全球资本的自由流动。有关衍生工具对金融市场的消极后果，目前仍存在一些不同观点。我们认为，当一系列分散的投机者出现巨额资本损失而使隐含的风险显化时，会通过对错综复杂的债权—债务关系的破坏以及合约不能正常履行牵累大量的机构和个人，再经过市场预期产生过度反应，会进一步加剧基础证券和基础变量的波动，从而将分散的单个交易者的风险转化为系统风险。这一分析也适用于基础证券交易，区别在于衍生工具交易

通过杠杆操作放大了投机效果，同时使投机者自身显得更为脆弱。

在上述机制的基础上再合并下述因素：第一，衍生工具的场外交易规模与日俱增，给金融管理当局带来挑战；第二，借助离岸金融市场及电子信息技术，不同国家、地区间金融市场实现联网，巨量国际资本几乎是无约束的跨越国界迅速移动；第三，衍生工具市场——尤其场外交易市场——上有效约束的交易机制尚不成熟，健全的"游戏规则"还远未形成，市场在一定程度上处于"失序"状态；第四，在信息不对称的市场环境中，有关金融机构与相关个人之间、一般交易伙伴之间、交易者与中介商之间存在着道德风险。这些都增加了衍生工具市场的风险，使衍生工具市场成为金融体系不稳定的重要根源之一。一国金融体系不稳定必然成为总体经济安全的严重隐患，而在当代国际经济联系日益紧密的条件下，一国内部的金融危机很可能传染、蔓延到其他国家，诱发全球性危机和经济衰退。

2007年爆发的全球经济金融危机源自美国，波及世界。此次危机的内在原因为次级贷款管理不善，具体可以分成以下几点：第一，放松次级房地产按揭贷款条件。美国为了刺激房地产消费，在过去10年里购房实行"零首付"，甚至允许购房者将房价增值部分再次向银行抵押贷款。宽松的购房按揭贷款机制给美国的房地产业造成严重的坏账隐患。第二，住房贷款资产证券化。出于流动性和分散风险的考虑，银行金融机构将购房按揭贷款包括次级按揭贷款组合证券化，通过投资银行出售给社会投资者，将巨大的房地产泡沫转嫁到资本市场。第三，投资银行行为异化。投资银行由于追求房贷证券化交易的巨额利润而导致其角色异化。第四，金融杠杆率过高。美国金融机构片面追逐利润过度扩张，用极小比例的自有资金通过大量负债实现规模扩张，杠杆率高达1：30甚至1：50。第五，对于对冲基金的监管缺失。

由于潜在风险而导致部分学者甚或监管当局对衍生工具市场的非难，但是承认潜在风险并不必然意味着禁绝衍生工具交易。尽管衍生工具交易的迅速发展是在20世纪80年代以后，但是衍生工具出现的必然性理由可以在最原始的商品交易中找到，它代表着交换双方在利用自身的"比较优势"。要做的事情是通过有效监管驱使交易者加强自律、控制风险，并使市场上各种财务信息及政策变量更为透明，在宏观和微观两个层面上构建化解和冲销风险的机制。

第二节　期货市场

一、金融期货的类型

商品期货与金融期货已成为现代市场经济运行中不可或缺的组成部分，是商品货币经济高度发展的重要表现。有息金融资产的第一个有组织的金融期货市场是1975年建立的美国芝加哥商品交易所。金融期货市场的基本类型有外汇期货、利率期货、股票指数期货三种。

（一）外汇期货

外汇期货是以外汇为基础证券的对外汇期货合约的交易。外汇期货合约是由期货交易所制定的一种标准化合约，在合约中对交易币种、合约金额、交割时间、交割方式等内容做出统一规定。外汇期货市场就是对标准化合约的买卖市场,由合约的买方和卖方公开竞价确定交易币种的汇率,到交割期卖方必须从现货市场购入即期外汇,交给买方以履行合约。

进行外汇期货交易的最初起因是规避汇率风险。20 世纪 60 年代中期以后,大规模的国际投机资本冲击造成全球外汇市场动荡,增加了从事国际贸易活动的汇率风险。1967 年 11 月之后,国际游资冲击先后使英镑、法国法郎、联邦德国马克汇率下跌;1972 年 6 月~1973 年 2 月,由于投机狂潮冲击,大多数保持固定汇率的国家使自己的货币浮动;1973 年 8 月 15 日,美国宣布美元与黄金脱钩,布雷顿森林体系彻底崩溃。国际货币体系及金融市场环境的变动产生了通过期货进行套期保值和冲销汇率变动风险的客观要求。1972 年 5 月 16 日,芝加哥商品交易所首创推出外汇期货交易,并最终成为世界上最大的外汇期货市场。作为外汇期货商品的货币都属于可自由兑换的货币,具有国际性货币的声誉,主要有美元、日元、英镑、德国马克、瑞士法郎、荷兰盾、法国法郎、加拿大元等。随着欧元进入流通领域,欧元区各国货币相应地退出流通,欧元也成为外汇期货市场重要的基础性货币。

(二)利率期货

利率期货指为转移利率变动所引起的资产价格变动的风险,而以金融资产凭证为交易对象的期货合约。金融资产凭证主要包括国库券、中长期国债、免税地方政府债券、定期存单及商业票据,这些交易对象的共同特征是作为有息证券其价格受市场利率变化的影响,都面临利率波动的风险。所以,人们把与之相关的期货交易均称作利率期货。

利率期货最早产生于美国,以适应 20 世纪 70 年代实行的利率自由化以后利率的剧烈变动。1975 年 10 月,芝加哥商品交易所借鉴谷物和其他商品期货交易的经验,率先推出第一张抵押证券期货合约。1976 年 1 月开展短期国债期货交易,1977 年 8 月推出长期国债利率期货,1982 年 5 月又推出中期债券期货。伦敦金融交易所和东京证券交易所分别于 1982 年和 1985 年推出利率期货。

美国的利率期货主要是短期债券期货,还款时间从 30 天至 1 年不等,其中 90 天债券最为流行。中期债券期货的还款期是 1~10 年,长期债券期货的还款期是 10~30 年。

在欧洲美元市场的基础上产生的欧洲美元利率期货,是在未来某一时间以固定的利率或价格支付一定数额以美元标值的银行存款的合约。这些银行存款可以是欧洲美元定期存款或是主要银行开出的欧洲美元存单。这些资产的利率被锁定在合约成交时双方同意的水平上,合约的获益(损失)将取决于合约到期日的市场利率是否小于(大于)合约利率,以其差额大小乘上合约名义金额进行计算。

(三)股票指数期货

股票价格指数期货交易是为转移和利用股票价格大幅波动所引发的风险或机会而进行的交易,交易的标的变量是股票价格指数。股票市场价格波动给投资者带来两种风险——系统风险和非系统风险。这两种风险分别表现为股票价格普遍的震荡趋势和个别股票价格波动与市场的差异。通过在股票现货市场和股票价格指数期货市场作反向交易,就可以抵消系统风险所造成的损失。例如,可以买入指数基金,同时买进股票价格指数合约。此外,可以根据对市场一般趋势的预期进行股票价格指数期货交易,取得投机收益,也可以通过买入股票价格指数期货达到分散投资、规避非系统风险的目的。

目前在世界上作为期货交易对象的股票价格指数主要有美国的道琼斯股票价格指数和标准普尔 500 指数、英国金融时报工业普通指数和金融证券指数、香港恒生股价指数、日本日经股票指数、澳大利亚的悉尼股价指数，以及菲律宾的工商股价指数等。

二、期货市场的积极功能

美国联邦储备制度理事会、证券交易委员会等机构曾经联合对期货市场做过调查，提供了《关于期货和期权对经济影响的研究报告》，基本结论是认为金融期货和期权市场具有有益的经济与社会功能。金融期货交易的基本功能包括以下几方面。

第一，增强证券市场的流动性。金融期货对资本形成没有明显的负面影响，但加强了一些现货市场特别是美国财政部证券市场的流动性，如美国国库券和普通股付现市场的流动性，由于期货和期权市场的存在而得到改善，实际上对现货市场起了稳定的作用。

第二，提供转移风险的手段。通过期货交易把经济活动中固有的风险从较不愿意承担风险的公司或个人转移给较愿意承担者。金融期货市场可以把与价格波动相关的风险同其他类型的商业风险分开，并可使套期保值者向投机者转移风险，把这种风险调节到可以接受的水平。由于金融风险能够转移，期货市场因而提高了资本运用的程度和效率。

第三，形成价格发现机制。由于期货市场可以自由进入，因而汇集了众多参与者的各种信息和不同的买卖意向，通过公开竞价使价格形成相对容易。通过期货市场，减少了找到一种价格和一个交易对象的寻找成本。

第四，为金融机构提供盈利机会。正确地运用金融期货给金融机构带来几个方面的好处。期货市场不但提供了参与利率、汇率转换和股份转换的有效且易于利用的工具，还提供了实现风险管理的工具。

三、期货市场的保值与投机

套期保值就是持有与现货市场头寸相反的期货市场头寸，目的在于使自己免受非预期价格变动的影响，从而降低承担的风险。相反，投机者为追求利润而持有期货市场头寸，在现货市场却未持有对冲头寸，从而承担着价格风险。投机者根据对未来现货的价格或利率预期买卖期货合约，避开现货市场是由于现货市场比期货市场交易成本高，执行速度慢。

（一）套期保值基本原理：套期比率

套期比率指为了达到套期保值目的，在期货市场与现货市场投资的价值之比。假设投资者在现货市场拥有的资产为 X，在期货市场用来套期保值的工具为 Y，两种金融工具的预期价值分别为 V_X、V_Y，对它们价值变动的预期具有式(8-1)表示的经验性特征。

$$V_X = a + \delta V_Y \tag{8-1}$$

其中，a 为常数项；δ 表示 V_X 变动对 V_Y 变动的敏感性。如果 δ 值为 0.6，则意味着随着 V_Y 上升或下降 1%，V_X 上升或下降 0.6%。

变量 δ 被称作套期比率。它表明对 X 的头寸套期保值需要的 Y 的数量。以上文为例，δ 等于 0.6 表示了每投资 1 元 X，需投资 0.6 元于 Y 进行对冲。这种以 δ 为比率的套期保值被预期可以抵消持有 X 的风险。

伴随两种金融工具的价值在一定时间内发生变化,它们之间的关系也会发生变化。要想通过对冲使风险最小化,就须对 δ 值做出调整,这种调整被称为动态套期保值。

(二)套期保值例解:多头套期保值

我们以美国的利率期货市场为例说明多头套期保值。多头套期保值指买入期货合约而成为多头,通常用于锁定被认为较高的利率。对于较长期限国债的期货合约,每份合约的交易单位是 10 万美元,交割月份为 3 月、6 月、9 月和 12 月,合约有效期为 $1\frac{1}{4}$ 年。报价采用期限 20 年、票面利率 8% 的债券面值(100 美元)的百分比形式,如 $98\frac{4}{32}$ 是指 100 美元的 $98\frac{1}{8}$,即 98.125 美元。

假定某投资者在 9 月 1 日预计两个月后的 11 月 1 日有 100 万美元投资于长期国债,该投资者认为目前利率已经达到高位,并希望锁定现行的高利率,尽管在两个月内投资资金不能到位。为了便于说明问题,我们不考虑交易成本(指佣金)和保证金存款,并假定在现货市场上使用票面利率为 8%,期限为 20 年的长期国债,从而与期货市场取得一致。表 8-4 中的情况分别对应于 9 月 1 日和 11 月 1 日。投资者在 9 月 1 日买入 10 份期货合约,其后价格上升,收益率下降。到 11 月 1 日卖出期货合约,结果实现收益 62 500 美元。同一天,投资者按比 9 月 1 日高的价格、低的收益率买 100 万美元长期国债,机会损失为 67 187.50 美元。尽管未能完全抵消,但机会损失的 93% 被期货合约弥补的收益对冲,说明投资者的套期保值相当成功。

表 8-4　多头套期保值

现货市场	期货市场
9 月 1 日: 长期国债售价为 $91\frac{15}{32}$,投资者希望锁定高收益率	9 月 1 日: 按 $92\frac{9}{32}$ 价格买入 10 份 12 月到期的长期国债期货合同
11 月 1 日: 按 $98\frac{6}{32}$ 价格购买 100 万美元长期国债 损失: 67 187.50 美元	11 月 1 日: 按 $98\frac{17}{32}$ 价格出售 10 份 12 月到期的长期国债期货合同 收益: 62 500 美元

期货市场的运用提供了双面套期保值。在以上的例子中,假如利率上升,投资者在 11 月 1 日现货市场买入中取得机会收益,但在期货市场头寸上遭受损失;利率下降则发生相反的情况。不论是为了套期保值还是为了投机,持有期货头寸的交易成本都相对较低。在美国期货市场上,建立和结算一份 10 万美元合同的成本可能不足 50 美元。

四、保证金要求与期货价格的决定

期货交易在成交时多空双方之间不发生现金的移动,但双方均须向期货交易所交纳保证金。期货价格从根本上讲要受到对未来现货市场价格预期的影响,所以影响现货价格趋势的因素必然会影响期货价格。因其如此,我们才认为期货价格包含了人们对未来预期的信息。

(一)保证金要求

进行期货合约交易时交易所要求投资者交纳保证金作为保证存款。交易所设定最低保证金要求，但经纪商可能要求更高的保证金，这类似于我国不同证券公司要求的开户资金数量不同，然而通过竞争能限制经纪商要求的保证金数量。交易所和经纪商根据具体市场期货价格波动性确定保证金的数量。某种特定金融工具现货市场的波动性越大，要求的保证金就越高。

对初始保证金和维持保证金的要求有一定差别。通常，维持保证金为初始保证金的75%～80%。运行方式如下：假设长期国债期货的初始保证金要求和维持保证金要求分别为2 000美元和1 500美元。最初，合同的买方和卖方都交纳2 000美元。如果利率上升，则买方头寸的价值下降。只要每份10万美元的合约的价值降低幅度少于500美元，买方就不必追加保证金，但是，如果累计价值下降达到501美元，买方的保证金账户剩余1 499美元，他就会收到经纪商的保证金催收通知，必须把账户金额恢复到最初的2 000美元。如果买方不能恢复其保证金账户，经纪商就会平仓，并把剩余资金退还给买方。一般将这一机制称作盯市过程。

(二)期货价格的决定

1. 市场对未来(交割日)现货市场价格的预期

交易者赖以预测现货价格趋势的因素均会间接或直接地作用于期货价格。用于预测现货价格趋势的因素大体可以区分为基本面与技术面两大类。在分析未来现货价格趋势时要注意以下问题。

第一，基本面包括实体经济、政策变量及政治层面等因素；技术面则通过对历史数据的处理推断未来，相信价格具有重复循环的特征。在政策变数较少、经济处于相对均衡状态时技术分析有一定效果。在政策突变及实体经济发生明显逆转时，技术分析容易出现大的失误。

第二，各市场在经济与金融平稳运行期间存在"替代效应"。例如，国债市场与外汇市场、国债市场与股票市场，国债价格下跌同时外汇可能升值，或者伴随股市上涨，说明资金在同一经济体的不同市场上存在套利行为。

2. 期货价格与现货价格的关系

关于期货价格与现货价格的关系存在三种基本理论，即预期假设、名义现货溢价理论和名义期货溢价理论。三种理论实际上均认为期货价格表示了对未来现货价格的预期。

预期假设认为期货价格是对未来现货价格的无偏差的估计，即期货合约的现行价格代表着市场对未来现货价格的普遍一致的预期，不存在任何由时间因素引起的风险溢价。

凯恩斯提出名义现货溢价理论，其中暗含的假定是套期保值者按净值是期货市场的空方。他认为在整个市场上，套期保值者希望把风险转嫁给投机者，为了吸引投机者进入市场，必须做出价格上的让步，即期货价格必须低于预期的未来现货价格。随着交割日期临近，这种价格引诱逐步递减，因而期货价格在整个有效期内上升。

名义期货溢价理论提出了相反的观点。它暗含的假定与现货溢价理论相反，即按净值来说，套期保值者是期货市场上的多头，也就是说，他们是期货合约的净买入方。为了引诱投机者持有空头，期货价格必须高于预期的现货价格。同样，随着交割日期临近，溢价是递减的。

图 8-2 阐述了上述三种理论，其中假设条件为在合约有效期内现货价格不发生变化。

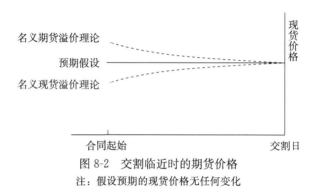

图 8-2　交割临近时的期货价格
注：假设预期的现货价格无任何变化

五、中国期货市场的发展前景

随着证券现货市场的不断发展，我国对商品与金融期货市场交易已做了一系列尝试。商品期货市场的运行比较平稳，金融期货市场在期货、利率(国债)期货和股指期货方面的试点虽然出现了波折，但也积累了一些经验和教训。给以后金融期货市场的发展开了先河。

(一)外汇期货市场

1992 年 7 月，上海外汇调剂中心成为我国第一个外汇期货市场，经过半年的运转，到 1992 年年底上海外汇期货市场共交易标准合约 10 813 份，交易金额达 21 626 万美元。其规模不大，与上海每天外汇现货交易高达 3 000 多万美元的水平很不相配。与此同时，全国各地也涌现出大量的外汇期货经纪公司，而且交易额很大。具体的交易规则参照了国外的做法，同时结合我国的特点，设计了外汇标准合约。

由于各种原因的制约，我国的外汇期货交易试点一年多，就受到比较严格的管制，基本上禁止外汇投机交易。1993 年 7 月，国家外汇管理局发出通知，要求各地已设立的外汇期货交易机构必须停止办理外汇期货交易，并限期进行登记和资格审查；办理外汇(期货)交易仅限于广州、深圳的金融机构进行试点，实际上，由于严格的管制办法，我国外汇期货的试点处于停顿状态。

历史经验表明，汇率机制改革与外汇期货市场的发展相辅相成。2005 年 7 月 21 日我国推进人民币汇率形成机制改革，实行以市场供求为基础、参考一篮子货币进行调节、有管理的浮动汇率制度，人民币兑美元交易价浮动幅度设定为 $\pm 0.3\%$。为适应市场对于规避汇率与利率价格波动风险的内在需要，2005 年 8 月外汇交易中心推出人民币外汇远期交易，2006 年 4 月推出货币掉期交易。2007 年汇率改革继而将人民币兑美元交易价浮动幅度由 $\pm 0.3\%$ 扩大到 $\pm 0.5\%$。2002 年至 2012 年上半年，银行间外汇市场累计成交折合 23.3 万亿美元，年均增速 53.4%，利率和汇率衍生品市场累计成交折合 50 万亿元。

(二)国债期货市场

1992 年 12 月，上海证券交易所首次推出国债期货。最初仅限于各证券公司之间交易，由于各证券公司对我国国债期货了解不多，因而参与者很少，交易清淡。1993 年 9 月，为活跃国债流通市场，方便国债发行，创造更完善的市场环境，上海证券交易所在国家财政部、上海市政府的支持下，决定扩大我国国债期货交易范围，国债期货市场对个人开放。到 1993 年年底，上海证券交易所登记结算公司开户达 230 家，还批准了 27 家证券公司为国债期货自营商。

从我国国债期货的试点情况来看，由于国债流通市场规模迅速发展，迫切要求发展国债期货市场，通过期货市场功能促进国债流通，帮助国债的发行者、交易者规避利率波动所引起的价格风险。经过几年的试点，国债期货市场迅速活跃起来，但是由于我国各方面条件还不成熟，体制上、管理上还存在各种问题，国债期货发展过猛，投机气氛过重，最终导致 1995 年的震动全国的上海万国证券公司严重违规事件，即"3·27 事件"，不久之后，国务院发出通知，暂停国债期货市场的试点工作。

经过反复酝酿，2013 年 9 月 6 日，中国金融期货交易所推出三款国债期货产品，标志着关闭 19 年之久的国债期货市场重新开启。重启国债期货不仅对国债发行是一大利好，还会因其巨大的溢出效应，对我国资本市场扩容、利率市场化和人民币国际化大有裨益。重启国债期货也具有巨大的创新示范效应。

(三)股票指数期货市场

我国首次股票指数期货开始于 1993 年 3 月，由海南证券交易中心推出深证指数期货交易，推出的期货合约共有 6 个，即深证综合指数当月、次月、隔月合约，深证 A 股指数当月、次月、隔月合约，合约内容如下。

(1)合约单位：深证指数乘以 500 元。假设某日深证指数为 250 点，那么合约金额为 500×250＝12 500(元)。

(2)最小变动单位为 0.1 点，即 50 元(500×0.1)。

(3)每日指数最大波动幅度为 10 点，即 5 000 元(500×10)。

(4)交割月份为当月、次月、隔月。

(5)交割方式为现金结算。

(6)最后交易日为交割月倒数第二个营业日。

(7)初始保证金为每份合约 15 000 元。

(8)交易手续费为每份合约 200 元。

由海南推出的深指期货采用标准的国际期货交易规则，操作上可以双向下单，既可先作买单，也可先作卖单，平仓时由证券公司按成交价与投资者结算，期指每变化一个点位，投资者的盈亏值是 500 元。

经过几个月的运作，海南深指期货交易呈现出的特点有：①A 股指数期货交易无人涉足；②综合指数期货交易集中在当月，在临近月末时，次月的交易量才逐渐增加；③4 月开始仅 292 手，5 月上升到 851 手，6 月为 1 200 手，交易呈活跃趋势。但是由于投资者对这一投资方式认识不足，再加上中国股票市场的不稳定，在管理上出现不少问题。海南深指期货仅运作了几个月，便被停止交易。海南证券交易中心也被国家撤销。

除海南深指期货交易试点之外，中国股票指数期货交易发展可以分为三个阶段。

第一阶段是在 2006 年以前，股指期货的理论准备和法律准备阶段。这一阶段着手对股指期货进行研究并修订《证券法》，新《证券法》增加了与股票指数期货交易相关的内容，预示着股指期货诞生的合法性。

第二阶段是从 2006 年到股指期货推出，即股指期货交易的操作准备阶段。2006 年 9 月 8 日中国金融期货交易所在上海成立，为股指期货推出提供机构保障。为了培养和教育投资者，2006 年 10 月 30 日，中国金融期货交易所开通沪深 300 股指期货的仿真交易。2007 年 4 月 5 日《期货交易管理条例》正式实施，对股指期货品种等进行规范。2007 年 6 月中国金融期货交易所公布《中国金融期货交易所交易规则》及实施细则，标志着股指期货的法规筹备已基本完备。

第三阶段是中国金融期货交易所于 2010 年 4 月 26 日正式推出沪深 300 股指期货交易至今，股票指数期货交易进入发展和不断完善阶段[①]。

(四)中国期货市场发展前景

市场交换活动由现货交易发展到远期交易、期货交易及期权交易有其内在的合理性，期货市场也已成为现代市场经济的重要标志之一。实践证明，在我国建立和发展股票指数期货与金融期货市场是可行的，但要进一步明确对期货市场的认识以及做好一些基础性工作。

首先，要认识到期货市场除了对投资者具有保值和规避风险的功能外，对宏观经济预测还具有信息传导功能，通过期货价格变动可以评估经济单位及社会居民的预期及对市场信心的强弱变化，并对生产者供给商品市场、金融市场信息，借以发现价格；其次，要正确认识投机性期货交易的两重性质，期货投机一方面增加了经济总体的风险，另一方面，正因为有投机者的存在才给套期保值者提供了转移风险的机制，增强了市场的流动性；最后，期货等衍生金融产品的出现乃至发展是金融经济活动的必然结果和重要内容。商品期货与金融期货已成为现代市场经济运行中不可或缺的组成部分，是商品货币经济高度发展的重要表现。我国正处于金融制度、金融组织、金融市场的多变期，市场力量发挥作用就势将推出新的金融工具，积极主动地开放、促进期货市场发展是顺势而为，是对健全市场机制的一种理性的适应；最后，随着加入世界贸易组织后对外部开放金融部门，加快金融衍生产品市场发展有利于国内金融业参与竞争，有利于我们用国内、国际两个金融市场筹融资和实现资金价值，深度参与国际金融事务，也有利于吸引国外金融机构参与我国资本市场的运作。

我国在金融期货市场方面的专门人才远不能满足潜在需求，在理论和实践上对期货市场与现货市场的运行关系、价格联动的机制等均缺乏深入研究。这就要求我们加快对相关专业人才的培养和引进，加强对期货市场等衍生金融产品定价、交易机制的理论研究，总结、吸取全球范围内不同国家、地区期货市场发展的经验，筹组、建立和健全有效的对金融衍生市场的监管机构。随着近期银行组织体系、汇率体制改革加快，加入世界贸易组织缓冲期接近尾声，政府推进资本市场及衍生金融工具市场的意向已经明朗，在上海外汇市场也已经推出外汇远期交易，我们相信，外汇期货、利率期货、股票指数期货等衍生工具

---

① 2015 年 6 月中国股票市场出现巨幅震荡，自从 6 月 12 日创下 5 178.19 点新高之后一路下行，三周暴跌 1 500 点，股市缩水接近 30%。对造成股市震荡的原因众说纷纭，也有指向股指期货交易做空。但对于期货市场，监管及调控部门所能够做的一是依据规则监管，二是根据市场变化运用政策工具调控，包括调整保证金比率对融资融券控制、设定"制动闸"等。

出现于我国金融市场已经为期不远了。

第三节　期权市场

一、期权的种类

期权的基本类型是看涨期权（call option）和看跌期权（put option）。也可以不同标准划分期权的种类，按期权的交割内容划分，可分为指数期权、外币期权、利率期权和期货期权。人们对以股票为标的资产的股票期权更为熟悉。

（一）指数期权

指数期权以各种指数为交易对象，主要是股票价格指数的变动。在 20 世纪 80 年代中期，美国各交易所的主要指数期权有石油指数期权、价值线指数期权、纽约股票交易所指数期权、标准普尔 500 指数期权等。买入指数期权在套期保值方面与指数期货有些相似，可用于避免系统风险。

（二）外币期权

外币期权是指以外币为基础资产，交易双方按约定的汇价，就未来某一时期购买或售出特定外汇的选择权进行的交易。外币期权的持有方利用期权可以规避外汇风险。外币期权合约在执行时，分为以外币实物交割和以价差交割两种方式。其他金融期权只涉及买入或卖出的权利，而外币期权合约同时涉及买入和卖出的权利。当交易者购买一个美元的买入期权（即买入美元的权利），也同时购买了一个日元的卖出期权。

外币期权交易双方的盈亏取决于两种货币汇率的变化方向。购进看涨期权，当汇率上浮（即买入标的外币资产升值）时盈利；而卖出看跌期权，当汇率下浮时面临亏损。

可以举例说明利用外币期权免除汇率风险或套期保值的情况。假定一名英国出口商预计在 180 天后将得到一笔金额为 1 000 美元的出口收入，英镑兑美元的汇价是 1.50 美元，出口商希望将汇率锁定在 1.50，可购买一个 178 天期限的英镑买入、美元卖出期权，执行价格为 1.50。如果在到期日英镑的即期汇率高于 1.50（如 1.48），出口商可以放弃行使期权，而按比执行价格更有利的市场即期汇率卖出美元。如果在期权到期日英镑即期汇率低于 1.50（如 1.52），出口商则会行使期权，按 1.50 的执行价卖出美元，在两日后交割。

图 8-3 是从出口商角度看期权交易在到期日的收益情况。图中忽略了购买期权的费用。

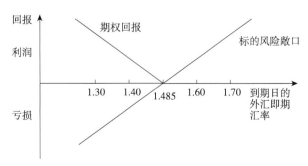

图 8-3　利用期权对外汇风险进行保值

(三)利率期权

利率期权是以国库券，政府中、长期债券，大额可转让存单等为基础的期权的交易，又可大致分为两大类，即基于短期利率基础的期权和基于长期利率基础的期权。

短期利率期权又指货币市场利率，指期限在 12 个月以下的利率，其报价反映在国库券、欧洲美元存款等一系列金融工具上。大部分基于短期利率基础的期权是以期限短于一年的 LIBOR 为基础的。短期利率期权又包括利率上限期权、利率下限期权和领式期权。长期利率的期限可长至 30 年，主要存在于公司及政府债券市场。长期利率期权又包括债券期权和互换期权。

在美国，利率期权的交易单位一般是面额为 10 万美元的基础债券。在利率期权行情表上，期权敲定价格是以"100－利率"表示的，如 91.75(100－8.25)表示利率为 8.25%。期权费以相关的货币和债券面值的百分数表示。

(四)期货期权

期货期权是对期货合约买卖权的交易，也称期货合约期权，包括商品期货期权和金融期货期权，金融期货期权的交易对象是金融期货合约，在执行时要求交割的是期货合约，而不是期货合约所对应的基础证券，只有当金融期货合约被持有者进行交割时，才会进一步导致对基础证券的交割。

我们以长期国债期货期权为例说明期货期权交易的一些特点。表 8-5 记录了长期国债期货期权的行情报告。其中 9 月和 12 月是期货合约交割月份(期货合约的交割月份只能发生在 3 月、6 月、9 月、12 月)，但相应的期权的到期日是 9 月或 12 月开始前的 5 个营业日。期权到期日提前是由于期货合约的交割可以在该月的第一个营业日进行。

表 8-5　长期国债看涨期权和看跌期权的报价

执行价格	看涨期权		看跌期权	
	9 月	12 月	9 月	12 月
98	4—55	5—52	0—40	1—43
100	3—21	3—35	1—02	2—18
102	2—02	2—30	1—46	3—08
104	1—06	1—40	2—47	4—12
106	0—35	1—02	4—09	5—44
108	0—18	0—41	5—51	7—08

执行价格指执行期权时每 100 美元面值必须支付的价格。以表 8-5 第 1 列第 1 行的执行价格为例，说明看涨期权的持有者在期权到期之前的任何时间有权按 98 美元的价格取得长期国债期货合约多头头寸(此例实际上是美式期权)。看跌期权的持有者有权取得长期国债期货合约的空头头寸，执行价格也是 98 元。两种期权在执行时均不发生现金结算，而是转入期货合约交易程序，见本章第三节，根据保证金和盯市要求取得期货市场的多头或空头。

表 8-5 中 9 月看涨期权(执行价格为 98 元)的权费(或权利金)为 $4{-}^{55}/_{64}$，12 月看涨期权的价格为 $5{-}^{52}/_{64}$，分别代表 4.859 375 美元和 5.812 5 美元。对于一份 10 万美元的合

约(最小规模)来说,这些权费报价分别为 4 859.38 美元和 5 812.50 美元。9 月看跌期权的价格为 $^{40}/_{64}$,12 月看跌期权的价格为 $1-^{43}/_{64}$。执行价格越高,看涨期权的价值就越低,看跌期权的价值就越高。所以在表 8-5 中随执行价格上升,看涨期权的权费是递减的,看跌期权的权费则是递增的。

二、期权交易原理

(一)期权交易方式的历史演进过程

原始的期权交易方式可以追溯到公元前 1200 年的古希腊和古腓基尼国,商人为了应付贸易上的意外和突然的运输要求,通常向股东支付一笔垫付金或保证金,以便可以在必要时要求得到额外的舱位,使运货时间得到保证。到了 20 世纪 20 年代,在美国纽约市金融区一个叫新街的地方出现了股票交易活动。从事交易的经纪人每天清晨来到新街附近的小饭店,利用公用电话与顾客联系,有的则雇佣通信人员(被称作"跑街"),联结买卖双方,让他们达成交易。但很难做到交易平衡,常因找不到成交对手而使合约滞留在手中。一直到 1973 年,期权交易实际上还采用柜台方式进行,由经纪公司将潜在交易对手撮合在一起,安排期权条件,提供记账服务,收取一定的手续费。由于手续复杂、成本高、合约中现代化程度低等,很难转化对冲,故交易量不大。

1973 年 4 月 26 日,美国最先成立了芝加哥期权交易所(Chicago Board Options Exchange,CBOE),从而使期权交易进入新的发展时期。主要变化是在交易所内实现了期权合约在交割数额、交割月份及交易程序等方面的标准化。以后期权交易被推广到美国各大期货交易所,并从商品期权交易发展到金融期权交易。尤其股票期权交易,在西方金融市场上最为流行,期权交易已成为现代金融创新的主要内容之一。

(二)期权交易市场的特点

期权交易在金融市场领域发展很快,在许多国家和地区已经建立起固定的交易场所,并显示出合约标准化、交易规范化和品种多样化的特点。

(1)期权合约的标准化。每份期权合约具有统一标准化的规格,按国际惯例进行设计,诸如对交易单位、最小变动价位、每日价格最大波动限制、合约月份、交易时间等均予以明确,以便于对其估价和转化。

(2)期权交易规范化。交易所内部进行的交易采取公开竞价方式,并利用计算机网络使期权交易实现现代化和科学化。

(3)期权交易品种多样化。期权交易涉及实物商品和金融资产两个方面,实物商品,如农产品期权、贵金属商品期权等,金融资产则涉及股票、债券、外汇,还有各种指数期权等。不同期权还可以结合成新的期权品种,如双重期权就是看涨期权与看跌期权的组合。

(三)期权交易策略

期权交易策略即交易者根据自身的目的是扩大投机或是实现保值,并根据对基础资产、基础变量的市场走势的判断,选择不同类型的期权进行交易。

1. 买进看涨期权

看涨期权的买方确信基础资产的价格会上涨,所以买进看涨期权。相反,卖方预测价格不会上涨或可能下降，所以卖出看涨期权，以获取权费。以股票看涨期权为例：甲公司股票售价为每股 45 元，投资人可以每股 2 元的权费购买该股票的看涨期权，期权合约规定在 3 个月内按每股 50 元购进 1 000 股甲公司股票。如果在指定期限内甲公司股票价格上升到每股 58 元，则看涨期权的买方可以执行期权合约，以每股 50 元购买到 1 000 股甲公司股票，买方获利为(58－50－2)×1 000＝6 000(元)，而期权的卖方则损失(58－50－2)×1 000＝6 000(元)。如果股票在 3 个月内不涨反跌，降至每股 40 元，则买方不会执行合约，其损失为 2 000 元权费，卖方的盈利正好是买方的损失。买进看涨期权一方在到期日前如果发现自己对基础资产的市场走势判断失误，则可以将期权售出，减少损失。

2. 买进看跌期权

在看跌期权中，期权买方拥有卖出基础资产的权利而处于主动地位，而卖方在买方执行期权时有买进基础资产的义务。假定 B 公司股票目前是每股 30 元，投资人按每股 2 元的权费买进看跌期权，期权合约规定在 9 个月时间里，可按每股 28 元卖出 1 000 股 B 公司股票，如果在这期间股票价格跌至 25 元，则持有看跌期权者可以按现价每股 25 元买进股票，再按合约规定价每股 28 元卖出，期权买方盈利为(28－25－2)×1 000＝1 000(元)。

3. 买进双重期权

双重期权(call and put option)指期权买方有权以事先规定的成交价格(敲定价格)在有效期内买进或者卖出商品的合约。即相当于期权买方同时在同一成交价上既买进看涨期权又买进看跌期权。期权的买方判断在合约有效期内标的资产价格会有大幅涨跌，无论涨跌，期权买方均会获利。而期权卖方则预测市况较为平稳，标的资产价格会窄幅波动，不会诱使买方执行期权，从而使卖出双重期权方获取的权费成为实际利润。双重期权对买方提供了双面保险，所以权费要高于看涨期权或看跌期权。

期权与期货都是转移风险和保值的金融工具，但其灵活度及杠杆作用、风险损失限定都优于期货交易。期权与期货合约的主要区别在于买卖双方在契约中地位的均势是不同的，在期货合约中双方地位完全均等，在期权中则不然。买方处于"有选择权"的地位，卖方则"受命于人"，因为建立契约时发生了现金(权利金)移动。期权交易的保值功能主要通过买进看涨期权和看跌期权达到。买进卖出策略和看涨期权、看跌期权搭配可以形成 4 种组合，它们都可以产生投机效果。

(四)期权清算公司机制

在期权交易所发生的期权交易中，双方是否履约并不依赖于交易的任何一方，而是通过期权清算所或期权清算公司进行的。期权清算公司又称期权清算所，其主要功能是结算交易账户、清算交易、收取履约保证金或缴存相应的股票证券、监管交易的履约实施。清算所制定和实施结算保证制度，从制度上解决了期权合约的履约问题。

在期权交易中，期权合约的买卖双方并不直接地一对一完成交易过程，而是通过期权清算公司机制实现的。当期权的买方支付权费，期权出卖者交纳保证金或缴存相应证券后，清算公司相对于买方即成为卖方，相对于卖方即成为买方，这时买卖双方已不存在直接的权利与义务关系。如果买方执行期权，清算所保证对其履行合约。期权持有者执行期权是通过经纪公司通知清算所，清算所再通知相关经纪公司把转让义务分配给期权卖出者之一。在美国，期货和期权交易所一般都有自己的结算所，它以会员公司的形式加入商品交易所，从而隶属于商品交易所或期权交易所。

三、决定期权价值的因素

资产定价是金融理论研究的重要分支，其中的期权定价理论在当代的进展中愈益应用到较高深的数学知识。为了使读者对期权定价问题在直观范围内有一个初步的了解，我们首先探讨影响期权价值的一些基本因素。

（一）欧式股票期权的价值

为了便于建立起初步的分析框架，我们将分析视角限于只能在到期日执行的欧式看涨期权和欧式看跌期权，并假设基础证券是一种没有股息的股票。

看涨期权的买方只有在期权可能带来正的收益时才能执行，否则不会执行，收益相应地为零。看涨期权在到期日的价值可以简单地表示为

$$C_t = \max(S_t - E, \ 0) \tag{8-2}$$

看跌期权在到期日的价值可表示为

$$P_t = \max(E - S_t, \ 0) \tag{8-3}$$

其中，C_t 为到期日 t 看涨期权价值；P_t 为到期日 t 看跌期权的价值；S_t 为 t 时间基础股票的每股市价；E 为执行价格。

假设一个投资者买入一个看涨期权，有权在到期日以执行价 100 美元买入一股 X 股票。如果在期权到期日 X 股票的价格高于 100 美元，投资者就会执行期权，否则这个看涨期权在到期日就没有任何价值。假设 X 股票在期权到期日的交易价格为 150 美元，据式(8-2)可以计算：

$$C_t = \max(S_t - E, \ 0) = \max(150 - 100, \ 0) = 50(美元)$$

也就是说，投资者执行这个看涨期权，以 100 美元的执行价格买入基础证券后，马上在现货市场上以 150 美元的市价卖出，就获得 50 美元的收益。在买入看跌期权的情况下，投资者会在期权到期日基础股票价格低于执行价格的情况下执行期权。

要确定看涨期权或看跌期权的买方是有收益还是有损失，必须考虑买入期权支付的期权费。这个收益或损失，简单地说，就是期权在到期日的价值与支付的期权费的差额。图 8-4 表示看涨期权和看跌期权买方在到期日的收益和损失，其中 C 和 P 分别表示看涨期权和看跌期权的期权费。图 8-5 描述了看涨期权和看跌期权卖方在到期日的收益和损失。

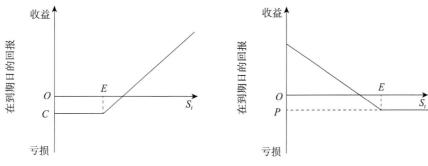

（a）看涨期权买方在到期日的收益和损失　　（b）看跌期权买方在到期日的收益和损失

图 8-4　看涨期权和看跌期权买方在到期日的收益和损失

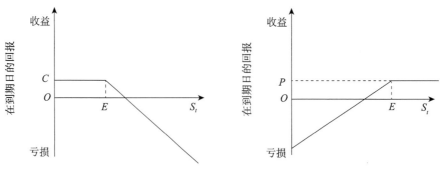

（a）看涨期权卖方在到期日的收益和损失　　（b）看跌期权卖方在到期日的收益和损失

图8-5　看涨期权和看跌期权卖方在到期日的收益和损失

(二)影响期权价格的因素

根据上述讨论，看涨股票期权和看跌股票期权的价值由三个变量决定，即股票时价、执行价格和到期时间，但实际上基础股票收益率的瞬时变化(股票价格波动率)与无风险利率也是重要的影响因素。

看涨期权和看跌期权是或有权益，换句话说，看涨期权的持有者只有当股票价格在到期日(欧式期权)或提前执行时(美式期权)高于执行价格的情况下才有收益。因此，看涨期权的持有者更喜欢大幅的波动率，波动率越大，股票价格超过执行价格的可能性越大。无风险利率是影响期权价值各因素中最不直接的一个，但它却是一个关键的定价参数[①]。

(三)期权定价的套利约束条件

利用套利原理，我们可以明确期权定价必须满足的各种约束条件。

(1)期权是有限负债的证券，因为期权持有者的负债仅限于支付期权费，而期权的价值永远不会是负值。

(2)欧式看涨期权到期时的价值一定是 $S_t - E$ 或是 0，因为期权持有者只在股票价格高于执行价格时才会执行期权。这一点已经反映在式(8-2)中。

类似地，欧式看跌期权到期时的价值一定是 $E - S_t$ 或是 0，即式(8-3)揭示的性质。

(3)用 C'、P' 分别表示美式看涨期权和美式看跌期权的期权费(或价值)。由于美式期权可以在到期前的任何时候执行，它在任何一个时点的价值至少不能低于其内在价值，这样才能避免买入期权后立即执行而获取无风险利润的机会。

(4)由于美式期权在执行的时间上有更大的弹性，它的价格至少应与条款相似但只能在到期时执行的欧式期权相同。

(5)由于买入一种证券的权利不可能比证券本身更有价值，看涨期权的价值也不会超过证券的价格。

类似地，看跌欧式期权的价值也不会超过期权的执行价格，因为这是期权到期时股票价格降到零的情况下期权的价值。

据上述分析，对欧式看涨期权有如下约束：

---

①　股价波动率、无风险利率对期权价值的影响可以通过期权定价模型得到清楚说明，这里不作介绍。

$$C \begin{cases} \geqslant 0 \\ = \max(S_t - E,\ 0) \\ \leqslant S \end{cases} \tag{8-4}$$

欧式看跌期权的约束条件为

$$C \begin{cases} \geqslant 0 \\ = \max(E - S_t,\ 0) \\ \leqslant E \end{cases} \tag{8-5}$$

美式看涨期权、看跌期权的约束条件为

$$C' \begin{cases} \geqslant S_t - E \\ \geqslant C \end{cases} \tag{8-6}$$

$$P' \begin{cases} \geqslant E - S_t \\ \geqslant P \end{cases} \tag{8-7}$$

第四节 利率互换

互换合约又可进一步区分为利率互换与货币互换。利率互换与货币互换的主要区别在于两点：其一，两者均可用以规避风险，降低成本，但分别针对利率风险和汇率风险；其二，利率互换一般不涉及名义本金的交换，货币互换则涉及本金互换。但在许多方面两种互换交易的机制颇有相似之处，我们仅以利率互换对互换交易作基本介绍。

一、利率互换产生的经济动因

在利率互换市场发展初期，互换工具的最初使用者(主要是资金借入者)的主要动机在于利用固定利率债务工具和浮动利率债务工具市场上的信贷利差。试举例说明。

一家 AAA 级的银行想以浮动利率借入一笔资金，为期五年，它全部的举债成本是 6 个月 LIBOR 的浮动利率水平。或者，这家银行也可以在固定利率资金市场借得资金，支付的成本是 10% 的年率。相应地，有一家信用等级为 A 的公司，想在固定利率资金市场借得资金，为期五年，需支付年率 11% 的成本。这家公司同样也可以在浮动利率资金市场举债，条件是 LIBOR 加 50 个基点。图 8-6 是对上述情况的一个直观描述。

图 8-6 通过利率互换实现信用套利

如果没有利率互换机制，这两个素无往来的资金借用者将别无选择，只能直接从市场上借入资金满足各自的融资要求，即银行在浮动利率资金市场借款，而公司到固定利率资金市场上融资。不过，我们注意到两个资金借用者在固定利率和浮动利率资金市场借款的成本之差是不同的。在固定利率资金市场，由于信用级别低，相对于银行，公司须多支付1％的利息。而在浮动利率资金市场，公司同银行借款的成本之差是 0.5％。这两个市场的信用利差的区别可以被双方利用，通过一项利率互换将二者在各自具有比较优势的市场中的借贷结合在一起。在这个例子中，AAA 级的银行以年率 10％的成本在固定利率资金市场借得资金，而 A 级公司在国际银行间市场以 LIBOR 加 50 个基点的成本借得等量资金。进而，双方通过一家中介银行实现利率互换安排，交换各自的利息负债。

在互换安排中，银行支付 6 个月 LIBOR，换取 10.20％的利息收入，公司得到 6 个月 LIBOR 的利息收入而支付 10.25％的年率。将互换安排和资金借入时的条件结合起来，银行实际融资的成本是 LIBOR 减去 20 个基点。这样做比起直接从浮动利率资金市场借款降低成本 20 个基点。对公司来讲，其实际的融资成本是 10.75％，比之直接从固定利率资金市场借款降低成本 25 个基点。而中介银行在这一案例中也获得了 5 个基点的买卖报价利差。注意，通过互换总共节约成本 50 个基点(其中公司得到 25 个基点，银行得到 20 个基点，中介银行得到 5 个基点)与两个资金借用者在固定利率和浮动利率资金市场融资成本差的净差额相等。表 8-6 概括了上述计算结果。

表 8-6　通过利率互换降低融资成本

项目	银行	公司
固定利率借款	−10.0％	—
浮动利率借款	—	−(LIBOR+0.50％)
互换(支付)	−LIBOR	−10.25％
互换(收入)	10.20％	LIBOR
净成本	LIBOR−0.20％	10.75％

以上描述的这种典型的套利机会至少在初期对利率互换市场起到了促进作用。对于这种套利机会的存在还有如下解释：固定利率债券市场中更强的避险倾向、浮动利率借贷市场超容、市场之间的信息不对称等。

在一个竞争性的市场中，互换工具愈加广泛的使用，会导致由以上原因引起的任何套利机会逐渐消失，从而使互换存在的原因也不复存在。但事实上却恰恰相反，互换市场自产生以后成倍增长，已经成为全球金融市场中的主要部分。直到 20 世纪 80 年代中期，才开始出现一些对互换存在原因更合理的解释。

二、对利率互换的理论解释

(一)比较优势论

这一理论以贸易理论中的比较优势理论解释使用利率互换工具获得的经济利益。同国际贸易中的情况相似，在资本市场中，市场的效率被视作发挥比较优势产生的结果，认为互换工具最终使用者的主要动机在于利用比较优势降低融资成本。比较优势的来源主要有三个方面：第一，政府管制导致市场的扭曲从而产生套利机会；第二，信息失效导致不同市场对风险(特别是信用风险)的理解有所不同；第三，个人投资选择不够多样化。

(二)市场实现论

这一理论认为，利用利率互换工具可以创造超出一定年限的债务或投资组合结构，而这是任何现存市场工具组合都难以实现的。该理论认为利率互换市场的发展促进了金融市场的一体化。例如，超出 2～3 年期的利率远期合约市场一向缺乏流动性，而利率互换被视作远期利率合约的组合，较长期限的互换可用来替代较长期限的远期合约。此外，利率互换工具和相应的债务结合而成的投资组合，也是现存证券投资工具无法取代的。

(三)机构假设论

这一解释依据的是长期和短期债务市场中机构成本(agency costs)的差异。它认为，当信用级别较低的融资者发行长期债务时，会因债券持有者分担损失而趋向于更加冒险。而一旦破产发生，尽管债券持有者要分担损失，但他们却没有因此得到更多回报。由于存在这种风险和收益的不对称，债券持有者会要求信用级别低的融资者在发行长期债务时给予更多回报。而对信用级别高的发债人所要求的回报要低一些，因为这些借款人已经建立了长期稳定的信誉。不过，信用级别低的借款人可以降低这种机构成本，先在短期浮动利率资金市场筹集资金，再通过互换把它换成长期的固定利率负债。在短期资金市场，借款人受各个利率期限的控制，不必因机构成本支付长期的升水。这样，利率互换可以使融资成本降低。

三、标准利率互换的特征

利率互换是双方订立的在一定时间后依据互换安排按期进行利息支付的协定。其中，一方以一定的固定利率确定支付的金额，被称作互换中的"固定利率方"；另一方以浮动利率指数确定支付的利息，主要是 LIBOR，被称作互换交易中的"浮动利率方"。

固定利息一般一年或半年支付一次。任何时候，互换交易商都会按固定利率的水平提供不同期限的买入和卖出两种固定利率报价。通常，对各主要货币均有一年、两年、三年、四年、五年、七年和十年期的互换。买入价是交易商收取相同货币、相同期限 6 个月 LIBOR 利息收入时愿意支付的固定利率水平(年率或半年率)。相反，卖出价是交易商支付相同货币、相同期限 6 个月 LIBOR 利息时，希望得到的固定利息收入水平。浮动利率在每个利息区间开始时确定，在每个时期终了时，即利率确定后 6 个月支付。所有的利息支付金额都以相同的本金为基础来计算。

一个标准的或是最普通的利率互换是指即期市场固定利率同 6 个月 LIBOR 之间的互换交易。如果一笔互换中的固定利率高于或是低于即期市场中的固定利率水平，就成为一笔非标准的市场外利率互换交易。一笔标准的利率互换交易由以下五个因素来确定。

(1)名义本金金额。固定和浮动利息的支付金额均以名义本金金额为基数来计算，相当于一张债券的票面价值。但是，在互换交易中，不发生本金的交易，所以这个数额只是名义上的。

(2)固定利率。它是决定固定利息支付的指数。固定利率水平在互换条款设立之初就确定下来。标准利率互换的市场价格由固定利率决定。固定利率一般以年率或是半年率来表示。

(3)浮动利率。它是决定浮动利息支付多少的利率指数。对各主要货币来说，浮动利率一般是 LIBOR。固定利率报价通常都是对应 6 个月 LIBOR。以每个计息区间开始时的 LIBOR 确定浮动利率方的利息支付水平,而实际支付则在这一区间结束之时完成。

(4)支付的频率。标准的利率互换安排中固定利息的支付大多一年或是半年一次。相应地,浮动利息的支付若以 6 个月 LIBOR 为参照指数则每相隔 6 个月一次。

(5)到期日。到期日是互换最后结束的日子,在这一天,双方完成最后一次利息支付。

四、利率互换的定价

利率互换的报价通常表示为在一定名义本金余额基础上支付的固定利率。这一固定利率针对一定的标准期限,和 LIBOR 相对应(通常是 6 个月 LIBOR)。在任一时点上,交易商都会提供一个买方报价(同 LIBOR 收入对应的准备支付的固定利率)和一个卖方报价(支付 LIBOR 的同时希望得到的固定利率)。买方报价和卖方报价之间的价差反映了交易商完成一笔互换交易的成本。

利率互换市场有一些具体的市场惯例,这些惯例大多是对支付频率和计息天数的特别规定。例如,固定利息的支付一般是一年或半年一次。在决定生息天数时,又有几种不同规定:第一,实际天数/360 天基准;第二,实际天数/365 天基准;第三,30 天/360 天基准。

美国货币市场采用的是实际天数/360 天的方法计算生息天数,而英国的惯例则是实际天数/365 天,而 30 天/360 天的生息天数计算方法多在债券市场使用。

实际天数/360 天的生息天数计算方法设定一年有 360 天,按照这种方法从 D_1 到 D_2 期间的固定利息支付金额就应当是

$$固定利息支付金额 = 名义本金金额 \times 固定利率 \times \frac{(D_2 - D_1)}{360}$$

相似地,按照实际天数/365 天的生息天数计算方法,无论是否闰年,都假定一年有 365 天,则从 D_1 到 D_2 期间的固定利息支付金额应当是

$$固定利息支付金额 = 名义本金金额 \times 固定利率 \times \frac{(D_2 - D_1)}{365}$$

30 天/360 天的生息天数计算方法设定每月有 30 天。按此方法,我们不计算 D_2 和 D_1 之间的实际天数,而是要计算这期间有几个完全的月份,同时考虑不完全月份的天数。

$$固定利息支付金额 = 名义本金金额 \times 固定利率 \times [30 \times 完全月份数$$
$$+ \max(30 - D_1, 0) + \min(30, D_2)]/360$$

浮动利息支付的金额在计算时通常采用由伦敦市场公布的主要货币 6 个月存款利息(如 LIBOR)。其他货币也都使用相类似的国内基准利率。浮动利率一般在生息日期开始前两天确定下来。在计算生息天数时,视不同货币分别采用实际天数/360 天的方法,或者采用实际天数/365 天的方法。

复习思考题

1. 衍生工具发展的经济背景是什么?

2. 怎样区分利率互换和货币互换?

3. 试述金融全球化与衍生工具市场发展的联系。

4. 试述金融衍生工具市场的双重经济效果。

5. 什么是期货交易中的套期比率?

6. 什么是期货交易中的初始保证金和维持保证金?

7. 试举例说明空头套期保值的交易过程。

8. 试述有关期货与现货价格关系的三种理论。

9. 简述期权交易策略选择及其原因。

10. 影响期权价格的因素有哪些?

11. 试根据套利原理建立各种期权的约束条件。

12. 结合本章内容讨论巴林银行倒闭案,巴林银行倒闭的原因是什么?

参考文献

阿普尔亚斯 D R,菲尔德 Jr A J.2001.国际经济学.龚敏,陈琛,高倩倩译.北京:机械工业出版社

奥林戈莱比 J D.1999.国际金融市场.刘曼红,陈雨露,赵锡军,等译.北京:中国人民大学出版社

范霍恩 J C.2000.金融市场:利率与流量.赵智文,余良标译.大连:东北财经大学出版社

国际货币基金组织.1999.国际资本市场:发展、前景和主要政策问题.北京:中国金融出版社

马图 M.2000.结构化衍生工具.林涛,林育欣,王辉,等译.北京:经济科学出版社

王松奇.2000.金融学.北京:中国金融出版社

第九章

现代资产选择理论

传统的资产选择(portfolio election)方法主要使用基本因素分析和技术分析,其主要缺陷是没有对风险影响证券收益的机制加以分析,尤其缺乏对风险因素作计量上的判断。数学和计算机科学的飞速发展为现代资产选择理论的发展提供了理论和技术支持。20世纪80年代以后,与相关理论联系的金融分析技术已经被广泛地应用于市场。马科维茨模型、资本资产定价模型(capital asset pricing model,CAPM)、套利定价理论(arbitrage pricing theory,APT)、期权定价理论已经成为现代金融理论的核心与经典。本章主要以资本资产定价模型为基础对现代资产选择理论的发生发展及其应用作初步介绍。

■ 第一节 现代资产选择理论的发展

一、证券投资风险

(一)证券投资风险的含义

1. 对证券投资风险的定义

证券投资风险是指证券预期收益率的不确定性[①]。这种不确定性的程度可以用收益率的方差或标准差衡量。按照通常理解,证券投资的目的是获得正的收益,但事实上却可能遭受损失,也就是要承担一定的风险。

承担证券投资风险可以被看做投资者希望获得高出无风险收益率的超额收益所必须付出的代价。不过,对于风险可以实施有效的管理,投资者虽然不可能完全消除风险,但可以控制风险,前提是正确识别风险,认清风险根源,从定量的角度较为准确地估计风险。

2. 系统风险和非系统风险

证券投资风险又可以区分为系统风险和非系统风险。系统风险又指市场风险,指能够

---

① 根据凯恩斯的看法,对风险可以使用统计方法进行计量,不确定性则完全不可计量,风险与不确定性不是可以任意互换的一组概念。证券投资风险因而可以被定义为预期收益率的非稳定性或者波动性。这里沿用习惯说法。

影响所有上市交易证券价格趋势的风险；非系统风险指仅仅影响个别种类交易证券价格趋势的风险。系统风险主要来自于利率风险、汇率风险、货币价值风险、政策风险、市场组织、市场预期等；非系统风险主要来自于违约风险、不可抗力风险等。不同类别金融产品的非系统风险与其本身的基本特征密切相关，其中包括发行者、期限、价格、流通性等基本要素。

在投资管理理论视野中，当投资的实际收益率高于预期收益率时也是风险。例如，卖出股票后，股票价格走势高于预期的价格，即使卖出股票所实现的收益高于预期收益，表面上没有损失，但是卖出股票就等于失去了获利的机会，因此对于卖方来说，实现的收益高于预期收益也是一种风险。也就是在这个意义上，证券投资风险是指投资最终的实际收益与预期收益的偏离，或者说是证券收益的非稳定性，包括预期收益变动的可能性和变动幅度的大小，这里的偏离既可能高于预期收益，也可能低于预期收益。

3. 短期"零和博弈"与股市长期收益的决定

在证券市场上往往一方的损失就是另一方的收益，所以证券投资的风险与收益犹如一枚硬币的两面。短期交易中的买空卖空最能说明这一问题：假如甲、乙两个投资者在相同的时间区间里分别卖空、买空同一种股票，这种股票价格在相同时间段下降了。结果是甲实现盈利(前提是股票价格下降达到一定程度，弥补各种交易费用之后有剩余)，乙亏损。在这一情况下证券投资是一种"零和博弈"。但从长期而论，股票市场总体收益来源于股票净值增长。与实质经济联系，股票市场总体名义收益来源于产业利润成长及通货膨胀趋势。

(二)不同类别金融产品的投资风险

对不同金融产品的风险进行排序，衍生产品类的风险最高，股权类产品的风险次之，债权类产品的风险通常较低。因为存在非系统风险，同一种类金融产品的风险也有差别。

1. 债券投资风险

债券的风险直接取决于债务人还本付息的能力，所以不同债券由于发行主体不同也具有不同的风险，其主要风险也就是信用风险。政府债券(金边债券)发行建立在国家信用基础上，是债券中风险最小的一类；垃圾债券是经营业绩较差的公司发行的债券，故风险很高。风险介于两者之间的债券有金融债券、实力雄厚的大公司发行的公司债券等。应该予以强调，所谓某种债券具有低风险特征、国债具有无风险特征，主要是指将债券持有到期的情况而论。如果投资者在债券到期之前通过二级市场出售，则要承担债券的价格风险。如果在利率很低的时候买入一次性还本付息债券，在到期前再卖出，则投资者不但有可能得不到利息的收益甚至要承担亏本的风险。当然，在二级市场中低风险债券价格的波动性也低一些，我们在本章开始对证券投资风险的定义中已经隐含了这一点。证券价格的非稳定性、波动性决定证券收益率的波动性。

2. 股票投资风险

在股票市场上，非系统风险往往与上市公司所在的行业、规模、经营战略等相联系。一般来说，周期性明显、固定成本高的行业风险较大，周期性不明显、调整成本比较低的行业风险较低；大公司的风险相对较小，小公司的风险较大；相对保守的公司风险较小，相对激进的公司风险较大。公司在行业、规模和战略等方面的因素最终将体现在公司的经营业绩以及经营业绩的持续性和增长性上。业绩好并且可以持续增长的公司风险较小,业绩差且波动大的公司风险较高。

3. 衍生金融产品的投资风险

衍生金融产品的风险很高。衍生产品的价格在很大程度上取决于标的产品的价格波动。例如,股票指数期货的价格波动主要取决于股票指数的现货价格的波动,如果股票的现货市场存在被操纵的可能性或者存在能够导致股票价格巨幅波动的因素,那么这样的股票衍生产品就具有很大的风险。衍生产品的高风险还取决于衍生产品的交易制度。例如,期货市场上往往采用保证金制度,如果保证金比率为 10%,那么杠杆比率就是 10 倍,价格变动 1%,投资者的盈亏就变动 10%;如果保证金比率为 20%,那么杠杆比率就是 5 倍,价格变动 1%,投资者的盈亏就变动 5%。杠杆比率就影响者盈亏比率,从而决定风险大小。

二、投资分散化

(一)用风险解释证券投资收益

引入风险范畴的意义在于以风险解释证券投资收益。在现代资产组合理论中收益和风险的基本关系是:单个证券的收益与风险相关,风险较大的证券收益率也较高,而收益率低的投资往往风险也较小。但是需要指出,承担高风险最终并不一定能够带来高收益,这里讲的"收益"主要是投资者预期收益率或必要收益率,预期反映一种趋势,在任何两个时点之间所发生的收益率与预期收益率不是一回事。此外,单个证券的风险不可能完全被消除。

在理论上,风险与收益的关系可以用"预期收益率=无风险利率+风险补偿"来表示。无风险利率是指把资金投资于某一没有任何风险的投资对象而能得到的收益率。实际上并不存在完全无风险的利率。相对而言,国家发行债券——尤其是短期国库券,由于有国家信用和国家税收作担保,其流动性风险很低,因此通常把短期国库券的利率看做无风险利率。

(二)投资分散化(多元化)可以降低风险

适当分散的投资组合(portfolio)一般会有利于降低整体风险或提高整体收益。因为当一只证券的收益下降时,另一只证券的收益可能上升。可以通过很多例子说明这一问题。一个是商品市场的例子:夏季销售雨具与西瓜两种商品分别会面临久旱不雨和连阴雨的风险,同时经营两种商品虽然会降低总体收益,但却有可能避免严重亏损的情况。另一个是人力资源管理的例子:大公司的总裁对于各个部门主管的感情的和物质的投资也要采用"适度分散化原理",不能"三千宠爱在一身",否则无法实现人力资本利用收益最大化,使投资背离其人力资源资本的价值,更多主管人士的人力资源资本的价值得不到充分挖掘利用。最终将增加人力资源投资的风险,降低其收益率。

一只证券若成为组合投资的一部分,其风险通常要小于它作为单独投资的风险。更有甚者,一只单独投资风险较大的证券,若配置到适当的投资组合中,还有可能大幅度降低组合的整体风险。

三、资产选择理论的历史演进过程

传统的资产选择方法主要使用基本因素分析和技术分析，并使用财务理论中的现金流方法对证券进行估值。传统理论的主要缺陷是没有对风险影响证券收益的机制加以分析，尤其缺乏对风险因素作计量上的判断。数学和计算机科学的飞速发展为现代资产选择理论的发展提供了理论和技术支持，从而大大提高了现代投资组合管理的科学性及其业绩水平。

费雪和希克斯先后提出以概率分布描述资产收益率的不确定性，测度投资者偏好的方法。但两人并没有建构新的微观金融理论体系，其思想也无法运用于资产组合管理的实践。马科维茨于1952年发表《资产选择》一文，提出均值—方差模型，使用数量化方法确定最佳资产组合，从而开创了现代资产组合理论的先河。托宾于1958年提出人们在现金与风险资产之间配置资金的两个基本步骤，首先根据马科维茨模型决定风险资产组合，其次根据个人风险偏好状况(无差异曲线)决定如何在现金与风险资产之间分配投资，即托宾分离定理。

在马科维茨的均值—方差资产组合理论及托宾分离定理的基础上，夏普（Sharpe，1964)、林特纳（Lintner，1965)、莫森（Mossin，1966)提出这样一个问题：假如市场投资者都按照资产组合理论管理他们的投资组合，将会对证券价格及市场总体产生什么影响。三位学者相对独立地提出资本资产定价模型。在其后15年里，这一模型在金融领域中占据着统治地位，它不仅被写入金融专业的教科书，还被广泛地运用于评价资产组合绩效、对证券估值、进行资本预算决策，甚至用于对公用事业的管理等。然而理查德·罗尔（Richard Roll)却于1976年对这一模型提出了重大质疑，认为对资本资产定价模型根本无法进行实证检验，因而应将其抛弃。与此同时，罗斯（Ross，1976)则提出了另一种定价模型，即套利定价理论。这一理论认为预期收益率和风险紧密相关，因此没有任何一个投资者可以通过套利创造无限的财富。套利定价理论放松了假设条件，而且罗尔和罗斯（Roll and Ross，1984)都认为，至少从原理上来说它是可以检验的。但是，尽管对资本资产定价模型的可检验性至今仍存在很大争议，其在实践中的运用范围还是远远超出了套利定价理论。

期权合约的定价问题曾经长期困扰着金融学领域的众多学者，直到1973年布莱克（Fisher Black)和斯考尔斯（Myron Scholes)共同发表了一篇关于期权定价的论文，默顿也几乎同期发表了他有关期权定价的研究成果。由于他们的研究，期权定价问题取得突破性的进展。

尽管存在一些理论争论，但是与相关理论结论联系的金融分析技术仍然被广泛地应用于市场。马科维茨被誉为"现代资产组合理论之父"，马科维茨与他的学生夏普、斯考尔斯与默顿分别于1990年和1996年获得诺贝尔经济学奖。马科维茨模型、资本资产定价模型、套利定价理论、期权定价理论以及单因素模型和多因素模型已经成为现代金融理论的核心基础与经典。

第二节　资产组合选择模型

投资多元化是否能够降低风险，怎样有效地降低风险？这与组合中单个证券及两两单个证券之间的一系列统计特性有关，所以有必要了解反映证券（包括投资组合）收益率、证券投资风险的若干统计概念。我们将依次介绍相关统计概念和马科维茨模型、资本资产定价模型，从而使读者对现代资产选择理论的基本思想有所了解。

一、统计概念

(一)单个证券的期望收益率与方差

1. 单个证券的期望收益率或收益率的期望值

用 $E(r_A)$ 表示 A 证券预期收益率的期望值，则有

$$E(r_A) = \sum_{i=1}^{n} P_i r_{A,i} \tag{9-1}$$

其中，$r_{A,i}$ 为统计期间内 A 证券预期收益率的第 i 种取值（即随机变量取值）；P_i 为 $r_{A,i}$ 发生的概率。$E(r_A)$ 实际上是指已经发生的事情揭示证券收益率在未来的趋势。在具体使用过程中也可以用样本估计值代替期望值，以 $\bar{r}_A$ 表示样本估计值，$r_{A,t}$ 表示统计期间的样本取值，则有

$$\bar{r}_A = \frac{\sum_{t=1}^{n} r_{A,t}}{n} \tag{9-2}$$

2. 单个证券收益率的方差、标准差——估计风险

根据我们开始的定义，"证券投资风险是指证券预期收益率的非稳定性或者波动性"，以下将会发现，标准差证券收益率的标准差是其风险的适度计量指标。用 $\sigma_{r_A}^2$、σ_{r_A} 分别表示 A 证券收益率的方差、标准差，则有

$$\sigma_{r_A}^2 = \sum_{i=1}^{n} P_i \left[r_{A,i} - E(r_A) \right]^2 \tag{9-3}$$

因为是基于 $E(r_A)$，$\sigma_{r_A}^2$ 也可以被称作证券收益率方差的期望值。如果是基于 $\bar{r}_A$ 计算表示证券收益率方差期望值的样本估计值，则有

$$\sigma_{r_A}^2 = \frac{\sum_{t=1}^{n} (r_{A,t} - \bar{r}_A)^2}{n-1} \tag{9-4}$$

在这里 t 表示与样本值 $r_{A,t}$ 对应的时间。除以 $n-1$ 而不是除以 n，是由于当 $\bar{r}_A$ 为已知条件下自由变量数目是 $n-1$ 而不是 n，但当样本数很大时除数无论取 $n-1$ 还是 n 对计算 $\sigma_{r_A}^2$ 无显著影响。无论是基于 $E(r_A)$ 还是 $\bar{r}_A$ 计算方差，A 证券收益率的标准差都是其方差的平方根，即

$$\sigma_{r_A} = \sqrt{\sigma_{r_A}^2} \tag{9-5}$$

假如证券 A 的期望收益率 $E(r_A)$ 是 10%，标准差 σ_{r_A} 为 5%，按照统计趋势，我们估计证券 A 未来时期预期收益率在 $5\%\sim15\%$。换句话说，证券 A 预期收益率相对于期望值的离差在 $-5\%\sim5\%$。

(二)两种证券之间的关联分布

1. 协方差

如果以 $\sigma_{A,B}$ 表示两种证券收益率的协方差，则

$$\sigma_{A,\ B} = \sum_{i=1}^{n} P_i [r_{A,\ i} - E(r_A)][r_{B,\ i} - E(r_B)] \tag{9-6}$$

其中，P_i 同样表示事件发生的概率，但在这里，P_i 表示随机变量 r_A、r_B 的第 i 组取值（即 $r_{A,i}$、$r_{B,i}$，两者同时发生）的概率。

仍然可以基于 $\bar{r}_A$、$\bar{r}_B$ 计算协方差：

$$\sigma_{A,\ B} = \frac{\sum\limits_{t=1}^{n}(r_{A,\ t} - \bar{r}_A)(r_{B,\ t} - \bar{r}_B)}{n-1} \tag{9-7}$$

协方差的经济学意义是揭示证券 A、B 收益率变动的相对运动趋势。$\sigma_{A,B}$ 为正（负），说明两种证券收益率变动趋于相同（反）的方向，当证券 A 收益率上升，证券 B 收益率趋于上升（下降），二者呈正（负）相关；反之则反是。不过，$\sigma_{A,B}$ 的绝对值大小并不揭示两种证券收益率相关性的强弱，因为随着样本数目增加，$\sigma_{A,B}$ 的绝对值一般也趋于增加。为了更清晰地说明两种证券收益率的相关程度，引入相关系数概念。

2. 相关系数

用 $\rho_{A,B}$ 表示两种证券收益率的相关系数，则

$$\rho_{A,B} = \frac{\sigma_{A,B}}{\sigma_A \sigma_B} \tag{9-8}$$

$\rho_{A,B}$ 实际上是对 $\sigma_{A,B}$ 给予一个压缩因子 $\sigma_A \sigma_B$（证券 A、B 收益率的标准差的乘积），从而将协方差 $\sigma_{A,B}$ 转化为能够反映两种证券收益率相关性程度的指标，相关系数 $\rho_{A,B}$ 取值必然在 $[-1,1]$。$\rho_{A,B} = -1$、0 或者 1 是三种比较特殊的情况，即完全负相关、不相关（零相关）和完全正相关。

3. 判定系数

判定系数是两种证券收益率相关系数的平方，即 $\rho_{A,B}^2$，表示证券 A 的收益率与证券 B 的收益率可变性有关部分有多大比例。如果 A、B 两种证券的相关系数是 0.90，则 $\rho_{A,B}^2$ 为 0.81，表示 A 收益率变动中大约有 81% 与 B 的收益率变动有关。如果 $\rho_{A,B}$ 恰好等于 1 或者 $\rho_{A,B}^2$ 等于 100%，如果知道一种证券下个月的收益率，就能准确预测另一种证券下个月的收益率。

(三)投资组合的期望收益率与风险

1. 投资组合的期望收益率

以 P 表示投资组合，$E(r_P)$ 表示组合的期望收益率，j 表示投资组合中包含的任一单个证券，则

$$E(r_{\mathrm{P}}) = \sum_{j=1}^{n} w_j E(r_j) \tag{9-9}$$

其中，w_j 表示证券 j 在组合中的权重或者投资比例。与单个证券相同，如果取估计值，只需将式(9-9)中的 $E(r_{\mathrm{P}})$、$E(r_j)$ 替换为 $\bar{r}_{\mathrm{P}}$、$\bar{r}_j$。

2.投资组合的方差、标准差

投资组合的方差、标准差是其风险的度量指标。用 $\sigma_{r_{\mathrm{P}}}^2$、$\sigma_{r_{\mathrm{P}}}$ 分别表示组合的方差与标准差[①]，i 和 j 表示单个证券序列，n 表示组合中包含单个证券的数目。投资组合的方差为

$$\sigma_{r_{\mathrm{P}}}^2 = \sum_{i=1}^{n} \sum_{j=1}^{n} w_i w_j \sigma_{i,j} \tag{9-10}$$

与单个证券相似：

$$\sigma_{r_{\mathrm{P}}} = \sqrt{\sigma_{r_{\mathrm{P}}}^2} \tag{9-11}$$

以三种证券 A、B、C 形成的投资组合为例：

$$\sigma_{r_{\mathrm{P}}}^2 = w_{\mathrm{A}}^2 \sigma_{r_{\mathrm{A}}}^2 + w_{\mathrm{B}}^2 \sigma_{r_{\mathrm{B}}}^2 + w_{\mathrm{C}}^2 \sigma_{r_{\mathrm{C}}}^2 + 2 w_{\mathrm{A}} w_{\mathrm{B}} \sigma_{\mathrm{A,B}} + 2 w_{\mathrm{A}} w_{\mathrm{C}} \sigma_{\mathrm{A,C}} + 2 w_{\mathrm{B}} w_{\mathrm{C}} \sigma_{\mathrm{B,C}} \tag{9-12}$$

式(9-12)是组合所包含单个证券收益率及其权重的协方差矩阵中所有元素之和的展开式。对应单个证券的平方项均位于协方差矩阵的对角线上；从右边第三项开始每一项是矩阵对角线上下相同元素合并得到。协方差矩阵中共有 n^2 个元素。

根据式(9-8)有

$$\sigma_{i,j} = \rho_{i,j} \sigma_i \sigma_j \tag{9-13}$$

所以，可以用 $\rho_{i,j} \sigma_i \sigma_j$ 替代式(9-10)中相应的协方差项 $\sigma_{i,j}$ 计算投资组合的方差。

二、马科维茨模型

(一)模型假设

马科维茨分别用期望收益率和收益率的方差度量投资的预期收益水平和风险，建立了均值—方差模型。马科维茨模型基于以下假设。

(1)证券市场是一个有效市场，证券价格综合反映了各种市场信息。

(2)投资者以期望收益率 $E(r)$（或收益率均值 $\bar{r}$）衡量未来收益率总水平，以收益率的方差 σ_r^2 或标准差衡量收益率的风险。

(3)所有投资者都厌恶风险且追求收益最大化。

(4)证券具有无限可分性。投资者对单个证券可以选择任何权重构建证券资产组合。

(二)最小方差集

对应于每一种收益率水平，有一个投资组合的方差最小，将分别满足各种收益率水平而且方差最小的投资组合的集合称作最小方差集(minimum variance set)。

(三)有效集

投资者在所有可能的投资组合中选择有效率投资组合。有效率投资组合应该同时满足

---

① 可以通过期望值运算推导。见豪根 R A. 现代投资理论. 郑振龙译. 北京：北京大学出版社，2005：74-75.

下述条件：①当收益率一定条件下风险最小；②当风险一定条件下收益率最大。

显然，有效率投资组合不是唯一的。有效集（efficient set）就是满足上述条件的有效率投资组合的集合。这就是有效集定理。

(四)求解最小方差集和有效集

当投资于 n 种证券，分配于其中任意单个证券 j 上的资金占自有资金的权重为 w_j（$j=1$，2，$\cdots$，n），所有权重之和等于 1 或者 100%。对这一点做简单数学归纳并重写式(9-9)和式(9-10)得到由以下三个方程表述的马科维茨模型：

$$\sum_{j=1}^{n} w_i = 1 \tag{9-14}$$

$$\sigma_{r_P}^2 = \sum_{i=1}^{n} \sum_{j=1}^{n} w_i w_j \sigma_{i,\,j} \tag{9-15}$$

$$E(r_P) = \sum_{j=1}^{n} w_j E(r_j) \tag{9-16}$$

在式(9-14)约束下给定 $E(r_P)$ 值，根据式(9-15)求解满足投资组合方差最小的 n 种证券各自的权重（即一个特定的权重 W 的序列 w_1，w_2，$\cdots$，w_j，$\cdots$，w_{n-1}，w_n），即得到一个最小方差投资组合。改变 $E(r_P)$ 并重复上述过程，即得到最小方差集。

在图 9-1 的均值—标准差平面上，由 $W\text{-}V\text{-}S$ 代表的曲线就是由求解马科维茨模型得到的最小方差集，曲线上任一点都表示对应特定期望收益率的最小方差投资组合。但比较曲线上 $W\text{-}V$ 和 $V\text{-}S$ 两个部分，$W\text{-}V$ 仅满足有效集定理的第一点，$V\text{-}S$ 满足有效集定理两个条件。所以，曲线上 $V\text{-}S$ 部分代表马科维茨模型中的有效集。

事实上，我们可以通过另一种更为直接的求解过程，即给定投资组合方差在式(9-14)约束下根据式(9-16)求 $E(r_P)$ 的最大值，就得到一个有效率的投资组合（同样对应权重 W 的一个特定序列），不断重复这一过程便得到有效集。V 点表示利用所有可供选择的投资机会能够得到的最小方差投资组合（minimum variance portfolio，MVP），因而，当对投资组合方差的赋值小于 MVP 的方差时模型无解。

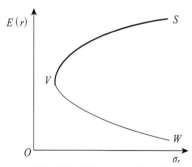

图 9-1 马科维茨模型中的最小方差集和有效集

注：曲线 $S\text{-}V\text{-}W$ 表示最小方差集；粗线 $S\text{-}V$ 部分为有效集

如果将有效集以外的所有单个证券与可能的投资组合按照其期望收益率、标准差描述于我们建立的均值—标准差平面上，它们的位置均处于图 9-1 中 $W\text{-}V\text{-}S$ 曲线的右方。为什么不是位于曲线的左方？因为如果那样的话 $W\text{-}V\text{-}S$ 曲线就不代表有效集了。

(五)对模型的应用方法

马科维茨模型将边际分析运用到资产选择领域，将资产组合选择作为在约束条件下求极值问题进行刻画，具体用到数学中的拉格朗日乘子法及非线性规划。在马科维茨1952年发表他的论文时运算过程显得复杂繁难，以后由于数学和计算机科学的发展，求解模型的最优解已经比较容易。

求解有效集的已知条件为：第一，投资组合中单个证券的期望收益率和方差（或者标准差）；第二，单个证券两两之间的协方差（或者相关系数）。在具体应用中单个证券的期望收益率和方差、证券两两之间的协方差可以通过历史数据计算得到。在初期，马科维茨模型主要用于在股票、债权、房地产、黄金等有限几种资产大类中进行投资分配决策，计算机技术的发展允许将这种最优资产组合技术用于在几千种股票、债券中进行资产配置。

已经得到证明，在允许卖空条件下如果已知最小方差集上的任意两种投资组合的期望收益率与方差，就可以将资金在这两种组合之间配置，以形成所需要的最小方差集上的任何一种组合。因为有效集在最小方差集上，这种情况也完全适用于有效集[1]。

三、托宾分离定理

(一)托宾第一分离定理

托宾1958年发表《规避风险与流动性偏好》一文，从而对资产选择理论做出贡献，以后的分析中我们会发现，托宾的贡献是由马科维茨模型发展到资本资产定价模型的重要的中间环节。与马科维茨不同，托宾引入了现金资产，主要论证在单一的风险资产和现金之间如何形成均衡的资产组合，风险资产的风险变动如何影响对现金资产的需求[2]。但是，他以很简约的方式使他的理论可以利用马科维茨模型的结果，指出即使投资者选择很多风险资产，也不会发生什么实质性的变化，因为这些资产将一直保持同样的比例而被看做单一的复合资产，投资者的资产组合决策由在现金与单一风险资产之间选择转向在现金与一个复合的风险资产（或者风险资产组合）之间进行选择。托宾将资产选择过程分为两个步骤。

(1)根据马科维茨模型决定投资于不同单一风险资产的比例，即决定所有单一风险资产在风险资产组合中的权重。

(2)在风险资产组合与现金之间做出分散投资的决策。或者，当总投资为1，决定风险资产组合与现金各自占总投资的权重。

这就是资产组合理论中的第一个分离定理，被称作托宾第一分离定理。

(二)引入现金点后新的效率边界

可以通过图9-2对托宾分离定理做进一步说明。仍然以期望收益率 $E(r)$ 与收益率标准差 σ_r 形成二维平面，图中曲线 $S\text{-}MVP\text{-}T\text{-}W$ 上任何一点都是对应于每一期望收益率水平的最小标准差（也是最小方差）资产组合。O 点代表着无风险但收益率同样为零的现金。

---

[1] 相关证明见豪根 R A. 现代投资理论. 郑振龙译. 北京：北京大学出版社，2005：98-99.

[2] Tobin J. Liquidity preference as behavior towards risk. Review of Economics Studies，1958，25(2)：65-86. 托宾最初的目的是研究引入风险因素以后的现金需求问题。见本书第十章。

现在，由 O 引有正斜率切 S-MVP-T-W 于 T 的切线 O-T 成为新的效率边界，因为切线上各点提供了对应一定 σ_r 值的最大 $E(r)$ 值。规避风险的投资者将按照它们在 $E(r)$-σ_r 空间上的无差异曲线与效率边界的切点选择资产组合，从而达到效用最大化。为什么投资者不是在现金点与 T 点以外，但仍然在马科维茨最小方差集上的其他各点的连线上进行现金与风险资产组合的配置？原因在于只有在 O-T 线段上选择投资组合，投资者才会获得最高的风险报酬比率。

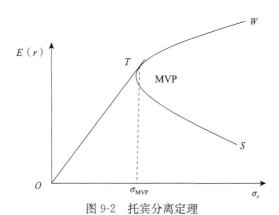

图 9-2　托宾分离定理

(三)托宾资产选择理论与马科维茨模型的比较

比较马科维茨模型与托宾分离定理可以发现以下几点。

第一，马科维茨模型仅仅在风险资产之间形成资产组合，托宾将现金引入资产选择序列。托宾理论贡献的当代意义是在宏观上将货币市场与风险资产(资本)市场融为一体进行分析，微观上考虑到投资者总是同时持有现金与风险资产，而且市场(或者单一风险资产)风险变动会影响投资者对现金的持有数量。

第二，按照托宾理论形成均衡的资产组合，能够有效降低组合的风险，但是也限制了收益率。风险可以最小化为零，收益率被限制在资产组合 T 所代表的水平。马科维茨模型中最小化风险由对应于最小标准差投资组合 MVP 给出的，但其最大收益率由 W 点的组合所代表。从理论上讲，当允许卖空条件下可以获得任意高的收益率水平，最小方差集曲线由 W 点可以一直向右上方延伸。

四、资本资产定价模型

夏普、林特纳、莫森等在马科维茨与托宾研究的基础上进一步做出一些大胆假设，发展出资本资产定价模型。

(一)资本资产定价模型的主要假设

除了沿袭马科维茨模型中的基本条件之外，资本资产定价模型引入如下两个关键假设。

(1)所有投资者关于证券收益的概率分布具有同一信念，包括单个证券的期望收益率、方差，以及证券之间的联合概率分布，如协方差、相关系数等。

(2)不限制无风险借贷，既可以指不限制卖空无风险(但是有收益)资产，如卖空政府债券；也可以指不限制以银行利率借入资金。

(二)贝塔因子

夏普等进一步引入揭示单个证券、投资组合以市场风险资产组合(即将全部风险资产当做一个投资组合,以 M 表示)权衡的系统风险因子 β。如果以单个证券或者投资组合收益率为 y 轴,以市场组合收益率为 x 轴,将两者在不同期间的样本收益率绘制在二维平面上,可以在样本点之间找到一条最佳拟合线,将其作为反映单一证券(或者组合)与市场收益率相对变动趋势的特征线,β 就是特征线的斜率,由此我们可以非常直观地发现 β 表示了证券或者组合收益率相对于市场的波动率。根据统计学定义,β 的估计值为

$$\hat{\beta} = \frac{\sigma_{j,M}}{\sigma_M^2} \tag{9-17}$$

即证券的 β 等于证券与市场组合收益率的协方差除以市场组合收益率的方差。其中,$\hat{\beta}$ 为 β 的估计值;$\sigma_{j,M}$ 为证券与市场收益率的协方差;σ_M^2 为市场收益率的方差。

股票的贝塔因子是体现该股票收益率对市场收益率变化反应程度的指标。已知 $\beta_j = 0.75$,如果知道下个月市场收益率将上涨 1%,就可以预期股票 j 的收益率将上涨 0.75%。此外,因为市场关于自身的贝塔因子 β_M 等于 1,我们可以将 β_j 看做以单位系统风险为基准衡量的 j 证券的系统风险指标或者系统风险因子。

(三)资本资产定价模型的主要结论

根据资本资产定价模型可以导出一些不同于马科维茨与托宾的重要结论。我们以图 9-3、图 9-4 对其说明。图 9-3 中 $E(r)$ 和 σ_r 表示期望收益率和标准差;r_f 为无风险借贷利率;M 代表市场组合,其中包含的各种证券的权重与它们各自市值占市值总额的比例相等。

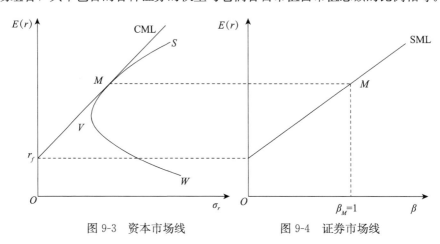

图 9-3　资本市场线　　　图 9-4　证券市场线

推论 1:当存在无风险利率 r_f,投资者倾向于在无风险借贷和风险资产之间形成组合。在图 9-3 中,引 r_f-H 直线切效率边界于 M 点,r_f-H 上所代表的组合使报酬风险比率达到最高,所以,r_f-H 表示新的效率边界,被称作资本市场线。资本市场线的方程为

$$E(r_P) = r_f + \frac{E(r_M) - r_f}{\sigma_{r_M}} \sigma_{r_P} \tag{9-18}$$

其中,σ_{r_M}、σ_{r_P} 分别为 M 点以及资本市场线上任意一点所代表投资组合的标准差。图 9-3

中 S 点与 H 点代表的投资组合有相同水平的标准差，但 H 点的组合有更高的收益率。而在 r_f-M 之间的所有投资组合与马科维茨最小方差集中 L-M 之间的投资组合有一一对应的期望收益率，但对于任何给定的期望收益率却有较小的标准差或者风险。说明引入无风险资产后提高了投资效率。

根据效用最大化原理，投资者选择其无差异曲线与 r_f-H 切点的资产组合。在 r_f-M 之间形成组合表明投资者同时对无风险资产与风险资产组合进行正的投资（两者权重均为正），在 M 点沿直线向右上方发展任何一点的投资组合表示通过卖空无风险资产（权重为负）增加对风险资产组合的投资（权重大于 1）以实现更高的收益率，但风险也随之增加。

推论 2：使用资本资产定价模型，所有投资者持有的风险资产组合是同构的（风险资产的权重向量 W 完全相同），即 M 点所代表的风险资产组合，因为这是将马科维茨模型融入资本资产定价模型以后的最优风险资产组合。了解了资本资产定价模型，聪明的投资者知道持有 M 代表的投资组合能够使自己的收益状态达到最佳，因为所有投资者持有的风险资产组合构成市场组合，因而 M 必然代表市场组合，且位于有效集上[①]。

推论 3：若参考图 9-3 中 WVS 曲线表示的最小方差集上任何资产组合计算 β，所有证券（以及组合）的 β 与期望收益率 $E(r)$ 将是线性的。

如果参考市场资产组合 M 计算 β，根据两个特殊资产（组合）的 β：① $\beta_M = 1$；② $\beta_{r_f} = 0$，且 r_f 与 $E(r_M)$ 为已知，很容易导出反映 β 与 $E(r_M)$ 之间线性关系的几何直观。在图 9-4 中通过 r_f、M 点的直线即表明各种资产的 β 与 $E(r)$ 之间的线性关系，称作证券市场线。证券市场线方程为

$$E(r_j) = r_f + [E(r_M) - r_f]\beta_j \tag{9-19}$$

比较式(9-18)与式(9-19)，前者揭示了位于资本市场线——资本资产定价模型的有效边界——上的资产组合收益率与市场收益率之间的关系，后者则揭示全部单个证券与资产组合的收益率与市场收益率之间的关系。两个反映资本资产市场均衡的方程的共同点是证券及其组合的收益率等于无风险率加风险报酬率（或者补偿率），风险报酬率均以市场水平作为基准。

式(9-19)说明：资本市场达到均衡时任一资产（或者组合）的收益率可以由其系统风险因子(β_j)得到解释；或者，资本市场均衡的条件是经过风险调整后各种资产的报酬相等，有多大风险就得到多少收益。

(四)现代资产选择理论的"革命"意义

由马科维茨及其后一些经济学家对资产选择理论的贡献被称作金融理论的革命。这种理论上的创新既是对经济金融历史发展的一种适应，同时也推动了金融市场的创新与发展。在现代资产选择理论发展的背景下，资产定价技术渐趋成熟，发达市场经济国家金融市场工具——尤其衍生金融工具的创新令人眼花缭乱，金融市场交易规模与日俱增，金融服务业的成长繁荣使货币流通与金融运行的效率明显提高，也同时促进了经济的持续增

---

① 这里隐含一点：当实际证券市场符合这里的推论，说明市场是有效的。因为从马科维茨到夏普实际上都假定市场信息是完全透明和流动的。

长。理论领域出现金融工程学、金融经济学、数量金融学、财务投资理论等不同分支学科，新的概念范畴体系使传统金融理论相形见绌，甚至完全改观。那么，以资产定价理论为主要标志的当代金融理论与传统经济金融理论比较的"革命"性意义究竟为何？通过对传统资本理论某些方面做简要归纳可以理解这一问题。

传统资本理论存在两方面的缺陷：第一，将研究的对象主要集中在与产业资本和借贷资本有关的利润与利润率、利息与利息率范畴上，较少涉及资本市场中的资产价格和收益率。第二，以往的资本理论未纳入不确定性这一无法忽略的因素。

索洛指出："资本问题不可避免地与不确定性、有限预见、对意外事件的反应等问题密切相关。人们必须承认，经济学在这里只是在表面上兜圈子。然而，如果对不确定行为没有一个满意说明，我们就不能有一个完备的资本理论。"[①]索洛是从产业资本的角度加以论述的。当面对资本市场时这一问题显得更为严峻。

根据研究对象的不同可以区分三种资本理论：其一，借贷资本理论，主要研究货币资本的利息率，将资本与纯金融交易相联系，构成前古典时期的资本理论；其二，产业资本理论，研究产业资本循环中生产资本的利润率，使资本理论的基础从金融交易转移到生产领域，形成古典资本理论；其三，资本市场理论，或者按照马克思的论述引申将其定义为虚拟资本理论，主要研究资本性资产的价格及其收益率。

资产收益与利息、利润一起成为资本性质的三重外在形式。由于资产价格变动能综合、迅速地反映各种市场信息，使资产收益率更具有动态变化的特征，能更直接、敏感地反映市场竞争和调节过程，人们会通过改变拥有资产的结构灵活地选择投资。随着资本市场的成熟，资产收益的水平与结构在引导投资、影响分配和资源流动方面日益起着重要的作用。

鲁道夫·希法亭较早提出虚拟资本的价值公式，即股票的理论价值等于其红利分配除以市场利率($V=D/r$)，格雷恩姆、威廉姆斯等发展出各种虚拟资本价值公式的变形，利用对未来预期收益贴现的方式给资本资产定价，极大地拓展了现金流分析方法，使现金流分析方法在证券市场分析、财务理论、资产评估、项目评价中的应用经久不衰。但是，他们对于资产定价都未能纳入不确定性或风险因素，仍然主要是一种静态分析，更谈不上如何使风险资产组合实现效用最大化问题。

马科维茨与夏普等研究的结果很好地修补了资本理论的上述缺陷。

大量实证检验倾向于支持资本资产定价模型。"资本资产定价模型一直是大量实证研究的基础。总的说来，这些实证研究表明资本资产定价模型可为各国金融市场的被观察的收益结构提供相当的初步近似。"[②]一些学者指出，资本资产定价模型将资产收益率仅归因于系统风险，对公司资本结构、行业因素等不予考虑，初期模型以收益率而非资产价格表示均属其不足。但这些问题在以后出现的各种修正模型中已经被较好地解决。真正对资本资产定价模型构成威胁的是对一些显得是成功的检验的批评。

---

① 索罗 R. 资本理论及其收益率. 刘勇译. 北京：商务印书馆，1992：7.

② 哈坎森 N H. 金融市场. 黄劲生，钱立译. 见：伊特维尔 J，米尔盖特 M，纽曼 P. 新帕尔格雷夫货币金融大辞典(第二卷). 陈岱孙，等译. 北京：经济科学出版社，1992：374.

第三节　理论应用及其方法论意义

一、资本资产定价模型的应用

我国证券市场尚处于初期发育阶段，将现代资产选择理论的不同模型直接用于分析我国的证券市场未免过于轻率。但该理论对我国证券市场价格预期、投资效果评价乃至规范证券市场运作等并非没有应用价值和借鉴意义。

(一)选择投资组合

这更多地体现了资产选择理论最初的目的，有如下三种可能的方法。

1. 持有市场组合

如果市场组合就是按照资本资产定价模型所能发现的最优风险资产组合，就买入全部上市证券，单个证券的权重恰好等于其市值占市场总市值的比例，这就好像买进了一个按一定比例压缩了的证券市场。但一般散户投资者没有条件这样投资，因为证券交易具有单笔交易的"门槛"限制，即对于每一种证券在一次交易中有最低交易额要求，从而破坏了马科维茨模型中证券无限可分的假定，散户所拥有资金量一般也不能形成上千种股票的组合。不限制无风险借贷在实际市场中也不存在，因为存在卖空的保证金要求以及银行单笔贷款的规模限制。基金等机构投资者也未必持有实际的市场组合，它们大多不相信市场组合是最优的。

2. 持有按照资本资产定价模型求解的最优风险组合

仍以市场全部证券为备选择范围，按照资本资产定价模型计算出最优风险资产组合中单个证券的权重，持有相应的组合。但仍然存在资金量限制，还有，所形成组合最优性质可能是不稳定的，需要经常做出调整。

3. 用有限种风险资产构造最优组合

如果相信市场组合是最优组合，用有限种风险资产构造一种组合使其 β_P 恰好等于 1，期望收益率等于市场收益率 $E(r_M)$，只要 β_P 的稳定性满足要求——组合内含单个证券数目增加将会提高 β_P 的稳定性，就可以实现持有最优风险资产组合的目标。如果认为某一种证券价格指数能很好地代表市场，就买进这种指数，一些机构投资者就是这样做的，如指数基金[①]。

(二)预期股票价格

可根据资本资产定价模型预期在向均衡调整过程中各种股票价格的变动趋势，为投资决策提供重要依据。预期过程如下。

首先，以短期国库券利率代表无风险收益率，由统计回归获得 β_j 及 $E(r_M)$ 值，其次根据式(9-19)计算出股票的期望收益率 $E(r_j)$。将上述期望收益率与预期的股息和股票未

---

①　可以运用资本资产定价模型计算市场最优组合，以及以其评价市场效率，在中国农产品期货市场的应用参见刘明，黄政．中国农产品期货风险溢价与市场波动性研究——基于 M-V 与资本资产定价模型对市场效率的动态检验．陕西师范大学学报，2010，(6)：129-139.

来价值联系起来，确立目前的均衡价格：

$$E(r_j)=E(D+P_t)/P_0^* -1 \tag{9-20}$$

其中，$E(D+P_t)$ 为期末股息与股票价值的预期值之和；P_0^* 为目前的均衡价格。P_t 可由一定的股利贴现模式求出。以 P_0 表示现市实际股票价格，如有 $P_0 > P_0^*$，预期股价下跌；反之，当 $P_0 < P_0^*$，预期股价上升。

我国股市存在的问题是股价不能较好地反映公司盈利情况，股市存续时间短，因而统计的 β 等指标的稳定性较差。所以在使用上述预期模型时必须谨慎。

(三)评价基金的投资绩效

成熟证券市场中机构投资者(如基金)占有很大市场份额，众散户投资者主要通过购买基金股份辗转向产业部门融资，作为获取稳定收益的渠道。选择基金之前必须对其投资绩效予以评价，可以选取不同指标适应这一要求。我国基金组织的数量、规模均有增长之势，国内研究者已经开始利用以下模式对基金投资组合的绩效进行评价：

$$T_P=\frac{E(r_P)-r_f}{\beta_P} \tag{9-21}$$

$$S_P=\frac{E(r_P)-r_f}{\sigma_P} \tag{9-22}$$

式(9-21)中 T_P 为特雷诺指数(Treynor index)，$E(r_P)$ 表示基金所持有资产组合的平均收益率，β_P 为该组合的 β。指数表明基金的投资组合相对于风险因子的报酬率。式(9-22)中 S_P 为夏普指数(Sharpe index)，σ_P 为基金投资组合收益率的标准差。比较不同基金的指数，较高者投资绩效较优。由于两种指数各自有其缺陷，可进行综合比较。有时需要借助其他评价模式。但无论如何，这种建立在风险报酬基础上的评价模式优于对收益率作简单比较的方法。

(四)以 β 作为财务分析工具

1.评价上市公司的市场表现

只需将夏普指数中组合的相关指标的下标转换为单个证券 j，从而有

$$T_j=\frac{E(r_j)-r_f}{\beta_j} \tag{9-23}$$

就可以据以对上市证券的市场表现进行排序。

2.评价公司经营状况

按照公司利润率计算 $E(r_j)$，并引入一般利润率计算 β_j，β_j 就表示公司预期利润率对市场预期利润率的反映程度。从而可以综合利润与风险因素判断、比较公司经营业绩。由此，我们就将资本资产定价理论运用到微观领域中的实体经济分析。

二、用理论检验市场行为

(一)进行经济行为与市场实验的可能性

可以利用一定的经济理论模型作用于模拟的经济系统，从而检验行为主体的特征和市场机制的若干特点。阿罗在讲到经济统计与政府决策的关系时推测可以进行经济控制实验以获得信息，克服累积信息方面的困难："或许，循着社会心理学家们已经富有成效地发

展起来的理论，对经济动机和经济行为进行控制试验的时机已经成熟了。"①实验经济学发轫于 20 世纪 40 年代末，60 年代末已经发展成为相对独立的经济学分支，实验经济学家弗农·史密斯(Vernon L. Smith)2002 年获得诺贝尔经济学奖，表明有关研究成果已经获得人们普遍认可。通过设计特定的实验机制、用奖励媒介诱导被实验者展现被指定角色的特性，已经成为研究经济活动主体市场交易行为以及市场结构与交易者行为交互作用机制的重要工具。

资本市场运行和投资者行为属于灰色系统，对此两个方面人们知道的事情实际上很少。但借助于现代资产选择理论的反向检验与辨识功能，可以使上述灰色系统的部分性状外现于我们面前，结果对资本市场规则和其他经济政策的制定必然有借鉴意义。作为现代资产选择理论主要成就的资本资产定价模型已经被用于检验西方发达市场经济国家、东南亚乃至我国股票市场的运行效率，形成大量颇有价值的文献。下面介绍克罗尔、莱微等借助于实验模拟系统对资本资产定价模型的检验，分析证券投资领域中的市场行为特征。

(二)克罗尔-莱微检验

克罗尔(Yoram Kroll)和莱微(Haim Levy)在"金融投资"课程教学中进行股票市场模拟与投资者行为的仿真实验，他们的本意是对托宾分离定理(separation theorem)与资本资产定价模型进行检验(简称 KL 检验)，但与早些时候他们和阿姆农(Rapoport Amnon)三人合作所做的实验(简称 KLR 检验)结果进行比较，就不难发现其中蕴涵着用资本资产定价模型和分离定理对股票市场与投资主体行为进行检验②。我们主要从后一角度出发对其做进一步的分析，最终可以发现：资本市场与投资者行为之间存在着交互作用过程，市场规则会影响投资者行为，投资者行为特征又会影响市场效率。

KL 检验与 KLR 检验的基本方法是模拟一种只有三种股票的市场，事先给定单个股票的平均收益率(作为期望收益率的近似值)、方差和不同股票收益率之间的协方差，在实验中改变不同股票收益率的相关系数，分别限制和不限制无风险借入，给出各种股票收益率作随机运动时间序列变量，观察投资选择行为的变动及投资效率状况。实验的参与者是在读的学生。

两次检验得出的结果很不相同。KL 检验对分离定理和资本资产定价模型都是一个颇具说服力的强支持，KLR 检验却仅仅给予了局部和微弱的支持。KL 检验中的投资者在选择资产组合时对股票间相关系数的改变和引入无风险资产均做出明显反应：所有投资者在不同股票上的平均投资权数变化表明，对相关系数下降的两种股票投资权数趋于增加，结果可以降低风险；引入无风险借贷后，不同投资者在各种股票上投资权数的标准差趋于下降，从而移向更高的效率边界。在 KLR 检验中看不到这些变化。结果，KL 检验中投资主体所平均持有的风险资产组合很接近最优风险资产组合，KLR 检验中却远离最优投资组合。前者更符合资本资产定价模型所预期的情况，换句话说，KL 实验过程反映了一种较高的资本市场效率。

① 阿罗 K. 信息经济学. 何宝玉，姜惠孝，刘永强译. 北京：北京经济学院出版社，1989：59.

② Kroll Y, Levy H. Further test of the separation theorem and the capital asset pricing model. The American Economic Review, 1992, 82(3)：664-669；Levy K, Rapoport A. Experimental test of the separation theorem and the capital asset pricing model. The American Economic Review, 1988, 78：500-519.

克罗尔和莱微认为，引起上述差别的原因在于 KL 与 KLR 检验在设计方面的一些实质性差异。首先，KL 实验的投资主体是正在学习投资学的工商管理硕士(但他们在实验前未学过马科维茨模型、资本资产定价模型及其求解方法)，KLR 实验中的主体则是一些有一点或完全没有经济和金融专业知识的学生；其次，在 KL 实验中引入了奖励和惩罚措施，将参与者的实验结果(虚构的投资收益率)进行排名并与其课业成绩挂钩，使每一位参与主体的成绩与其他主体相关，结果导致潜在的风险和竞争，KLR 实验中主体的损失仅是每个人花费的时间；最后，与 KLR 实验相比，KL 实验增加了主体间向最佳投资者模仿的机会，后者将每个参与者的资产选择组合和投资绩效定期公布和排名(每周实验一次的结果)，从而提供了一种"边干边学"的机制。

我们可将上述两个实验的差异概括为投资主体素质差异、激励机制差异、信息披露差异。后两者又可进一步归并为市场规则差异。

(三)分析结论

两次实验结果的明显反差和设计方面的区别启发我们认识到现代资产选择理论对于投资者行为和资本市场之间的交互影响关系具有反向检验与辨识功能。由此可以得出两个结论。

(1)资本市场并非必然有效，市场效率在很大程度上取决于市场规则的建立。规则至少包括制约、激励和信息传输机制三大要素。KL 实验中的惩罚与奖励分别构成对主体的制约和激励。新制度学派的代表人物道格拉斯·C. 诺思在论证"什么使市场起作用或不起作用"等问题时强调说："激励是经济绩效的基本决定因素，……应该将激励置于它应有的位置来研究，即它是经济绩效的关键。"[①]他所谓的激励包含了制约因素。

(2)主体的经济与金融知识、主体素质会影响市场效率。仅仅建立规则仍然不是资本市场有效的充分条件，提高市场效率还有赖于投资主体的经济与金融意识的强化，有赖于主体素质和竞争潜能的提高。

上述实验结果对人们的启迪具有普遍意义。任何交易行为都是一种投资，消费者的购买行为属于维持自身生理机能与工作效率的投资活动。任何投资活动的结果也都包含收益与风险两种因素。所以，上述结论的适用性并不限于对证券市场的分析。

复习思考题

1. A、B、C 三种股票具有相同的期望收益率和方差，下表为三种股票收益之间的相关系数。根据这些相关系数，在所给四种组合中风险水平最低的资产组合是哪一种？

股票	股票 A	股票 B	股票 C
股票 A	1		
股票 B	0.9	1	
股票 C	0.1	−0.4	1

　　A. 平均投资于 A、B　　　B. 平均投资于 A、C

① 诺思 DC. 制度、制度变迁与经济绩效. 刘守英译. 上海：上海三联书店，1994：181.

C. 平均投资于 B、C   D. 全部投资于 C

2. β 的经济学意义是什么？证券市场线揭示了哪些变量间的关系？

3. 按照资本资产定价模型，假定市场收益率为 15%，无风险利率为 8%，XYZ 的预期收益率为 17%，XYZ 的 β 值为 1.25，以下说法哪一种是正确的？

A. XYZ 被高估   B. XYZ 被公平定价   C. XYZ 被低估

4. 下表给出股票 A、B 和 C 的部分数据，假设它们都满足资本资产定价模型，请将表中空缺的数据补上。

股票	到期收益率	贝塔因子	股票与市场组合的协方差
A	0.20	2.00	
B	0.08	0.50	
C		1.00	0.50

5. 甲、乙两个投资顾问比较业绩。甲的平均收益率为 19%，乙的平均收益率为 16%，但是前者的贝塔值为 1.5，后者的贝塔值为 1。如果国库券利率为 6%，谁在选股方面更出色？如果国库券利率为 3%，谁更出色？

6. 根据资本资产定价模型，可以由何种因素最好地解释资产组合的收益率？

7. 如果 $r_f = 6\%$，$E(r_M) = 14\%$，$E(r_P) = 18\%$，求资产组合 P 的 β 值。

8. 你管理的股票基金的预期风险溢价为 10%，标准差为 14%，短期国库券利率为 6%。你的委托人决定将 60 000 美元投资于你的股票基金，将 40 000 美元投资于货币市场的短期国库券基金。你的委托人的资产组合的期望收益率与标准差是分别是多少？

9. 假设每个投资者都使用资本资产定价模型，每个投资者持有的风险资产组合具有什么特征？

10. 克罗尔、莱微等对资本资产定价模型的检验说明资本市场必然有效吗？资本市场效率取决于哪些因素？

11. 资本资产定价模型的主要假设是什么？根据该假设，证券市场线的本质是什么？

参考文献

阿罗 K. 1989. 信息经济学. 何宝玉，姜惠孝，刘永强译. 北京：北京经济学院出版社

波普尔 K. 1986. 猜想与反驳——科学知识的增长. 范景忠译. 上海：上海译文出版社

豪根 R A. 2005. 现代投资理论. 郑振龙译. 北京：北京大学出版社

刘明. 2004. 转型期金融运行与经济发展研究. 北京：中国社会科学出版社

刘明. 2014. 农贷配给、农户意愿与农业资本市场——基于农户调查、农贷与资本市场数据计量分析. 北京：科学出版社

索罗 R. 1992. 资本理论及其收益率. 刘勇译. 北京：商务印书馆

Black F, Scholes M. 1973. The pricing of options and corporate liabilities. Journal of Political Economy，81：637-657

Fisher I. 1906. The Nature of Capital and Income. New York：MacMillan

Haugen R A. 1986. Modern Investment Theory. Upper Saddle River：Prentice Hall

Hicks J R. 1934. Application of mathematical methods to the theory of risk. Economitrica，2：194-195

Lintner J. 1965. The valuation of risk assets and the selection of risky investments in stock portfolio and capital budgets. The Review of Economics and Statistics，47：13-37

Mossin J. 1966. Equilibrium in a capital asset market. Econometrica，34(4)：768-783

Roll R. 1977. A critique of the asset pricing theory's tests. Journal of Financial Economics，4：129-176

Roll R，Ross S A. 1984. The arbitrage pricing theory approach to strategic portfolio planning. Financial Analysts Journal，40：14

Ross S A. 1976. The arbitrage theory of capital asset pricing. Journal of Economic Theory，13(3)：341-360

Sharpe W F. 1964. Capital asset prices a theory of market equlibrium under conditions of risk. The Journal of Finance，9：425-442

第十章

货币需求

货币需求理论大致经历了传统货币数量论、凯恩斯主义流动偏好理论和货币主义的现代货币数量论及两大派别货币需求理论在当代的发展等不同阶段，历时约百年。我国自 1978 年改革开放以来经济社会处于变迁时期，在某种程度上看来我国社会微观以及宏观的货币需求变动是一般市场经济国家所经历过的货币需求变动的一个缩影。所以，借鉴西方货币需求理论有利于分析我国经济改革期间的货币需求问题，尤其是当代西方各国货币当局和理论界在货币需求实证方面做了大量的尝试，尽管结果呈现出歧见，对我们仍然有重要的启发意义。

第一节　古典货币数量理论

一、货币数量方程

(一)总支出恒等式

设市场体系中使用的货币存量为 M 元，所有买者的支出为 Y 元，货币在为交易融资过程中转手的平均次数为流通速度 V。买者的支出总是等于交给卖者的货币数量，而且，成员们的支出总是等于该群体使用的货币数量乘以货币被不断使用的次数。此外，物品交易的物质数量 (y) 乘以这些物品的平均价格 (P) 也必然等于总支出。所以，有下述两种关系：

$$Y \equiv MV$$
$$Y \equiv Py$$

可以得到

$$MV \equiv Py \qquad (10\text{-}1)$$

方程（10-1）是一个恒等式，它揭示的是明白无误的事实现象，但其本身不能算做一种理论，也不是货币数量理论。由经济现象归纳出的数量方程也不是关于货币数量、价格、收入，甚至流通速度决定的理论。

(二)数量方程的两类变体

由于在计算支出时分别关注交易的物品和支付媒介的分解，数量方程出现了两类变体。前者调整方程的右边，后者调整方程的左边。

1. 数量方程的商品法和交易法

1)数量方程的商品法

y 是当期经济生产的可交易物品数量，以其乘以这些物品的平均价格水平 P。数量方程可以写为

$$M \times V_{M_y} = P_y \times y \qquad (10\text{-}2)$$

其中，V_{M_y} 代表用于融通 y 的货币余额 M 的收入流通速度；P_y 代表经济中当期生产的物品的平均价格水平。以 Y 代表经济中的实际总收入，方程(10-2)也可以写为

$$M \times V_{M_y} = Y \qquad (10\text{-}3)$$

方程 (10-3)隐含着流通速度 V_{M_y} 等于比率 Y/M。

2)数量方程的交易法

该方法重点分析经济中交易的数量而不是物品的数量，支出就是经济中所有物品的交易次数 T 乘以每次交易的平均价格 P_T。数量方程就成为

$$M \times V_{M_T} = P_T \times T \qquad (10\text{-}4)$$

其中，V_{M_T} 表示用于融通 T 次交易的货币余额在每时期的交易流通速度；P_T 表示交易的平均价格；T 表示该时期的交易次数。

2. 以不同货币成分解释的数量方程

(1) 将货币分解为存款与通货。可以分别研究每种货币成分的流通速度以及对支出的贡献。为了研究通货和存款对支出的贡献，可将数量方程表述为

$$D \times V_{D_y} + C V_{C_y} = P_y \times y \qquad (10\text{-}5)$$

其中，D 代表活期存款数量；V_{D_y} 代表活期存款每时期的收入流通速度；C 代表公众持有的通货数量；V_{C_y} 代表通货的收入流通速度；P_y 代表当期产出的平均价格，y 代表产出数量。

式(10-5)表明，总支出等于用活期存款融通的支出与用通货融通的支出之和。

(2) 用基础货币表示的数量方程。基础货币包括公众持有的通货、金融中介机构的准备金及其在中央银行的存款。以基础货币表示的数量方程为

$$B \times V_{B_y} = P_y \times y \qquad (10\text{-}6)$$

其中，B 代表货币基础的数量；V_{B_y} 代表基础货币的收入流通速度。

数量方程是进行货币分析的工具，具体以何种形式表述，取决于所要分析的货币问题。费雪交易方程式和剑桥现金余额方程式由此发展出相关的理论，在货币理论领域称其为古典(传统)货币数量论。

二、费雪交易方程式

(一)费雪的数量方程

1911 年，欧文·费雪在其《货币的购买力》一书中用数量方程探讨货币问题。他意识

到引入一些假设后可以将数量方程转化为一种价格决定理论。

费雪认为，市场交易可以选择使用通货或者银行活期存款支付。以 C 表示通货数量，V_C 代表一定交易期间通货的周转率，通货将融通 CV_C 数量的支出。类似地，如果 D 是活期存款数量，V_D 是活期存款周转率，DV_D 从而就是使用支票支付的支出数量。总支出为 (CV_C+DV_D)。从另一角度看，支出可以计算为 PQ，其中，P 是平均价格水平，Q 是经济中所有交易物品的总数量。数量方程从而有以下形式：

$$CV_C+DV_D=PQ \tag{10-7}$$

显然，如果合并 C 和 D、V_C 和 V_D，式(10-7)的变化形式将类似于式(10-2)，即有

$$MV=PQ$$

费雪认为"银行准备金和银行存款之间保持某种固定的比率"，公众持有货币(通货)余额和存款余额之间将保持一种固定关系。由此，C 和 D 将总是按比例变化。

(二)假定条件

为了把数量方程转变为货币数量理论，费雪提出了关于经济行为的若干假定。

(1)货币流通速度取决于技术条件和个人习惯。流通速度是平均"周转"率，取决于无数个人的周转率，个人的周转率又取决于个人习惯。平均周转率还与技术条件、商业惯例等因素有关，与通货和存款的数量及价格水平无关。技术条件与个人习惯在一定时期比较稳定，所以，在短期内流通速度比较稳定。

(2)经济中的产量取决于物质技术条件。与货币流通速度一样，交易量也与货币数量无关。通货的膨胀既不能增加农场和工厂的产量，也不能提高货车和货轮的速度。生产规模取决于自然资源和技术条件，与货币数量无关。生产、运输和销售的工具也要看物质能力和技术，没有一项要靠货币的数量。

此外，费雪进一步认为 V_C、V_D 和 Q 不相关。

(三)费雪的主要结论

费雪根据以上假定所能得到的结论为：经济中货币数量仅仅影响价格水平。

既然货币数量不影响货币流通速度(V_C，V_D)，也不影响实际产量(Q)，上述结论在方程(10-7)中就顺理成章。该方程阐明了价格会直接随 M 的变化而变化。费雪方程式实际上是一种与货币因素联系的名义价格决定理论，这一理论与费雪之前及以后长期存在的"货币面纱""货币中性"观点一致。

取决于有关人类行为的假设可能有效也可能无效[①]。费雪有关流通速度不受货币供给与价格水平影响和货币供给不影响实际产出的假设在以后都受到了挑战。

用符号表示，对费雪的一系列假设与主要结论可以表述为如下形式。

第一，货币构成：$M\equiv D+C$，$D=\alpha C$。

第二，产出、流通速度与货币供给的关系：$\partial Q/\partial M=0$，$\partial V/\partial M=0$。

第三，产出、流通速度与价格的关系：$\partial Q/\partial P=0$，$\partial V/\partial P=0$。

第四，价格与货币供给的关系：$\partial P/\partial M>0$，即货币供给增加，价格水平上升。

---

① 汉达 J. 货币经济学. 郭庆旺，刘晓路，陈卫东译. 北京：中国人民大学出版社，2005：32. 作者认为费雪并未做出货币流通速度为常数的假定，这一点与国内一些教科书中的说法不同。

三、剑桥现金余额方程式

一些剑桥经济学家，如马歇尔（Alfred Marshall）、庇古（A. C. Pigou），甚至凯恩斯发表《就业、利息和货币通论》（1936 年）以前的著述都沿袭了古典货币数量论的基本观点，他们从货币供求角度研究价格的决定。这种方法很好地体现于庇古《货币价值》（1917 年）一文中。

(一)现金余额(货币需求余额)方程式

庇古认为一个人持有通货和活期存款是为了能够便利地进行日常交易，以防突然事件引起的不时之需或某些必需品的价格上涨。从而，人们选择持有通货和活期存款是为了便利和安全性。

对货币（通货和活期存款）的现实需求，是由人们选择以这种形式持有其财富的比例决定的。财富可以被看做存量形式的财富，也可以看做流量形式的收入。可以从两种角度考虑持有货币占财富的比例：第一，该比例取决于拥有货币所获得的便利和所规避的风险；第二，货币需求与财富的比率是投资的内部收益率和少消费放弃的满足程度的函数。

由于本可以用于生产未来商品的资本财富未被使用，因而造成实际收入的损失；由于没有进行消费，因而放弃了目前消费带来的满足。

用 r 表示投资的内部收益率，假定在均衡状态下它可以大致测定放弃的满足程度，于是，货币余额需求（M^d）与名义总支出（Y）的比率为

$$M^d/Y=k(r), \ k'(r)<0 \tag{10-8}$$

其中，k 作为函数符号表示货币余额需求占总支出（或者收入）的比例。k 随着 r 的降低而升高。正如庇古指出的：财富的生产性用途越没有吸引力、货币性用途越有吸引力，变量 k 就会越大。因此，$\partial k/\partial r<0$。货币余额需求 M^d 为

$$M^d=k(r)Y \tag{10-9}$$

(二)价格水平的决定

用 Py 代替 Y，P 为价格水平，y 为物品的实际数量。再假定货币供给 M 一定，货币市场均衡条件下有

$$M=k(r)Py \tag{10-10}$$

假定在均衡状态下，产出 y 处于充分就业水平 y^f，$y=y^f$，因而方程（10-10）变为

$$M=k(r)Py^f$$

庇古做出以下假定：其一，$\partial y^f/\partial P=0$，$\partial y^f/\partial M=0$①，即价格水平和货币供给不影响充分就业产出；其二，均衡收益率（r^*）是由边际资本生产率（marginal productivity of capital，MPK）决定的，而边际资本生产率与货币供给和价格水平无关，即有 $\partial r^*/\partial P=0$，$\partial r^*/\partial M=0$。所以，在均衡条件下：

$$M=k(r^*)Py^f \tag{10-11}$$

$$P=M/[k(r^*)y^f] \tag{10-12}$$

由式（10-12）可以导出：

---

① 在这一点，剑桥经济学家与费雪观点一致，都持有"货币面纱"观。

$$\partial P / \partial M = 1/[k(r^*)y^f]$$
$$E_{P.M} = (M/P) \times (\partial P / \partial M) = 1$$

其中，$E_{P.M}$ 表示价格水平对货币供给的弹性，该弹性等于1，意味着价格水平与货币供给按同比例变化。因此，方程（10-12）更为清晰地体现了古典货币数量论关于价格决定的命题。

(三)现金余额法中的流通速度

由方程(10-10)可以将货币流通速度 V 与利率联系起来(回顾 $Y=Py$)：

$$V=Y/M$$
$$=1/[k(r)] \tag{10-13}$$

根据庇古的论述分析货币流通速度问题得出以下判断：第一，由于流通速度取决于利率，它显然不是一个常数，因为利率不会是常数，见式(10-13)；第二，由于均衡利率(边际资本生产率)与货币供给无关，流通速度的均衡水平就等于 $1/[k(r^*)]$；第三，庇古在推导价格水平对于货币供给的偏导数和弹性时将充分就业、均衡利率作为前提条件，并推论价格水平与货币供给按同比例变化，从而将 k 及 V 视为常数。这在庇古自己的论述中实际上是矛盾的。

显然，价格水平与货币供给按同比例变化只是均衡状态与充分就业条件下的特例，不具有普遍意义。如果将"价格水平与货币供给按同比例变化"作为一般性结论，潜在前提是均衡状态与充分就业属于常态。但这一点不符合事实。

(四)现金余额法可以用来分析货币需求

货币理论的进一步发展在很大程度上吸收了剑桥学派的成果。庇古将持有货币余额的原因归结为提供交易的便利性和安全性，已分别涉及货币的交换手段职能与价值储藏职能；还有，庇古在分析中融入了利率因素。除了货币主义推崇古典货币数量论之外，凯恩斯提出货币需求的三种动机，对投机动机分析主要着眼于利率，也都打上了现金余额说的烙印。

第二节 凯恩斯流动偏好理论

凯恩斯在早期是剑桥学派货币数量论的追随者和倡导者，他在数量论传统思想框架下深入探讨了货币存量变化的影响，这体现在他1930年出版的《货币论》中。《就业、利息和货币通论》(1936年)的出版表明凯恩斯实现了对古典货币数量论的扬弃，即一方面继承剑桥学派经济学(隐含的)对持有货币余额的"目的"的区分，并引入利率因素讨论货币需求；另一方面却背离了古典货币数量论，与数量论的假设相反，凯恩斯认为经济中一般不存在充分就业，均衡不是经济常态，货币供给会影响产出和货币流通速度。我们主要讨论凯恩斯在《就业、利息和货币通论》中对货币需求理论的贡献。

一、货币需求的三种动机

凯恩斯把庇古所谓持有货币余额的"目的"改称为"动机"，并明确区分货币需求的交易动机、预防动机和投机动机。交易动机、预防动机大体对应于庇古的提供便利目的和安全目的。提出投机动机更具有创新意义,货币余额需求的变动也就源于这一动机。

(一)交易性货币需求

交易动机是指为进行日常交易而产生的持有货币的愿望。凯恩斯将交易动机进一步分为收入动机和业务动机,收入动机指家庭用以度过从获得收入到支出这一段时期的支付需要;业务动机指企业用以度过业务上从支出费用到获得销售收入这一段时间间隔的支付需要。前者的数量取决于收入数量和收支间隔的正常长度,后者取决于现期生产量和进货量。

凯恩斯假设交易动机(和预防动机)吸收的现金量主要对收入水平变动做出反应,对利率的改变不敏感[①]。把货币余额的交易需求和预防需求结合起来用 M^{tr} 代表,凯恩斯假设:

$$M^{\mathrm{tr}}=M^{\mathrm{tr}}(Y) \tag{10-14}$$

且有, M^{tr} 随 Y 增加而增加。

为了从数量上说明交易需求与收入的关系,就必须同时确定交易货币需求的流通速度。假如 Y/M^{tr} 是交易货币需求余额的流通速度。凯恩斯针对庇古推理[式(10-13)]的简化形式指出:没有理由认为 $V(Y/M^{\mathrm{tr}})$ 是一个常数,它的数值取决于银行业务、社会习惯、社会收入分配,以及持有闲置货币的实际代价。尽管如此,由于凯恩斯考虑的是短期,他认为上述因素在短期没有实质上的改变,从而可以把 V 大致当做一个常数。

由以上可以判断出, V 或者 Y/M^{tr} 是一个常数,不取决于收入和利率。令 $V=1/k$,凯恩斯的交易性货币需求决定于收入:

$$M^{\mathrm{tr}}=kY \tag{10-15}$$

(二)预防性货币需求

预防动机指应付紧急情况而产生的持有货币的愿望。凯恩斯在论述利率时将预防动机定义为了安全起见,把全部资产的一部分以现金的形式保存起来。其后又进一步指出预防动机是为了应付突然需要支付现款的偶然事件及意外的有利购买机会,持有货币价值不变的资产(即货币)[②]。

凯恩斯认为如果面临现金支付,和持有现金相比,购买长期债券然后再转换成现金就会冒遭受损失的风险。

需要强调的是,凯恩斯并没有极端地否定利率对交易动机和预防动机货币需求的影响,只是认为利率作为持有现款的成本有极大改变才会影响交易和预防性货币需求[③]。他意识到经济主体对未来支出和收入的日期和数量做出预期,并根据这种预期决定其持有用于交易、预防性需求的货币余额和其他资产的最佳数量。预期支出的日期越远,投资债券的收益率越高,他就越有可能把暂时闲置的资金投入债券,减少其货币持有量。相反,近期支付的可能性越大,他越要增加货币持有量,减少债券持有量。这些思想成为以后学者发展凯恩斯货币需求理论的基础。

(三)投机性货币需求

投机动机是理解凯恩斯利率理论、货币需求理论,甚至宏观经济学的重要环节。在本

---

① 凯恩斯在分析货币需求决定时往往不明确区分交易动机和预防动机。
② 凯恩斯.就业、利息和货币通论.高鸿业译.北京:商务印书馆,1993:145,167.
③ 凯恩斯.就业、利息和货币通论.高鸿业译.北京:商务印书馆,1993:144-146.

书第五章我们将投机动机的货币需求解释为"持有货币是为了随时捕捉住债券市场的投资机会"。出现这种情况是由于投资者对关于未来市场预期的自信,"投机动机,即相信自己比一般人对将来的行情具有较精确的估计并企图从中获利"[①]。凯恩斯对投机动机的相关分析如下。

1. 投机动机货币需求的基础是存在有组织债券市场

凯恩斯认为"如果没有组织的债券市场,则由预防动机所起的流动偏好将大为增加。但如果有此市场,则由投机动机引起的流动偏好又可变动甚大"。从而说明下述问题:其一,有组织债券市场吸收了部分原本因为预防动机持有的现金;其二,投机动机的货币需求相对不稳定。尽管凯恩斯没有明确论及,还有一种可能的情况是由于市场环境变化,预防动机和投机动机的货币需求会发生相互间的转移或者替代。当投机动机的货币持有者对债券市场失望,转而等待其他有利购买机会,投机动机就转向预防动机的货币需求。无论预防动机还是投机动机,货币都被看做一种资产,分析的特点是着眼于货币的价值储藏职能。

2. 投机动机的货币需求变动取决于债券市场预期

凯恩斯认为债券市场交易者对未来价格做出预期,如果预期的债券价格加上累积的利息高于现行价格,持有债券就会有净收益,就会把所有资金都投入债券放弃货币(做"多头")。而货币被认为是不付利息的,因而净收益为零。如果预期将来债券的价格将会比现在低,持有债券会有净损失,市场交易者就会出售债券而持有货币余额(做"空头"),因为持有货币余额不会有损失。结果就是,某个人要么持有债券,要么持有货币,但决不会同时持有两者。因为债券价格变动的结果是利率变动,从利率角度观察,如果未来债券价格较低,则未来投资债券的利率较高,"那些相信将来的利息率会高于现行市场利息率的人便有理由持有具有流动性的现金,而那些对将来的利息率看法相反的人便会有动机获取短期借款而购买长期债券"[②]。

分别以 P_t^e、r_t^e 表示未来债券价格和利率,以 P_0、r_0 表示现在债券价格和利率。如果预期 $P_t^e < P_0$,债券价格将下降,意味着利率将上升,$r_0 < r_t^e$,现期投机性货币余额增加。随着利率上升,投机性货币余额渐次减少。

从而得出结论:投机性货币需求与利率呈逆向运动,与债券价格同步变化。

二、货币总需求与流动性陷阱

(一)凯恩斯的货币总需求函数

1. 货币需求函数

本书第五章介绍流动偏好利率理论时实际上已经初步描述了凯恩斯的货币需求函数(流动偏好函数),由于考虑到短期交易和预防动机的货币需求比较稳定,我们将影响货币需求的变量确定为利率。现在使用简单的数学形式对货币需求函数重新表述:

---

① Keynes J M. The General Theory of Employment Interest and Money. London:MacMillan Publishers Limited,1936:170.

② Keynes J M. The General Theory of Employment Interest and Money. London:MacMillan Publishers Limited:170. 见本书第五章对流动偏好利率理论的分析。

$$M^D = M^{tr} + M^b$$
$$= L_1(Y) + L_2(r) \tag{10-16}$$

或者

$$M^D = L(Y, r)$$

其中，M^b 表示由于进行债券交易产生的投机性货币需求；M^D、Y、r 分别表示货币总需求、收入和利率。根据上述分析有：$L_1'Y > 0$，$L_2'r < 0$。

凯恩斯也予以说明，满足交易动机和谨慎动机的货币数量与个人所持有的满足投机动机的货币数量并非完全无关，然而作为一种近似，可以把两种货币持有量当做彼此独立的事物加以分析。

2. 凯恩斯对货币需求函数形状的解释

如图 5-3 所示，货币需求函数在 M-r 空间具有向下倾斜的曲线形式。凯恩斯对此做了两点解释：第一，当利率下降时收入水平可能有的反应必然是上升，引起交易和预防动机的货币需求增加；第二，每当利率有所下降，就有一部分人对利率前景的看法与市场一般看法不同，即认为利率已经偏低，债券价格偏高，持有债券的安全性降低，故而愿意增加货币持有量。对凯恩斯所说第一点，因为在 M-r 没有收入变量，即使存在 $r\downarrow \rightarrow Y\uparrow \rightarrow M^{tr}\uparrow$ 的情况，只会导致货币需求函数向右方移动，并不主导曲线向下倾斜的趋势。

(二)形成流动性陷阱的因素

凯恩斯认为在某一利率下市场参与者宁可持有货币而不愿持有债券，此时的投机性货币需求"不受任何限制"，其对于利率的弹性无限大。相应地，在现行债券价格水平下市场参与者只愿出售债券，不愿买入。这时即出现流动性陷阱。

凯恩斯对出现流动性陷阱同样做了两方面解释：第一，货币供给的数量显著增加引起未来不确定性增强，从而导致预防性货币需求增加，抑制货币供给增加降低利率的效果；第二，市场普遍预期现行利率已经达到低点，所以，一旦货币供给增加引起利率在可以觉察的有限时间内稍有下降，就会有大批人放弃债券而持有现金。货币供给过量可能引起物价水平等一系列市场变量扭曲，诱发经济失调。简言之，凯恩斯将流动性陷阱归结为：货币供给因素，以及弥漫于市场的悲观气氛产生的"羊群效应"。流动性陷阱将制约货币政策的数量调节效果。

按照凯恩斯的推理，当人们一致认为利率已低得无可再低时，流动性陷阱就会出现。但实际上，由于预期很大程度上是一种心理因素，即使利率未必处于低水平，市场普遍预期债券价格偏高，利率偏低，从而普遍愿意放弃债券、持有现金，也会出现流动性陷阱[①]。

(三)货币需求的不稳定性

在凯恩斯的理论视野中投机性货币需求成为市场交易者预期行为的函数。在凯恩斯所处的年代市场预期就显得极不稳定，随着金融市场日益复杂，这种不稳定性与历史时期比较有过之而无不及。有鉴于此，凯恩斯认为投机性货币需求函数也是不稳定的，也就

---

① 凯恩斯认为流动性陷阱作为一种极端事态很少发生，在他所处时代没有出现过。杰格迪什·汉达则认为流动性陷阱在债券市场上经常出现，不过存在时间很短，不足以影响投资和产出。

说，函数本身经常改变。既然投机性货币需求是货币总需求的重要组成部分，货币总需求也是不稳定的。这就给经济中的总需求、价格和产出带来了很大的不确定性，也使得能够引起投资者预期变化的货币政策操作具有相当大的风险。因此，凯恩斯认为宜于把财政政策作为主要经济稳定政策。《拉德克利夫报告》(Radcliffe Report)支持凯恩斯的想法，即由于货币需求函数的不稳定性，货币政策的效果是不可靠的；流动性虽然是总需求的决定因素，但由于货币供给只是流动性总供给中很小的一部分，故货币政策不能改变流动性的总供给。20世纪60年代，这两种观点都被抛弃了，无论是凯恩斯主义者还是新古典主义者，还有稍后的货币主义者都得出同样的结论，即货币政策和M_1、M_2的变化对经济有着强烈的影响。这些在很大程度上应归功于货币主义的代表人物米尔顿·弗里德曼。

三、凯恩斯货币需求理论的发展

(一)鲍莫尔-托宾平方根定律

凯恩斯已经指出利率对交易动机和预防动机货币需求的影响，也觉察到了三种动机的货币需求在实际中是不便严格区分的。后继学者利用微观经济模型研究利率对交易动机和预防动机的货币需求所产生影响，最具影响性的模型是分别由鲍莫尔(William J. Baumol)和托宾(James Tobin)独立提出的关于交易性货币需求的存货模型。

1. 模型假定条件

鲍莫尔-托宾模型的假定条件如下。

(1)经济活动主体在一定时间长度(如一年)内以一个平稳流支付y美元的货币。为了方便，我们进一步假定全部支付来源于收入。

(2)在计划时期开始($t=0$)将全部收入购买债券，债券投资利率为r。

(3)为了应付开支按固定时间间隔(Δt)出售债券并提取现金。在两次提取现金的时间间隔内支出是均匀的。每次提取现金数量为$K(K \leqslant y)$，每次债券交易成本为b。一年内将提取y/K次现金；平均持有现金数量为$K/2$。

由上可知，一年中债券交易成本和持有现金导致的机会成本分别为$b\dfrac{y}{K}$和$r\dfrac{K}{2}$。

(4)y、r和b均为事先给定常数。

2. 模型设定及其结论

将持有现金看做存货，个体面临的问题是：持有交易动机的货币需求余额的最佳规模是多少？相关决策成为一个求解最优存货规模问题。首先，个体的总成本函数为

$$C = b\frac{y}{K} + r\frac{K}{2}$$

理性个体将选择K值，以使总成本最小化，即

$$\min_K C = b\frac{y}{k} + r\frac{k}{2} \tag{10-17}$$

求解该最大化问题，一阶条件可以表示为

$$\frac{\mathrm{d}C}{\mathrm{d}K} = -\frac{by}{K^2} + \frac{r}{2} = 0$$

由此得

$$K = \sqrt{\frac{2by}{r}}$$

最佳的现金平均持有量，或者交易动机的货币需求为

$$M^t = \frac{\sqrt{2}}{2} b^{0.5} y^{0.5} r^{-0.5} \qquad (10\text{-}18)$$

式(10-18)表明，现金需求与收入的平方根成正比，与名义利率的平方根成反比。这就是著名的平方根定律。交易动机的货币需求对利率的弹性为-0.5，表明当利率上升，货币需求下降，货币需求下降幅度是利率上升幅度的50%。例如，利率由4%上升到6%，上升了50%，按照平方根定律，交易动机的货币需求下降25%。交易动机的货币需求关于收入的弹性为0.5，微观意义是有较高收入水平的个人持有相对较少的现金，即交易动机的货币需求具有规模节约的特点；从宏观角度理解，现金与活期存款主要用于交易手段，所以随着经济规模扩大及国民收入水平的提高，货币存量中现金的比例及狭义货币占广义货币的比例趋于下降。以我国为例，M_1/M_2 由 1978 年的 80% 下降到 2002 年的38%。虽然从微观上分析个人、家庭持有的定期存款会转化为现金与活期存款，但是，从国民经济总体判断，可以将定期存款看做主要用于贮藏手段的货币，随着国民收入水平提高，定期存款在货币存量中的比例趋于提高。

（二）托宾资产组合模型

凯恩斯分析投机动机的货币需求时对债券市场做下述推测：市场上所有交易者被分成两类，一类认为目前利率低于正常水平，债券价格已经足够高，从而抛售债券，仅仅持有现金；一类则相反，认为目前利率高于正常水平，债券价格已经跌入低点，从而放弃现金，持有资产全部为债券。出现这种情况的潜在前提是交易者清楚他做出的预期完全正确，即在确定的下一时期债券价格、利率不存在预期误差。但完全自信的交易者为数甚少。现实中的交易者总是同时持有现金与其他有收益资产。由此简单的事实现象出发，孕育着对凯恩斯学派货币理论的另一重大发展。

詹姆斯·托宾于 1958 年发表《流动性偏好——对付风险的行为》一文，将马科维茨等的资产选择理论和货币需求理论结合起来，用投资者避免风险的行为动机来解释对货币余额的需求，从而将资产选择理论引入货币理论与宏观经济分析[①]。

1. 资产组合的收益率与风险

托宾对形成资产组合的决策分析如下：

(1)任何一种证券投资都同时面临收益和风险两种因素。收益增加意味着投资者效用增加，风险增加则意味着投资者效用的减少。

(2)假定有两种资产——货币与债券。持有债券可获取收益，但也要承担由于债券价格下跌而遭受损失的风险。货币既没有收益，也没有风险，被称作安全资产。

(3)设债券预期收益率为r_b，收益率标准差为σ_b；货币的收益率和收益率标准差均为0。在两种资产中，投资于债券的比率为w，持有货币的比率则为$1-w$。

---

① 参见本书第九章。

(4)投资者同时持有货币与债券形成资产组合。组合的预期收益率为 $E(r_P)$，风险(组合收益率的标准差)为 σ_P。可以推导如下。

资产组合的收益为

$$E(r_P)=wr_b+(1-w)\times 0$$
$$=wr_b \tag{10-19}$$

反映资产组合风险的方差和标准差分别为

$$\sigma_P^2=w^2\sigma_b^2$$
$$\sigma_P=w\sigma_b \tag{10-20}$$

将式(10-20)代入式(10-19)得

$$E(r_P)=wr_b=\frac{\sigma_P}{\sigma_b}r_b$$

令 $k=r_b/\sigma_b$，从而得

$$E(r_P)=k\sigma_P \tag{10-21}$$

由此可见，资产组合的预期收益率与风险成正比，两者之间存在线性关系。k 为债券预期收益率与其收益率标准差的比值。

2. 投资者的资产组合决策

将收益与风险之间的线性关系与风险回避者的无差异曲线结合起来，就可以得到最优决策，确定资产组合中债券与货币的比例。

在图 10-1 中，C_1、C_2 为投资机会线，描述收益与风险之间的线性关系。在债券预期收益及风险已定条件下，个人沿着 C_1 投资机会线作选择，直到达到最高的无差异曲线，使投资者的总效用达到最大值。切点 A 显然代表了这种投资组合。同理，B 也是最佳投资组合点。当债券的预期收益率上升或风险变小时，k 值从 k_1 上升为 k_2。这时债券持有比例增加，货币持有比率下降。假如两条机会成本线的右端点表示同一种债券(或者债券市场)收益-风险结构变化前后在 $E(r_P)$-σ_P 空间的位置，这一变化既说明债券市场既定收益情况下风险增加，也可以被解释为既定风险条件下收益率上升。但无论做何种解释，都说明风险(不确定性)与收益率同时影响投机动机的货币需求。

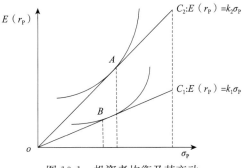

图 10-1　投资者均衡及其变动

■第三节　弗里德曼的货币需求理论

20 世纪 30 年代的大萧条和凯恩斯《就业、利息和货币通论》的出版成为经济理论史的分水岭，也使古典货币数量理论趋于衰落，随后大多数经济学家都成为凯恩斯主义者。20 世纪 50 年代中后期，由于米尔顿·弗里德曼等及其学生们的工作，货币数量理论被发展、演进为当代货币主义，与凯恩斯主义分庭抗礼。出现这种变化的原因首先在于第二次世界大战以后没有出现凯恩斯主义者预测的类似大萧条的条件，而是发生了通货膨胀。其次，凯恩斯主义认为，政府可以通过控制政府开支和税收使经济接近或达到充分就业，但事实证明，持续的以改变政府支出和税率为特征的财政政策调节会遇到严重的经济和政治方面的困难。

一、"重述"古典货币数量理论

早期货币数量论以费雪的交易方程式为其发端，其萌芽形式可以追溯到更为久远的历史时期。正如上文已经提及的，古典货币数量论本身并不研究货币需求问题，只是一种关于货币数量所产生价格效应的初始且直观的分析模式。弗里德曼赋予早期货币数量论以货币需求的含义，并作为自己研究货币需求的逻辑起点。

从弗里德曼所著《货币数量论的重新表述》中我们可以循其轨迹发现：第一，早期货币数量论表征着一种进行经济理论研究的方法而不是一个定义完整的理论的象征；第二，尽管存在着货币数量论的"再生"趋势，但以弗里德曼为代表的现代货币数量论学者的目的"更在于创立一种特殊的数量理论'模型'"，而不是简单地复活传统理论。弗里德曼指出，"数量理论首先是一种货币需求理论"。这种重新表述一方面表明弗里德曼借捍卫货币数量论引起人们对货币问题在解释经济活动(尤其短期波动)时的重要作用的注意，另一方面也预示着现代货币数量论在研究方法、理论诉求的目标，以至政策意蕴上与传统货币数量论不可同日而语，甚至大相径庭。人们甚至可以有理由认为，弗里德曼在某种程度上是为了展示货币理论对经济的解释力而对理论史加以"假借"[1]。货币主义学者在他们进一步的深入研究和著述中很少再提到早期货币数量论。弗里德曼曾指出由他发起的货币理论革命"成功地将古典货币数量论奉为经典"，但熟悉当代经济理论的学者不难发现，确切的事实却是弗里德曼等货币主义者的理论成为经典文献[2]。在分析当代货币经济问题的相关著述中也已经较少提到和引用古典货币数量论。

上述评判如果是针对马歇尔、庇古为代表的剑桥学派的现金余额方程式及其蕴含货币思想可能会有所抹杀。剑桥方法虽然也假定货币需求主要取决于要进行的交易量，但却强调人们持有货币的意愿，并明确持有通货与交易量的比率受到预期投资收益的影响。马歇尔也曾经表述过货币需求与预期的通货膨胀率负相关。剑桥学派与费雪的货币需求理论在关于交易数量影响货币数量的分析方法上存在显著差别。费雪探讨是什么因素决定经济体

---

①　弗里德曼 M，等. 货币数量论研究. 瞿强，杜丽群，何瑜译. 北京：中国社会科学出版社，2001：1-2.

②　弗里德曼 M，弗里德曼 R. 弗里德曼回忆录. 韩莉，韩晓雯译. 北京：中信出版社，2004：307.

系完成一定量交易额所需货币数量，剑桥学派从主观选择的立场出发，研究个人为进行交易所希望保持的货币额。后者的研究引入了机会成本、个人偏好和其他限制条件等不确定因素。简言之，剑桥学派强调的是想要（want to）持有而费雪强调的是必须（have to）持有的货币数量①。这些均预示了凯恩斯与其后继者及货币主义学者的某些发现。

在介绍古典货币数量论时以庇古的思想作为剑桥学派的代表，但是，马歇尔有关收入、财产、价格水平影响货币需求的分析成为现代货币数量论的直接来源②。我们还可以通过以下引文发现凯恩斯学派的流动偏好、机会成本概念甚至存货模型的思想发源地："在没有任何辅助通货的信用手段时，每一个商人就必须依靠他以货币形式保存的购买力，这样一有机会，就能用来进行赚钱的买卖。他会根据直觉和经验权衡大量窖藏的利弊。他知道，如果他保有的购买力太少，他会经常感到手头很紧；如果保有的购买力太多，又将减少他的物质收入来源，而且很少能够非常有效地利用他的全部现有购买力。"③这一段引文也说明，认为传统货币数量论仅仅是一种宏观分析有欠公允。

现代货币数量论与凯恩斯的货币需求理论如果从基本的理论设定看并无本质分歧。两者之间的冲突主要体现在货币需求的利率弹性上，但这种冲突源于货币主义所做经验分析和统计推断。在相关理论模型中，凯恩斯学派将影响货币需求因素归结为收入和利率，现代货币数量论则将影响货币需求因素扩展、细分为规模变量（财富和收入）、机会成本变量（各种利率和通货膨胀率）、其他变量（个人偏好、影响生产的技术条件等变量，统称 u）。但是，未完全定义的变量 u 很难被实际引入模型。

二、扩展的货币需求函数

（一）弗里德曼分析货币需求的思想脉络

弗里德曼将货币余额需求纳入消费者效用函数，故货币需求等同于其他消费品的需求，货币能够作为一种类似于消费品的"物品"在于其对其他物品的购买力。这种购买力与名义货币额成正比，与价格水平成反比，所以，分析货币需求时要考虑实际货币余额，即名义货币与价格水平的比值。继承剑桥学派的思想，弗里德曼主要关注货币的贮藏手段职能，所以又把实际余额看做一种资产，同债券、股票和物质资产一样，都是持有财富的可替代形式。不过，在实际分析中弗里德曼对用于交易媒介与价值贮藏的货币不加区分，认为个人持有货币即使是把它作为交换手段，但由于货币的耐用性，也能发挥价值储藏的作用。类似地，把货币余额作为价值储藏而持有的人，一旦需要，也能从它作为交换手段中受益。所以，弗里德曼将为了这两种目的而持有的现金余额均看做一种资产，是消费者持有财富的一种形式。货币余额和物质投入品也同样是企业生产中的资本品。总结而论，弗里德曼将货币需求分析看做消费品和资本品需求理论中的一个特殊课题。若如此，边际原理等微观经济学方法可以用于货币分析，在各种资产之间选择、替代并形成均衡的目标是效用最大化。

① 莱德勒 D. 货币需求：理论、证据和问题. 戴国强译. 上海：上海三联书店，1989：67-68.
② 马歇尔. 货币、信用与商业. 叶元龙，郭家麟译. 北京：商务印书馆，1996：47-48.
③ 马歇尔. 货币、信用与商业. 叶元龙，郭家麟译. 北京：商务印书馆，1996：49-50.

(二)货币需求函数形式

影响货币需求有三种因素：第一，总财富数量。各类资产既然是财富的持有形式，财富数量就成为影响、决定货币资产的基本因素，形成货币需求等资产形式的预算限制。第二，各种资产的收益及相对价值变化。第三，财富所有者的兴趣与偏好。除此之外，通货膨胀率是持有实际货币余额而不持有商品的代价，货币需求也会对其做出反应。

弗里德曼还指出，正如在他的消费理论中所说的，个人会把他的一生财富[人力财富(human wealth，HW)和非人力财富(nonhuman wealth，NHW)之和]在商品和实际货币余额的流动性服务间进行分配。人力财富是劳动收入的当期贴现值，非人力财富则由个人的金融资产和物质资产构成。由于金融资产和物质资产的价值在当期是已知的，而未来的劳动收入是不确定的，所以，影响人力财富和非人力财富的不确定性程度不同，导致它们对商品和货币需求的影响也有所不同。弗里德曼用人力财富与非人力财富的比率代表个人财富不确定性的程度。

按照上述分析，货币需求函数可以表述为

$$m^D = M^D/P = f(r_1, r_2, \cdots, r_n, \pi^e, w, \omega) \tag{10-22}$$

其中，m^D 代表以实际值表示的货币余额需求；M^D 代表以名义值表示的货币余额需求；P 代表价格水平；r_i 代表以实际值表示的第 i 种资产的收益率；π^e 代表预期通货膨胀率；w 代表以实际值表示的财富；ω 代表人力财富与非人力财富的比率(HW/NHW)。

弗里德曼用永久性收入 y^p 替代总财富，以解决人力财富与总财富数据统计和估算上的困难。r 是未来的预期平均利率，当期财富价值是预期收入流的贴现值：

$$w = \frac{y^p}{r}$$

可以导出：

$$y^p = rw \tag{10-23}$$

其中，永久性收入 y^p 被解释为将来的平均预期收入。

弗里德曼试图把财富所有者的兴趣与偏好、影响生产的技术条件等变量(统一用 u 表示)引入货币需求函数。实际货币余额需求函数变为

$$m^D = f(r_1, r_2, \cdots, r_n, \pi^e, y^p, \omega, u) \tag{10-24}$$

(三)变量间的关系

实际中必须考虑的影响货币需求的主要变量只有有限几种，即货币、债券、股票，非人力实物资产和人力资本等[1]。故而式(10-24)可以简化为

$$m^D = f(y^p, r_b - r_m, r_e - r_m, \pi^e - r_m, \omega, u) \tag{10-25}$$

其中，r_m、r_b 和 r_e 分别为货币、债券和股票的预期收益率。各解释变量与货币需求的关系可以表述为

$$f'_{y^p} > 0, \ f'_{r_b - r_m} < 0, \ f'_{r_e - r_m} < 0, \ f'_{\pi^e - r_m} < 0$$

下标代表实际货币余额需求对这些变量的偏导数。偏导数大于零表示解释变量与货币需求正相关，反之表示负相关。永久性收入 y^p 与实际货币需求正相关。$r_b - r_m$、$r_e - r_m$

---

[1] 弗里德曼 M，等. 货币数量论研究. 瞿强，杜丽群，何瑜译. 北京：中国社会科学出版社，2002：4.

分别代表债券和股票相对于货币资产的预期超额收益率，两者同实际货币余额需求负相关。$\pi^e - r_m$ 代表相对于货币资产持有商品的预期超额收益率，$\pi^e - r_m$ 上升导致经济主体放弃货币转而持有商品，该变量同实际货币余额负相关。永久收入（以及财富总量）被称作规模变量，债券、股票的预期收益率和预期通货膨胀率被称作机会成本变量。

（四）货币流通速度

弗里德曼借助货币需求函数判断流通速度的稳定性。M 为货币存量，y 为当期名义收入。流通速度 V 等于 y/M。并且，在均衡状态下 M 等于 M^D。货币流通速度被表示为

$$V = \frac{y}{f(r_1,\ r_2,\ \cdots,\ r_n,\ \pi^e,\ y^p,\ \omega,\ u)} \tag{10-26}$$

各种资产的收益率不可能是稳定的。因而，在弗里德曼看来流通速度不是一个常数，而是一个实际变量，它取决于各种资产的收益率和其他变量。但这并不意味着流通速度不可预期和无规律可循。

根据简化以后的货币方程，货币流通速度可以近似表示为

$$V = \frac{y}{f(y^p)} \tag{10-27}$$

因为 y 和 y^p 是可以预先估计的，如果货币需求函数是稳定的——自变量变动或者不稳定与其和被解释变量间关系稳定并不矛盾，就蕴含货币流通速度的可预期性。名义收入由实际产出与货币供给决定。

由式(10-27)还可以发现，弗里德曼的货币需求理论可以解释货币流通速度的顺周期性特征。由于永久收入不受短期经济波动影响，所以当经济高涨时，当期收入上升，货币流通速度上升；经济萎缩时当期收入下降，货币流通速度也下降。说明货币流通速度是顺周期的。

三、比较现代货币数量论与流动偏好理论

为了与古典货币数量论区分，弗里德曼的货币需求理论被称作现代货币数量论。现代货币数量论和凯恩斯流动性偏好理论在形式上非常接近，如弗里德曼的货币需求函数中主要变量包括收入与利率。除了用财富或永久性收入代替当期收入外，在许多方面，弗里德曼的货币需求函数就像是凯恩斯主义货币需求函数的细化和另一种方式的阐述。正如弗里德曼所说的，这不是对数量论的细化或重新阐述，更恰当地说是对凯恩斯主义货币需求函数的一种表述，或者对 20 世纪 50 年代货币需求争论中托宾提出的资产组合方法的一种表述[①]。

（一）资产选择的范围与货币口径不同

弗里德曼和凯恩斯学派虽然都是从资产选择的角度讨论货币需求，但两者的资产选择的范围不同。首先，凯恩斯学派考虑的仅仅是货币和债券之间的选择，而弗里德曼资产选择的范围则大得多，除货币、有价证券以外，还包括实物资产，将货币视作有价证券、实物资产的替代品。其次，凯恩斯将货币的预期报酬率视为零，而弗里德曼把它当做一个随着市场利率、通货膨胀率及其他资产预期报酬率的变化而变化的量。在凯恩斯那里的货币

---

① 汉达 J. 货币经济学 . 郭庆旺，刘晓路，陈卫东译 . 北京：中国人民大学出版社，2005：48. 弗里德曼的货币需求函数使用了资产选择方法。

指的是 M_1，即现金和活期支票存款，在当时的英国，这一口径的货币是无息的；弗里德曼分析的货币余额至少已扩展到 M_2，M_2 中很多形态的存款货币则是有息的，从而将 r_m 这一变量纳入函数式。弗里德曼货币需求函数中的货币口径大于凯恩斯学派所考察的货币。

(二)对货币需求的利率弹性认识不同

凯恩斯仅考虑利率对货币需求变动部分的影响。与凯恩斯不同，弗里德曼认为预期通货膨胀率、债券利率、股票预期收益率和货币收益率(活期存款利率、定期存款利率等)都会影响货币需求，但是，货币需求对利率不敏感，之所以如此并非货币需求对其他资产的预期报酬率的变动不敏感，而是当利率变动时，货币和其他资产的预期报酬率通常同方向变动。在竞争条件下，以银行存款形式持有的货币的预期收益率将随着债券利率的上升而上升。同样，存款利率也会随着股票预期回报率上升而上升。结果是当利率上升时，$r_b - r_m$、$r_e - r_m$ 相当稳定。即使利率受到限制，银行通过改善服务竞争存款，同样会使存款的预期收益率增加，$r_b - r_m$、$r_e - r_m$ 仍然比较稳定。由于其他资产相对于货币的超额预期收益率不变，货币需求将相对保持不变。所以，利率变动对货币需求的影响很小。弗里德曼也自然相信不存在流动性陷阱。如前所述，凯恩斯本人对流动性陷阱的实际意义也是轻描淡写的。弗里德曼将货币需求的决定主要归因于收入水平。

(三)有关货币需求稳定性的分歧

在流动偏好理论中投机性货币需求投机主导着货币需求变化，而投机动机的货币需求取决于利率，但其和预期利率的反向变动关系只是一种大致情况，两者之间没有明确的一一对应关系，货币需求因而是不稳定的。弗里德曼认为货币需求的随机波动很小，强调货币需求函数的稳定性。如上述，弗里德曼认为影响货币需求的主要因素是永久收入，货币需求对利率的变动不敏感，而永久收入的变化比较缓慢。所以，货币需求函数是稳定的。

四、相关计量检验

(一)货币需求的收入弹性和利率弹性

1. 验证方程的设定

弗里德曼通过简化货币需求函数得到验证方程。货币需求函数中各个变量分别有如下特征：①u 作为影响持币者货币偏好的因素，一般来说是相对稳定的；②对非人力财富占总财富的比率 ω，弗里德曼认为在一定时期内这是一个相对稳定的值，对收入进而对货币需求不可能产生大起大落的影响；③实证分析表明通货膨胀率只在变化幅度很大、持续时间很长的情况下，才对实际货币需求产生影响，这种情况一般较少出现。因此，也可以忽略这个因素；④r_m、r_b 和 r_e 均受市场利率的影响，可归并为市场利率(r)的作用。

由此，货币需求函数被简化为

$$\frac{M}{P} = f\left(\frac{y}{P}, \ r\right)$$

在此基础上，弗里德曼及其货币学派在大量实证分析中建立了下列方程：

$$\frac{M}{P} = a \ Y^b \ r^c \tag{10-28}$$

其中，a、b、c 均为待定参数。对式(10-28)两端取对数得

$$\lg \frac{M}{P}=\lg a+b\lg Y+c\lg r \tag{10-29}$$

2. 验证结果

弗里德曼在对美国 1892～1960 年历年的数据资料进行大量研究的基础上，使用最小二乘法得到的回归结果为：$\lg a=-3.003,b=1.394,c=-0.155$。由此可见，货币需求的收入弹性为 1.394，利率弹性为 -0.155，证明货币需求的利率弹性很低。它表明，就长期而言，当利率提高 1% 时，只会引起货币需减少 0.155%。计量验证结果证实了永久收入对货币需求具有主导作用，货币需求对利率变动不敏感的结论。

(二)对机会成本变量(通货膨胀率)的检验

菲利普·卡甘对奥地利、德国在 20 世纪 20 年代初，以及其他 5 个国家在不同时期处于超级通货膨胀条件下实际现金余额(即 M/P)和价格水平的关系做了统计分析[1]。卡甘支持弗里德曼的货币需求理论，认为"意愿的实际货币余额与实际财富和当前实际收入按同一方向变化，但是与货币以外的资产的收益变化呈相反方向变化"。但是，在普通通货膨胀中实际现金余额并不下降反而上升，这与解释货币需求的机会成本假设出现矛盾，对其可以解释为在规模变量与机会成本变量及其他变量处在比较均衡情况下(如机会成本比较稳定)规模变量发挥主要影响，一旦机会成本和其他变量极不稳定，将导致各变量对货币需求的影响力度此消彼长。弗里德曼认为这种情况不会破坏货币需求函数的稳定性，卡甘则指出"实际余额是实际收入和其他变量的函数，但不一定是线性的"。超级通货膨胀提供了一种观察价格水平变动、预期通货膨胀率作为机会成本变量如何影响货币需求的更为清晰的视域，这时其他变量的影响几乎可以被忽略。

卡甘所做验证的基础是现金余额方程。其基本结论如下。

第一，超级通货膨胀期间波动很大且足以解释实际现金余额剧烈变化的机会成本仅仅为货币贬值率或价格的变化率，由此得出的进一步结果是实际现金余额的变化起因于预期的通货膨胀率。

第二，两类时滞延缓了现金余额需求对通货膨胀做出的反应，即预期通货膨胀率和实际通货膨胀率之间的时滞和人们在预期通货膨胀率出现后由实际的现金余额向意愿现金余额调整需要时间。随着预期加速适应实际通货膨胀率的变化，持有货币额的耗减是递增的。弗里德曼指出这是在高度不稳定情况下对货币需求函数稳定性所做出的重要证明[2]。

第四节　中国货币需求分析

对货币需求问题的研究是货币当局制定货币政策的主要依据，我国在这一点与西方所

---

① 卡甘将超级通货膨胀定义为自价格上涨超过 50% 的月份开始到跌至这一数额以下的前一个月，并且在这一数额以上维持至少一年。

② 弗里德曼 M，等．货币数量论研究．瞿强，杜丽群，何瑜译．北京：中国社会科学出版社，2001：20.

不同的是处于体制变动与转轨时期，制度变迁是货币需求潜在而又重要的解释变量。所以，更为重要的不是分析某一特定阶段的货币需求函数，而是如何发现在体制转轨、制度变迁中影响货币需求的解释变量本身的变动，分析货币需求函数迁移的一般趋势。

一、体制变迁背景下的货币需求变动

改革以后体制转轨的最引人注目的变革是社会产权重组或所有制改革和相应的分配制度变革。这一社会巨变彻底改变了社会财富、社会资本的结构，也改变了人们的利益关系和社会产品的流转过程。原有计划体制中的产品调拨、统购统销的物流机制被普遍的商品市场的交换机制取代。

伴随市场机制不断深化、发展的是原先被阻断的价值形成与实现机制得以恢复，产生于商品生产、商品交换的货币职能也复归，货币在计划体制下的职能退化为一种记账单位、一种几乎丧失价值、价格内涵的纸制符号，在向市场体制转轨过程中货币逐渐凸现出其价值尺度、交易媒介和价值贮藏功能。

在我国传统的计划体制中货币需求基本上是货币供给的一个被动的结果，或者，货币需求外生于货币供给。因为一方面，由内在机制决定货币需求的基础——货币职能被窒息，另一方面，货币需求主体因之而动的调整货币需求的经济关系、经济变量被扭曲，如收入分配、价格、利率等。更为严格地讲，在计划体制下，家庭、企业很少(或没有)形成经济剩余，也不是进行独立决策的经济单位，从而只能附属于政府或者国家，银行则成为国家的出纳机构，金融交易活动基本上被禁止。从而，计划体制下不存在典型地进行资产组合选择的货币需求主体。这一切在市场运行过程中必然被重新安排。

(一)货币需求微观主体的形成

随着财富积累向居民、企业部门转移，居民与企业在交易动机不断强化基础上依次产生预防、投机性货币需求动机，因而也就具备了影响货币需求变动的微观基础，货币需求由外生于货币供给而在很大程度上渐次转化为一种内生机制。

在体制转轨过程中金融部门的重组、改革也不断得到强化，商业银行等金融组织从大一统金融体制中蜕变与分离出来。20世纪80年代以后中央银行独立于商业金融组织，商业银行一方面成为联结中央银行(货币供给源头)与生产、消费体系(货币需求方)的主要界面，另一方面与证券、保险等金融机构构成除企业、家庭之外的重要的货币需求主体。

(二)满足货币需求的渠道发生变化

政府支出规模及其占国民经济总量的比例在经济发展中趋于上升，但在分配格局变动中政府赤字也相应增加。除政府支出规模直接影响交易性货币需求以外，在新的中央银行制度约束下，财政赤字不能通过向中央银行透支弥补，而主要通过发行债务证券筹资，这必然影响市场资金利率，从而影响货币需求的机会成本变量。从另一角度观察，国家债务形成微观经济单位选择资产组合的一个主要因素，由国家信誉担保的政府债券的利率成为近似无风险利率，被作为资产组合收益率的一种基本标度。以国家债券作为主要交易工具的公开市场也成为货币供给与货币需求、财政与金融、中央银行与金融机构、企业及家庭之间的重要结合部，构成货币均衡动态中的重要枢机。正因为如此，有学者提出"对于国债的规模可否脱离开财政赤字筹资而有单独的政策考虑等问题,均须重新认真研究"[①]。

(三)货币需求解释变量的扩展

我国在体制转轨过程中对国际市场、国际交换的参与不断加强,国际借贷、跨国直接投资与证券投资等不同形式的资本流动必然影响货币需求(及供给),人民币境外流通及不同国家、地区间利率、通货膨胀率和汇率的差异与变动也诱使货币替代的规模与频率增加,从而导致影响货币需求的变量增加,货币需求趋于不稳定。

金融市场对内、对外开放的拓展和新金融工具的涌现,使资产选择空间扩大,货币的替代资产增加,传统的在货币资产和消费之间的组合选择转向在一种具有不同流动性、风险和收益率的序列资产和消费之间的选择。体制变迁使价格水平以至市场利率波动性增强,货币需求的机会成本变量也趋于复杂多变。此外,交易性货币需求已不限于商品和实物资产市场,由金融交易产生的货币需求呈迅速增长态势。

(四)货币需求的结构性变化

除了 1978 年改革开放前后两个时期中国货币需求具有不同表现之外,改革开放以后货币需求的决定机制继续在发生一种循序渐进的变化。对于改革开放以后的情况,由于20 世纪 90 年代中期中国社会由温饱开始向小康型过渡,加之 1988 年实现全面的价格改革,90 年代初以后财政、金融体制和利率市场化改革加快,中央银行利率调节趋于灵活,家庭、企业经过 80 年代和 90 年代间两轮通货膨胀和市场疲软、经济萧条的洗礼,预期行为得以强化。据此可以推断,20 世纪 90 年代中期前后货币需求会产生一些结构性变化。1997 年年底以后持续数年的通货紧缩进一步使货币需求与若干经济变量的后向关联增强,即除了当期与滞后解释变量之外,对变量的预期值也成为货币需求的重要影响因子。货币需求主体从宏观经济运行周期性波动中"边干边学",金融意识和资产选择行为日趋成熟。尤其进入 2000 年以后,股票与国债市场等货币与资本市场规模不断扩张,不断推出新的金融衍生工具,2008 年全球金融危机以后通货膨胀不确定性增强,资产价格变动及通货膨胀预期波动给货币需求带来新的可变因素。

二、货币需求解释变量的特征

从体制背景归纳货币需求决定、货币需求变动的各因素对货币需求的模型化研究及货币供给调控,可以为我们提供大致的分析框架。一些学者对中国货币需求问题做了计量与实证分析,基本上遵从规模变量、机会成本变量和其他变量这一对解释变量的分类方法。迄于目前,关于规模变量及价格水平对货币需求的影响容易取得一致,对其他解释变量如何影响货币需求的结论并未取得统一,甚至存在明显分歧。这种情况与西方学者的研究现状颇为相似。

选取 1956~1996 年的年度数据并利用双对数方程对货币需求(M_1,M_2)的收入(GNP)弹性的研究结果表明,M_1、M_2 的收入弹性分别为 1.185 和 1.317,且有较好的拟合度[②]。根据 1952~1989 年数据将人均实际国民收入作为解释变量,用混合价格指数折

① 李扬.国债规模:在财政与金融之间寻求平衡.见:李扬,王松奇.中国金融理论前沿.北京:社会科学文献出版社,2003:232.

② 邓乐平,殷孟波.中国货币需求的研究现状及发展.见:李扬,王松奇.中国金融理论前沿.北京:社会科学文献出版社,2003:53-54.

算的实际人均 M_2 对收入的弹性系数接近 1，当引入货币化水平(城市人口百分率变动)后 M_2 的收入弹性系数下降为 0.75[①]。有关的说明是货币化进程解释了部分货币需求增长。比较塞尔登对美国长期数据的研究，弗里德曼认为实际国民收入的长期增长一直伴随着单位产出的实际现金余额增长，即实际余额的收入弹性大于 1，说明现金余额是一种奢侈品，"这一完全合理的结论似乎也为其他国家的证据所证实"[②]。假如 M_2 为货币存量，其中包括了存量财富以货币方式持有所形成的货币需求，此外，在当期收入中由于消费倾向递减也会导致金融资产积累呈现出递增状况，从而使发生的货币流量比率超出收入流量比率。

我国改革开放以后到 20 世纪 90 年代末交易性货币需求与物价指数有较稳定的正向变化关系，1977～1996 年 M_1、M_2 对零售商品价格指数的弹性分别达到 3.247 和 3.680(杨小勇和龚晓莺，2001；邓乐平和殷孟波，2003)。

国内部分学者对利率作为货币需求的解释变量表示怀疑，或者认为将利率作为机会成本变量的具体指标选取困难从而不易观察货币需求的利率弹性。现实因素或许在于对利率最为敏感的投机性动机在我国而论还远远不够强烈，人们的收入水平还不足以使交易、预防需求对利率做出较敏感反应。有关分析表明交易性货币需求具有在居民收入水平越过温饱线以后对实际利率做出反应；预防性货币需求具有当收入水平越过温饱线的差额(即 $\Delta y = y - y_0 > 0$，y_0 为温饱线)大于 $2b_t/r$(b_t 为当期生息资产转化为货币的手续费，r 为利率)，且达到一定高度时才与利息率存在反向变动关系[③]。相关研究还表明，中国货币需求波动的主要原因是利率结构变化和通货膨胀冲击的结构变化[④]。

三、中国转型期货币流通速度变动分析

选择货币流通速度及其变化率是分析中国转型期货币需求的重要途径。我国货币流通速度及其变化率在经济扩展与收缩期分别上升或者下降，从而对经济接近过度繁荣和步入衰退时期的货币紧缩与扩张政策产生冲消后果，这与一般市场经济国家货币经济运行的机制相同。制定货币政策须考虑货币供给在货币流通速度基础上发挥作用。

为了分析中国的货币流通速度，选择货币的"收入流通速度"进行分析。货币"收入流通速度"是一定时期中总货币收入与平均总货币存量之比。这里以 GDP 作为货币收入指标。

我们对流通中现金(M_0)、狭义货币(M_1)、广义货币(M_2)的流通速度(分别记作 V_{y_0}、V_{y_1}、V_{y_2})作个别和比较分析。以观察不同货币层次流通速度的差异。我国的现实情况是 M_0、M_1 比 M_2 的流通速度更为灵敏，其内在原因在于 M_2 中的定期存款有更多的价值贮藏功能，转换成本高，限制条件相对严格，M_0、M_1 主要执行交易媒介职能，具有费雪方程式中"飞动"货币的性质。

引入对货币流通速度变化率(ZV_y)的分析。货币流通速度变化率可以被看做货币流通速度的一种放大了的形式(比较图 10-2 和图 10-3)，引入货币流通速度变化率是对货币流

① 易纲. 中国的货币化进程. 北京：商务印书馆，2003：101.
② 弗里德曼 M，等. 货币数量论研究. 瞿强，杜丽群，何瑜译. 北京：中国社会科学出版社，2001：20.
③ 杨小勇，龚晓莺. 再探交易性货币需求的决定. 复旦学报，2001，6：96-102.
④ 刘勤，顾岚. 中国货币需求波动研究. 统计研究，1998，3：60-65.

通速度更为清晰的观察。在有些情况下，二者的变化方向也可能不同，如货币流通速度是上升的，但比之上一年上升的幅度下降了，则货币流通速度变化率是下降的。

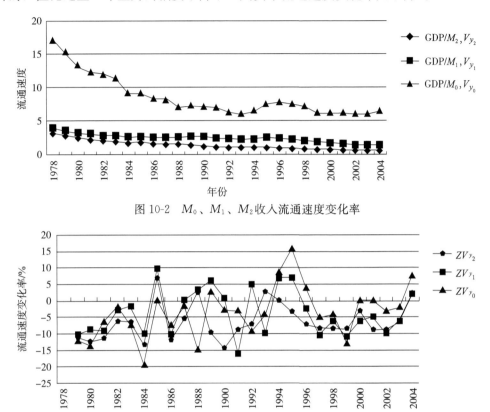

图 10-2　M_0、M_1、M_2 收入流通速度变化率

图 10-3　各层次货币收入流通速度变化率

比较中国 M_0、M_1、M_2 的收入流通速度在 1978～2002 年的变化(图 10-2)，发现三种流通速度沿时间历程对各相关因素反应的敏感度是依次减弱的，但仍然存在一些相似的特征。

(一)货币流通速度的长期趋势

货币流通速度在 25 年间(1978～2004 年)呈现出下降的趋势，但在短期内表现出上升或下降的特点，在经济扩张期上升(或者下降的节奏减缓)，在经济收缩期下降。这与弗里德曼及塞尔登所分析的美国 20 世纪的情况相似。广义货币流通速度的变化趋势虽然平缓，但在 1985 年、1988 年、1993～1994 年都表现为上升。在经济增长达到繁荣的顶峰时货币当局因为判断经济"过热"而紧缩银根，但因为货币交易和收入增加(通货膨胀率较高，实际利率水平很低)，货币需求增加，超额货币需求由于货币流通速度上升至少部分地得以满足。

(二)货币流通速度变化趋势被货币供给增长率的异常波动打乱

在 1992 年开始的新一轮高速经济增长中，M_0 的流通速度被推迟到 1994 年由下降转为上升，是由于 1992 年、1993 年 M_0 增长率分别达到 36% 和 35.7%，而 1994 年下降为

24.28%。同样,V_{y_0}在经济高速增长的1988年仍然下降,是因为当年M_0的增长率高达46.72%,1989年M_0增长率陡降至9.84%,但经济仍然维持一定增长,加之通货膨胀率较高,V_{y_0}从而上升。三种流通速度中只有V_{y_1}超前于1992年上升,是由于1992年唯独M_1增长率显著下降,由1991年的38.59%下降到1992年的17.48%[①]。

(三)M_0流通速度变化与经济周期的关系最为清晰

以1981年作起点,M_0的收入流通速度已经呈现出四个周期,即1981~1984年,1985~1988年,1989~1993年,1994~1999年。大体领先宏观经济周期1~2年。对这种情况的解释是:经济增长周期的复苏以市场需求活跃为起点和诱发因素,而市场需求活跃必然反映在M_0(在我国仍然是重要交易媒介)的流通速度上。说明M_0流通速度在这一时期可以作为经济景气的领先指标。V_{y_0}在1984年、1985年、1988年和1989年均上升但变化很小,在1993~1996年却上升了30.46%。面临1993年以后紧缩的货币政策,货币流通速度提高的潜在机制是货币市场交易趋于活跃。1993年12月31日上海证券交易所推出债券回购业务,1993年下半年中国人民银行牵头成立35个大中城市融资中心,1996年1月全国统一的银行间拆借市场正式成立。金融创新机制影响着V_{y_0}的变动。

(四)M_2流通速度变化率与经济增长率变动的拟合最好

M_0、M_1流通速度变化率的趋势在1987年以前与M_2大体一致,但1988~1992年两者相互之间以及与M_2流通速度均呈交错状(图10-2和图10-3)。其中的影响因素包括1988年M_0超常增长以及在1988年高通货膨胀和1990年经济收缩期各自有不同表现。M_2收入流通速度V_{y_2}的上升与经济扩展的时间比较一致(图10-4)。这些似乎表明M_2以及与之相关的V_{y_2}、ZV_{y_2}比M_0、M_1的相关指标具有更显著的内生化和稳定性特征[②]。

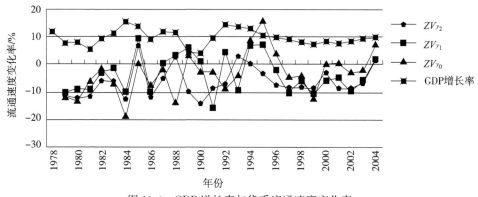

图10-4　GDP增长率与货币流通速度变化率

复习思考题

1. 剑桥学派认为决定人们持有货币数量的因素有哪些?
2. 结合债券市场说明凯恩斯的货币需求理论。

---

①　相关数据来源于相关年度《中国金融年鉴》《中国统计年鉴》等公开出版物。

②　较为详尽的分析见刘明.中国转型期货币流通速度分析——基于引入一阶替代变量的观测.陕西师范大学学报,2005,5.

3. 简述弗里德曼的货币需求函数及其特点。

4. 什么是描述交易性货币需求"平方根法则"？

5. 凯恩斯"流动偏好"概念的含义是什么？

6. 简述"流动性陷阱"的基本原理以及凯恩斯对"流动性陷阱"的解释。

7. 鲍莫尔模型对凯恩斯货币需求理论的发展体现在什么地方？

8. 货币主义者为什么认为货币需求的利率弹性很低？

9. 比较凯恩斯的货币需求理论与弗里德曼的货币需求理论。

10. 试述改革开放以来我国货币需求的变动特点。

参考文献

邓乐平，殷孟波. 2003. 中国货币需求的研究现状及发展. 见：李扬，王松奇. 中国金融理论前沿. 北京：社会科学文献出版社

弗里德曼 M，等. 2001. 货币数量论研究. 瞿强，杜丽群，何瑜译. 北京：中国社会科学出版社

汉达 J. 2005. 货币经济学. 郭庆旺，刘晓路，陈卫东译. 北京：中国人民大学出版社

莱德勒 D. 1989. 货币需求：理论、证据和问题. 戴国强译. 上海：上海三联书店

李扬. 2003. 国债规模：在财政与金融之间寻求平衡. 见：李扬，王松奇. 中国金融理论前沿. 北京：社会科学文献出版社

马歇尔. 1996. 货币、信用与商业. 叶元龙，郭家麟译. 北京：商务印书馆

麦金农 R I. 1997. 经济自由化的次序——向市场经济过渡时期的金融控制. 第二版. 周庭煜，尹翔硕，陈中亚译. 上海：上海三联书店，上海人民出版社

杨小勇，龚晓萝. 2001. 再探交易性货币需求的决定. 复旦学报，6：96-102

易纲. 2003. 中国的货币化进程. 北京：商务印书馆

Keynes J M. 1936. The General Theory of Employment Interest and Money. London：MacMillan Publishers Limited

Pigou A C. 1917. The value of money. Journal of Economics，32(1)：38-65

第十一章

货币供给与货币均衡

金本位背景下的货币供给机制与现代纸币制度及存在发达的商业银行体系相比较被大大地简化，人们对纸币流通和商业银行部分准备金条件下货币供给机制的分析落后于现实货币机制的变化，货币供给理论与货币需求理论相比较也不够成熟。但是在当代，货币供给受到经济运行机制内部潜在因素的影响是中央银行要经常面对的问题，由于企业和家庭部门实际上参与货币供给，货币当局调控货币数量的能力受到削弱，货币供给也就自然成为理论研究的重要问题。本章对与货币供给有关的概念、货币供给机制、货币供给的内生与外生及货币均衡依次作初步介绍。

■ 第一节　基础货币及其决定

一、货币层次

什么是货币？人们对货币外延范围的认识随着商品生产、交换的发展和货币制度的演进而有所发展。在不同交易中使用不同类型的货币，如在零星交易中人们习惯使用现金，在大宗交易中使用支票或许更为方便。货币在不同时代扮演的主要职能也发生了变化，在简单商品生产中货币主要承担交易媒介职能，在现代经济条件下有更多处于价值贮藏形态的货币。随着人们关心的货币职能范围的延伸，所定义的货币范围也相应得到拓展。按照货币范围或者口径可以区分出不同的货币层次，不同货币供给理论（也包括货币需求理论）所涉及的货币层次不同，所以在把握理论之前应该了解货币层次。

(一)划分货币层次的准则

1. 划分货币供给层次的基本依据

划分货币层次的实际意义在于中央银行货币统计的方便及进行货币控制的需要。尽管世界各国的中央银行都有自己的货币统计口径，但其划分的基本依据是一致的，一方面要考虑到货币流动性大小，另一方面要重视货币控制的要求。

正如我们在货币需求一章所了解到的，不同形式的货币数量是基于流通速度与实际经济发生联系，流通速度与货币流动性大小相关，所以，各国中央银行在确定货币统计的口径时都以流动性大小，即流通手段和支付手段的方便程度作为标准。某一层次货币的流动性较高，即在流通中可接受性强，周转较便利，流通速度也较高，一定数量的货币形成购买力的能力也较强；流动性较低，即周转不方便，流通速度也较低，相应地形成购买力的能力也较弱。中央银行可以根据流动性大小选择监测不同层次的货币，在不同经济运行阶段控制、监测的重点以及对不同货币层次的调节方向也会有所不同。例如，现金与活期存款对物价影响更为敏感，在通货膨胀期间中央银行会选择抑制现金与活期存款的增长，而定期存款则有相应增加。划分不同层次的货币也必须在统计上实际可行，假如划分的两种货币层次在实际统计中无法有效地收集数据资料并明确区分，则这种划分就没有意义。此外，中央银行对划分的货币层次要有能力进行实际控制。

2. 对货币层次的划分涉及对货币职能的不同认识

货币理论研究者对货币定义及货币层次划分存在分歧，其主要原因在于对货币职能重点的认识不同。例如，在马克思看来货币是固定地充当一般等价物的特殊商品，货币必须是价值尺度和流通手段的统一。所以，货币的属性是同时具备价值尺度和流通手段职能，否则就不是货币。

在货币需求理论中，费雪与庇古分别重视货币的交易媒介和价值贮藏功能。在以后的研究中人们为了方便，按照货币定义的范围区分出狭义货币（M_1）与广义货币（M_2），凯恩斯与弗里德曼就分别以狭义货币与广义货币为其所指货币范围。

"狭义货币"定义较为重视货币的交易媒介职能，通常是由流通于银行体系之外的、为社会公众所持有的现金（即通货）及商业银行的活期存款所构成。"广义货币"根据货币的贮藏职能界定货币的范围，大致可以分为以下几种。

第一种由弗里德曼、施瓦茨和卡甘等提出，强调货币的价值贮藏职能。例如，弗里德曼称货币为"购买力的暂栖所"，认为除了 M_1 以外，商业银行的定期存款和储蓄存款也应被包括在货币的范围中。拓宽以后的货币层次被称作 M_2。

第二种广义的货币定义由格利、肖和托宾等经济学家提出。他们强调货币作为一种资产（用于价值贮藏）具有高度流动性特征，认为除了 M_2 所包括的通货及商业银行的各种存款以外，货币还应包括一些具有高度流动性的其他金融资产。在这种广义的货币定义中，格利、肖和托宾的定义与《拉德克利夫报告》中的定义又不尽相同。

格利、肖和托宾等认为各种非银行金融中介机构发行的负债与商业银行的负债一样，也具有高度的流动性，既然把商业银行的负债作为货币，就没有理由把非银行金融中介机构的负债排除出货币范围。所以，除了 M_2 之外，应该将非银行金融中介机构的负债包括在货币口径中。被进一步拓宽的货币层次即 M_3。《拉德克利夫报告》则认为除了 M_3 以外，货币还应包括那些非金融机构（如政府和企业）所发行的、流动性较高的短期负债，如政府发行的国库券、企业发行的短期债券及商业票据等。

(二)各种货币层次

以上叙述已经使我们了解到基于不同认识划分的若干货币层次，现在只需以更为清晰的方式对若干有代表性国家的中央银行和国际货币基金组织统计、监测的货币系列加以描述，对中国人民银行统计的不同货币层次也予以介绍。

1. 美国联邦储备系统现行货币供给各层次的定义

M_1包括：①处于国库、联邦储备系统和存款机构之外的通货，即公众持有的通货；②非银行金融机构发行的旅行支票；③商业银行的活期存款，不包括存款机构、美国政府、外国银行和官方机构在商业银行的存款；④其他各种与商业银行活期存款性质相近的存款，如（negotiable order of withdrawal account，NOW）、自动转账服务账户（automatic transfer service account，ATS）等。

M_2等于M_1加以下各项：①存款机构发行的隔夜回购协议和美国银行在世界上的分支机构向美国居民发行的隔夜欧洲美元；②货币市场存款账户（money market deposit account，MMDAs）；③储蓄和小额定期存款；④货币市场互助基金（money market mutual fund，MMMFs）。

M_3等于M_2加以下各项：①大额定期存款；②长于隔夜的限期回购协议和欧洲美元等。

美国联邦储备系统还在货币供给层次中划分出L。L实际上进一步超出一般意义的货币范围，是大于货币的一种口径，等于M_3加非银行公众持有的储蓄券、短期国库券、商业票据和银行承兑票据等。

2. 英格兰银行1991年所采用的货币口径（其中没有M_1）

M_0：1983年第四季度开始用以表示基础货币。其等于英格兰银行发出的钞票和硬辅币加各银行在英格兰银行的准备金存款余额。

M_2包括三项：①私人部门(企业和居民)持有的钞票和硬辅币；②私人部门在银行的无息即期存款；③私人部门在银行和建房互助会中的小额英镑存款。

M_4包括五项：前两项与包括在M_2中的前两项相同。后三项分别为：①私人部门的有息英镑即期存款；②私人部门在银行的定期英镑存款（包括英镑存单）；③私人部门持有的建房互助协会的股份和存款（包括英镑存单）。

M_{4C}等于M_4加私人部门在银行和建房互助协会的外币存款。

M_5等于M_4加私人部门持有的金融债券、国库券、地方当局存款、纳税存单和国民储蓄。

3. 国际货币基金组织的货币系列

国际货币基金组织采用三个口径，即通货、货币和"准货币"(quasi money)。对通货采用通常所定义的范围，即公众持有的通货；货币即习惯上所谓的M_1；准货币相当于定期存款、储蓄存款与外币存款之和。准货币加货币相当于各国一般采用的M_2。国际货币基金组织要求各成员国按照这三种口径定期报告本国的货币数据。

4. 中国的货币系列

我国于20世纪80年代开始探讨如何划分货币供给的层次，并于1994年第三季度开始正式按季度公布货币供应量的统计监测指标。按照国际货币基金组织的要求，现阶段我国货币供应量划分为以下三个层次：

M_0＝流通中的现金

M_1＝M_0＋活期存款

M_2＝M_1＋定期存款＋储蓄存款＋其他存款＋证券公司客户保证金

其中，M_1表示狭义货币量；M_2表示广义货币量；M_2-M_1为准货币。

在我国，以活期存款为依据签发的支票和银行卡的使用范围还存在一定程度的局限性，其流动性明显低于现金，尤其居民持有的现金目前仍然是最活跃的购买力。所以，我们把现金作为独立的货币层次。

由于我国经济市场化程度和货币化水平不断提高，金融市场也快速发展，因此不同种类货币的流动性发生变化，人们原有的认识相应改变，在货币层次划分方面又面临一些新的问题。例如，一些学者主张把居民活期储蓄存款列入M_1，其根据是随着我国银行电子装备水平的提高，针对居民活期储蓄的银行卡已经在较大范围使用，也有一些城市开办居民支票业务，使居民活期储蓄存款的流动性有所增强。但相反的意见似乎也有道理：居民活期储蓄存款中具有直接购买力的部分仍然非常有限，还不足以改变其准货币的性质。就如同M_1中尽管有一些不发挥现实购买力的沉淀性货币（如"窖藏货币"），但是仍然将其划入准货币一样。还有学者主张把股民保证金列入M_1，理由是它极易转化为活期存款。持不同意见的学者则认为考察货币供应量及其层次关注的是它处于该状态的主要支用目的，股民保证金主要的支用目的是购买股票、债券等金融资产，而不是对商品和劳务的直接购买。一旦它在事实上转化为活期存款，在那一时点上就会将其计入M_1。

随着时间的推移，未来我国货币层次的划分还要适应具体情况的变化而做出必要调整。

（三）货币供给的"流动性"

用不同货币层次之间的比率表示货币供给的"流动性"，通常主要指M_1/M_2，以表示狭义货币与广义货币的相对数量关系。借助货币供给的"流动性"可以揭示货币流动效率，对于中央银行的货币控制，货币流动效率的高低与货币供给数量的多少具有同等重要的意义。

可以用货币流通速度反映货币供给效率，因为从中央银行角度观察，货币供给要满足和适应商品、劳务的生产交换活动，货币流通速度越快，说明一定数量货币能够适应更大规模的商品、劳务的生产、交换，货币供给效率自然较高。在经济运行过程中，中央银行需要经常监测货币供给数量和货币流通速度，以判断货币供给是否适应预期的生产、交换活动的规模，但货币流通速度未必能够被及时准确地加以统计。由于M_1主要用于流通手段，购买商品和劳务，所以，M_1/M_2上升表明代表现实流通的（即现实将用于购买和支付的）货币在广义货币供给量中的比重上升，货币供给的流动性增强，货币流通速度加快（指M_2的流通速度）；反之，当M_1/M_2趋于下降，则表明广义货币供给量中的准货币比重上升，货币供给的流动性减弱，货币流通速度下降。因而，货币供给流动性是对货币流通效率的间接测定，可以作为货币流通速度的替代指标。

如上所述，观察货币供给流动性的直接目的，是判明同一数量的货币供给由于效率差别，有可能满足不同的经济活动规模周转。进一步，货币供给流动性则可以作为判断经济发展态势的指标之一。M_1/M_2上升，可能表明市场经济中消费者、投资者信心增强，经济趋向复苏与繁荣；反之，有可能表明消费者、投资者信心减弱，经济趋向衰退与萧条。

为了避免将货币供给"流动性"与作为货币同义语的"流动性"概念（如在"流动性偏好"中）混淆，可以将货币供给流动性称作"货币结构性比率"。此外，根据不同时期货币当局进行货币监测、控制的需要，也可以选择分别观察M_0/M_1、M_0/M_2和M_1/M_2。例如，在活期存款可接受性、使用范围及存量规模均非常有限，M_0 主要承担流通手段和支付手段职能的条件下，通过观察 M_0/M_2 就可以判断货币流动性效率；当 M_0 与 M_1 作为流通手段和支付手段的相对重要性处于动态变化过程时，观察 M_0/M_1 可以给货币当局进行货币数量控制提供指向。此外，M_1/M_2 的短期变动固然能够说明货币流动性效率问题，但是，M_1/M_2 在经济发展时期也具有长期下降的趋势，我国的 M_1/M_2 由 1978 年的 0.8 持续下降到 2002 年的 0.38。也许，不能仅仅从货币流动性效率方面认识这种显著下降，其中也表明了承担贮藏职能的货币随着社会财富积累而增加。

二、基础货币及其影响因素

基础货币通常由银行体系的准备金和公众持有的现金两部分组成，又被称作"强力货币"、"高能货币"或者"货币基数"。基础货币实际上是商业银行体系进行存款创造，最终形成多倍于基础货币自身的狭义货币和广义货币的前提条件。基础货币来源于中央银行的货币发行。为了清楚基础货币对货币供给的意义，有必要了解基础货币的若干特点以及人们对基础货币数量范围的不同认识，并进一步明确影响基础货币的因素。

(一)基础货币的定义和数量范围

1. 基础货币的定义

杰丽·M. 罗斯伯里认为基础货币是"银行、社会公众持有的基金以及会员银行在各家联邦储备银行的存款所组成的货币量"。朱利安·沃姆斯利指出强力货币是"流通中的现金总量（钞票与硬币之和)加上商业银行持有的在中央银行的法定储备。有时它也被称作基础货币。控制强力货币就意味着控制货币供应"，并对基础货币作进一步解释："一般的定义是流通中的现金加上商业银行在中央银行的法定储备与超额储备。更精确的定义因国家不同而异。"

此外，罗斯伯里对基础货币质的规定是"对潜在货币创造起引导作用的货币"。这一定义说明了基础货币与经济体系中货币总量之间的关系。

借鉴学者们使用"基础货币"这一概念时的语言环境和含义，从其内涵方面考虑，我们可以把基础货币定义为"金融体系能够凭借其创造出更多货币的货币"。根据以下对基础货币数量范围的具体规定，我们对基础货币可以同时从内涵与外延两方面予以把握。

2. 基础货币的数量范围

货币理论学者以及不同国家中央银行对基础货币数量范围的界定有所不同。从大多数西方学者的著述和解释中可以看出，基础货币一般都包括现金和商业银行在中央银行的存款两大部分。对于现金，计算口径略有差别。有的人认为其是指整个银行体系以外社会公众持有的现金，有的人则认为其指中央银行体系以外社会公众与商业银行持有的现金。对于商业银行在中央银行的存款，也有人认为其只指商业银行上缴的法定存款准备金，而另一些人则认为其包括法定准备金与超额准备金。根据各种不同意见，可以把基础货币计算口径由窄到宽排列如下：

(1)基础货币＝商业银行法定准备金。

(2)基础货币＝社会公众持有现金＋商业银行法定准备金。

(3)基础货币＝社会公众持有现金＋商业银行法定准备金＋商业银行超额准备金。

（4）基础货币＝社会公众持有现金＋商业银行库存现金＋商业银行法定准备金＋商业银行超额准备金。

在研究货币供给机制以及与之相关的货币乘数（见本章第三节）时，一般都将基础货币数量范围确定为上列第三种。用 B 表示基础货币，用 R 表示商业银行的准备金（即法定准备金与超额准备金之和），用 C 表示社会公众持有现金（即通货），则有

$$B=R+C \tag{11-1}$$

式(11-1)被称作基础货币方程式，表明基础货币包括商业银行的存款准备金与流通于银行体系之外的通货的总和。

（二）基础货币的特点

基础货币方程式本身很简单，只不过是根据中央银行的资产负债表的各个项目得出而已。西方国家中央银行资产负债表的基本构成如表 11-1 所示。

表 11-1 西方国家中央银行资产负债表的基本构成

负债(L)	资产(A)
L_1：流通中通货	A_1：政府证券
L_2：存款准备金	A_2：放款
L_3：政府存款	A_3：外汇资产
L_4：其他负债	A_4：其他资产
合计	合计

因为 $L=A$，即

$$L_1+L_2+L_3+L_4=A_1+A_2+A_3+A_4$$

又因为 $B=L_1+L_2$，而

$$L_1+L_2=(A_1+A_2+A_3+A_4)-(L_3+L_4)$$

所以有

$$B=(A_1+A_2+A_3+A_4)-(L_3+L_4) \tag{11-2}$$

将基础货币置于中央银行资产负债表分析，解释了基础货币受资产负债表中其他组成部分的影响。换句话说，基础货币量的增减取决于中央银行资产负债表中不同项目的变动。中央银行增持政府证券、扩大对商业银行放款，以及买入外汇、黄金等资产将增加基础货币；政府存款和中央银行其他负债增加将减少基础货币。

结合以上分析可以归纳基础货币的若干特点。

（1）基础货币是中央银行的负债。中央银行可以通过控制基础货币供给影响货币供给总量。

（2）基础货币流通性很强，即持有者能够自主运用，是所有货币中最活跃的部分。这一点对于公众持有现金自不待言；对于商业银行准备金、超额准备金，商业银行可以随时用于放款，法定准备金也会或者由于法定准备金率变动（下降）而游离出中央银行甚至商业银行体系，或者由于存款规模变动而相应变动。

（3）基础货币具有派生功能，其运动的结果能够产生出数倍于它本身数量的货币。基

础货币增加会产生多倍货币供给，其减少能够成倍减少货币供给。从而其具有多倍的伸缩功能。

(4)基础货币与货币供给的各相关层次有较高的相关度，它的变化对货币供给变化起着重要决定作用。

在发达市场经济中，中央银行主要通过调节再贴现率与改变基础货币数量影响货币供给，以实现特定的总需求水平[①]。

(三)影响基础货币的因素

由表 11-1 可以发现，中央银行增持政府证券，增加对商业银行放款规模，扩大外汇储备，增加其他资产(如黄金)，均会导致基础货币增加，政府存款及中央银行其他负债(L_3+L_4)规模增加会减少基础货币。具体分析，影响基础货币的因素有以下几个。

1. 政府的财政赤字与盈余

当政府面临财政赤字时，其可以通过增加税收、发行新的公债或者向中央银行借款等渠道加以弥补。不同渠道对基础货币变动具有不同意义：其一，向中央银行借款直接增加基础货币；其二，增加税收或发行新的公债在一定意义上并不影响基础货币，当公众支付税收或购买国债时，基础货币会暂时减少，但当政府支出这些债务时，基础货币又回到流通中，从而恢复到原有水平。此外，当财政收支出现赤字时，财政部在中央银行的存款倾向于减少，基础货币会增加。当财政收支出现盈余时，情况则正好相反，如政府存款增加导致基础货币减少。

2. 黄金储备变化和国际收支状况

中央银行由于收购黄金、增加黄金储备而投放了等值的通货，基础货币增加。当国际收支出现持续顺差，或中央银行为了调控汇率，而在外汇市场购入外汇时，其效果和收购黄金相同，也会增加基础货币。在 20 世纪 90 年代中期以后，我国连续出现国际收支顺差，中国人民银行为了维护汇率稳定而不断增加外汇储备，外汇占款成为基础货币的重要投放渠道。

3. 中央银行的政策操作

中央银行可以通过某些重要的政策工具调节基础货币存量。其调节工具包括改变再贷款利率、再贴现利率，以及进行公开市场操作等。

中央银行的再贷款主要用于农副产品收购、外贸出口商品收购、重点建设投资和重点企业技术改造项目上[②]。对于我国，在 1994 年之前再贷款是中国人民银行增加基础货币投放的主要手段，受特殊体制背景下各商业银行倒逼机制的影响，中国人民银行的再贷款在一定程度上失去控制，从而引发通货膨胀，1993～1994 年通货膨胀率达到 20％以上，成为我国自 1978 年改革开放以后的通货膨胀高峰。1994 年我国三家政策性银行的建立为中国人民银行有效控制基础货币投放创造了条件。

中央银行可以通过调节再贷款利率和再贴现利率来影响商业银行的贷款成本，进而影响贷款的数量和基础货币量。利率提高，商业银行从中央银行借款的成本随之提高，从而

[①] 有关中央银行能否对基础货币实现有效控制，货币理论界有不同观点，见本章第三节关于货币外生、内生问题的介绍。

[②] 这些再贷款大多属于"政策性放款"，即规定商业银行将其投放于特定企业、部门及项目。但事实上存在商业银行将再贷款贷放给各种非政策性的商业项目，从而造成再贷款扩张。

抑制商业银行在中央银行的贷款数量；反之则相反。但对商业银行而言，当企业部门存在过高的利润预期时，借贷需求旺盛，商业银行可以通过提高贷款利率抵消中央银行加息的影响；企业也可能对经营前景缺乏信心，导致即使商业银行由于再贷款利率或再贴现利率降低而降低对企业部门的贷款利率，企业也未必增加贷款扩大生产。这两种情况都会导致使用再贷款利率和再贴现利率调节基础货币数量的目标落空。中央银行可以通过提高或者降低贴现率来抵制和鼓励贷款，或者可以拒绝对银行提供一笔贴现贷款。然而，从根本上来说，仍然是银行决定是否从贴现窗口借入资金，决定贴现贷款的数量，以及由此而产生的对准备金数量的影响。

公开市场操作是中央银行可以直接控制的政策工具。中央银行通过在公开市场上吞吐政府债券调节基础货币，来抵消其他因素造成的基础货币数量的波动。就中央银行能够通过公开市场操作主动积极地调控基础货币量而论，基础货币总量可以被看做由中央银行控制的外生政策变量。

第二节 存款货币的创造与货币乘数

一、商业银行的货币创造

商业银行最重要的特征是能够以派生存款的形式创造和收缩货币，从而对货币供应量产生重要影响。派生存款对应原始存款。"原始存款"是指客户以现金形式存入银行的存款；"派生存款"则是指由银行贷款转化的存款。在现代经济体系中，货币的创造机制就是现代商业银行的信用创造及收缩机制。要了解中央银行与商业银行共同参与下的货币供给机制，就必须了解商业银行的存款货币创造过程。

(一)商业银行的存款货币创造过程

为了便于说明商业银行体系是如何创造货币的，我们假定：银行体系是由中央银行及多家商业银行组成的；准备金由库存现金及在中央银行的存款组成；公众不保留现金，并将一切货币收入都存入银行体系。为了方便，设活期存款的法定准备率为20%。

我们以中央银行公开市场操作为起点，说明在基础货币变动条件下商业银行的货币创造过程。假设客户甲向中央银行出售价值10 000元的政府债券，收到中央银行10 000元的支票，客户甲委托第一家商业银行收款，从而甲的银行账户存款增加10 000元，该银行在中央银行的准备存款等额增加10 000元。这时第一家商业银行的资产负债表如表11-2所示。

表11-2 第一家商业银行资产负债表(一)(单位：元)

资产	负债
准备金：10 000	客户甲活期存款：10 000

对银行来说，必须保留10 000×20%＝2 000(元)法定准备金，剩余8 000元可以全部贷出。设第一家商业银行将8 000元全部贷给客户乙，这时第一家商业银行的资产负债表如表11-3所示。

表 11-3　第一家商业银行资产负债表(二)(单位:元)

资产	负债
准备金:2 000	客户甲活期存款:10 000
对客户乙贷款:8 000	

若客户乙将 8 000 元贷款全部用于购买客户丙的商品,客户丙复而委托第二家商业银行收款,第二家商业银行的资产负债表如表 11-4 所示。

表 11-4　第二家商业银行资产负债表(一)(单位:元)

资产	负债
准备金:8 000	客户丙活期存款:8 000

第二家银行保留 8 000×20%＝1 600(元)法定准备金,将余下的 6 400 元全部贷出。设银行将 6 400 元全部贷给客户丁,则第二家商业银行的资产负债表如表 11-5 所示。

表 11-5　第二家商业银行资产负债表(二)(单位:元)

资产	负债
准备金:1 600	客户丙活期存款:8 000
对客户丁贷款:6 400	

上述过程辗转反复。结果,中央银行最初增加 10 000 元基础货币引起的存款增加序列见表 11-6。

表 11-6　商业银行体系存款创造的累积过程(单位:元)

商业银行	存款	法定准备金	贷款
第一家	10 000	2 000＝10 000×20%	8 000
第二家	8 000＝10 000×(1-20%)	1 600＝8 000×20%	6 400
第三家	6 400＝8 000×(1-20%)	1 280＝6 400×20%	5 210
⋮	⋮	⋮	⋮
总计[1]	50 000＝10 000×1/20%	10 000	40 000

1)假定存款—贷款在商业银行体系中的转化无止境,即在存款乘数公式的推导中假定 $n→∞$

若以 ΔB 表示原始存款的初始增加额(在我们的例子中是中央银行的基础货币投放额);经过商业银行系统扩张以后,存款总额增加 ΔD(等于基础货币增加引起的原始存款与派生存款之和);以 r_d 表示活期存款法定准备金比率,则有

$$\Delta D = \Delta B + \Delta B(1-r_d) + \Delta B(1-r_d)^2 + \cdots + \Delta B(1-r_d)^n$$
$$= \Delta B\left[(1-r_d)^0 + (1-r_d)^1 + (1-r_d)^2 + \cdots + (1-r_d)^n\right]$$

∵ $0 < r_d < 1$,

∴ $0 < 1-r_d < 1$。

根据级数求和公式得

$$\Delta D = \Delta B \frac{1}{r_d} \tag{11-3}$$

在以上例子中

$$\Delta D = 10\ 000 \times \frac{1}{0.2} = 50\ 000 (元)$$

可以用 d 表示存款乘数，则有

$$d = \frac{1}{r_d} \tag{11-4}$$

其中，由商业银行贷款转化的派生存款为 40 000 元。

同理，以 ΔR 为法定准备金总额，则有

$$\Delta R = \Delta B r_d + \Delta B (1-r_d) r_d + \Delta B (1-r_d)^2 r_d + \cdots + \Delta B (1-r_d)^n r_d$$

$$= \Delta B r_d \frac{1}{1-(1-r_d)} = \Delta B$$

以上公式说明法定准备金总额的增加等于最初的原始存款增加额，意味着由原始存款增加所引发的存款扩张过程实际上也就是这笔增加的原始存款全部转化为法定准备金的过程，也说明将准备金作为能够创造货币的基础货币看待是有道理的。基础货币引起的存款增加可以表述为

$$\Delta D = \Delta R \frac{1}{r_d} \tag{11-5}$$

(二)商业银行的存款紧缩过程

如果考虑相反的情况：客户甲从第一家商业银行提取 10 000 元现金，向中央银行购买 10 000 元的政府债券。第一家商业银行存款和准备金均减少 10 000 元，现在存款为 90 000 元，准备金为 10 000 元，准备金水平低于法定准备金率20％，差额为 8 000 元。由于假定各银行都不保留超额准备金，因此银行必须设法收缩贷款来恢复法定准备金率。假定银行向客户乙收回贷款 8 000 元，如果客户乙归还的款项 8 000 元来自其变卖资产，该资产出售给客户丙，客户丙动用其在第二家商业银行的存款付款，则使得第二家商业银行的准备金和存款同时减少 8 000 元，由于其也没有超额准备金，因而也将减少贷款以达到法定准备金要求。与存款扩张相对称，经过各家商业银行的辗转提存后，存款以几何级数减少。这样，开始发生的存款和准备金减少 10 000 元，最终将导致存款减少 $10\ 000 \times \frac{1}{0.2} = 50\ 000$（元）。

商业银行进行货币创造的条件主要有两个方面。

第一，部分准备金制度，即存款法定准备金率小于1。国家以法律形式规定存款机构必须按一定比例，以现金和在中央银行存款形式保有准备金，这一比例即法定准备金率。银行按这一比例提留存款准备金后，其余部分可用于放款。假如法律规定 100％ 的足额准备金制度，则 $r_d = 1$，根本排除了银行放款的可能性，就不可能创造存款。

第二，非现金结算制度，即人们能够通过开出支票进行货币支付，银行之间的往来通过支票进行转账结算，无须使用现金的制度。如果全部用现金结算，银行发放的贷款完全以现金形式付给客户，客户为了支付也必须继续持有现金，其他银行的存款就不能增加。

因此，非现金结算制度也是商业银行创造货币的前提条件。

(三)对存款乘数的限制条件

式(11-4)表示的存款乘数是以若干假定条件作为基础的，但所列条件与现实之间存在距离。试做如下讨论。

(1)银行体系限定于中央银行及多家商业银行。事实上，除商业银行外还存在着其他金融机构。这些金融机构或可以吸收存款但不能发放贷款，如邮政储蓄；或不允许吸收存款但可以放款，如政策性银行。进而，除银行存款之外，人们还有其他诸如保险、养老基金、证券等投资方式可供选择，这些投资方式必然导致现金从商业银行体系存款漏出，从而不能参与存款创造。

(2)公众不保留现金，并将一切货币收入都存入银行体系。事实上，由于各种原因(如小额交易和非法交易)，人们不会将所有收入都存入银行，而总会以现金方式保留一部分收入，这部分从存款中漏损的现金也不会参与存款创造。以 k 来表示活期存款中公众提取现金的比率，其大小取决于公众使用现金的习惯和市场上各种经济参数的变化。例如，利率上升会引起人们减少现金的持有量，证券市场乃至整个金融体系系统风险上升会引起人们持有现金的规模增加。

(3)各商业银行都不持有超额准备而只保留法定准备金。但事实上，由于商业银行普遍利用中央银行的资金清算系统划转票据净额，为保持一定流动性，银行经常持有超额准备金以避免向中央资金清算系统透支。超额准备金属于从活期存款中漏出部分。

(4)活期存款转化为定期存款。除了活期存款以外，个人或企业将一部分暂时闲置资金转为定期存款。现金漏损和超额准备金完全脱离了存款创造过程，而定期存款则不同。定期存款也参与商业银行的货币创造，但是按照法定比率保留的定期存款准备金不能进入创造过程。如果以 t 代表活期存款转为定期存款的比例，r_t 表示定期存款的法定准备金率，则每一元活期存款中有 $r_t \times t$ 元定期存款准备金漏出。

二、货币乘数

(一)狭义与广义货币乘数

货币乘数反映货币存量与基础货币之间的联系。用 M 表示货币存量，用 B 表示基础货币，根据式(11-1)，基础货币为已知。m 是货币存量关于基础货币的乘数(倍数)，即

$$m = \frac{M}{B} = \frac{M}{R+C} \tag{11-6}$$

由于货币存量有狭义货币(M_1)与广义货币(M_2)之分，相应地也有关于狭义货币的货币乘数与广义货币的货币乘数，分别用 m_1 和 m_2 表示。在本章第一节介绍商业银行存款货币创造过程时，仅以中央银行增加基础货币说明存款乘数的决定及变化，没有针对一系列现实因素的影响对存款乘数做进一步推导。其中所涉及的存款数量实际上是活期存款，所以存款乘数也可以被称作活期存款乘数。现在，为了在逻辑上更为清晰，我们首先对存款乘数以基础货币总量及其分解为出发点重新加以推导；其次与其联系依次推导出 m_1 和 m_2。

1. 对活期存款乘数（d）的推导

B 表示基础货币；R 表示商业银行准备金，R_L 表示活期存款法定准备金，R_E 表示超额准备金，R_T 表示定期存款法定准备金；C 表示公众持有现金；T 表示定期存款；D 表示活期存款；k 和 t 分别表示公众持有现金和定期存款与活期存款的比率；r_d 和 r_t 分别表示活期存款与定期存款法定准备金率；e 表示超额准备金率。有以下关系：

$$C=k\times D \tag{11-7}$$
$$T=t\times D \tag{11-8}$$
$$E=e\times D \tag{11-9}$$

且根据：

$$B=R+C$$

并对基础货币进一步分解，则有

$$B=R_L+R_E+R_T+C$$
$$B=r_d\times D+e\times D+r_t\times t\times D+k\times D \tag{11-10}$$

式（11-10）是与活期存款联系的基础货币方程式的扩展形式，还可以表述为

$$B=D(r_d+e+r_t\times t+k) \tag{11-11}$$

从而，银行系统的活期存款货币为

$$D=\frac{1}{r_d+e+r_t\times t+k}\times B \tag{11-12}$$

活期存款乘数为

$$d=\frac{1}{r_d+e+r_t\times t+k} \tag{11-13}$$

需要说明，实际存款乘数要小于根据式（11-13）计算的量值。理由有二：第一，上列讨论的存款进入非银行金融机构的因素没有被纳入计算式[①]；第二，在表 11-6 中假定商业银行体系存款转化的序列过程没有止境，不过是一种理论逻辑意义上的推测，或者是为了简单的数学推导方便，实际过程必然会在某一环节中断。在经济繁荣时期 $n\to\infty$ 较为接近事实，在经济危机或者衰退时期其则更加远离现实。原因主要在于经济繁荣时期利率水平上升，人们对经济前景普遍看好，商业银行也容易寻觅到优良的贷款客户，扩张贷款实现盈利的欲望与动机增强；经济危机或者衰退时期情况则发生反转。

2. 狭义货币乘数 m_1

以 M_1 表示狭义货币存量，根据货币层次定义有

$$M_1=D+C \tag{11-14}$$

将式（11-7）和式（11-13）代入式（11-14）得

$$M_1=D+k\times D$$
$$=\frac{1+k}{r_d+e+r_t\times t+k}\times B \tag{11-15}$$

---

① 根据托宾等提出的"货币供给新论"，美国非银行金融机构的各项负债业务，无论形式还是规模在第二次世界大战以后都有较大发展，打破了商业银行垄断信用市场的格局。其他金融机构的某些负债同活期存款一样具有支付功能，所以它们往往被人们视为货币的良好替代物。非银行金融机构同商业银行一样，具有信用创造的功能。

由于

$$m_1 = \frac{M_1}{B} \tag{11-16}$$

可知

$$m_1 = \frac{1+k}{r_d + e + r_t \times t + k} \tag{11-17}$$

3. 广义货币乘数 m_2

对于广义货币 M_2，其范围是在 M_1 基础上增加另外一些被称作"准货币"的项目，除了以上提到的定期存款之外，还有诸如储蓄存款等"准货币"。用 X 表示定期存款以外的"准货币"项目，x 表示这些项目与活期存款的比率，r_x 表示这些项目的法定准备金率[①]，则有

$$X = \frac{x}{r_d + e + r_t \times t + k + r_x \times x} \times B \tag{11-18}$$

因为

$$\begin{aligned} M_2 &= M_1 + T + X \\ &= \frac{1+k+t+x}{r_d + e + r_t \times t + k + r_x \times x} \times B \end{aligned} \tag{11-19}$$

显然，广义货币 M_2 关于基础货币的乘数为

$$m_2 = \frac{1+k+t+x}{r_d + e + r_t \times t + k + r_x \times x} \tag{11-20}$$

如果将准货币中各项目合并，设准货币与活期存款的比率为 ρ（$\rho = t + x$），各种准货币的加权平均法定准备金率为 r_ρ，可以将式(11-20)修正为

$$m_2 = \frac{1+k+\rho}{r_d + r_\rho \times \rho + e + k} \tag{11-21}$$

(二)影响货币乘数的因素

当中央银行增加基础货币时，由于商业银行的货币创造，货币存量的增加会以若干倍数扩张，这个倍数即为货币乘数。假如货币乘数恒定，基础货币又是中央银行所能加以控制的，中央银行就可以完全控制货币供给，货币供给则是外生变量。但事实上，货币乘数为常数的情况很难成立，在式(11-20)表示的货币乘数中，中央银行可以控制的只有法定准备金比率 r_d、r_t 和 r_x，而定期存款占活期存款比率 t、现金漏损率 k、超额准备金比率 e，以及其他各类存款占活期存款比率 x 分别由社会公众和商业银行决定。所以，对货币乘数进行逻辑推导虽然能够说明决定货币乘数的因素及其机制，却不能够机械地以其为根据测算基础货币供给变动后的货币存量变化。货币供给是货币当局、商业银行等金融机构体系与公众共同参与的过程，货币乘数大小必然受到商业银行体系与公众资产选择行为的影响。

---

① 当对 X 提取法定准备金后，式(11-10)右边增加项为 $r_x \times x \times D$。新的存款乘数为 $\frac{1}{r_d + e + r_t \times t + k + r_x \times x}$。如果考虑到这一因素，$m_1$ 也会相应地发生变化，读者可以自行推导。

1. 超额准备金比率

商业银行持有的超额准备金比率 e 上升会降低银行体系的存款创造能力，从而降低货币乘数。商业银行持有的超额准备金规模理论上应维持在闲置准备金的边际机会成本与边际收益恰好相等的点上。影响超额准备金比率的因素主要有市场利率、借入资金的便利程度及借入成本，以及由企业资金需求所决定的贷款机会。

利率上升将导致持有超额准备金的机会成本上升，银行倾向于减持超额准备，e 随之降低。但是，即使市场利率上升，如果利率的收益可能不能弥补发放贷款和管理贷款的成本费用，因此银行倾向于增加准备金，e 相应提高。利率可以被看做国债、不同到期日债券、抵押贷款和对公众贷款等的收益率的平均值。

借入资金的难易程度及成本的大小会影响商业银行的准备金规模。一旦出现挤提存款，银行若无适当规模的超额准备金，就必须依赖中央银行借款或同业拆借以应对挤兑风险，甚至不得已采取出售证券、催收贷款等行动，这些都会增加成本或减少收益。如果银行能随时方便地借入资金，并且成本也在可接受的正常范围以内，保持超额准备的收益就比较有限，则会相对减少超额准备而降低 e；反之则相反。

在经济周期运行的上升阶段，各经济单位对经济前景普遍看好，企业投资冲动增强，资金需求上升，银行也减少超额准备金，增加贷款投放。相反，当企业对经济前景做悲观判断从而调低利润预期时，企业资金需求下降，银行缺少贷放渠道，从而增持超额准备，e 相应上升。由此也可以发现，货币乘数的变动与经济波动一致，呈现出顺周期波动的特征。

2. 公众持有通货比率，即现金漏损率 k

现金漏出率提高，即货币乘数与现金漏损率 k 呈反向变动关系。影响 k 的因素主要有公众的流动性偏好程度、公众持有通货的机会成本等。

公众对金融体系稳健性产生怀疑、非现金支付手段（如活期存款支票）的可接受性较差会引起流动性偏好增强，持有现金数量增加，k 上升。当人们的收入或财富大量增加时，在通常情况下持有现金的增长速度会相对降低。

通货和活期存款及其他证券是替代程度很高的财富持有形式。活期存款和有价证券的利率是持有通货的机会成本，利率上升会引起 k 下降，利率变动与通货比率负相关。但实际上当利率上升时，活期存款利率仍有可能微不足道，债务证券利率显著上升，人们很可能把持有证券作为持有活期存款的替代物，而不是作为持有通货的替代物，结果导致利率上升时，人们提取存款购买证券，通货数量未发生变化，但 k 上升。

如果地下非法经济活动猖獗，使用现金交易相应规模增加，导致通货比率增长。也有人认为税率对通货比率产生影响，因为对可能逃税的交易来说，使用支票容易被稽查追缴税款，因此提高税率会导致使用通货的比率增加。

3. 定期存款对活期存款的比率

如果其他因素不变，定期存款对活期存款的比率 t 上升，货币乘数下降[①]。影响 t 的

---

① 这里仅讨论狭义货币乘数 m_1。至于广义货币乘数 m_2 如何随着 ρ 的变化而变化，情况稍为复杂，读者可以进一步判断。

因素主要有定期存款利率及收入和财富数量。定期存款相对活期存款的利率上升，t 上升；反之 t 下降。不过，即使定期存款与活期存款的相对利率不变，银行由于给予活期存款客户种种优惠而使活期存款隐含收益增加，如将企业的信贷可得性与活期支票存款挂钩，t 仍有可能会下降。一般说来，随着人们收入或财富的增长，各项资产将同时增加，但由于人们选择定期存款作为财富贮藏手段的欲望增强，t 相应上升。

概括而论，市场利率和社会收入与财富水平变动都会影响 e、k、t，并进而影响货币乘数。所以，货币乘数部分是内生的。即使中央银行维持基础货币数量不变，货币存量也会由于市场主体的资产选择行为而发生变动。

第三节 货币供给的内生与外生

有关货币供给内生性与外生性的争论贯穿于货币理论史。争论的焦点在两方面：第一，货币当局能否控制货币存量；第二，货币存量与价格水平、产出、就业、利率等一组变量之间的因果关系如何。究竟是货币存量决定价格水平、利率、产出等，还是价格水平、利率、产出决定货币存量。货币外生论者认为货币当局可以完全控制货币供给，货币存量决定价格水平、利率、产出等；相反，货币内生论者认为中央银行不能控制货币供给，价格、利率与产出等一组变量(或某一变量)决定货币存量。基本问题是货币存量与其他变量，如物价水平、利率及实际产出之间的因果关系的方向。与这一问题相对应的是货币中性与非中性、货币政策有效性命题，这些问题被并称为迄今悬而未决的货币理论三大难题。坚持货币内生容易导出货币中性与货币政策无效的观点[①]。了解有关理论并结合我国货币供给机制的变化，有利于把握中央银行货币控制中所面临的种种制约因素。凯恩斯主义或者货币主义都从先验假设出发，认为货币是外生的，其作为主流观点已经为人们所熟悉，所以，我们主要介绍货币内生理论。

一、外在、内在货币与货币的外生与内生

外生货币及内生货币是一组对货币供给机制加以概括的理论范畴。早期货币数量论者大卫·休谟探讨了黄金流入对现实经济活动及最终对物价的影响，他虽然持有货币外生观点，但在商品货币条件下，货币的外生性源于黄金流动而不是货币政策控制。M. 德赛则持有对立观点，认为经济活动水平可以使货币供应量与之相适应，货币内生性的途径为：其一，预期持有股票收益增加的人使货币退出窖藏；其二，银行对票据可接受性增强从而影响货币数量[②]。早期内生论已涉及货币内生性的两个实质问题，即贮藏货币向流通领域的转化，从而通过货币流通速度的改变实际调节货币供求，银行信用创造构成货币内生性的主要根源。

格利和肖在《金融理论中的货币》(1994 年)一书中提出外在货币与内在货币一组范畴。

---

① 当联系到以费雪等为代表的传统货币数量论，问题并非这样简单，因为传统货币数量论尽管持货币外生的观点，但在他们看来货币数量仅影响价格水平及名义收入，不影响实际产出，即货币仅是实际经济的"面纱"。

② 德赛 M. 内生货币与外生货币. 厉敏捷译. 见：纽曼 P，米尔盖特 M，伊特维尔 J. 新帕尔格雷夫货币金融大辞典(第一卷). 胡坚，等译. 北京：经济科学出版社，2000：738.

那么，外在货币、内在货币，以及外生货币、内生货币这两对范畴是否相同呢？国内部分学者将其混淆，但事实上这两对范畴间存在明显差异。

外生货币（或称货币外生）与内生货币（或称货币内生）只是对货币供给机制的一种理论概括与抽象，但是将货币作为研究的对象并不在数量上区分哪些为"外生的货币"，哪些为"内生的货币"。

格利和肖提出的外在货币与内在货币特指现金与存款货币中两种不同部分，并以其揭示社会债权、债务关系和社会资产结构。内在货币由货币系统的资产中国内企业债券组成；外在货币由私人部门（不包括银行）对政府的净债权组成[①]。对外在货币在数量上的另一种表述为：私人部门持有现金以及私人部门存款中未被银行贷款抵消的部分；内在货币则指非私人部门持有的现金以及私人部门存款中被银行贷款抵消的部分[②]。外在货币也实际上决定了私人部门的资产净值，内在货币则不能对私人部门资产净值做出贡献。

格利和肖认为内在货币不是私人部门净资产的观点引起了一系列争论，我们这里仅关注外在、内在货币除了上述区分之外，与货币外生、内生有无某些方面的联系。尽管货币内生、外生理论并不将社会货币资产在数量上区分为外生、内生两个部分，但我们可以认为，外在货币在量上的增加同时反映为现金与原始存款（未被贷款抵消的存款）在狭义货币（M_1）及广义货币（M_2）中所占比重增加，其最终来源为中央银行基础货币的投放。所以，外在货币扩张综合反映了货币当局对货币存量的影响力，标志着货币外生的一种趋势。相反，内在货币在数量上的扩张意味着银行派生存款货币能力增强，标志着货币内生趋势的增强。

由外在货币与内在货币的划分思考货币外生、内生问题，可以推知纯粹的货币外生或内生理论实际上均很难成立。尽管可以将两组范畴联系起来加以分析，但国内相关文献中存在将外在货币、内在货币与货币外生和内生问题不加区分而混用的情况，甚至认为两组范畴同一[③]。

二、后凯恩斯主义货币内生理论主要观点

后凯恩斯主义是从批判货币主义和新古典凯恩斯主义的货币理论开始发展货币内生性理论的。现代货币数量论有三方面的重要认识：第一，经济会自然趋于充分就业；第二，货币的收入流通速度是稳定的；第三，货币存量与收入水平的因果关系是货币数量决定名义国民收入。凯恩斯否定了前两个命题，对于货币与收入，尽管认为两者之间的关系不稳定，货币流通速度受利率影响，但是仍然承认货币存量决定收入水平。

货币主义与凯恩斯主义都认为中央银行可以外生地决定货币供给数量。如果循此路径即可将货币数量控制作为重要的政策工具，以达到货币政策目标。所不同的是，新古典凯恩斯主义，如萨缪尔森相信斟酌使用货币政策并配合适当财政政策对经济进行微调，即可实现物价相对稳定下的充分就业；而货币主义提倡置短期问题于不顾，使货币供给增长率

① 格利 J G，肖 E S. 金融理论中的货币. 贝多广译. 上海：上海三联书店，上海人民出版社，1994：72.
② 哈里斯 L. 货币理论. 梁小民译. 北京：中国金融出版社，1989：43.
③ 混淆的部分原因在于翻译原著时对外在、内在货币与内生、外生货币未予区分。参见哈里斯 L. 货币理论. 梁小民译. 北京：中国金融出版社，1989：37-55，313-333.

等于经济长期的自然增长率，并根据货币流通速度长期缓慢下降的趋势加以调整。

早期银行学派即曾坚持货币内生的主张，尽管他们没有明确提出货币内生概念。凯恩斯在《货币论》中也流露出货币供给内生的思想，但在《就业、利息和货币通论》中改以货币外生作为理论推理的假设前提。20世纪70年代以后，后凯恩斯主义学者相继确立了货币内生理论。

货币内生论者主要持有以下观点：①货币数量内生于经济系统，而非货币当局可以控制。内生机制在于银行部门的信用创造——银行可以创造活期存款；银行系统为客户提供的透支安排。据估计美国允许透支的规模已经超过 M_1。②货币流通速度没有上限。在金融制度及金融结构无明显变化的情况下，货币流通速度由于超额货币需求而沿着 V_i（货币流通速度函数，表示货币流通速度跟随利率变化）曲线增加，当金融结构由于金融创新而发生变动后，V_i 曲线向右方移动。货币流通速度不稳定从货币供给方面破坏了货币数量与价格水平及名义收入的稳定联系。③存在与传统（及现代）货币数量论所预示的反向因果关系，即价格水平与名义收入决定货币存量。货币供给行为对货币需求的"顺从"通过两种途径实现：其一为直接增加货币数量，其二为提高货币流通速度。此即所谓的"逆萨伊定理"——需求自动创造供给。④资本主义经济存在内在不稳定性，经济不会自然达到充分就业。

三、温特劳布和卡尔多的货币内生理论

人们看到的经济现实是中央银行作为货币供给的源头，尽管货币内生命题似乎有事实上的依据，但不同国家都没有放弃货币当局对货币数量的控制。无论是否由于上述因素，后凯恩斯主义学者在以后均放松了货币内生论的限定条件，在关于中央银行能否控制货币存量的提法上发生了变化，甚至有些模棱两可。但对货币与经济变量的反向因果关系仍然予以坚持。

温特劳布货币内生模型的机制是所谓的"工资定理"，即物价是工资的函数，两者呈正相关。当工资增长率超过劳动生产增长率时，即使生产企业提高价格水平，若产出给定不变，名义收入即增加，假定货币流通速度不变，货币需求增加。

货币当局面临货币需求变动作何选择，将影响到经济活动水平。假如拒绝增加货币供给，过度货币需求将导致利率提高，投资减少。结果是名义收入不变，价格水平上升，实际产出下降和失业增加，超额货币需求被消除，经济运行进入滞胀(stag-flation)局面。在这种情况下，中央银行对货币的支配力量是以社会损失为代价的。温特劳布认为对于现代民主社会，这被认为是不可接受的[①]。在以维持实际产出和充分就业为政策目标的背景下，中央银行迫于政治当局的权威，只能被动地充分满足增加了的货币需求。货币政策从而对经济活动承担"支撑职能"，货币供应也相应地发挥"支撑作用"。温特劳布的货币供给理论实际上是一种"政治内生"理论。

对温特劳布源于"工资定理"的货币内生模型的争论集中到两点：其一，货币内生性由于最终被归结为政治因素，所以被喻为"隐蔽外生性的一种形式"。温特劳布假设负责的政

① 罗西斯 S. 后凯恩斯主义货币经济学 . 余永定，吴国宝，宋湘燕译 . 北京：中国社会科学出版社，1991：86-87

治领袖不允许经济偏离充分就业状态①。其二，是否任何增加的货币需求都会被货币供给的增加予以满足。抑或是 $\Delta M^S < \Delta M^D$，其差额的一部分或全部是由货币流通速度的上升补足的。争论主要在于前者，温特劳布最初的内生货币供应模型对此是肯定的，但在后期的相关著述中实际放弃了货币供给充分满足货币需求的观点。

卡尔多的货币内生理论带有更多的论战色彩，他将批判的锋芒指向货币数量论的当代货币主义形式，认为其政策主张是在西方国家造成大量失业而引起灾难和痛苦的一种"邪恶精神的降临"，是一种尼采意义上的堕落，即在试图摆脱困境时本能地喜欢"坏的解决办法"而不能"发现好的解决办法"②。卡尔多货币内生模型被认为是温特劳布模型的变体，但其内生性的政治原因被弱化为中央银行的最后贷款人职能，即货币当局担负着维护金融体系安全的责任，就是将保证金融部门的偿付能力。如果以贴现窗口作为货币投放的主要渠道，卡尔多认为中央银行不能在突然关闭贴现窗口时避免金融崩溃的怪影。

四、中国货币供给内生因素的变化

按温特劳布、卡尔多对内生货币供给理论的阐释，中央银行或为了维持充分就业而被动地满足货币需求，或为了维护金融体系稳定而承担最后贷款人职能，对出现流动性危机甚至濒临破产的商业银行等金融机构加以援助而投放货币。这样，货币供给的内生特征在我国改革开放初期表现得尤为突出，且更多地体现为一种"体制内生"，政府作为投资主体以及担负着国有部门（银行与企业）政治上、经济上的双重责任，1984 年确立中央银行职能以前的财政透支，20 世纪 80 年代以后中央政府与地方政府间的"财政包干"制，1995 年以前国有商业银行经营性与政策性业务的混淆，1998 年年底以前中央银行体制背景下地方政府对中央银行地方分行信贷政策的干预，这些都成为货币供给"体制性内生"的重要基础③。中央银行为维护金融稳定而合并、关闭金融机构，处理坏账提供的再贷款在 2000 年达到再贷款总额的 40%，2002 年达到 50% 以上，结果扭曲了中央银行进行货币调控的意图。

20 世纪 90 年代中期以后，货币市场与资本市场发展加快，由于货币存量积累，微观主体对外部流动性的变化形成一定的自适应与调节机制。随着我国外贸依存度增强和资本流动规模增大，在现有汇率体制下，外汇占款与外汇储备及资本流动对货币供给的外在制约强化。在中央银行与商业银行、企业、居民户共同参与货币供给的机制演进中，各自的影响力此消彼长。

在我国，间接融资仍然是社会资金融通的主要方式，货币控制主要是通过银行信贷渠道作用于经济运行④。但随着金融制度变迁，商业银行信贷行为在一定程度上游离出中央

————————

①　罗西斯 S. 后凯恩斯主义货币经济学. 余永定，吴国宝，宋湘燕译. 北京：中国社会科学出版社，1991：87.

②　罗西斯 S. 后凯恩斯主义货币经济学. 余永定，吴国宝，宋湘燕译. 北京：中国社会科学出版社，1991：71.

③　在"财政包干"体制中先确定包干基数，超出基数部分的地方财政留存比例增加，导致中央财政收入占国民收入及财政收入的比重下降，从而拉动财政赤字，通过财政透支弥补又引起货币"超发行"。

④　2003 年国内非金融企业部门（包括住户、企业和政府）贷款、国债、企业债券和股票融资（可流通上市股票的筹资部分）之比为 85.1∶10∶1.0∶3.9（资料来源：中国人民银行调查统计司）。中国近期直接融资规模增长较快，截至 2015 年 3 月，企业债券融资和股票融资分别占社会融资规模的 24.3%（12 万亿元）和 13.7%（3.94 万亿元）。

银行政策调控意图。例如，1998~2000年，中央银行实行的是较为扩张的货币政策，M_2累计增长74%，但由于商业银行的"惜贷"行为，信贷累计仅增长48.6%；2003年由于货币信贷增长势头加快，中央银行频繁地进行公开市场操作以图收缩信贷，但全年货币信贷增长率出现亚洲金融危机后的第一个高增长年份，也出现了多年未见的贷款增速高于货币增速的现象。财政部门在停止透支后以发行债务的方式弥补短期赤字并筹集长期建设资金，这在表面上没有增加（或减少）货币供给，但却改善了金融市场的信贷可得性和流动性。中央银行主要依靠传统的再贷款渠道控制货币的能力受到削弱，对商业银行信贷规模的指令性限制也已经取消，在此背景下不断加强对再贴现窗口与公开市场操作等数量调控手段的使用力度，并辅之以灵活的利率调节措施，对法定准备金比率的调整节奏也趋于频繁。比较而论，由于体制与经济环境的变化，货币政策的紧缩措施目前仍然容易收到成效，扩张性政策效应则相对滞后。2003年下半年至2004年和1998~2000年这两个期间的实际经济运行分别说明上述两种情况。

可以认为，从根本上否定中央银行对货币数量的控制力不符合事实，但货币供给内生的因素无疑已经由"政治内生"向潜在的微观机制和"经济内生"转移，从长期看，中国货币内生的机理有与一般市场经济国家趋同的迹象。

表11-7为1994~2000年中国外汇储备与基础货币投放增长情况，从中可以看出中央银行基础货币投放受到外汇储备增长率波动的影响。

表11-7　1994~2000年中国外汇储备与基础货币投放增长情况（单位：%）

年份	1994	1995	1996	1997	1998	1999	2000
外汇储备增长率	143.5	42.57	42.71	33.19	3.62	6.70	7.05
基础货币增长率	30.96	20.57	29.52	13.93	2.29	7.29	8.54

资料来源：中国人民银行网站，hppt://www.pbc.gov.cn

五、评述

无论在当代货币主义理论还是凯恩斯的《就业、利息和货币通论》中，货币可以外生于经济体系而由中央银行操控都是主流观点。当代货币内生理论使人们看到了基本金融制度、金融结构变化和金融创新浪潮冲击所产生的削弱了中央银行货币控制能力的另一方面问题，这无疑是一种理论上的进步。不过，我们既要看到货币内生理论的某些合理成分，也要避免认为中央银行对货币存量控制完全丧失能力的错误认识。理论抽象总是与现实经济存在一定距离。实际上，当代货币内生论者不但没有脱开与凯恩斯主义的渊源关系，还将他们自己奉为正统的凯恩斯主义，他们不但没有从货币内生理论推出货币当局"无为而治"的政策主张，反而将中央银行维持充分就业、保证金融体系稳定的职能作为理论前提，坚持放弃货币存量控制转而以利息率作为货币政策中介指标，提出实施直接的选择性信贷控制和有差别的准备金率，并结合收入政策以实现价格稳定下的充分就业目标。联想到我国从20世纪90年代末以后到近期（2004年）的经济运行状况，后凯恩斯主义的政策思想无疑具有积极的借鉴意义。后凯恩斯主义者罗西斯甚至明确指出，资本主义不稳定性的根源不全在于同货币（信用经济）有关的问题，人们还可以在分配机制中找到求解的门径，必须对资本主义的政治与经济权力进行根本改组①。我们不能不说罗西斯的分析令人深思。

第四节 货币均衡

货币失衡往往是经济不稳定的重要因素，尤其是在经济过热或过冷条件下，中央银行货币供给面临两种不同方向的货币信贷压力。货币均衡方法以利率为中心分析物价变动的原因与后果，其基本分析框架萌芽于亨利·桑顿（Henry Thronton），形成于魏克塞尔，之后被米尔达尔加以修正。尽管受到各种质疑，但货币均衡方法仍然是当代货币政策制定、实施中通过调节利率以稳定物价水平的重要理论基础。对中国货币均衡可以做各种判断，但不同角度的观察都会涉及价格水平变动②。

一、货币均衡的条件

（一）魏克塞尔提出的货币均衡条件
魏克塞尔本人实际上并未使用货币均衡这一概念，明确提出"货币均衡"的是米尔达尔。但是，我们从魏克塞尔的分析中可以归纳出货币均衡的含义：货币均衡是指货币利率水平使投资等于储蓄和价格水平稳定的一种状态。相应的货币利率在量上等于自然利率，魏克塞尔又称之为"正常利率"。显然，魏克塞尔所指货币均衡与当代宏观经济理论中的货币均衡有很大不同。在这里，均衡状态同时包括了货币市场与商品市场（主要是消费品市场）的状况，本身是在资本市场上形成的。根据米尔达尔的解释，魏克塞尔有关货币均衡的观念表示着一种明确的货币政策计划，努力达到货币均衡成为货币实践的准则。

米尔达尔综合魏克塞尔的论述，将货币均衡条件概括为货币利率须满足：①等于实际资本的边际技术生产率（即自然利率）。②使储蓄与投资相等。③保证稳定的价格水平，主要是消费品的价格水平③。

魏克塞尔的货币均衡条件存在内在矛盾，这一点被与他同时代的戴维森在有关评论文章中指出。戴维森认为如果考虑技术变化及生产率增加，货币利率等于自然利率与价格水平稳定两者之间就难以同时达到。如果价格水平不变，自然利率则显得过高，从而诱使储蓄减少和投资增加，出现价格水平上涨的压力。

（二）米尔达尔对货币均衡条件的修正
米尔达尔对魏克塞尔货币均衡条件的修正体现在三个方面。

第一，自然利率不是独立于货币利率被决定的，而是受到货币利率的影响，因为货币利息要记入生产成本。他指出"货币利率也必须包含在用来确定自然利率的公式中"，"企

① 罗西斯 S. 后凯恩斯主义货币经济学. 余永定，吴国宝，宋湘燕译. 北京：中国社会科学出版社，1991：131.
② 教科书中用货币供给、货币需求与利率三种变量说明货币均衡决定问题，或者在 IS-LM 框架下讨论，其中舍弃价格变量，偏离了魏克塞尔综合商品市场与货币市场因素分析货币均衡问题的方向。莫林·伯顿和雷·隆贝拉引入真实货币供给、真实货币需求与价格水平变化分析"真实货币市场均衡"，是对魏克塞尔方法的复归。见伯顿 M，隆贝拉 R. 货币银行学——金融体系与经济. 陈雨露，水润东，辛呈凤，等译. 北京：经济科学出版社，2004：542-547.
③ 米尔达尔. 货币均衡论. 钟淦恩译. 北京：商务印书馆，1995：37. 魏克塞尔本人并未明确是何种物价水平，但在米尔达尔看来，在储蓄与投资中，易变的是储蓄也是消费（因为提供净储蓄的是消费一方）。

业家所预期的绝对的未来货币价格,必然决定魏克塞尔心中所有的生产率关系"。所以,纯技术意义的自然利率在货币经济中很难确定,按上述解释甚至不存在。

第二,米尔达尔对货币均衡的第二个条件予以肯定,而且,第一个均衡条件要以第二个为前提,而不是相反。因为当投资等于储蓄时,难以确定的自然利率水平可以通过货币利率观察到,即实现投资=储蓄的货币利率=自然利率。

第三,价格水平稳定与货币均衡未必一致。货币均衡所决定的是相对价格关系,但绝对价格水平可能由于其他因素而发生变动。

此外,米尔达尔以"实际资本收益率"代替"自然利率"范畴,实际资本收益率是事前计算的量,是"预期利润率"。我们由此可以联想到凯恩斯的"资本边际效率"概念及其来源。

二、货币如何影响真实经济活动

从魏克塞尔货币均衡条件蕴涵的意义,即投资等于储蓄、价格水平稳定(包括确定一组相对价格和绝对价格水平)分析,货币均衡对应一定的产出与就业,而他推崇稳定物价水平的货币政策主张也可以说明货币均衡意味着充分就业。但按照凯恩斯在《就业、利息和货币通论》中的观点,与货币均衡一致的自然利率就像失业水平一样多,所以货币利率等于自然利率对寻求达到充分就业的目标而论没有重要意义。凯恩斯由此推出"中性利率",即与充分就业一致的自然利率[1]。如果将凯恩斯的理论理解为货币均衡未必导致产出达到充分就业水平,那么,货币非均衡或者货币市场向均衡的调整是否影响以及如何影响真实经济活动,或者如何解释货币非中性的命题,这是经济理论界长期聚讼纷纭的领域。不过,比较一致的看法是,在工资与价格调节滞后的情况下,货币条件变动会对产出、就业产生冲击。有关凯恩斯主义、货币主义、合理预期学派对货币政策(可以进一步理解为货币供给)有效性命题的不同观点已为人们所熟知,我们仅对赞同货币非中性的具有一般意义的观点及判别标准作简单介绍。

莫迪利亚尼认为在一个工资富有弹性的经济中,长期均衡利率完全由实际因素决定,即由储蓄倾向和投资边际效率决定[2]。如果工资是僵硬的,长期利率决定于一种循环系统,即长期均衡利率仍然决定于储蓄与投资倾向,但储蓄与投资倾向又决定于货币收入及货币存量,而后者又反过来决定于利息率。进而,"在一个工资僵硬的系统中,不仅利息而且几乎每一个经济变量都同货币数量有关"[3]。为了较清晰地揭示莫迪利亚尼所述各变量间复杂的结构,我们绘制了图 11-1。

图 11-1 中,S、I、M 分别为储蓄倾向、投资边际效率和货币存量,r_L 和 y 分别表示长期均衡利率与货币收入。在 r_L、S、I、M 和 y 的循环决定机制中,y 既可以被看做资本实际收益的货币价值,也可以被看做直接来源于货币资本总收入的利息收入(按照长期均衡利率)。货币当局可以通过公开市场操作以及信贷扩张与收缩来改变短期利率(r_S)和经济系统的货币存量,从而影响真实经济活动。货币当局无疑也能够通过改变货币供给

---

① 凯恩斯. 就业、利息和货币通论. 高鸿业译. 北京:商务印书馆,1993:204.

② 长期均衡利率对应一定产出水平,货币从而是中性的。

③ 莫迪利亚尼 F. 莫迪利亚尼文萃. 林少宫,费剑平译. 北京:首都经济贸易大学出版社,2001:48.

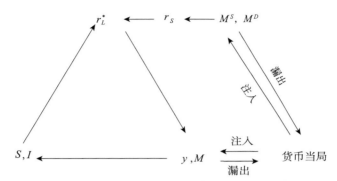

图 11-1　工资僵硬条件下的货币均衡与货币政策影响经济活动的机制

甚至实施利率管制来影响短期利率，进而影响长期均衡利率。较低的利率可以刺激对资本密集的、节约劳动的设备投资[①]。在这一点，本杰明·弗里德曼的看法与莫迪利亚尼相同，弗里德曼也予以明确，有关货币政策是否中性的命题的答案是否定的，货币中性在一定假定条件下才有可能(如莫迪利亚尼所指工资是弹性的)[②]。可以认为，在货币非中性论者眼里，货币非均衡(相对于货币均衡)、货币由非均衡向均衡的移动过程以及不同货币均衡位置均具有价格水平效应和产出与就业效果。

　　格罗斯曼认为要解释货币同真实经济活动的联系，应当既能说明货币政策对真实经济活动的影响，又能说明货币政策对通货膨胀的影响。他列出判断货币影响真实经济活动的一般特征为：①现时的货币总量与后来的真实经济活动和通货膨胀相关联；②货币同真实活动的相关在短期内十分密切，在长期内则趋于减弱，而货币同通货膨胀的相关则在短期内不甚密切，在长期内渐趋加强；③真实活动同不可预见的实际发生的货币总量的相关较为密切，而通货膨胀则同可预见的货币总量的相关较为密切[③]。可以看出，上述特征几乎包括了分别与凯恩斯主义、货币主义、合理预期学派观点保持一致的内容。可见，货币对真实经济活动的影响基本上取决于具体的经济环境，既涉及市场的流动性，也涉及相关的经济制度，更重要的是，还要取决于经济行为主体对货币变动做出响应的机敏程度。

　　三、对货币均衡问题的判断方法

　　如何判断货币供给是否适应货币需求或货币均衡问题呢？按照我们习以为常的理论可以观察利率水平，借以判断货币利率与自然利率是否相等，价格水平是否稳定，社会投资是否等于储蓄。但是，上述不同方法都存在一定局限，如在我国，借贷利率基本上由中央银行确定，货币供求数量平衡可能无法用利率指标加以判断，即使在市场利率体系中，自然利率如何确定也很成问题[④]。由特定年份投资与储蓄的关系判断货币均衡在理论与实践

---

　　①　莫迪利亚尼 F. 关于稳定政策的争论. 冼国明，陈平译. 北京：北京经济学院出版社，1991：149.
　　②　弗里德曼 B. 货币与财政政策效应：金融市场的作用. 见：中国人民大学财政金融政策研究中心. 黄达-蒙代尔讲座(第一辑). 北京：中国人民大学出版社，2003：128-143.
　　③　格罗斯曼 H I. 货币非均衡和市场出清. 李扬译. 见：纽曼 P，米尔盖特 M，伊特维尔 J. 新帕尔格雷夫货币金融大辞典(第二卷). 胡坚，等译. 北京：经济科学出版社，2000：715.
　　④　黄达. 货币供给与宏观调控. 北京：中国人民大学出版社，1997：39-40.

上都讲不通,因为在货币经济条件下储蓄以货币积累为载体,投资以货币形态为起点,二者在动态中可以保持一致,但在特定时点上的不一致情况则很正常。

按照上文所述米尔达尔及卡塞尔的观点,存在货币均衡条件下的价格水平上涨,所以用价格水平是否稳定判断货币均衡似乎也成问题。但以我国的现实情况判断,经济周期波动有明显的货币冲击因素,经济波动形态中价格水平的显著变化能够较好地反映经济运行状态,即存在货币供给波动→价格波动→经济波动的逻辑路径,所以,价格水平变化可以印证货币供求均衡问题。高通货膨胀(或通货紧缩)、总供求失衡往往蕴含货币失衡的因素。当然,在价格放开之前,货币供给冲击在价格上的反映可能出现迟滞,在价格体制全面改革(1988年)和市场化进程加快之后,货币数量变动的价格表现既可能敏感,也可能由于对经济前景的悲观预期而反应迟钝。所以,根据价格水平判断货币均衡不能局限于当期货币流量变动。对有关问题加以重视,价格水平变动仍可作为判断中国货币均衡状况的一个标志。循着这一方法,可以尝试对我国改革开放以来不同时期的货币均衡问题作大致分析。

四、中国货币—价格波动轨迹观察

(一)首轮改革中的货币非均衡问题[①]

1. 改革初期的货币失调

我国在改革初期影响价格水平的主要货币指标是流通中的现金(M_0),1979年以后货币流通量增加很快,1978年年末货币流通量为212亿元,到1983年年末则达到529.8亿元。1984年情况更为突出,原计划全年净投放货币80亿元,但由于下半年投放猛增,12月当月投放量超过原计划全年投放量。1984年年末货币流通量为792.1亿元,当年净投放260多亿元,是原计划投放量的3.28倍。1984年M_0、M_2增长率均是新中国成立以来的最高点,M_0增长率高达49.51%;M_1增长率为34.32%,达到20世纪80年代的最高点。1985年的零售物价指数(retail price index, RPI)上涨8.84%,尽管达到1978年以来的高位,但应该看到,由于计划价格还占有主导地位,货币投放累积的通货膨胀潜能并未完全释放出来。

对1984年货币投放是否过多的问题在当时有不同看法。部分人士认为货币增长超越经济增长是经济发展的要求,且以广东货币投放量占全国首位但物价未见上涨为据说明这一问题。但即使考虑到货币超前增长有货币化进程加快的因素,观察1979~1983年M_0增长率均值为20.30%,1984年GDP增长率为15.2%等因素,1984年货币投放过多的事实不容置疑。其中的形成因素是工资性现金支出迅猛增加,行政经费控制不严,基本建设规模过大等[②]。货币供给增加、社会总需求扩张与价格水平上涨在改革初期短缺经济中相互加强与推进。

1984年的货币管理事实上有些混乱与严重失调,货币失衡因素主要是货币供给过量,

---

① 注:本书多处提到"改革",若不特别申明,均指1978年十一届三中全会以后的改革开放。

② 吴敬琏,李剑阁,丁宁宁.经济改革初战时期的建设方针与货币政策——当前货币流通形势和对策.见:吴敬琏,胡季.中国经济的动态分析和对策研究.北京:中国人民大学出版社,1989:1-11.

在仍然实行较为严格的价格管制时期潜伏有通货膨胀风险。为了保证金融运行与经济发展循序步入良性互动轨道，改革呼唤中央银行体制的出台，根据国务院相关法规，在1984年明确了中国人民银行的中央银行地位与职能。对此后的货币供给与经济运行状况可以区分为五个时期加以分析。

2. 紧缩—扩张—再紧缩：通货膨胀波动

1985年春季政府采取了紧缩政策，抑制总需求膨胀与经济过热，但1986年3月政策出现犹豫和摇摆，未能坚决执行紧缩方针，各项货币指标增长迅速，M_0、M_1、M_2分别增长23.34%、29.28%和13.96%，固定资产投资贷款增长44.6%。结果使这一时期的总需求从相对下降转为上升，总需求膨胀与高经济增长并存，经济结构扭曲和资源配置状况恶化，经济效益显著下降。在1988年价格全面改革的背景下，多年累积的通货膨胀压力被释放出来（由于政府采取了一系列措施，这种释放仍然是不完全的），1988年、1989年零售物价通货膨胀率分别达到18.53%和17.78%。

面对高通货膨胀诱发的社会不稳定局面和经济秩序失调，政府于1989年开始采取较为严厉和全面的货币与财政紧缩措施，1989年、1990年M_0、M_1增幅显著下降，1989年M_0、M_1分别增长6.62%和9.84%，增速比1988年分别下降14.34百分点和36.88百分点；1990年M_0、M_1增长率分别为8.91%和12.82%，均远远低于80年代的平均水平。1989年和1990年货币流动性比率（M_1/M_2）分别下降9百分点和7百分点（1978～2002年平均下降约2%）。紧缩政策使通货膨胀很快得到抑制，1990年零售物价上涨率从1989年的17.78%突降到2.11%，但GDP增长率由1988年的11.3%在两年中先后下降到4.1%和3.8%。1989年是改革后经济发展中少有的低增长、高通货膨胀年份，1990年则保持了低增长和低通货膨胀的态势，出现所谓的"市场疲软"，显示短期总需求不足。以后人们回顾，认为这一时期政策搭配的方向没有问题，但力度过大和"一刀切"迹象比较明显，没有适时进行充分的结构调整。货币管理仍然无序，通货膨胀率的不确定性很大，货币失衡属于常态。背景因素是改革缺乏总体设计，"摸着石头过河"、"放权让利"的改革使社会投资与消费潜能很快得到释放。

(二)20世纪90年代：从通货膨胀到通货紧缩

1. 1992～1995年出现通货膨胀高峰

政府对经济增长、经济发展的意向转趋强烈。1989年以后政府制订的国民经济发展计划将经济增长率由原先的"八九不离十"[①]调整到百分之五六。在1992年国际、国内政治经济环境变化条件下认同"发展是硬道理"的基本思路，放弃过度紧缩的经济政策。继1991年之后，货币供给增长很快，其中1992年、1993年M_0增长率分别为36%和35.7%；1993年M_1增长率为43.85%，成为改革迄今的最高年份。随之而来的是1988年以后的第二轮通货膨胀高峰，1994年消费物价上涨率和零售物价上涨率分别达到24.1%和21.69%，1995年货币供给（M_0、M_1）明显下降，但仍然维持在15%左右。这一期间维持了高经济增长，各年度GDP增长率依次为14.2%、13.5%、12.6%和10.2%，是除1963～1966年之外第二次经济增长连续4年保持在10%以上的时段。经济发展中较为严

---

① 这是当时流行的说法，指将国民经济增长目标确定在8%～9%，接近10%。

重的问题是部分地区和全国大中城市出现房地产泡沫。从社会层面看，1988 年和 1994 年两轮通货膨胀均显著扩大了收入分配的差距。据统计分析，反映我国收入分配状况的基尼系数在 1995 年达到 0.45，超过了西方七国集团各国同一指标的数值。

2. 1996～1999 年，通货膨胀率下降并进入通货紧缩格局

1999 年 GDP 增长率为 7.1%，是 1978 年改革开放以后的次新低谷水平。政府在 1998 年确定综合运用财政与货币政策扩大内需的方针，政府行为成为支撑经济增长的重要力量。对如何判断这一时期经济运行中的货币因素争议颇多。中央银行负责人最初（1999 年 3 月）答记者问时曾经认为 1997 年以后出现的价格水平下降不构成通货紧缩，其依据是通货紧缩有两个标志：价格水平下降；货币紧缩或货币供应小于货币需求。但我国在 1997 年、1998 年的狭义与广义货币增长率均大于经济增长率与通货膨胀率之和。这一解释是以名义货币需求增长率等于经济增长率加通货膨胀率为依据的，但 $\dot{M}=\dot{Y}+\dot{P}$ 只是说明影响货币需求的两个主要因素，作为具体的货币需求的计算公式有很大的局限性，因为其他一些因素叠加起来"会使货币需求增长率距 $\dot{Y}$ 和 $\dot{P}$ 的算术相加值很远"[①]。此外，1998 年各种物价指数均下降，货币供给若仅以满足当期经济增长率与物价上涨率之和为尺度，隐含地认识是货币当局可以听任物价水平下降而无所作为。在出现通货紧缩后，中央银行应该将货币供给扩张到显著地大于由 $\dot{Y}$ 与 $\dot{P}$ 计量的所谓"货币需求量"，以诱使产生通货膨胀预期，克服利率调节的局限性。

1996 年以后经济形势变化的基本经济因素是经济主体面临的不确定性增强。消费者预期未来支出具有刚性，预期收入波动性增加。生产的结构性矛盾以及外部冲击的负效应凸显出来（1998 年 8 月以后出口出现负增长）。总需求不足的矛盾在通货膨胀率较高的 1995 年已经表现出来，据有关统计分析，1995 年已有 90% 的零售商品供大于求。

客观而论，对 1992～1999 年中国经济波动所显示的一些积极因素应该予以肯定，1996 年到 1998 年上半年，理论界谈论比较多的是中国出现前所未有的"高增长，低通货膨胀"的"软着陆"局面，似乎也形成了改革以后少有的货币均衡格局。但就中央银行货币管理职能而论有无可能做得更好呢？由于 1996 年消费品价格、零售商品价格和工业品价格水平均已达短期宏观调控的目标区以内（即 1994 年确定的将通货膨胀率控制在 10% 以下），投资增长率自 1993 年以来也处在下降过程中，1997 年似乎应该采取中性货币政策或适度从松的货币政策，但截至 1997 年 11 月，中央经济工作会议仍宣示继续实施适度从紧的财政与货币政策[②]。从 1997 年的情况判断，尽管广义货币增长率连续三年下降，但狭义货币和流通中现金增长率持续两年上升，M_1 增长率已明显超出目标值。可是，1997 年及其后 1998 年的价格水平出现向下的运动，1997 年全年工业品价格指数下跌 0.3%[③]。M_2、M_1 和 M_0 增长率在 1995～1997 年变化的非同步性给中央银行判断货币均衡带来一定困难。如果说 M_1、M_0 对价格的影响更为敏感，那么 1997 年、1998 年的价格水平变化没

---

① 黄达．货币供给与宏观调控．北京：中国人民大学出版社，1997：25-26.

② 但会议上又提出采取新的更有力的措施解决失业问题，从而释放出调整宏观经济政策的意向。通货紧缩的起点就在 1997 年 10 月。

③ 1996 年 3 月八届全国人大四次会议通过的国民经济和社会发展"九五"计划和 2010 年远景目标纲要提出"九五"期间实行适度从紧的货币政策，将 M_1、M_2 年均增长率分别维持在 18% 和 23%。

有分别反映出 1996 年、1997 年 M_1、M_0 的增长情况。可能因素是金融交易稀释了货币增量，以及其他影响价格的力量增强。货币供求往往并不直接影响总需求和价格水平。这些给经济中的货币宏观调控提出新的问题。

（三）通货紧缩后总需求与价格水平趋势

2000～2003 年，经济处于新一轮经济周期的上升阶段。投资需求增长仍然是 1998 年以来经济保持较高增长的主要拉动力量，原材料、能源和进口商品价格上涨，以及货币、信贷快速增长，导致产生通货膨胀压力。经济运行状况引起理论界和政府部门人士的一系列争议。例如，2003 年经济运行状况是全面过热还是结构失调？下一步将面临的是通货膨胀还是通货紧缩？其间关于"非典"对经济增长的影响、货币政策的传导机制、人民币汇率问题均展开了讨论与争鸣。事实上，人们曾经担心的普遍的高通货膨胀没有出现，2003 年我国经济形势主要反映为一种结构失调或充其量是局部过热，表现为房地产、钢铁、汽车等领域投资扩张太快。而同时，2003 年消费需求较快增长仍然是恢复性的，净出口对总需求与经济增长的贡献度明显减弱。通货膨胀压力仅仅反映短期、浅表的经济运行失衡状况，通货紧缩则仍然是反映深层次经济矛盾的一种趋势。观察价格水平，2003 年消费品价格上涨 0.91％，零售商品价格上涨 0.86％，固定资产投资价格上涨 2.29％[①]。零售价格水平实际上是从 1998 年以来连续 5 年下降过程中刚走出来。将不同种类价格水平变动进行比较可以发现：推动总需求的各种因素中可能存在生产、投资"一头热"的情形。

我们既要看到在地方政府行为扭曲下投资领域中所残留的原有体制的严重弊端，也要看到影响总需求的分配领域中的问题远远未得到纠正，消费者预期的方向没有被根本扭转。所以，在面临短期通货膨胀压力条件下，既要治"标"，也更不能忽视治"本"。简言之，通货膨胀是短期矛盾，总需求及潜在的通货紧缩趋势可能是长期问题。还有，近期通货膨胀是否预示着埋下了以后通货紧缩的种子？我国生产、分配关系在一定程度上脱离了消费大众和低收入阶层，通货膨胀与通货紧缩只是同一问题两种不同形式的反映。2003 年货币与信贷均增长较快，广义货币、流通中现金和基础货币增长率分别为 19.6％、14.3％和 16.7％，全部金融机构贷款增长 21.43％。中央银行较为灵活地运用公开市场操作，在 8 月 23 日约提前一个月宣布上调存款准备金率 1 百分点，适度调低存款准备金利率，扩大贷款利率浮动区间，密切监测房地产贷款情况，对商业银行贷款进行风险提示和窗口指导，实施了一系列货币政策的积极探索。应该说，今后不但要注意如何把握货币政策松紧的时机选择和力度问题，而且要深入研究怎样形成政策工具组合，提高金融宏观调控效率与政策机制的设计问题。

2003 年之后，我国价格变动尽管直接源头仍为货币失衡，但货币失衡的深层原因或者其"内生"特点日益复杂，全球经济波动及国际金融市场动荡对国内货币供求影响增强，甚至在 2007 年美国次贷危机诱发全球金融危机之后，经济理论界和政府部门对国内价格变动的趋势判断出现困难，在一些特殊情况下通货膨胀与通货紧缩迹象并存，对中央银行货币供给制以及总体的宏观金融调控提出挑战。为了适应变化了的经济金融形势，政府先后由提出"管理通货膨胀预期"和"宏观审慎管理"命题，近期仍在进行积极的政策机制设计

---

① 中国人民银行.2003 年第四季度货币政策执行报告.中国人民银行网站，2004-02-26.

与实施途径的探索。

复习思考题

1. 各国划分货币层次的基本依据是什么?
2. 根据货币职能界定货币的范围,狭义货币和广义货币分别包括哪些项目?
3. 什么是货币供给的流动性?
4. 简述基础货币具有哪些特点。
5. 试分析影响基础货币的因素。
6. 影响商业银行存款创造的条件有哪些? 并对其进行简要分析。
7. 影响货币乘数的因素有哪些?
8. 外在货币、内在货币与外生货币、内生货币是等同的范畴吗?
9. 简述后凯恩斯主义货币内生理论的主要观点。

参考文献

伯顿 M,隆贝拉 R. 2004. 货币银行学——金融体系与经济. 陈雨露,水润东,辛呈凤,等译. 北京:经济科学出版社

德赛 M. 2000. 内生货币与外生货币. 厉敏捷译. 见:纽曼 P,米尔盖特 M,伊特维尔 J. 新帕尔格雷夫货币金融大辞典(第一卷). 胡坚,等译. 北京:经济科学出版社:738

格利 J G,肖 E S. 1994. 金融理论中的货币. 贝多广译. 上海:上海三联书店,上海人民出版社

哈里斯 L. 1989. 货币理论. 梁小民译. 北京:中国金融出版社

黄达. 2003. 金融学. 北京:中国人民大学出版社

罗西斯 S. 1991. 后凯恩斯主义货币经济学. 余永定,吴国宝,宋湘燕译. 北京:中国社会科学出版社

米尔达尔. 1995. 货币均衡论. 钟淦恩译. 北京:商务印书馆

罗西斯 S. 1991. 后凯恩斯主义货币经济学. 余永定,吴国宝,宋湘艳译. 北京:中国社会科学出版社

莫迪利亚尼 F. 2001. 莫迪利亚尼文萃. 林少宫,黄剑平译. 北京:首都经济贸易大学出版社

第十二章

通货膨胀与通货紧缩

货币需求、货币供给分别决定于不同因素，两者之间难免出现失衡状态。货币供给与货币需求失衡的状态在一定程度上可以通过经济体系内在的机制（如货币流通速度）加以调整，超出一定范围的失衡就将导致通货膨胀或者通货紧缩。本章将分别对通货膨胀与通货紧缩的定义、形成因素与机制，以及两者对社会经济的影响后果及其治理措施加以介绍。

第一节　通货膨胀定义及其度量

一、通货膨胀的定义

作为一个世界性的问题，人们对通货膨胀进行了大量研究，并就相关问题达成一些共识，但分歧仍然很多，仅就通货膨胀的定义这个最基本的问题而言，就有上百种界定。目前，被较多经济学者接受的一个定义是从描述表面现象的角度来叙述的，即通货膨胀（inflation）是一般物价水平持续明显上涨的过程。换句话说，通货膨胀是一个货币价值持续贬值的过程。这个定义包含几个要点。

第一，一般物价水平是指商品、服务价格总水平，而不是指某种或某类商品、服务的价格；同时，不包括股票、债券等金融资产价格。

第二，价格水平的上涨必须是持续的过程。偶然性的、间歇性的或季节性的物价上涨不能称为通货膨胀。对于价格要连续上涨多长时间才能称为通货膨胀，学者并无一致意见。一些学者认为价格持续上涨一年以上即可称为通货膨胀。

第三，强调价格水平上涨明显。至于一般物价水平上涨到何种程度才可以称得上通货膨胀，属于主观判断，一般认为，涨幅低于 1％ 则不能称为通货膨胀。

既然上述定义仅从现象的角度出发，就难免有失偏颇，因为从现实情况来看，通货膨胀绝非如此简单。首先，苏联、东欧各国及我国都曾经出现过隐蔽型的通货膨胀，对此，经济学界普遍认同，而隐蔽型通货膨胀事实上并不表现为物价的上涨；其次，由于资源稀缺性、产品更新换代及人们的心理预期等，物价以一定幅度持续上涨有其经济发展的必然性，一概将所有的物价上涨都归结为通货膨胀似有不妥。显然，争议的存在来自于界定通货膨胀的出发点，并非现象而是成因。基于此，部分学者认为，只有因货币供求失衡、流通中"过多货币追逐过少的商品"导致的通货膨胀，才是真正的通货膨胀。

二、通货膨胀的度量

世界上大多数国家主要采用居民消费物价指数(consumer price index)、批发物价指数(wholesale price index)、GNP 平减指数(gross nation product deflator)度量通货膨胀。

1. 居民消费物价指数

居民消费物价指数用于反映家庭和个人消费的商品及劳务价格的变化情况，是各国政府根据本国居民消费的若干种主要食品、衣物和其他日用消费品的零售价格，以及水、电、住房、交通、教育、医疗、娱乐等服务的价格加权平均计算的。我国曾长期将商品零售价格指数作为衡量物价总水平的主要统计指标，1994 年 1 月起逐步改用居民消费物价指数。与商品零售价格指数相比，居民消费物价指数除反映消费品的价格变动外，还反映服务项目价格的变动，能够更全面、真实地反映市场价格的实际变动状况。

居民消费物价指数的资料容易搜集，公布次数较为密集；同时由于公众对消费品价格的变动极为敏感，所以其能够及时反映消费品供求的对比关系及价格走势的变动。但居民消费物价指数也有缺点，一方面其包括的范围较窄，不包括公共部门消费产品、用于生产的资本品以及进出口商品和劳务的价格变动情况；另一方面当消费品由于商品或服务品质改善而提高价格时，其会夸大物价上涨幅度。

2. 批发物价指数

批发物价指数是以大宗批发交易为对象，根据制成品和原料的批发价格编制而成的指数。该指数反映了企业经营成本的变动，通常可以参考该指数的变动来预测消费指数的变化。

批发物价指数的优点是对商业周期反映较为敏感，缺点是其统计的产品范围更窄，不包括劳务产品在内，并且统计的环节主要是生产和批发环节，不包含消费领域，以其判断总供求平衡容易出现失真。

3. GNP 平减指数

GNP 平减指数是指按当年价格计算的 GNP(即名义 GNP)与按固定基期价格计算的 GNP(即实际 GNP)的比率。

GNP 平减指数涵盖面最广，全面反映了所有最终产品和服务的价格变动情况，包括消费品、劳务、资本品及进出口商品等。同时，GNP 平减指数是全样本组合且其权重会自动随着时间的变动而调整，从而避免了物价指数由于样本及权重固定而可能出现的误差[①]。此外，不同国家之间前两种价格指数的统计口径和计算方法存在诸多差异，而 GNP 平减指数则较为统一，因而更具可比性。GNP 平减指数的缺点是资料收集比较困难，而且一般一年只统计一次，不能迅速反映通货膨胀的变动趋势。

---

① 物价指数选取的是一组固定商品和服务组合，以其各自在总消费支出中的比重为权数，并保持相对不变。

三、通货膨胀的分类

可以根据不同的划分标准对通货膨胀进行分类。

1. 按表现形式的不同可分为公开型通货膨胀和隐蔽型通货膨胀

公开型通货膨胀是指在较为完善的市场机制条件下，由于价格对供求反应灵敏，过度需求通过价格的变动得以消除，通货膨胀通过一般物价上涨形式表现出来。

隐蔽型通货膨胀也称抑制型通货膨胀，是指表面上货币工资没有下降，物价总水平也未提高，但居民实际消费水准却下降的现象。隐蔽型通货膨胀通常发生在集中计划经济体制下，当经济中已经积累了难以消除的过度需求压力，但由于政府对商品价格和货币工资进行严格控制，过度需求不能通过物价上涨而吸收时，商品供不应求表现为计划供给、有价无货、凭票排队购买、黑市猖獗、价格不变但质量下降等，甚至由于购买力无法实现而出现强制储蓄。20世纪五六十年代，大多数发展中国家（包括东欧的匈牙利、波兰等）都出现了较严重的隐蔽型通货膨胀，我国在三年困难时期和"文革大革命"时期的两次通货膨胀也都表现为隐蔽型。

2. 按物价上涨速度的不同可分为爬行的或温和的通货膨胀、奔腾式通货膨胀、恶性通货膨胀或超级通货膨胀

爬行的或温和的通货膨胀是指物价总水平上涨率在10%以内，甚至不超过2%。奔腾式通货膨胀是指物价总水平上涨率在两位数以上，且发展速度很快。恶性通货膨胀或超级通货膨胀是指物价上升特别猛烈，上涨率达到三位数甚至四位数，且呈加速趋势。这种划分方法以人们的经验为依据，因而会随实际经济发展变化不断受到挑战。

大体而言，爬行的或温和的通货膨胀发展较缓慢，短期内相对价格不会出现过分不协调现象，货币幻觉的存在使其不易察觉，经济生活中没有形成通货膨胀预期，所以往往会促进经济增长；奔腾式通货膨胀表现为物价上涨速度快、幅度大，币值损失严重，市场价格扭曲，货币持有量急速下降，大量商品被囤积，信贷市场萎缩。在恶性通货膨胀或超级通货膨胀下，物价上升非常猛烈，且呈现加速趋势，价格信号完全失真，正常的生产经营难以进行，商品市场陷入混乱；信贷市场出现居民不愿储蓄、银行被迫提高利率的现象，加之逆向选择①的存在，银行系统风险逐步累积，严重时可引发突发性挤兑银行的风潮，或者出现资本替代，原有货币流通体系难以维持，社会动荡不安，经济严重倒退。

3. 按通货膨胀是否被经济主体预见到可以分为预期的通货膨胀和非预期的通货膨胀

前者指通货膨胀过程被经济主体预见到，并根据预期采取各种补偿性行动，从而引发物价和工资呈现螺旋式上升运动；后者指通货膨胀未被经济主体预见到，物价在不知不觉中上升。通常认为，只有非预期的通货膨胀才具有真实效应，可以带来收入和财富的再分配，而预期的通货膨胀则没有，因为经济主体已经采取相应对策抵消其影响。

---

① 逆向选择是指信息不对称带来事前机会主义并导致市场资源配置扭曲；在信贷市场指银行面临信息不对称时提高贷款利率，使优质客户退出市场，高风险客户增加，传统的优胜劣汰机制失灵。

4. 按通货膨胀的成因可以将其分为需求拉上型通货膨胀、成本推进型通货膨胀、混合型通货膨胀和结构型通货膨胀

需求拉上型通货膨胀指通货膨胀的起因在于需求扩张导致对商品与服务的需求大于供给。成本推进型通货膨胀指由于生产成本上升，生产企业为了维护盈利对其产品提价，从而诱发通货膨胀。混合型通货膨胀指通货膨胀起因既在于需求扩张，也在于生产成本上涨。结构性通货膨胀主要指由于国民经济体系中存在劳动生产率上升部门和劳动生产率停滞部门，当劳动生产率上升、部门提高劳动者工资水平时，劳动生产率停滞部门迫于压力也提高工资，从而导致一般物价水平上涨。

此外，按当局是否推进通货膨胀政策可分为自主性通货膨胀和被动性通货膨胀；按通货膨胀是否由国际因素传递引起可分为内生性通货膨胀和外生性通货膨胀(前者是由国内因素引起的，后者是由对外经济联系，如国际贸易活动引起的，又称为输入性通货膨胀)；按是否存在战争因素可分为战时通货膨胀与和平时期通货膨胀；等等。

第二节　通货膨胀的成因

一、需求拉上说

20 世纪 50 年代中期之前，需求拉上说被经济学界广为接受。其基本观点是当社会总需求超过社会总供给时，引起价格水平上涨，导致通货膨胀。

需求拉上说存在两种逻辑形式：一是凯恩斯学派的过度需求理论，二是货币学派的货币供求理论。两种理论都承认总需求过剩引发了通货膨胀，但对于导致总需求过剩的根本原因却是见仁见智。

以弗里德曼为代表的货币学派认为，货币数量的过度增加是导致总需求过剩从而引发通货膨胀的根源，"通货膨胀无论何时何地都是一种货币现象"，其他的因素可以引起暂时的通货膨胀，但如果没有货币供给作后盾，通货膨胀就无法持续下去。如果货币供给量和产出保持同一比例的增长，则不会引发通货膨胀；如果货币供给量的增长率超过了产量的增长率，就会出现"过多的货币追逐太少的商品"现象，引发通货膨胀，这种情况在经济达到充分就业的情况下更为明显。

凯恩斯学派则强调充分就业下有效总需求的作用。当有效总需求超过总供给时就出现"通货膨胀缺口"[①]，并最终以物价上涨的形式填补缺口。因为经济达到充分就业时，资源已被充分利用，总需求不断增加时总供给却无法再增加，只能以通货膨胀的方式使总需求和总供给在更高的价格水平上达到新的平衡。如果经济尚未达到充分就业，资源未被充分利用，则总需求的增加会扩大产出和增加就业机会，而不是带来通货膨胀，除非总需求的增长速度非常快，超过了总供给可能达到的增长速度。其间，货币供给量是适应物价变动的内生变量，并不能真正决定通货膨胀。以上过程可用图 12-1 表示。

---

① "通货膨胀缺口"是指有效总需求超出充分就业条件下可实现总供给的差额部分。反之，如果有效总需求小于总供给则出现"通货紧缩缺口"。

在图 12-1 中，用横轴代表产出或者国民收入（Y），Y_f 表示充分就业时的产出，纵轴代表物价水平（P），社会总供给曲线可以大致分成 AB、BC、CS 三个阶段。

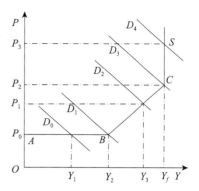

图 12-1　需求拉上型通货膨胀

在 AB 阶段，社会总供给曲线接近水平状态，供给弹性无限大，社会上存在大量的失业或者闲置资源。此时如果总需求增加，D_1 移至 D_2，则供给很快随之增加，产出从 Y_1 增加到 Y_2，重新达到供求平衡，物价并不上涨。

在 BC 阶段，接近充分就业状态，闲置资源相对较少，供给增加能力较小。此时如果总需求增加到 D_3，现有闲置资源提供的新增供给无法全部满足新增需求，于是国民收入从 Y_2 增加到 Y_3 的同时，物价由 P_0 上涨到 P_1，出现了"半通货膨胀"。

在 CS 阶段，社会总供给曲线接近垂直状态，社会不存在任何闲置资源，供给没有弹性，产出达到最大。此时，总需求增加只能引发价格上涨，即"真正的通货膨胀"。

总之，货币学派的货币需求理论更强调货币供给的外生性，认为是货币量的变动带来物价的变动，前者是因，后者是果。而凯恩斯学派的过度需求理论则认为货币供给量和总需求的增减之间没有固定的因果关系，货币供给量的增减可以引起总需求的增减，从而导致一般物价水平的升降；反过来，总需求中的任何一项都可以自发增减，并通过一般物价水平的升降而使货币供给量或者货币流通速度被动地服从和适应需求的变化。凯恩斯学派还认为货币学派的理论只有在特殊情况下才成立，即在经济充分就业的条件下，货币供给量的增长会带来物价的同比例上升[①]。

二、成本推动说

20 世纪 50 年代后期，西方社会普遍出现失业率和通货膨胀率同时升高的现象，而传统的需求拉上说无法解释其原因，部分经济学者开始转而从供给成本方面寻求通货膨胀的成因，分析其形成机理。成本推动说认为在总需求不变的情形下，由于生产要素价格（如工资、利润、租金和利息等）的上升而带来的生产成本上升同样可以引致一般物价水平的普遍上涨。

具体说来，成本推动型通货膨胀主要有两种类型——工资成本推动型通货膨胀和利润推动型通货膨胀。

工资成本推动型通货膨胀以存在强大的工会组织从而存在不完全竞争的劳动力市场为假定前提。在完全竞争的劳动市场条件下，工资率取决于劳动的供求，而当工资由工会和雇主集体议定时，这种工资则会高于竞争的工资。工资的提高迫使企业为保持盈利水平而提高产品价格，从而引起物价上涨，价格的上涨反过来又引起工资提高，如此反复，便出现了工资—价格的螺旋上升。

利润推动型通货膨胀以存在物品和服务销售的不完全竞争市场为前提。当市场中具有

---

① 需要说明，就货币供给而论，凯恩斯本人仍然是货币外生论者。凯恩斯学派中后凯恩斯主义是典型的货币内生论者。

垄断力量的企业为追求利润而制定垄断价格，并且价格的上涨速度超过成本支出的增加速度时，就可能出现利润推动型的通货膨胀。

成本推动型通货膨胀的产生过程如图 12-2 所示。

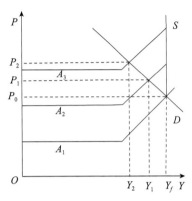

图 12-2　成本推动型通货膨胀

在图 12-2 中，横轴仍代表产出或者国民收入(Y)，Y_f 表示充分就业时的国民收入，纵轴代表物价水平(P)，在达到充分就业时的产量 Y_f 之前，总供给曲线具有价格弹性。当总需求 D 不变时，由于成本上升，总供给曲线 A_1S 先后上移至 A_2S、A_3S，因此均衡产量分别下降至 Y_1、Y_2，同时均衡物价水平上升至 P_1、P_2。

成本推动型通货膨胀理论解释了在整个经济尚未达到充分就业的情况下，没有需求拉动时出现物价上涨的原因，较好地说明了"滞胀"现象。

三、供求混合推动说

供求混合推动说将供求两个方面的因素综合起来，认为通货膨胀是由需求拉上和成本推动共同引发的。该理论认为：物价上升的根源，究竟是需求拉上还是成本推动，如同鸡生蛋还是蛋生鸡的问题一样，很难分清楚。如果通货膨胀最初由需求过度引发，则需求过度所引起的物价上涨会促使工会要求提高工资，从而转化为成本的因素；反过来，如果通货膨胀最初由成本增加开始，没有需求增加的配合就会导致失业不断增加和产出不断减少，致使物价上涨的过程无法持续下去。所以，现实中的通货膨胀往往是"拉中有推，推中有拉"，使物价呈现螺旋式上升。

如图 12-3 所示，由于成本推动，总供给曲线 A_1S 上移到 A_2S，如果总需求不变，则物价由 C 上升到 E，产出由 Y_f 减少到 Y_1。此时，政府往往采取扩张性的财政、货币政策刺激需求，总需求曲线由 D_1 上移到 D_2，产出恢复到 Y_f，物价进一步上升到 F。为抵消通货膨胀因素，工人会进一步要求提高工资，而厂商提高价格，总供给曲线上升到 A_3S，物价进一步上升到 H。如此下去，价格经由 $C\rightarrow E\rightarrow F\rightarrow G\rightarrow H$ 而呈螺旋上升，形成混合型通货膨胀。

四、结构型通货膨胀

需求拉上说和成本推动说以总供求失衡作为分析前提，而结构型通货膨胀理论则认为，在总供求不变的情况下，部门结构的变化、经济结构的独特性等同样可能导致通货膨胀，具体可归为三种形式。

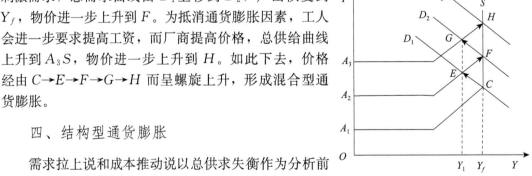

图 12-3　供求混合型通货膨胀

1. 结构差异型通货膨胀

不同部门间发展的差异性和工资增长的同步性及向下的刚性之间必然存在矛盾。基于此，个别部门产品价格的上涨往往引起所有部门产品价格上涨。

美国经济学家 Schultz[①] 以总需求不变、不同部门间需求结构变化为基础展开分析。随着经济的发展，新旧产业兴替，需求结构不断变化，部分部门产品供不应求、价格上涨，工人工资也随之上涨，而劳动力和生产要素可能无法及时转移来调整供给结构，国民经济出现结构性失衡。由于工资和价格都缺乏向下的弹性，产品供大于求的部门，工资和价格水平由于攀比也趋于上涨，最终导致一般物价水平的持续上涨。

还有一些经济学家以不同部门间劳动生产率的不同步变化作为分析的起点，认为在一国经济体系中，总有一些部门的劳动生产率增长快于另一些部门，但工资增长率却相同，由此导致整体物价水平的上涨。

经济学家 Baumol(1967)将经济活动分成工业部门和服务业部门，提出工业部门的劳动增长率高于服务业部门，但工资刚性的存在使不同部门间工资增长率趋于一致，于是出现工资推进的通货膨胀。

英国经济学家 Hicks(1974)将社会经济部门分为"扩展部门"和"非扩展部门"。扩展部门在经济繁荣时期因劳动力缺乏而推动工资上升，并且蔓延到非扩展部门，从而导致通货膨胀。

美国经济学家 Nordhaus 和 Tobin(1972)认为劳动力市场很难达到理想的供求结构平衡状态，总是某些岗位存在失业，某些岗位存在空缺，但工资缺乏向下的刚性，劳动力供不应求时工资会上涨，供大于求时工资却很难下调，最终工资的总体上升推动了通货膨胀。

2. 斯堪的纳维亚结构型通货膨胀

斯堪的纳维亚结构型通货膨胀又称输入型通货膨胀，由挪威经济学家奥克鲁斯特为代表的北欧学派提出，因而又被称为"北欧模型"。该理论以实行开放经济的小国为探讨背景[②]。开放经济小国包含两个部门(开放经济部门和非开放经济部门)，不同部门受世界通货膨胀的影响程度不同。在固定汇率制度下，世界市场的价格上涨首先传递到开放经济部门；其次通过一致性的货币工资增长率和利润加成定价机制传递到非开放经济部门，引发全面物价上涨。

3. 落后经济型结构型通货膨胀

该理论认为，发展中国家普遍存在经济结构不合理现象，部分产品(如农产品、进口产品等)极易随经济发展出现价格上涨现象。例如，大多发展中国家在工业化进程中出口的初级产品通常需求弹性小，增长缓慢，而进口的资本品和中间投入品，往往需求弹性很大，从而导致国际收支逆差和货币贬值，二者反过来又推动进口商品价格上升，并随之推动国内生产成本和一般物价水平上升。

第三节　通货膨胀的影响

通常情况下，恶性通货膨胀对经济社会的破坏力极强，人们都唯恐避之不及；而对于

① Schultz T. Investment in man: an economist's view. Social Service Review，1959，33(2)：14-15.
② 这里所谓的小国不是根据国土和人口因素而言的，而是指该国在世界市场上不能决定商品的国际价格，只是价格的接受者。

一般的通货膨胀，意见则很难统一。除肯定通货膨胀具有的收入分配效应、资产结构调整效应等会影响社会公平和带来的负面影响之外，经济学家们围绕通货膨胀对经济增长的影响进行了半个多世纪的热烈探讨，且经久不衰，时至今日其仍是争论的焦点。

一、通货膨胀的收入和财富分配效应

18世纪以来，经济学家们发现，在非充分预期的情况下，由于不同经济主体收入来源及持有财富的结构不同，通货膨胀往往会引起收入和财富的分配效应。

（一）收入分配效应

人们的收入有名义货币收入与实际货币收入之分，真正反映收入水平变化的是后者而非前者。在通货膨胀时期，如果名义工资增长率低于通货膨胀率，则实际工资水平下降。而在实际经济生活中，工资水平的调整总是滞后于物价的上升，因此，依靠固定工资生活的人、收取固定利息的债权人和收取固定租金的出租人等拥有相对固定名义收入的阶层，在通货膨胀中利益受到损害，实际收入减少。

相反，在通货膨胀时期，固定利息的债务人会从中受益。工资调整的滞后和原材料成本价格上涨慢于产品价格上涨也会带来企业利润的增加，使企业主等阶层的实际收入增加。同时，如果由政府通过向中央银行借款的方式进行赤字财政融资，凭空增加流通中的货币量而引发通货膨胀，则公众因货币贬值遭受的损失完全转化为政府的隐形收入，即所谓的通货膨胀税。

（二）财富分配效应

现实生活中，一个经济单位的财富或者资产主要由两部分构成，包括实物资产和金融资产。财富净值等于资产价值与债务价值的差。由于实物资产、金融资产和债务在通货膨胀中受到的影响各不相同，资产结构不同的经济单位在通货膨胀中受到的影响也不同，或者受益财富增加，或者受损财富减少，这就是通货膨胀的财富分配效应。财富分配效应也称资产结构调整效应。

在通货膨胀中，实物资产的货币价值通常会和通货膨胀率保持同向变动，只是变动的幅度可能并不一致。而金融资产就不一样了，其价值变化往往比较复杂，在通货膨胀的影响下就更加变幻莫测，如股票、债券等，很多因素都可能导致其价格大幅波动，从而令其持有者一夜暴富或者瞬间一贫如洗。即使金融资产本身的价格变化不大，由于通货膨胀的影响，也会给其持有者造成额外的收益或损失，如银行存款、债券，未来的利息收入与本金采用名义货币方式结算，如果利息固定，则物价的上涨就会带来隐性损失。通常情况下，通货膨胀发生时，净货币债权人的财富会减少，而净货币债务人的财富会相应增加，从而出现财富的再分配。

总而言之，通货膨胀会造成收入和财富在不同阶层、不同经济主体间的重新再分配。一般来说，在通货膨胀时期，固定收入者受损，浮动收入者得益；债务人得益，债权人受损；实际财富持有者得益，货币财富持有者受损；国家得益，居民受损。

二、通货膨胀带来的其他经济效率损失

通货膨胀不仅可以带来收入和财富的重新分配等社会负效应，而且会造成其他经济效

率损失。

第一，资产转换成本和"菜单成本"成为通货膨胀带来的额外损失。在通货膨胀时期，现金变成了"烫手的山芋"，人们为减少持有现金带来的贬值损失，可能会拼命地将现金转化为实物资产，或者费尽心思将现金转换成名义收益率随通货膨胀上升的存款或债券，甚至转换成外汇，这些将使经济主体持有现金的成本大大增加，额外花费大量时间和精力，从而产生资产转换成本。有人将这种成本形象地称作"皮鞋成本"。"菜单成本"是指在通货膨胀时期，企业将被迫花费额外的成本（包括时间、精力和金钱等）对其产品和服务进行重新定价，并重新印刷价格清单、重新发放给客户，由此而带来的无谓损失。

第二，通货膨胀带来的价格信号失真会降低资源配置效率。在正常的经济秩序下，人们通常都是根据市场商品的价格来指导生产和消费，然而物价的剧烈波动往往导致市场上各种商品的相对价格不断变化，价格信号严重失真，企业和消费者无所适从，正常的经济秩序遭到破坏，资源配置效率大大降低。

三、通货膨胀的经济增长效应

(一)通货膨胀与经济增长的关系

关于通货膨胀与经济增长的关系，西方经济学界大致形成三种观点，即促进论、促退论和中性论。

1. 适度通货膨胀可以促进经济增长

促进论以凯恩斯的有效需求不足理论为基点，认为适度的通货膨胀可以增加产出、促进经济增长。长期以来，资本主义国家都处于有效需求不足的状态，实际经济增长率低于潜在经济增长率。政府推行通货膨胀政策一方面刺激了消费需求增加；另一方面在通货膨胀初期，货币幻觉的存在使得公众预期调整滞后，工资的调整往往慢于物价的上涨，工人实际工资减少，企业成本下降，从而刺激了投资需求的增加。有效总需求增加势必扩大产出、减少失业。

不少经济学家还认为，对于发展中国家而言，通货膨胀促进经济增长的效应尤为明显。因为发展中国家更为普遍地存在资金不足问题，通货膨胀有助于解决这些问题。除发行国债融资外，发展中国家通常以通货膨胀为代价，向中央银行借款融资，只要政府以此方式筹措的资金能够投放到实际经济增长部门，并采取措施防止"挤出效应"①导致私人投资减少，就能够促进经济增长。此外，通货膨胀的收入再分配有利于富裕阶层，而富裕阶层的边际储蓄倾向比较高，由此可以增加资金，促进经济增长。

2. 通货膨胀会损害经济增长

促退论者认为通货膨胀会损害经济增长。他们指出，适度的或低度的通货膨胀对经济增长的刺激作用只能以有效需求不足为前提，并且满足存在闲置的社会资源及公众通货膨胀预期小于实际的通货膨胀。否则，通货膨胀不仅不能促进经济增长，反而会损害经济增长。而从实践来看，即使真的存在有效需求不足，通货膨胀的产出正效应也十分有限。此外，持续通货膨胀带来的不确定性势必影响生产积极性，致使社会储蓄率下降、信贷市场

---

① 即政府的扩张性财政政策导致市场利率水平上升，民营部门的投资成本因此上升并相应紧缩投资规模。

逆向选择，商品市场和金融市场资源配置效率降低，经济增长受阻。如果发生恶性通货膨胀，则破坏力更强。

3.通货膨胀和经济增长不相关

中性论者认为通货膨胀和经济之间并无必然相关性，通货膨胀对产出、对经济增长既不会促进，也不会损害。既有可能出现社会不同阶层、不同群体间受到的通货膨胀影响相互抵消，也有可能由于公众根据预期对物价上涨做出合理的行为调整，通货膨胀的效应本身极度弱化。

(二)通货膨胀、失业与菲利普斯曲线

由于经济增长和失业之间必然存在负相关关系，因而对通货膨胀与失业之间关系的探讨实则决定了通货膨胀和产出关系的判断。而关于通货膨胀与失业之间的关系，存在诸多争议，目前经济学界比较认同的观点是：短期内，通货膨胀和失业存在着替代关系，而在长期，通货膨胀对失业基本没有影响。这一观点沿菲利普斯曲线的发展脉络清晰可见。

菲利普斯曲线最初由英国伦敦大学的新西兰经济学家菲利普斯提出，被用来反映通货膨胀与失业之间的关系，后经萨缪尔森、索洛和弗里德曼进行修正、发展，先后经历以下三个阶段。

第一阶段：斜率为负的菲利普斯曲线。菲利普斯在其成名作《1861-1957 年英国失业和货币变动率之间的关系》一文的研究中指出，货币工资变动率与失业率之间存在此消彼长的、稳定的负相关关系，可以用一条向右下方倾斜的曲线表示。美国经济学家 Samuelson 和 Solow(1960)在其发表的文章中，首次把上述曲线称为菲利普斯曲线，并用平均物价水平上涨率代替货币工资变动率，对原菲利普斯曲线进行了修正(图 12-4)，使其具有一般性意义，从而为政府制定政策提供了较为明确的理论依据。

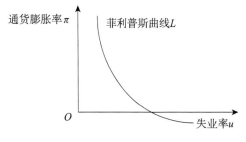

图 12-4　斜率为负的菲利普斯曲线

在图 12-4 中，失业率 u 和通货膨胀率 π 之间具有稳定的替代关系。因此，政府可以根据适合本国的菲利普斯曲线进行相机抉择，通过适当的财政政策和货币政策，使通货膨胀率和失业率都控制在可接受的限度内。

这一阶段的菲利普斯曲线支持了促进论的观点。

第二阶段：垂直的菲利普斯曲线。20 世纪 60 年代中期以前的近 10 年间，菲利普斯曲线反映的通货膨胀和失业之间的替代关系得到了很好的验证，但此后，菲利普斯曲线的形状变得越来越陡峭，其位置也越来越远离原点。这说明，为把失业率降低某一既定的百分率，必须以越来越高的通货膨胀率作为代价，原有的菲利普斯曲线受到挑战。

1968 年，弗里德曼发表《货币政策的作用》一文，否定了通货膨胀和失业之间存在长期替代关系的观点。爱德蒙·费尔普斯也在同期发表类似观点。二人以古典的货币中性论作为研究基点，认为货币增长只是同比例的改变所有物价与名义收入而已，并无实际效应，也不可能影响失业率。弗里德曼引入"适应性预期"[①]和"自然失业率"[②]的概念，重新分析菲利普斯曲线。他认为，从通货膨胀实际发生到人们调整预期之间会存在一段时间间隔，也就是说，在政府实行经济扩张政策的过程中，人们短期内存在"货币幻觉"，预期到的通货膨胀率低于实际通货膨胀率，此时的经济政策有助于刺激总需求增加，从而扩大产出，降低失业率，这也正是原来的菲利普斯曲线所描述的现象。但这种情况只是暂时的。因为人们一旦发现实际通货膨胀率超过预期，就会调整预期通货膨胀率，菲利普斯曲线也随之上移。经过调整预期，如果工人们发现实际工资并没有提高，反而可能有所下降，就会要求进一步提高工资；而企业也发现自己产品的相对价格并未提高，显然会拒绝提高货币工资的要求，并减少生产规模，失业率又回到自然失业率水平。当然，自然失业率并非固定不变，它会随着人口结构、市场环境变化以及社会制度的变迁等因素而变化。上述过程如图 12-5 所示。

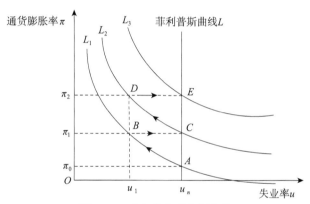

图 12-5　垂直的菲利普斯曲线

如图 12-5 所示，三种预期通货膨胀率 π_0、π_1、π_2 对应的短期菲利普斯曲线分别为 L_1、L_2、L_3。假定初始状态为 A 点，此时实际通货膨胀率和预期通货膨胀率均为 π_0，对应失业率为 u_n。如果政府为了降低失业率采取扩张性财政、货币政策，则通货膨胀率沿着菲利普斯曲线 L_1 上升到 B 点，对应值 π_1，失业率暂时下降为 u_1。随之，人们的通货膨胀预期也调整到 π_1，短期菲利普斯曲线上移到 L_2。如果名义工资保持不变，人们愿意提供的劳动减少，失业率重新回到 u_n。要使失业率降低，政府必须采取更为扩张的政策，通货膨胀率上升到 D 点，对应值 π_2，失业率再次暂时降到 u_n。但随后，通货膨胀预期会进一步调整到 π_2，短期菲利普斯曲线上升到 L_3，失业率又重新回到对应于 E 点的 u_n。如果政府继续实行扩张政策，这个过程就持续下去。因此，长期内，通货膨胀率和失业率之间并不存在稳定的交替关系，将考虑到公众适应性预期之后的 A、C、E 点连接起来，就得到了垂直的菲利普斯曲线，即"附加预期的菲利普斯曲线"。

---

① "适应性预期"是指人们会不断调整通货膨胀预期来适应实际通货膨胀率的变化情况。
② "自然失业率"是指在没有货币因素影响的条件下，由劳动力市场供求平衡的各类实际因素所决定的一种长期均衡失业率，包括自愿失业和结构性失业或摩擦性失业。自然失业和充分就业并不矛盾，因为自然失业率非最低失业率，但却是符合实际因素的失业率。此概念也被称为"无加速通货膨胀的失业率"（non-accelerating inflation rate of unemployment，NAIRU）、中性失业率。

在弗里德曼的理论中，由于人们不断调整通货膨胀预期来适应新情况，因此扩张政策虽然短期有一定效果，但从长期看来不但没能增加产出、降低失业率，反而使通货膨胀率达到了更高水平。20 世纪 70 年代初，以卢卡斯为代表的理性预期学派进一步提出理性预期假说，认为政府的扩张政策不仅从长期看来得不偿失，而且短期内也无效。该假说假定人们在做出通货膨胀预期之前能够充分掌握并运用各种有关的经济信息，包括政府将要实行的经济政策以及这种经济政策可能产生的效应，因而能够对将来发生的通货膨胀做出准确无误的判断，不再存在适应性预期假说中的预期调整过程，政府也就无法再利用"货币幻觉"达到其目的。理性预期学派得到的菲利普斯曲线也是垂直的。

可以认为此阶段的菲利普斯曲线支持中性论的观点。

第三阶段：斜率为正的菲利普斯曲线。20 世纪 70 年代以来，尤其是 1973 年以后，西方大多数发达国家都出现了高通货膨胀与高失业并存的现象，即"滞胀"。菲利普斯曲线不断右移，使得长期菲利普斯曲线的斜率似乎成为正值。对此，至今仍没找到一个满意的答案。弗里德曼做出如下解释：高度的和变化加剧的通货膨胀可能会不断提高"自然失业率"。一方面，通货膨胀过于剧烈而无法预测时，生产效率降低，经济衰退；另一方面，工人可能会因不满意实际工资降低而停止工作，自然失业率不断提高。上述情况如图 12-6 所示。

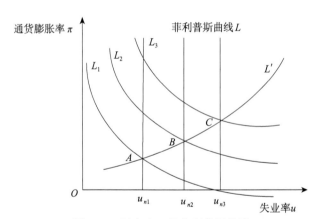

图 12-6　斜率为正的菲利普斯曲线

如图 12-6 所示，假定最初的自然失业率为 u_{n1}，此时对应的短期菲利普斯曲线为 L_1。如果自然失业率保持不变，则长期菲利普斯曲线就是经过自然失业率的垂直线 u_{n1}。但由于通货膨胀反复剧烈波动，自然失业率逐步上升至 u_{n2}、u_{n3}，与之对应，短期菲利普斯曲线分别上升到 L_2、L_3。将每一条短期菲利普斯曲线与其对应的、垂直的自然失业率线的交点连接起来，就得到一条向上倾斜的曲线，即斜率为正的长期菲利普斯曲线 L'。

此阶段的菲利普斯曲线可以作为促退论的最好说明。

(三)关于通货膨胀与失业、经济增长关系的争论

从实证分析的情况来看，不同经济学者依据不同的样本及分析方法得出的结论有很大不同，甚至截然相反。

对于通货膨胀率和失业率之间"无长期替代"的观点，自弗里德曼 1968 年提出之后支持的经验案例似乎随处可见，随后即使有相反的论调也很快被淹没。

20 世纪 60 年代曾流行"点对点"[①]假说，但遭到 Sargent(1971)的有力批判，他认为在"点对点"假说和不存在替代关系之间没有必然联系，因为如果通货膨胀在大多数时间都是较低且稳定的，就会使人们以为通货膨胀率的上升只是暂时的，从而降低其后的通货膨胀预期，出现替代关系。

约翰·B. 泰勒从美国 1963～1994 年的数据中也发现：在 30 多年的时间中，以每 10 年作为一个周期，每个周期的平均失业率基本都在 6％左右波动，而通货膨胀率的波动却很大，从高达 9％到低达 1.6％。此外，20 世纪 70 年代，在加拿大、大多数西欧国家及许多太平洋沿岸国家，通货膨胀率都上升了，但失业率却没有出现下降的趋势。Fischer(1993)与 Motley(1994)的横截面研究还表明，高通货膨胀率的国家会有一个较低的长期实际 GDP 增长率。

詹姆斯·K. 加尔布雷斯把美国 1960～1994 年通货膨胀率与失业率 12 个月的移动平均值汇成图，而不是通常年度数据的散点图，发现自 1984 年开始，通货膨胀和失业之间的替代关系逐渐微弱，直至完全消失。

对于通货膨胀和失业之间的短期替代关系问题，实证研究中也出现一些不同结果。

罗伯特·M. 索洛认为 1970 年以后美国的经济运行和加速主义模型的预测基本一致，因此他承认传统菲利普斯曲线的存在及短期替代关系。很多其他经验数据均可证明此观点。

泰勒(Taylor，1979)同样承认短期替代关系的存在，但其所指并非传统菲利普斯曲线所描述的替代关系，而是在通货膨胀的波动幅度与实际 GDP 波动幅度之间存在一种替换。Fischer 和 Debelle(1994)通过对给定时段计算横截面上通货膨胀及产出的变动进行简单相关分析[②]，否定了通货膨胀率和失业率之间存在负相关关系的观点。

就上述理论和实证两方面对通货膨胀率与就业、产出之间关系的考察而言，大致结论是：短期内存在货币的非中性，通货膨胀率和失业率之间出现非线性的替代关系，通货膨胀有助于增加产出；而长期内，二者之间无替代，通货膨胀对促进经济增长影响甚微，甚至具有反面效果。尽管上述结论不断受到质疑，但获普遍认同的是：高通货膨胀率导致的不确定性会干扰资源的有效配置，降低生产率的增长速度，即把高通货膨胀纳入福利成本计算的话，高通货膨胀率会降低经济效率。

(四)无通货膨胀的经济增长

传统的通货膨胀观点认为：反通货膨胀的成本是暂时的，而收益却是永久的。本杰明·M. 弗里德曼更是明确指出：在相当长的时间内，任何实际通货膨胀率的下降都是人们所期望的。据此，则零通货膨胀率就是众多国家正确的长期目标。在相当长一段时间内，众多国家的确都在围绕反通货膨胀不懈努力，但为何通货膨胀还在进行呢？而且事实上结果常常是：通货膨胀率反倒上升了，而失业率并没有下降，甚至还出现了经济的衰退。似乎基于人们良好愿望采取的种种措施使得即使花费更大的代价也很难把"妖怪"装回"瓶子"了！既然如此，花费这些成本值得吗？能否将标准降低一些，适度地容忍通货膨胀，如将

---

① 也叫"等于 1"假说，是指人们对当期通货膨胀率的预期完全受上一期通货膨胀率的影响。

② 应予以说明的是，一些经济学者认为简单的相关分析本身并不可靠。

通货膨胀率控制在1％或者2％以内，或许此时人们对其反应很不敏感，就不会对经济产生消极影响。我们姑且将此时的状态视为零通货膨胀，那么能否实现此情况下的经济增长呢？如何实现？现实曾闪现出希望之光。

进入20世纪90年代以后，美国经济出现了"两高两低"的局面，即经济的高增长率、高生产率与低失业率和低通货膨胀率并存。至2001年5月，美国经济持续增长达10年之久，是第二次世界大战后最长的一个周期，而失业率却稳中有降，平均通货膨胀率只有2.5％左右[①]。除此之外，世界工业化七国的其他国家也同样出现了低通货膨胀的经济增长。这些显然对传统的经济学提出了挑战。1996年12月30日，美国《商业周刊》首次提出"新经济"的称谓。经济学者认为，以网络、信息和高新技术为象征的新经济大大提高了劳动生产率，带动了经济结构大调整，引发出更多新的经济增长点，使经济周期的运动特征发生重大变化，使协调经济增长、就业和通货膨胀之间的矛盾出现历史性突破。

纵观半个多世纪以来众多国家通货膨胀的发展历程，其先后经历了通货膨胀和失业的相互替代、高通货膨胀和高失业低增长并存，以及低通货膨胀、低失业和高经济增长的几个主要阶段，期间伴随的对通货膨胀的理论解释歧见纷呈，各有所持。这些均有待于我们从理论和实践两方面加以总结。

第四节　通货膨胀治理

一、治理通货膨胀的对策

全球不同国家积累了很多治理通货膨胀的经验，概括起来主要有以下几个方面。

(一)需求政策

以通货膨胀的需求拉上说为理论基础而制定的一系列政策是各国治理通货膨胀最为传统的手段，其主要特点是采取紧缩的财政、货币政策直接减少社会总需求。

(1)紧缩性的财政政策，包括减少政府支出和增加税收两个方面。削减政府购买性支出和转移性支出可以直接减少总需求，如减少军费开支和政府在市场上的采购、减少福利支出和公共投资等；增加税收可以减少个人和企业的可支配收入，进而抑制其投资和消费需求。

(2)紧缩性的货币政策。货币当局紧缩银根通常采取传统的中央银行三大政策工具——提高法定准备率、提高再贴现率和公开市场业务，也可以通过限制银行信贷规模减少货币供应量。

(二)供给政策

供给政策由以阿瑟·拉弗为代表的供给学派提出。该学派认为，通货膨胀与供给密不可分，需求过剩是相对于商品供给过少而言的。通过缩减需求来治理通货膨胀会造成经济衰退、失业增加，而增加供给、发展生产则可以在保持经济增长的前提下填补通货膨胀缺口。供给政策的具体措施包括减税和减少社会福利开支。

---

① 很多美国经济学家认为官方统计的通货膨胀率至少高估了1百分点。基于此，该数字应小于2％。

（1）减税。减税是提高劳动生产率和增加供给最为核心的政策。降低税率可以激发生产积极性，增加劳动供给，同时促进储蓄和投资，增加产出。根据拉弗曲线（Laffer curve）①，当税率过高时，减税可以增加政府实际收入，降低财政赤字，有助于解决通货膨胀。

（2）减少社会福利开支。过多的社会福利支出会降低人们谋求就业的积极性，使自愿失业人数增加。因此，政府应减少社会福利支出，激发人们的就业热情，增加劳动力供给，增强社会产出能力。

(三)收入政策

收入政策以成本推进型通货膨胀理论为基础，主张政府在通货膨胀期间强行限制货币收入水平和控制物价水平来治理成本推进型通货膨胀。

收入政策主要采用以下四种形式。

（1）强制性限制，即政府运用法律和行政手段实行暂时性的工资—物价管制，硬性规定工资和物价的上涨幅度。20世纪60年代和70年代初，西欧和日本都实行过类似的收入政策，但是曾受到经济学家的猛烈抨击。因为工资—物价管制会影响价格信号功能的发挥，滋生政府管理者的"寻租"和黑市交易等异化行为，造成另一种不公平，而且，价格管制会使公开的通货膨胀变为隐蔽型的，一旦重新放开价格，通货膨胀将以更大的力量爆发出来。因此这种管制措施一般在通货膨胀较为严重时施行。

（2）以税收为基础的收入调节，即政府以税收作为奖励和惩罚的手段来限制工资—物价的增长。也就是说，当货币工资的增长幅度在政府允许的范围之内时，政府就可以减少公司或个人所得税，以此作为奖励；反之，则要增加税额。

（3）指导性收入政策，即政府根据劳动生产增长率制定一个工资和物价水平的增长率标准，并要求各部门自觉遵守。

（4）收入指数化，是指将工资、利息和各种社会福利等名义收入与居民消费物价指数联系起来，使其随居民消费物价指数的变化而变化。20世纪70年代以来，多数西方发达国大都先后采用了收入指数化政策，尤其是工资指数化。

(四)结构调整政策

根据结构性通货膨胀理论，部分经济学家建议应采取措施使各产业部门之间保持合适的比例，避免出现某些部门的产品因发生结构性供求不平衡而推动物价上涨的现象。

结构调整的财政政策主要包括税收结构政策和公共支出结构政策。前者是指在税收总量不变的前提下，调节各种税率及施行范围。后者是指在财政支出总量前提下，调节政府支出项目及其数额。

结构调整的货币政策包括利息率结构调整和信贷结构调整，主要是通过各种利率差的调整及各种信贷数额和条件的变动来影响存贷款的结构与总额，提高资金使用效率。

此外，根据适应性预期和理性预期的观点，改变公众预期有助于强化反通货膨胀政策的效果。而对于国内经济受国际通货膨胀影响较强的国家，单独的国内财政、货币政策往

① "拉弗曲线"由美国经济学家阿瑟·拉弗提出，基本含义是当税率高过一定点后，税收总额不仅不会随税率的增高而增加，反而会下降。它是里根政府经济政策的重要理论基础。

往难以达到目的，可以结合汇率改革，利用浮动汇率制度来自发调节内外均衡。

二、中国通货膨胀分析

(一)中国通货膨胀的历史过程及其特点

改革开放后，我国先后出现几次大的通货膨胀。第一次发生在 1979～1982 年，通货膨胀峰值出现在 1980 年，零售物价比 1979 年上涨 6%，粮食、副食品价格上涨 19%；第二次发生在 1983～1986 年，峰值出现在 1985 年，零售物价上涨 8.8%，仍以粮食和食品的价格上涨为主；第三次发生在 1987～1991 年，峰值出现在 1988 年，零售物价上涨 18.5%，物价全面大幅上涨；第四次发生在 1992～1995 年，峰值出现在 1994 年，零售物价上涨率为 21.7%。

从表现形式看，改革开放后我国的通货膨胀有几个典型特点：一是在每次通货膨胀过程中粮食和食品的价格涨幅都是最大的；二是每次的通货膨胀都伴随着大幅度的货币供给增长；三是通货膨胀(峰值)多发生在经济周期扩张阶段的波峰，只有第四次相反；四是通货膨胀和固定资产投资同向变动，仍然是第四次出现相反的情况[①]。

(二)中国通货膨胀的成因

我国几次通货膨胀的成因各有差异，结合有关通货膨胀理论总结为以下主要观点。

(1)需求拉上。持此观点的学者又分两种：一种强调扩张财政政策的作用，认为用于基本建设投资等的财政赤字过大，导致货币供给过大，引发通货膨胀；另一种强调扩张货币政策的作用，认为通货膨胀是我国地方政府和企业进行扩张、信用过度膨胀的后果。

(2)成本推动。我国通货膨胀的成本推动力主要来自于两个方面：一是工资增长过快，企业成本加大；二是经济体制改革过程中，各种商品价格逐步放开，一些重要原材料价格出现大幅上涨，推动了产品价格上涨。

(3)产业结构失调。我国国民经济产业结构存在较为严重的失调现象，主要表现为农业、能源、原材料等初级产品的发展严重滞后，成为约束瓶颈，一旦这些产品价格放开则会大幅上涨，从而又推动了加工工业产品价格的上涨。

(4)体制性因素。我国处于体制转轨过程中，普遍存在产权关系不明晰、所有者虚位等问题，致使企业行为短期化，出现投资"饥渴症"，推动有效需求远远超过有效供给，拉动价格上涨。20 世纪 80 年代初开始的以"放权让利"为重要特征的改革模式——包括中央政府与地方政府的"财政包干""企业承包""家庭联产承包责任制"，以及遍及全社会的个人收入分配制度改革，使中央财政收入占国民收入比重锐减，诱致大规模财政赤字以及以财政透支弥补财政赤字，其也成为改革以后导致高通货膨胀的重要体制诱因。

(5)公众预期的因素。我国由计划经济转轨而来，公众长期以来对通货膨胀缺乏明确的认识，很容易产生通货膨胀恐惧症，一旦真的出现通货膨胀，公众往往反应过度，对物价波动推波助澜，导致严重的后果。

(三)中国通货膨胀的治理对策

我国经济学界和政府部门对于如何治理通货膨胀一直倍加关注，各种政策对策无不建

---

① 第四次通货膨胀说明在市场机制深化条件下货币供给、投资增长、经济增长、通货膨胀各变量间的反应出现了较为明显的滞后。

立在对通货膨胀成因的分析基础之上。

有些学者认为我国通货膨胀是由总需求膨胀引起的，建议减少财政赤字、压缩基础建设规模，引导个人消费；有些学者认为我国通货膨胀和货币供给密不可分，建议控制信贷和货币增长速度；有些学者认为我国通货膨胀主要是由成本推动的，建议采取收入政策控制工资增长速度；有些学者认为我国通货膨胀是结构性因素造成，建议调整产业结构，消除发展瓶颈。还有学者建议应进行体制改革，如明晰产权等，从根本上解决问题。也有学者认为应多管齐下，综合治理。但如果以历史为判据认识这一问题，至今尚无一种"包治百病"的通货膨胀治理对策。

第五节 通货紧缩

世界各国经济发展的历史表明，多数国家政府经常面临的既有通货膨胀问题，也有通货紧缩问题。20世纪二三十年代曾经出现世界性的通货紧缩，瑞典、英国在1920年6月～1922年11月的批发价格分别下降57％和53％，美国在1920年5月～1921年6月的批发价格下降了44％。美国在1929～1933年这四年间价格每年下降8％[①]。伴随价格水平显著下降的是经济严重衰退和大萧条，从而使得通货紧缩成为当时经济学界的重要课题。但第二次世界大战之后，世界各国很少发生通货紧缩，而代之以通货膨胀，尤其是进入70年代以后，滞胀成为新的经济难题，西方经济学教科书中开始把焦点放在分析通货膨胀上，对通货紧缩则逐渐少有涉及。直至90年代以后，日本率先陷入经济衰退的泥淖，美国在经济持续增长之后也出现了通货紧缩的迹象，驾驭美国货币政策数十年的假定——任何通货膨胀率的下降都是人们期望的——已难以立足，人们对通货紧缩的讨论再次波及世界范围。

一、通货紧缩的定义、判断标准及种类

(一)通货紧缩的定义和判断标准

和通货膨胀的界定一样，通货紧缩的定义也同样难以达成一致意见，国内外经济学者大多从物价水平下跌、货币供给减少和经济衰退等方面进行定义。我们采取与通货膨胀相应的较宽泛的定义：通货紧缩(deflation)是一般物价水平的持续下跌过程。

根据上述定义，判断通货紧缩通常包含两个标准：一是物价水平的下跌，二是物价下跌持续的时间。国内通常认为物价持续下跌达到半年以上方可认定为通货紧缩。

当然，和通货膨胀一样，这里同样存在一个问题，即是否所有的物价下降都可以构成通货紧缩，以及通货紧缩是否一定表现为价格下降。

(二)通货紧缩的种类

(1)按照程度不同，通货紧缩可以分为轻度通货紧缩、中度通货紧缩和严重通货紧缩。

---

① 数据来源：莱德勒D. 通货紧缩. 张正鑫译. 见：纽曼P，米尔盖特M，伊特维尔J. 新帕尔格雷夫货币金融大辞典(第一卷). 胡坚，等译. 北京：经济科学出版社，2000：588-590；Boianovsky M. Wicksell on deflation in the early 1920s. History of Political Economy, 1998，30：219.

一般情况下，把通货膨胀率持续下降并由正值变为负值称为轻度通货紧缩；把通货膨胀率由正值变为负值并持续下降一年以上称为中度通货紧缩；把物价持续下降两年以上，下降幅度达到两位数以上称为严重通货紧缩。

(2)按照成因不同，通货紧缩可以分为需求不足型通货紧缩和供给过剩型通货紧缩。需求不足是指社会总需求不足引起的供大于求；供给过剩并不是指相对过剩，而是指由于整个社会技术创新和生产效率的提高所造成的产品绝对数量的过剩，是物质产品极其丰富的情况下可能出现的情况。

(3)按照表现形式不同，通货紧缩可以分为相对通货紧缩和绝对通货紧缩。这种划分根源仍然在于对通货紧缩概念的界定。绝对通货紧缩是指物价水平出现绝对的负增长；相对通货紧缩是指物价虽然没有绝对的下降，但现有货币数量相对于经济增长却存在着不足的情况。

除此之外，还有人根据通货紧缩所造成的经济影响不同将其分为无害型通货紧缩和危害型通货紧缩，或者根据通货紧缩的诱因分为紧缩货币政策诱致型通货紧缩、技术进步诱致型通货紧缩和实体经济增长下降诱致型通货紧缩等。

二、通货紧缩的经济社会影响

自 20 世纪 30 年代的经济大危机之后，全球经济一直处于通货膨胀的阴影当中，第二次世界大战之后形势进一步加剧，严重的通货膨胀比比皆是，对全球经济的发展影响深重。所以多年来，人们对通货膨胀的破坏力记忆犹新，经常谈通货膨胀而色变，对通货紧缩则缺乏切身体会。事实上，通货紧缩对经济社会的影响同样不容忽视。

(一)通货紧缩对经济增长的影响

通常情况下，通货紧缩会抑制经济增长，引发经济衰退。物价的下降首先使企业利润率下降，同时实际利率相对上升从而抑制投资和消费，随之而来的就是产出下降和失业增加，而且一旦通货紧缩发生，对物价继续下降的预期会进一步恶化上述过程。

从实证分析的结果来看，把物价的下降放在不同的经济周期背景下，通货紧缩和经济增长的相关性有所不同。无论短周期还是长周期，我们都可以找到三种情况存在的例子，即通货紧缩伴随经济衰退、通货紧缩伴随经济增长放缓和通货紧缩伴随经济增长率上升。例如，美国在 1814~1949 年、1866~1896 年的两次长期通货紧缩，均伴随着经济增长率的上升，而在 1920~1933 年的通货紧缩则伴随着经济的大衰退；英国在 1814~1849 年的通货紧缩伴随着经济增长率上升，而在 1866~1896 年的通货紧缩伴随着经济增长放缓。

(二)通货紧缩的再分配效应

和通货膨胀一样，通货紧缩也存在收入和财富的再分配效应。一方面，通货紧缩导致收入从政府和企业向居民转移，企业的生产利润减少，影响其生产积极性；另一方面，通货紧缩导致实际利率上升，财富从债务人向债权人转移，企业为了还债就必须借更多的债务，资金负担大大加重，而银行此时也往往开始压缩资金借贷规模，由此可能致使企业陷入资金周转困难的恶性循环当中。

此外，许多经济学家肯定了温和的通货紧缩具有积极的经济与社会效果的观点。马歇尔认为温和的通货紧缩好于通货膨胀，因为前者既有利于劳工的收入再分配，又可减少劳资谈判的麻烦。罗伯逊指出在价格下降后，政府可以将从劳动生产率提高得到的收益向依靠固定货币收入的退休人员倾斜，从而赞成通货紧缩。弗里德曼则认为通货紧缩增加了持有无息货币的实际收益，有助于货币体系的有效运转。价格变动成为对企业、产品的筛选机制，持续的通货膨胀有可能"宠坏"企业，通货紧缩则有益于使企业改善服务、优化管理、降低成本和提高生产效率。

三、对通货紧缩的理论解释

(一)费雪的"债务—通货紧缩"理论

在费雪之前，魏克赛尔和熊彼特已认识到企业过度负债具有通货紧缩效应，通货紧缩则进一步加剧企业债务负担。费雪对债务—通货紧缩的交互作用与强化过程做了深入论证，其基本机制是过度负债→债权人调高债务人风险，急于进行债务清偿→债务人廉价出售商品与资产归还银行贷款→货币乘数下降，存款货币收缩，货币流通速度下降→价格水平下降→企业净资产缩水，破产过程加速，利润减少或亏损增加→普遍的悲观预期→货币需求增加和货币流通速度进一步下降。整个过程伴随着货币利率(名义利率)下降和实际利率上升[1]。

(二)凯恩斯的通货紧缩理论

20 世纪 30 年代的经济大危机使凯恩斯认识到，经济的周期性并不是一种纯粹的货币现象，而是由经济内在的实体因素所带来的复杂现象。在《就业、利息和货币通论》中，凯恩斯首次提出有效需求的概念，指出有效需求和社会供给的不一致会产生"通货膨胀缺口"或者"通货紧缩缺口"，并引发通货膨胀或通货紧缩。至于有效需求不足的产生，凯恩斯将其归结为三个基本的规律，即边际消费倾向递减规律、资本边际效率递减规律和流动性偏好。三者共同作用使得包含消费、投资等在内的总需求不足，从而导致产出急剧下降，经济衰退和失业增加，通货紧缩出现。

(三)货币学派的通货紧缩理论

弗里德曼将通货紧缩归咎于货币当局错误政策导致的货币供给不足。他认为美国1929～1933 年大萧条中通货紧缩的源头是 1928 年中期以后联邦储备系统一直维持不同寻常的货币紧缩，但真正导致深度和长期萧条的原因是联邦储备系统对 1930 年和 1931 年两次银行倒闭风潮反应迟钝，甚至采取错误的清理整顿政策。银行倒闭的扩散引起货币存量下降，现金/存款比率和银行准备率显著提高，货币乘数下降，普遍的恐慌心理也使消费与投资急剧下降，结果加剧了通货紧缩。弗里德曼实际上认为作为中央银行的联邦储备系统应当承担最后贷款人职能，向濒临倒闭的银行提供流动性[2]。弗里德曼和施瓦茨[3]认为1920～1921 年美国出现的严重通货紧缩也完全是货币紧缩的结果，在 1919 年 4 月～1920年 6 月，美国联邦储备银行曾经数次提高贴现率，由 4％提高到 7％。他们总结了美国1867～1960 年这 93 年中 6 次通货紧缩的情况，提供大量实证材料证明其论点。

---

① 柳永明. 通货紧缩理论. 上海：上海财经大学出版社，2002：135-137.
② 弗里德曼 M. 资本主义与自由. 张瑞玉译. 北京：商务印书馆，1988：44-50.
③ 弗里德曼 M，施瓦茨 A J. 美国货币史(1867-1960). 巴曙松译. 北京：北京大学出版社，2009.

弗里德曼和施瓦茨的实证研究论据引起诸多争议,但 Hall 和 Ferguson 对美国货币与经济史的数据重新做了研究,证实银行倒闭对通货紧缩与萧条持续的时间都起了至关重要的作用,联邦储备委员会采取了错误的政策[①]。

(四)奥地利学派的通货紧缩理论

奥地利学派又称伦敦学派,以米塞斯和哈耶克为代表。他们的通货紧缩理论通常被称为"投资过度论""资本供给不足论""生产结构比例失调论"。

奥地利学派认为,通货紧缩并不是独立形成的,而是一个经济周期的派生过程,是由促成经济萧条的生产结构失调引起的。他们把通货紧缩看做经济过度繁荣的必然后果。或者从经济周期的角度来说,信用扩张带来投资的增加和经济的繁荣,但当经济过度繁荣时,银行往往为了防范风险而收缩信贷,投资增加、经济增长的链条突然断裂,经济从高涨、繁荣转向衰退、萧条,通货紧缩发生。

(五)供给过度的通货紧缩理论

20 世纪 90 年代以后,许多发达国家出现通货紧缩,甚至美国还出现了通货紧缩下的持续经济高增长,这对传统经济理论提出了挑战。迈耶和格林斯潘等经济学家开始另辟蹊径,从其他角度解释这一现象。他们认为,全球化进程的加快、技术进步和科技创新等因素大大降低了生产成本,带动了全球经济发展突飞猛进,产能快速增长并出现过剩,即总供给相对于总需求过剩,从而遏制了通货膨胀,进而引发通货紧缩。

(六)克鲁格曼的通货紧缩理论

针对世界性生产过剩的观点,美国著名经济学家克鲁格曼指出,仅仅考虑供给是不对的,这种观点无法解释产能增加对经济增长和改善人类生活都是有益的这一事实。他认为供给的过剩并不是通货紧缩产生的主要原因,一定是需求方面有哪些因素限制了需求增加,使得需求无法和供给保持同步增长,否则通货紧缩就不会发生。例如,日本之所以出现需求不足,和日本人口老龄化及其脆弱的社会保障制度带来的高储蓄率有关。如果想克服上述因素带来的流动性陷阱,避免通货紧缩,就必须依靠市场机制消除储蓄和投资之间的缺口。具体做法可以提高社会公众的投资信心和投资收益的预期等,克鲁格曼甚至提出用"有管理的通货膨胀"来治理通货紧缩的政策主张。

第六节　中国通货紧缩分析

一、中国通货紧缩简要回顾

改革开放以来中国物价水平变动的历史表明,在 1982 年、1983 年两个年份,按工业品物价上涨率衡量就已经出现了轻度的通货紧缩,只不过当时处在计划经济体制下,加之两个年度物价仅分别下降了 0.2% 和 0.1%,人们没有对其从通货紧缩角度加以认识。中国政府、企业部门和居民对通货膨胀似已司空见惯,对 1997 年 10 月出现的通货紧缩(这次通货紧缩持续到 2002 年)几乎完全始料未及,经济增长率在 1999 年达到低谷以后于

---

① Hall T E, Ferguson J D. Great Depression. Ann Arbor: The University of Michigan Press, 1998: 161-164.

2000 年出现向上的转折，而零售物价、消费物价计算的通货紧缩却一直持续到 2002 年。通货紧缩出现以后国内对通货紧缩的概念、通货紧缩的形成因素、通货紧缩持久性的认识均存在一系列分歧，中国人民银行主要负责人一直到 1999 年 3 月也不承认出现通货紧缩。即使 2003 年上半年经济出现局部过热、价格水平处于上升轨道，部分学者仍然坚持经济体系中的潜在矛盾是通货紧缩而不是通货膨胀。2004 年以至 2005 年上半年以后，一方面，有一些经济学者认为政府进行宏观调控、防止经济过热的效果还不稳固；另一方面，也有一些经济学家担心下一步将出现通货紧缩和经济增长率明显下降。这些都反映了市场机制中经济关系的复杂性，经济变量间的因果逻辑愈益难以把握。

如果将每年价格水平下降 1%～2% 看做温和的通货紧缩，中国在 1998～2002 年这五年间零售价格水平年均下降 1.836%，最高年份（1999 年）下降 2.99%；消费品物价五年间平均每年下降 0.38%，最高年份（1999 年）下降 1.4%，其中 2000 年、2001 年有轻度通货膨胀（0.4%、0.7%）；工业品物价在 1997～2002 年这 6 年间平均每年下降 1.25%，最高年份（1998 年）下降 4.1%，其中 2000 年物价上涨率为 2.8%。经济增长率一直维持在 7%～8% 的较高水平。实际投资增长率在 1998 年、1999 年分别降到 3.27% 和 4.68%，但 2000 年、2001 年稳定恢复到接近 18%。由上述内容可判断，中国经历的是温和的通货紧缩，而不是剧烈的通货紧缩，与 20 世纪二三十年代美、欧的情况大相径庭，与 90 年代以后日本的情况也很不相同。

可以结合货币化水平，由货币供给、货币需求、经济增长三种因素及其关系对我国 1997 年年底到 2002 年出现的持续大约五年的通货紧缩趋势做初步说明[①]。由于中国货币存量的快速积累，20 世纪 90 年代中期有一些学者认为随着货币化进程减慢，货币化水平抑制超额货币供给诱发通货膨胀的效果逐渐降低，过了某一折点，货币供给增长就会引起加剧的通货膨胀。易纲、谢平和张杰分别认为折点出现在 1985 年、1992 年和 1988 年。尽管在每个折点之后都的确出现过至少一次较高的通货膨胀，但中国货币化水平在 1985 年、1988 年、1993 年和 1994 年转为下降后都再次转为上升。货币化水平提高既反映非货币经济向货币经济转移，以及非实物的金融交易规模增大等现象，也反映随着存量财富、持久收入增加以后人们对货币资产偏好的增加，货币化上升一般总伴随着通货膨胀率下降，而在高通货膨胀时期由于相应的 GDP 增长加快，而 M_2 增长相对平稳并落后于 M_1、M_0 增长（观察中国 1984～1985 年、1987～1988 年、1992～1993 年高通货膨胀期间的货币增长数据均如此），所以货币化进程将减慢。在货币供给增长率下降但人们的货币偏好增强、经济增长率下降更为明显的情况下，就可能表现出货币化水平进一步提高和通货紧缩，1997 年年底以后的实际情况就是如此。

二、中国通货紧缩的形成因素

对于我国通货紧缩的成因，理论界较为一致的观点是有效需求不足，但当涉及对具体问题的分析时则存在分歧，如怎样解释"什么因素造成有效需求不足"？中国人均国民收入和消费水平都很低，广大农村居民尤其如此，那么，为什么出现全面的商品过剩呢？所

---

① 货币化水平指 M_2/GDP。

以，中国出现通货紧缩既可能有货币因素的影响，也必然有特殊的体制转轨、制度变迁因素的影响。我们试做以下讨论。

(一)紧缩期间过剩的实质是社会分配关系的变化

据测算，1999年我国第一、二、三产业闲置生产能力已分别达到42.9％、24.4％和34.9％。在20世纪90年代初期，我国摆脱短缺经济，市场供需基本持平的时候，生产能力以远快于最终消费的速度增长。生产能力过剩是形成通货紧缩的直接原因，但问题是有没有消费增长过慢的因素？若有，其原因是什么？马克思认为消费需求是生产的源泉，没有需要就没有生产。世界银行于2003年9月出版的中国经济发展报告《推动公平的经济增长》中认为，中国减少贫困的速度放缓和分配不公平的现象加剧。产能增长过快是以抑制部分人群收入与消费增长为前提的。除了社会产权关系变革和分配机制变化以外，利用工程承包寻租、走私、炒卖房地产、金融腐败、特殊人群非正常收入及税收征管漏洞在很大程度上扭曲了社会分配关系。过剩的实质是社会分配不公平状况严重。党的十六大报告中极为关注收入分配问题，十六届三中全会又提出五个统筹，均与此有密切关系。

(二)社会金融资产分布状况是通货紧缩的潜在因素

人们曾经担心的中国高储蓄"出笼"将诱发超级通货膨胀的现象不但没有发生，反而出现了持续的通货紧缩。高储蓄实际上并不完全反映一般居民的储蓄倾向，因为我国80％的储蓄集中在20％的人手里。由于城、乡之间，工、农业之间和不同区域金融发展的不平衡，以及银行部门的信贷选择，全社会信贷资产长期向大中城市、工业领域和经济发达地区高度集中，这种信贷格局是经济利益差别的结果，一旦形成又进一步产生"马太效应"，成为扩大分配差距的重要机制[1]。中国实际上长期存在从落后地区、农村向发达地区、城市的资金逆向流动问题。

(三)企业部门过度依赖对国有金融部门的负债

通货紧缩在很大程度上是由国有企业融资严重依赖国有银行，融资低效率导致银行部门巨额不良债权，国有商业银行在内控机制强化、经济周期下行期间过度收缩信贷所致。回顾对企业、金融部门的改革举措，政府的思路是促使国有银行商业化经营，却"命令"、动员银行向低效率的企业部门注资，这其中虽然也有体制渐进转轨的内在根源，但岂不造成事与愿违的经济后果？国外人士形容中国国有企业被套在国有银行的"金腰带"上。这一问题不从根本上解决，通货紧缩的"学费"就白交了。

(四)货币政策逆风向调节仍显迟缓

中国人民银行在出现通货紧缩以后持续下调利率、放弃对商业银行的贷款规模控制，两次下调存款准备金率，鼓励商业银行给予中小企业贷款支持，推行消费信贷、住房按揭贷款和助学贷款，发放再贷款支持农村信用社小额信用贷款，货币政策对稳定经济增长产生了积极效应。但是，政府至少应该在1997年放弃从紧的货币政策而不是在1998年上半年[2]。因为，第一，1997年名义投资增长率、实际投资增长率均处于低点；第二，亚洲金

---

[1]　章奇，刘明兴．中国的金融中介增长与城乡收入差距．中国金融学，2003，12：8-19．作者发现金融中介增长对城乡收入差距的负面作用主要体现在1989～1998年。

[2]　1997年11月中央经济工作会议决定继续实行适度从紧的货币政策和财政政策。

融经济危机自 1997 年 7 月开始到年底已经持续半年之久，我国坚持人民币不贬值，必然从净出口方面影响总需求；第三，1994～1996 年这三年执行适度从紧的货币政策与财政政策，使经济实现"软着陆"，通货膨胀率在 1996 年已经下降到政府提出的控制目标区（10％）以内，1996 年消费物价上涨率、零售物价上涨率分别为 8.3％和 6.09％，1997 年则分别为 2.8％、0.79％。考虑到适度从紧政策的滞后效果，若继续原有的政策操作方向，预示着价格水平会出现下降。1999 年 3 月，当时的中国人民银行行长对我国出现通货紧缩不予认同，实有误判形势之嫌[①]。1998 年转而执行积极的财政政策和稳健的货币政策以扩大内需，但各层次货币供给增长率全面下降，说明政策调节方向的变化一旦落后于经济形势，就有可能陷入旋涡而难以自拔。市场失调也具有路径依赖惯性，重要因素是心理预期对投资、消费向下的抑制作用导致信贷紧缩与货币乘数下降。

（五）市场机制条件下价格运动具有周期性特点

价格水平运动是宏观经济总量周期变动的一个分支运动，两者综合反映了总需求与总供给均衡的动态过程。据经济史及我国改革以后的情况观察，市场机制条件下价格水平也呈现出周期性变动的特点。价格管理体制、产出膨胀与收缩的程度、生产与消费者预期及货币金融政策则共同决定着价格水平波动的幅度。我国于 1988 年进行全面的价格改革，20 世纪 90 年代初期，90％以上的零售商品价格已经放开，1997 年以后通货紧缩是在市场供求定价体制下前期产出过度扩张而此后相对收缩，投资过热之后接踵发生相对衰减和间歇的一种必然结果。

三、中国通货紧缩的双刃性

我国在通货紧缩过程中所面临的严重问题是失业率较快上升，农民收入下降，企业部门由于高负债实际债务负担显著增加。据估计，1998 年全国城镇实际失业人口为 1 540 万～1 600 万人，真实失业率在 7.9％～8.3％。不过，从经济增长与就业增长的关系来看，中国在 1980 年以来就业率相对经济增长率下降是一种长期趋势，可能意味着资本、技术对劳动力的替代，并非完全与通货紧缩相关。1980～1989 年经济年均增长 9.3％，就业平均每年增长 3％；1991～1995 年经济年均增长 12％，就业年均增长 1％；1996～2000 年经济年均增长 8.3％，就业年均增长仅 0.1％。低就业增长（或就业递减的增长）的启迪是在进一步改革的总体设计和发展战略中必须将增加就业作为重要的社会发展目标。通货紧缩事实上加剧了失业问题，但不能由此得出造成中国失业问题的根源是通货紧缩的结论。

熊彼特曾指出经济萧条、通货紧缩有利于创新型小企业的涌现与成长。原因至少有两点：第一，相对企业家在历史年份形成的资本积累，从事新投资的成本降低；第二，资金供给面相对宽松。熊彼特强调银行部门在衰退期间对那些创新的企业家提供必要的流动性，充分满足他们的贷款需求。从上述意义上说，通货紧缩有利于优胜劣汰，使生产重新焕发生机。樊纲根据 2000 年以后价格水平下降伴随着投资增长率上升，而 1998～1999 年价格水平下降伴随的是投资增长率下降，将两个区间分别定为通货紧缩和"有效降价"[②]，

---

① 可能的情况是政府担心承认通货紧缩不利于引导市场预期好转。

② 樊纲．通货紧缩、有效降价与经济波动——当前中国宏观经济若干特点的分析．经济研究，2003，7：3-9，43．

作者实际上承认 1997 年以来一直存在体制改进和产权结构优化，伴随买方市场而来的是企业技术进步、成本降低和全要素劳动生产率的提高。此外，政府在通货紧缩期间利用社会资源加快城乡基础设施建设，极大地改善了公共产品的供给。

所以，中国通货紧缩一方面加剧了一些原有的经济与社会矛盾；另一方面也产生了一些积极效应。片面地用"坏的通货紧缩""好的通货紧缩"很难说是对中国通货紧缩问题准确的概括。

四、通货紧缩预示着需要对社会经济关系进行调整

中国的发展需要提高普通劳动者，尤其是农民和技术工人的社会地位，需要在分配和再分配机制上根本改变低收入群体的生活状况。要调整消费与积累的比例关系，高储蓄、高投资、高消耗推动的高增长在今后不可取。要追求一种健康、和谐的社会发展模式而不仅仅是经济增长。虽然将我国持续 4~5 年的通货紧缩与美国 1929~1933 年大萧条进行类比有些不妥，但美国社会在大萧条以后对政府管理体制与社会发展政策层面的重大调整仍可供我们借鉴[①]。

复习思考题

1. 你认为应该如何定义通货膨胀？为什么？
2. 试述通货膨胀的成因及其形成机理。
3. 简述通货膨胀的各种效应。
4. 简述菲利普斯曲线的发展过程，并分析自然失业率的发展变化。
5. 结合世界经济发展，谈谈你对无通货膨胀的经济增长持何种态度。
6. 如何治理通货膨胀？如何看待中国通货膨胀的特点及其治理？
7. 通货紧缩和通货膨胀对经济的影响有何不同？
8. 试述西方的通货紧缩理论。
9. 中国的通货紧缩有哪些特点？这些特点产生的原因是什么？
10. 试述中国通货膨胀、通货紧缩与经济周期之间的关系。

参考文献

汉达 J.2005.货币经济学.郭庆旺，刘晓路，陈卫东译.北京：中国人民大学出版社
胡庆康.2001.现代货币银行学教程.上海：复旦大学出版社
黄达.2003.金融学.北京：中国人民大学出版社
加尔布雷斯 J K，戴瑞提 Jr W.1997.宏观经济学.孙鸿敬，刘建洲译.北京：经济科学出版社
蒋先玲.2004.货币银行学.北京：对外经济贸易大学出版社
李敏.2004.货币银行学.上海：复旦大学出版社
米什金 F S.2011.货币金融学.第九版.郑艳文，荆国勇译.北京：中国人民大学出版社

[①] 2012 年 3 月~2015 年 2 月，中国生产者物价指数(prducer price index，PPI)连续 35 个月负增长，居民消费物价指数持续低位运行，2015 年年初同比仅上涨 0.8%。由此出现通货紧缩迹象，既有石油等生产资料价格下降因素的影响，也有投资低迷、经济增速下降的影响。

王春雷．2004．通货紧缩时期的财政与货币政策．大连：东北财经大学出版社

殷孟波．2004．货币金融学．北京：中国金融出版社

Baumol W J. 1967. Macroeconomics of unbalanced growth: the anatomy of urban crisis. The American Economic Review, 57(3): 415-426

Fischer S. 1993. Moderate inflation. World Bank Economic Review, 7(1): 1-44

Fischer S, Debelle G. 1994. How independent should a central bank be? In goals, guidelines, and constraints facing monetary policymakers. Federal Reserve Bank of Boston, Conference Series, No. 38

Hicks J R. 1974. Capital controversies: ancient and modern. American Economic Review, 64(2): 307-316

Motley B. 1994. Growth and inflation: a cross-country study. Federal Reserve Bank of San Francisco Working Paper: 94

Nordhaus W, Tobin J. 1972. Is Growth Obsolete? New York: Columbia University Press

Phillips A W. 1958. The relationship between unemployment and the rate of change of money wages in the United Kingdom 1861-1957. Economica, 25: 283-299

Samuelson P A, Solow R M. 1960. Analytical aspects of anti-inflation policy. The American Economic Review, 50(2): 177-194

Sargent T J. 1971. A note on the accelerationist controversy. Journal of Money, Credit and Banking, 3(3): 721-725

Schultz T. 1959. Investment in man: an economist's view. Social Service Review, 33(2): 14-15

Taylor J B. 1979. Estimation and control of a macroeconomics model with rational expectations. Econometrica, 47: 1267-1286

第十三章

货币政策

如果说政府适度干预经济是维护现代市场经济健康平稳运行的必要选择，货币政策与财政政策就是政府干预经济活动的重要的"有形之手"。通过以前各章的学习，我们对不同领域的货币理论与现实金融问题已经有了一些局部的了解，在此基础上，还需要进一步从总体上把握在货币金融领域中政府干预、调节经济活动的目标、途径与实际效果。本章主要介绍与货币政策有关的基本概念与理论原理，包括货币政策目标与工具、货币政策传导机制与中介指标、货币政策效应分析、货币政策与财政政策的搭配等具体内容，并对中国货币政策的作用机制与特点结合不同时期的经济环境加以分析。

■第一节　货币政策目标

货币政策是当代各国政府干预和调节宏观经济运行的主要政策之一。广义的货币政策是指中央银行及宏观经济部门所有与货币相关的各种规定，以及一系列影响货币数量和货币收支措施的总和。狭义的货币政策是指中央银行为实现既定的目标运用各种工具调节货币供应量，进而影响宏观经济运行的各种方针措施。

一、货币政策目标的历史演变

20 世纪 30～70 年代，各国政府与货币当局适应内外经济环境的变化，先后选择不同的货币政策目标，事实上形成了一种货币政策目标体系，并逐渐过渡到坚持以稳定价格水平作为主要目标，不过在不同时期政策重点有所不同。

20 世纪 30 年代以前，西方社会在金本位制条件下将维持币值稳定作为货币政策的主要目标。20 世纪 30 年代，经济危机震撼了全世界，各国政府及经济学家开始怀疑金本位制的自动调节机能，纷纷抛弃金本位制。凯恩斯在《就业、利息和货币通论》中系统提出了解决失业问题的理论，美国将充分就业列入经济政策的目标，货币政策的目标由原来的单一目标变为稳定币值和充分就业的双重目标。自 50 年代起，由于普遍、持续的通货膨胀，各国中央银行提出要把物价上涨控制在可以接受的范围之内。50 年代后期，随着经济增长理论的广泛流行，为了保护自身的经济实力和国际地位，各国把促进经济增长作为货币政策目标的重点。从 60 年代开始，一些国家国际收支逆差的出现使得维持固定汇率发生困难。随后在 70 年代，随着两次美元危机和布雷顿森林货币体系解体，一些国家又将平衡国际收支作为货币政策目标的重点。到了 70 年代后期，"滞胀"促使一些国家的货币政策目标先后转为以稳定货币为主。联邦德国一直是以稳定货币价值为货币政策目标的国家；日本则在其新修改的《银行法》中十分明确地把政策目标确定为稳定物价。

二、单目标与多目标

货币政策目标有充分就业、经济增长、稳定物价和国际收支平衡。对于以上四个目标，如果中央银行明确突出某个目标，则称为单目标，否则称为多目标。

货币政策目标究竟采取单一目标还是多重目标，一直是理论界和实际工作部门争论的话题。主张单一目标的学者以稳定物价为货币政策目标。以货币主义的代表人物弗里德曼为例，弗里德曼认为当前人们对经济周期产生的原因以及对货币在形成周期过程中的作用缺乏科学、明确的认识，国家不能通过反周期政策达到目的，多重目标难以兼顾，他因而主张实行稳定币值的单一目标。遵循社会市场经济模式的弗莱堡学派同样认为货币政策目标应该只有稳定物价。

凯恩斯学派主张货币政策多重目标，即稳定物价、经济增长、充分就业和国际收支平衡。他们认为，中央银行依据对经济形势的判断，采取反周期的货币政策达到政策效果，虽然时滞效应会影响政策效果，但效果不会为零。新古典学派的代表人物萨缪尔森也主张货币政策多重目标，即经济增长和充分就业。表 13-1 对第二次世界大战后西方各国货币政策目标做了归纳，从中可以看出美国、英国等国家逐渐由多重目标过渡到以稳定物价为货币政策的唯一目标。

表 13-1　第二次世界大战后西方各国货币政策目标的比较

国家	20 世纪 50～60 年代	20 世纪 70～80 年代	进入 20 世纪 90 年代
美国	以充分就业为主	以货币稳定为主	以反通货膨胀为唯一目标
英国	以充分就业和兼顾国际收支平衡为主	以货币稳定为主	以反通货膨胀为唯一目标
加拿大	充分就业、经济增长	以物价稳定为主	以反通货膨胀为唯一目标
德国	以稳定通货、兼顾对外收支平衡为主		
日本	对外收支平衡，物价稳定	物价稳定，对外收支平衡	
意大利	经济增长，充分就业	货币稳定，兼顾国际收支平衡	

三、不同政策目标的含义

(一)稳定物价

稳定物价是稳定币值的国内含义。稳定币值包括两方面内容：一是稳定对内的币值，即稳定物价；二是稳定对外的币值，即稳定外汇汇率。这二者往往不能同时达到，不同国家的经济环境决定其选择稳定币值的内容不同。例如，由于 20 世纪 70 年代世界性石油危机和 80 年代的世界经济长期动荡，日本的经济增长速度下降，1980～1982 年，GDP 增长率分别为 4.3%、3.7% 和 3.1%。为了发展本国经济，日本采取稳定国内物价、实现经济持续发展的政策目标。而联邦德国 1973～1983 年经历了第二次世界大战后最严重的两次经济危机，1979～1981 年的三年间国际收支连续发生前所未有的逆差，当时联邦德国马克面临升值压力，为了维持汇率相对稳定，联邦德国采取收购美元的措施[①]。

对国内币值的稳定也可以理解为在一定时期内设法使一般物价水平保持大体稳定。一般物价稳定并不意味着各种商品的价格水平不变。在经济运行的动态过程中，整体价格水平稳定与个别商品的价格变动并不矛盾。实现物价稳定的目标是避免持续上升的物价水平（通货膨胀）造成经济的不确定性。例如，当物价水平加速上升且明显不稳定时，商品和劳务价格中包含的信息就带有不确定性，消费者、企业和政府的决策就变得困难。价格极度不稳定导致的后果像德国在 1921～1923 年所经历的恶性通货膨胀，严重冲击了德国经济，使德国 GNP 急剧下降。

中央银行应把物价稳定在何种水平，国际上尚无定论。有人认为 5% 以下的通货膨胀率对经济有一定的刺激作用，是经济能承受的；另一些人则认为 3% 以下的物价上涨率是稳定的。我国部分学者认为，物价涨幅为 1%～3% 属于物价稳定；物价涨幅超过 4% 是通货膨胀；物价涨幅超过 15% 是严重通货膨胀。

（二）充分就业

充分就业并不意味着零失业率，而是一个同充分就业不相矛盾的大于零的失业率，按照弗里德曼的理论，此水平的失业率称为自然失业率，或者磨擦性失业率，即由于经济制度的动态结构调整、技术、季节等造成的短期内劳动力供求失衡而形成的失业率。国际上通常将 4%～6% 的失业率视作充分就业水平。对于一个国家的不同发展时期，充分就业水平也不同。美国在 20 世纪五六十年代的正常失业率为 3.5%～4.5%；70 年代的正常失业率为 4.5%～5.5%；80 年代的正常失业率为 5.5%～6.5%。

（三）经济增长

经济增长在很大程度上是一国人力、综合国力和物质资源增长的结果。一般用剔除价格因素的 GDP 增长率衡量一国的经济增长水平。

在当代，人们愈益注意到经济增长过程中往往会带来一些社会问题，如环境污染、生态环境恶化，靠破坏生态平衡、污染环境带来的经济增长不是一个负责任的政府所追求的经济增长。

（四）国际收支平衡

国际收支状况是一个国家同世界其他国家之间的经济联系。国际收支会出现三种情况，即国际收支顺差、逆差、平衡。货币政策所要实现的国际收支平衡是一种动态过程，即在不同期间将国际收支顺差、逆差控制在一定范围，并非指在任何时间、期间实现国际收支的绝对平衡。一般而论，一个国家在工业化发展初期引进大量技术、设备，可能会有

---

① 刘国平，蒋宝恩. 世界各国经济概况. 北京：经济科学出版社，2001：336；钱小安. 货币政策规则. 北京：商务印书馆，2002：254.

较为明显的逆差，但随着生产力提高和低成本优势的发挥，则相应地会转为顺差。

四、政策目标之间的矛盾

中央银行货币政策的上述四个目标从长远的角度看是相互促进和统一的。例如，经济增长能提高就业水平，同时能够从物质基础方面维持物价稳定和国际收支平衡。但从短期来看，经济运行会导致政策目标之间的不一致变动，即上述多重目标往往不能同时兼顾，相互之间存在矛盾。

(一)稳定物价与充分就业的矛盾

澳大利亚籍英国经济学家菲利普斯根据英国 1861～1957 年的失业率和工资物价变动的统计资料，运用实证方法得出物价稳定与充分就业之间此消彼长的关系，用图像予以表达就是菲利普斯曲线(图 12-4)[①]。正如菲利普斯曲线所示，要保持充分就业，即失业率趋向于自然失业率，就必须扩大生产规模，增加货币供应量，从而导致物价上涨；而要降低物价上涨率，就要紧缩银根，压缩生产规模，则会提高失业率。因此，要维持物价稳定就要以失业率为代价，要维持充分就业就要牺牲稳定物价的目标。所以，中央银行必须根据当时的社会经济条件，寻找通货膨胀和失业率之间某一个适当的组合点作为要实现的货币政策目标[②]。

(二)经济增长与国际收支之间的矛盾

经济快速增长，由奥肯定率可知，失业减少，就业率上升，人们的收入水平提高，结果本国对进口商品的需求增加超出出口增长，导致国际收支出现逆差，而要消除逆差，就需压缩国内需求。所以，一国往往采取紧缩信用、减少货币供给的措施以抑制国内居民需求，使国内物价水平相对于国外下降，从而有利于国内商品出口，不利于进口，贸易逆差缩小，国际收支得以改善。但是，紧缩信用的做法会抑制国内消费和投资需求，导致生产规模收缩，经济增长速度减缓[③]。

(三)稳定物价与经济增长之间的矛盾

当代经济实践表明，许多国家的经济增长都伴随着物价上涨和高通货膨胀。例如，西方一些国家为刺激经济增长，过多强调和运用信用手段，结果导致物价普遍上涨，而经济却最终出现"滞胀"(高通货膨胀率、高失业率、经济停滞并存)现象。这成为理论研究的新的挑战与视点。但是，也有人认为物价稳定和经济增长没有矛盾，二者可以兼得，理由是经济增长率伴随着劳动生产率的提高而提高，劳动生产率是随时间不断提高的，而物价稳定恰恰为生产率提高和经济正常运行并保持良好势头创造了有利条件，如表 13-2 中 1955～1973 年的数据所示。事实上，全球经济史中也不乏较高经济增长与低通货膨胀相伴随的情况。例如，美国 20 世纪 90 年代经济增速加快的同时出现低通货膨胀，有人甚至担心出

---

①　汪祥青，夏德仁，西方经济学．大连：东北财经大学出版社，1995：678.

②　这里的分析基于假定：在某些特定时期或者短期，有负斜率的菲利普斯曲线是存在的。尤其在非充分就业条件下这一假定是成立的。在由传统农业经济为主向现代工业为主的结构转换中，由于资源尚没有被充分利用，投资机会较多，假如技术与资本条件允许，一定范围的通货膨胀可能诱使产出扩张，就业增加。

③　阿瑟·奥肯提出经济周期中失业与产出的经验关系，即奥肯定律。奥肯定律说明，失业每增加 1%，GDP 减少 2%。

现通货紧缩，不少理论学者将其称为"无通货膨胀的经济增长"。我国从 20 世纪末到目前经济保持平稳较快增长，通货膨胀率却一直处于低位。

表 13-2　主要资本主义国家的实际产出、劳动生产率、价格年平均增长率(单位:%)

国别	1955~1973 年			1973~1981 年		
	实际产出	劳动生产率	消费价格	实际产出	劳动生产率	消费价格
美国	3.8	2.8	2.7	1.3	1.6	9.0
加拿大	5.6	4.3	2.7	1.9	1.7	8.7
日本	14	9.7	4.8	6	6.8	11.3
英国	3	3.8	4.3	−2.5	1.9	14.8
法国	7.1	6.2	4.7	2.1	4.3	10.9
联邦德国	5.9	5.9	2.9	1.2	3.8	5.2

资料来源：Kaufman R T，Jacoby R A. The stock market and productivity slowdown: international evidence. The Review of Economics and Statistics，1986，68(1)：20. 转引自谢平．当代资本主义通货膨胀研究．北京：经济日报出版社，1991：14-15，139

(四)稳定物价与国际收支之间的矛盾

在开放型的经济模式里，一个国家的发展与国际经济有很大关系。当一国物价稳定，若其他国家出现严重通货紧缩，则使本国商品相对价格较高，导致本国的贸易逆差。较为严重时会通过汇率渠道，影响本国的物价稳定。1997 年下半年，以泰国金融危机为发端，一场亚洲有史以来规模空前的金融危机迅速席卷了整个东盟地区，并向亚洲及世界其他国家和地区蔓延。在短期内泰铢贬值 40%，印尼盾贬值 50%，菲律宾比索、马来西亚林吉特贬值幅度也均超过 30%，新币贬值也达 10%以上。危机导致其他国家和地区的金融市场随之急剧动荡。1997 年 10 月，伦敦股票市场 10 月初为 3 077.98 点，10 月 24 日便跌至 2 849点，跌幅 7.4%，美道琼斯指数在 10 月 7 日暴跌到 7 381.67 点，跌幅超过 10%，香港恒生指数一路狂跌，一度降至 8 775.88&127 点，较 1997 年最高点下跌幅度接近 50%，日本、法国、德国的金融市场随之产生剧烈震动。

从理论与政策上解决货币政策目标间矛盾的方法主要有：一是对相互冲突的多个目标统筹兼顾，力求协调或缓解这些目标之间的矛盾。二是根据凯恩斯学派的理论，采取相机抉择的操作方法。例如，一个国家可以选择合理的经济增长率，在此增长率下，利用凯恩斯的相机抉择方法，使失业率和通货膨胀率维持在一个较为理想的平衡点。三是将货币政策与财政政策及其他政策配合运用。例如，当一个国家通货膨胀比较严重时，中央银行就会采取紧缩银根回笼货币的货币政策，而银根紧缩会带来投资萎缩，生产规模缩小，失业率上升。为了解决失业率上升的问题，政府相应出台减税或扩大财政支出政策以刺激投资，扩大生产，从而降低失业率。

五、通货膨胀目标法

为了在充分就业、价格稳定间做出权衡，一些国家确定了通货膨胀目标区。1990 年，新西兰首先采用通货膨胀目标法；其次加拿大、以色列、英国、瑞典、芬兰、澳大利亚、西班牙、墨西哥和南非等国家先后都宣布采用通货膨胀目标法。1993 年，英国货币当局正式放弃实行了近三十年的以控制货币供应量为主的货币政策操作方式，明确将反通货膨胀确定为货币政策目标。德国始终坚持"保卫马克"的货币政策，其实质也是反通货膨胀的一种表现。

通货膨胀目标法的基本含义是货币当局确定通货膨胀目标点或目标区，预测通货膨胀的未来走向，将此预测与已经确定的通货膨胀目标点（区）相比较，根据这两者之间的差距决定货币政策工具的调整和操作。

通货膨胀目标法的优点是具有很高的货币政策透明性，有助于市场形成稳定的通货膨胀预期；对中央银行具有有效的责任约束；保持中央银行货币政策的独立性，使中央银行能够对国内的经济波动做出相机抉择，从而抵消金融创新和经济全球化对货币政策实施效果所带来的冲击[①]。表 13-3 列出了一些国家的通货膨胀目标区。

表 13-3　一些国家的通货膨胀目标区

国家	通货膨胀目标（居民消费物价指数）
澳大利亚	平均为 2%～3%
加拿大	1992 年：2%～4%；1993～2001 年：1%～3%
芬兰	1995 年以来：2%
新西兰	1990 年：3%～5%；1991 年：2.5%～4.5%；1992 年：1.5%～3.5%；1993 年：0～2%；1994 年以来：0～3%
波兰	1998 年：8%～8.5%；2003 年：低于 4%
西班牙	1996 年：3.5%～4%；1997 年：3%～3.25%；1998 年：2%
瑞典	1995 年以来：1%～3%
英国[1)]	1992 年 9 月～1997 年 6 月：1%～4%；1997 年 6 月以来：2.5%

1）英国用零售物价指数指标衡量通货膨胀率

六、金融市场稳定与货币政策目标

随着金融市场的迅速发展，金融市场的稳定是否作为货币政策的目标逐渐引起学术界的重视。费雪、米什金都提到把金融市场稳定作为货币政策目标，维护金融市场稳定的目的在于防止金融恐慌而引发的经济萧条。

对于将金融市场稳定作为货币政策目标，也有国内学者予以充分肯定。从把宏观经济分成虚拟经济与实体经济的角度出发，认为随着通信技术、高科技和金融创新的发展，金融市场（虚拟经济）交易可以不受实体经济和国界约束，迅速在各国之间自由形成，而在金融市场全球化的背景下，一个国家金融市场动荡会影响全球金融稳定。所以，应该把金融市场稳定作为货币政策目标。但由于预期行为等一系列因素的影响，金融资产的市场价格极不确定，甚至瞬息万变，市场体系中实物资产与股票等金融资产价格决定机制大不相同，两者的走向在很多情况下不尽相同，甚至相反，一定货币政策工具组合很难同时满足

---

① 艾洪德，蔡志刚 . 通胀目标法：理论分析与效用实践 . 财贸经济，2003，11：34-38，96.

调节、稳定商品市场与金融市场的需要。这些使得将金融市场稳定作为货币政策目标在实践上存在操作困难。

第二节 货币政策工具

货币政策工具是中央银行或货币当局调节和实现货币政策目标的手段。货币当局的货币政策工具有两大类:一类是一般性货币政策工具,另一类是选择性货币政策工具。一般性货币政策工具即传统的三大货币政策工具——公开市场操作、再贴现政策和法定准备金率。其在宏观上促进货币政策目标的实现。选择性政策工具是中央银行针对个别部门、企业或特殊用途的信贷而采用的政策工具,从微观上进行货币政策管理。

一、一般性货币政策工具

一般性货币政策工具是指从总体或全局的角度,对货币和信用进行调节和控制,从而对经济体系产生普遍影响的工具,此类工具主要有三个,即公开市场操作、再贴现政策和法定准备金率。

(一)公开市场操作

公开市场操作是指中央银行通过在公开市场上买进或卖出有价证券(主要是政府短期债券)投放或回笼基础货币,从而控制货币供应量、影响市场利率的政策行为。一般来说,当经济繁荣、过多的货币追逐有限商品时,中央银行通过卖出有价证券以减少商业银行的准备金,进而迫使商业银行减少或收回贷款,最终达到回笼货币的目的。反之,当经济萧条、市场资金匮乏时,中央银行公开买进证券,从而使金融市场货币供给充足。在当代开放经济条件下,随着资本流动的增加和外汇市场的扩展,中央银行的外汇市场操作、干预外汇市场的行为也会影响到货币数量和供给,因此,公开市场业务包括中央银行的外汇市场操作。表 13-4 反映了部分国家和地区中央银行运用公开市场操作的情况。

表 13-4 部分国家和地区中央银行运用公开市场操作的情况

国家(地区)中央银行	启用时间	交易工具	交易方式
英格兰银行	1694 年	商业票据,政府债券	买卖,回购
美国联邦储备系统	1920 年	政府债券	买卖,回购
加拿大银行	1935 年	政府债券	买卖,回购
法兰西银行	20 世纪 30 年代	货币市场债券,国债	买卖,回购
瑞士国民银行	20 世纪 30 年代	银行债券	买卖
澳大利亚储备银行	20 世纪 50 年代	政府债券	回购
德意志联邦银行	1955 年	政府债券,票据	买卖,回购
韩国银行	1961 年	政府债券,货币稳定债券,外汇基金债券	发行,回购
日本银行	1962 年	政府债券,票据,大额可转让存单	买卖,回购
菲律宾中央银行	1970 年	国债,中央银行债券	买卖,回购

续表

国家(地区)中央银行	启用时间	交易工具	交易方式
巴西中央银行	1970 年	政府指数债券,中央银行债券	买卖,回购
墨西哥银行	1978 年	国债	买卖,回购
泰国银行	1979 年	政府债券,中央银行债券	发行,回购
印度尼西亚银行	1984 年	政府债券,银行承兑汇票	买卖,回购
新西兰储备银行	1986 年	政府债券,中央银行债券	发行,回购
马来西亚银行	1987 年	政府债券,中央银行债券	买卖,回购
新加坡金融管理局	20 世纪 80 年代	国债	买卖,回购
斯里兰卡中央银行	1984 年	中央银行债券,国债	买卖,回购
埃及中央银行	20 世纪 80 年代	国债	买卖,回购
阿根廷中央银行	20 世纪 80 年代	国债	买卖,回购
印度储备银行	1980 年	国债	买卖,回购
波兰国民银行	1990 年	中央银行债券,国债	发行,买卖,回购
俄罗斯中央银行	1994 年	国债	买卖,回购,逆回购
中国人民银行	1994 年	外汇、国债	买卖,回购,逆回购
中国香港特区金融管理局	20 世纪 90 年代	外汇基金票据	买卖

资料来源:中国人民银行公开市场业务操作室,《公开市场业务年报》(1994~1996 年)

公开市场操作发生的条件是:首先,存在一个具有相当深度、广度和弹性的发达金融市场,尤其是债券市场;其次,必须具备相当充足的国债、中央银行票据和足够的外汇规模,以便于中央银行开展业务;最后,公开市场操作必须与其他政策配合,才能发挥最佳作用。

公开市场操作具有很多优点。在公开市场操作中中央银行处于主动的地位,其买进或卖出有价证券的规模完全自主决定;公开市场业务具有很大的灵活性,不仅买卖证券的时间、对象、种类和交易方式可以选择,而且买卖证券的规模可大可小,中央银行既可以大幅度调节货币供应量,也可以进行微调;公开市场业务允许试错,中央银行可以根据经济形势的变化进行逆向操作,一旦经济形势发生变化,如中央银行断定卖出债券过多,它就可以立即买进债券,以矫正基础货币回笼过多的错误;公开市场操作可以快速执行,一旦中央银行决定改变基础货币,可以立即向证券交易商发出指令,交易商立即进行。

公开市场操作也有不足。例如,当需要发行大规模公债时,为了保证金融市场的平衡与稳定,中央银行的公开市场业务会受到金融市场行情的限制。这种限制要求公开市场操作避免引起金融市场运行性波动,即金融市场行情的大幅波动,从而影响金融市场的正常运行。由于其操作可能导致波动性,所以金融市场稳定的内在要求从一定程度上限制了中央银行的公开市场业务。

公开市场操作是中央银行控制基础货币和货币供应的主要工具。近年来,由于金融市场,特别是债券市场的高速发展,中央银行对货币存量和利率的调控主要在货币市场和债券市场上进行,这使得公开市场操作在实践中取得很大发展,世界各国也制定了符合本国的公开市场操作的制度框架。

(二)再贴现政策

再贴现政策主要是指货币当局变动自己对商业银行所持票据再贴现的贴现率，影响商业银行贴现贷款的数量和市场利率，从而对货币供应产生影响以实现货币政策的预期目标。

再贴现政策的优点是货币当局可以履行其最后贷款人的作用，以防止发生金融恐慌。例如，美国联邦储备系统在1974年向富兰克林国民银行和在1984年向大陆伊利诺斯国民银行及时提供大额贴现贷款，避免了这两家银行由于存款人挤兑而发生破产，从而导致其他银行出现挤兑现象而引起金融恐慌。但是由于存在挽救成本，美国联邦储备系统在发挥其最后贷款人角色作用时，需要在道德风险成本和防止金融恐慌的收益之间做出权衡。这种政策能否取得预期的效果，取决于商业银行或其他金融机构的反应。

再贴现政策还可以用作表明中央银行货币政策意图的一种信号。如果中央银行决定提高利率以放慢经济增长速度，便可提高再贴现率来表明自己的意愿。公众因此会预期未来的货币政策是较少扩张的，此信号有助于减缓经济增速。但是再贴现率政策可能导致公众对货币当局意向理解的混乱，造成经济的不稳定。例如，当市场利率高于贴现利率时，商业银行就有套利的动机，即向中央银行以贴现率借款，然后以市场利率放贷，从中获利。中央银行为了防止商业银行套利动机的实现而提高贴现率，这样做的本意不是要收缩货币供应量，但是公众可能会误解为中央银行要紧缩货币，从而做出货币紧缩预期下的经济决策，导致经济不稳定。

(三)法定准备金率

法定存款准备金率是指中央银行通过调整法定存款准备金比率，影响商业银行的信贷规模，从而影响货币供应量的一种政策措施。

法定准备金率作为政策工具的优点是其操作对银行体系能够产生普遍而平等的影响效果，并且对货币供应量有很强的收缩或者扩张作用。但是，微小的法定准备率会引起多倍的存款创造，政策上不宜经常使用。并且，对超额储备很低的银行，提高准备金率可能立即引起流动性问题。20世纪70年代以来，由于金融创新在很大程度上弱化了中央银行货币政策的有效性，存款准备金制度作为货币政策工具的地位和重要性趋于下降，各国纷纷对存款准备金制度进行调整，具体做法是降低甚至取消存款准备金要求，或者对存款准备金支付利息。

二、选择性货币政策工具

选择性货币政策工具是中央银行针对个别部门、企业或某些特定用途的信贷所采用的货币政策工具，主要有以下几种。

(1)消费者信用控制，是中央银行根据社会需求状况和货币流通状况对消费信贷进行控制的一种手段，借以达到抑制过度消费需求或刺激消费增长的目的。例如，中央银行对不同消费信用对象分别规定分期付款购买的最低金额，规定提供消费信贷的最长期限等。

(2)证券市场信用控制，是指中央银行对有关证券交易的各种贷款进行限制，规定证券保证金比率，抑制过多的投机等。保证金比率是指证券信用交易中交易者由证券公司提供融资(用于购买证券)、融券(借入证券用于出售)时所缴纳保证金相对于融资、融券规模的比例，其实质是限制信用额度。交易者借入证券实质上也类似于借入资金，保证金比率越高意味着通过向交易者融资、融券提供的信用规模越低。通过向证券公司融资、融券进行证券交易即人们常说的买空、卖空。我国目前尚不允许证券信用交易。

(3)房地产信用控制，是指中央银行为了阻止房地产投机，就商业银行等金融机构对客户的新买居住房或商用房的贷款进行限制，如对金融机构的房地产贷款规定最高限额、最长还款期限、首次付款额和分期付款的最低限金额等。

(4)优惠利率，是指中央银行对国家重点发展的经济部门或产业采取的鼓励措施。例如，中央银行对国家重点发展的部门制定较低的贴现率或者贷款利率，鼓励这些部门的发展。

(5)预缴进口保证金，中央银行要求进口商预交进口商品总值的一定比率的外汇存入中央银行，防止外汇流失，抑制进口过快增长，此政策多被国际收支经常出现赤字的国家使用。

三、其他货币政策工具

利率最高限，是指为防止银行用提高利率的方法吸收存款或为牟取高利进行风险存贷，中央银行依据法令规定商业银行的定期及储蓄存款所能支付的最高利率。典型的是美国的 Q 条例。

信用配额，是指中央银行根据金融市场状况及客观经济需要，对商业银行的信用规模加以合理分配与限制的措施。其最早始于 18 世纪的英格兰银行，目前由于资金严重供不应求，许多发展中国家也广泛采用。

流动性比率，是指中央银行规定商业银行的全部资产中流动性资产的比重，借以限制商业银行信用扩张的直接控制措施。

直接干预，是指中央银行直接对商业银行的信贷业务、放款范围等加以干预，如直接限制放款的额度、直接干涉商业银行对活期存款的吸收等。

道义劝导，是指中央银行利用其权威地位，对商业银行和其他金融机构以发出书面通告、指示或者口头通知，甚至利用与金融机构负责人面谈等形式向商业银行通报经济形势，劝其遵守法规，采取配合中央银行货币政策的措施。该工具的优点是较为灵活方便，无需花费行政费用。

窗口指导，是指中央银行根据产业行情、物价趋势和金融市场动向，规定商业银行贷款近期的增减额，并要求其执行。该类工具是借用中央银行的地位与威望，通过非强制性手段影响金融机构的信用业务，达到货币政策目标。窗口指导源于日本，日本银行依据经济环境变化规定金融机构按季度贷款增加的额度，日本银行利用其在金融体系中的威信和与银行业界的频繁接触，以指导方式要求各金融机构遵照执行。虽然窗口指导并不具有强制性质，但如果金融机构不按照中央银行意图行事，日本银行即对其进行制裁。

第三节　货币政策传导机制与中介指标

一、货币政策传导机制

货币政策传导机制(conduction mechanism)是指中央银行运用货币政策工具影响中介指标，进而最终实现既定政策目标的传导途径与作用机理。

货币政策通过两条路径传导：一是商业银行，即通过改变商业银行的准备金，进而引起货币供给量、利率的变动，从而影响居民消费、储蓄和投资活动，最终影响货币政策的最终目标；二是金融市场，即货币政策实施后，金融市场的货币供求关系发生变化，从而引起金融资产价格和收益的变化，进而影响居民和企业的消费、储蓄、投资活动，最终实现货币政策目标。尽管如此，由于分析的视角和方法不同，各种理论学派对货币传导机制做出不同解释，因而产生各种货币传导机制理论。

(一)凯恩斯学派传导机制理论

凯恩斯主义者认为货币政策对国民经济的影响主要通过调整贷款或信贷条件实施。其作用过程是中央银行运用适当的货币政策工具，影响短期和长期利率，进而影响到消费、投资和产出，达到货币政策预定目标。这一传导过程是迂回间接的，即

$$M \to r \to I \to E \to Y$$

其中，M 表示货币量；r 表示利率；I 表示投资；E 表示总支出；Y 表示总收入。

凯恩斯主义者认为人们根据市场条件及自身偏好状况在两种资产之间选择：一种是具有充足流动性而无利息收益的货币；另一种是流动性不如货币但有利息收益的债券。当中央银行在公开市场上购买政府的有价证券时，不仅会使一般利率下降，而且会带来利率结构变动。利率下降后，一方面，预期资本边际效率将会高于利率，企业为了追求更多利润而增加银行借款追加投资；另一方面，利率下降后股票价格上升，公众愿意持有更多股票，从而使企业生产有利可图。总之，降低利率能直接或间接刺激投资。但是，中央银行通过公开市场操作能够在多大程度上刺激投资取决于多种因素，如存在流动性陷阱、投资的利率弹性低等，都会弱化中央银行货币政策的扩张效果。

货币政策变动所引起的利率变动对耐用消费品的影响较为强烈。因为在成熟市场经济中，耐用消费品一般采用分期付款方式，利率变动直接引起消费者分期付款的利息支付变动，从而引起消费规模变动[①]。

(二)货币主义的传导机制理论

对货币主义的传导机制理论可以归纳为资产价格或者支出渠道。货币主义代表人物弗里德曼认为，货币供给量变动最初影响现有债券、股票、房地产和其他实物资产的价格。由于货币当局政策操作引起货币供应量增加，增加人们手中持有的现金量，结果改变了非银行部门的资产负债结构。假定计划持有的实际货币量是确定的，则手中持有现金量增加后人们就希望花掉这部分额外的货币余额，就会购买债券、股票、实物资产和劳务，以及

---

① 颜鹏飞，张彬. 凯恩斯主义经济政策述评. 武汉：武汉大学出版社，1997：91-93.

偿还债务等。每个人都希望减少货币余额，增加其他非货币资产的持有量，从而引起资产价格上升，利率降低。此时，若汽车、住房等耐用消费品价格相对较低，人们会转向抢购汽车、住房这些耐用消费品，从而引起它们的价格上升，并波及其他资产，使全社会的资产价格上涨，利率下降。而利率的降低将刺激投资，扩大生产规模。上述资产市场和投资变动的总体效应必然导致总产出与全社会收入增加。这个传导机制可以表示为（各符号表意同前）

$$M \rightarrow E \rightarrow I \rightarrow Y$$

弗里德曼的货币传导机制强调货币供应量在整个传导机制中的作用更为直接。期间利率发生变化，但货币供应量的变动最初对利率的影响和后来对利率的影响是反方向的。"货币增长加速时，起初会降低利率，但是后来，由于增加开支刺激价格上涨，这便引起借贷需求增加，从而促使利率上升。"[①]

现代货币主义学派认为凯恩斯学派传导机制理论存在以下三个缺陷：第一，凯恩斯主义对财富构成划分过于简单，货币主义者认为财富不仅包括货币和债券，还包括资本货物、股票、定期存款、耐用消费品等；第二，凯恩斯主义只注重利率和收入对货币需求的影响，忽视了人们所拥有的财富量也是决定货币需求的因素；第三，凯恩斯主义者只注意利率变化对投资和收入的影响，实际上，物价的变动也起着很重要的作用。虽然货币主义者指出了凯恩斯货币传导理论所存在的问题，但是可以发现，他们实际上也借鉴了凯恩斯主义关于利率作用的观点。例如，利率降低会引起对目前实物资产的需求增加，从而增加投资，这正是凯恩斯强调的投资效应[②]。

(三)托宾的 q 理论

托宾沿着一般均衡的思路，把资本市场、资本资产价格——特别是股票价格纳入货币政策传导机制，以资产价格和影响资产价格的利率变动作为主要环节。按照托宾的定义：

$$q＝企业市场价值/资本重置成本$$

企业市场价值以股票价值为依据，股票价值高，则代表企业市场价值大。若 $q>1$，意味着企业市场价值高于资本重置成本，厂商愿意增加投资，否则厂商不会增加投资支出。q 理论的传导过程是：当增加货币供应时，利率降低，利率降低引起资产价格（主要是股票价格）上升，而资产的预期收益率下降，从而实际投资增加，最后产出和总收入上升。用 P_s 代表股票价格，其他各符号表意同前，这一传导机制可以表示为

$$M \rightarrow r \rightarrow P_s \rightarrow q \rightarrow I \rightarrow Y$$

(四)财富传导机制

财富效应理论的基础是莫迪里亚尼生命周期收入理论，该理论认为消费支出是由消费者的包括股票在内的终生财富决定的。股价上升时，包括股票在内的终生财富的价值也上升，公众的消费支出就会增加；财富增加意味着预期收入的提高，于是刺激了消费支出，增加了总支出，总产出从而增加。以 W、C 分别表示财富和消费，则有

---

① 弗里德曼 M. 论货币. 刘幼勤译. 世界经济译丛，1981，(5)：29. 弗里德曼将货币供给增加引起的利率变动区分为流动性效应、收入和价格水平效应、通货膨胀预期效应。流动性效应使利率降低，后两种因素使利率升高。

② 陈银娥. 凯恩斯主义货币政策研究. 北京：中国金融出版社，2000：138.

$$P_s \to W \to C \to Y$$

但是,要把财富效应确定为货币政策的传导机制,必须确定货币供给和利率在多大程度上能够作用于资本市场,调节资本市场行情,特别是股票价格。这实际上取决于经济体系中股票市场规模以及一国居民参与股票市场交易的普遍性如何,即股票市场的深度与广度。

(五)汇率传导机制

在开放经济条件下,货币政策可以通过影响国际资本流动,改变利率,进而引起汇率变动,并在一定的贸易条件下影响进出口,从而影响总支出和总收入。例如,一国的货币供应量上升会导致国内利率下降,这时本币存款不如外币存款有吸引力,从而引起本币贬值,汇率下跌,使得国内商品比国外商品在价格上更有竞争力,这就会导致净出口和产出增加。对于固定汇率制的国家,中央银行可以直接调节汇率;对于浮动汇率制的国家,中央银行可通过公开市场操作改变汇率。汇率传导机制如下:

$$M \to r \to E \to NX \to Y$$

其中,E 表示汇率;NX 表示净出口。

但是,在金融全球化的趋势下,国际资本的流动对本国货币政策操作有抵消作用。

(六)信贷传导机制理论

信贷传导机制具体分为均衡信贷配给和资产负债表渠道。均衡信贷配给就是在一定的利率条件下,银行对贷款进行配给。其传导途径为:当货币供给增加,超额信贷需求得到满足,信贷规模增加,从而引起投资和产出增加。这一过程的特点是不经过利率机制。以 L 表示贷款规模,信贷配给渠道可以表示为

$$M \to L \to I \to Y$$

资产负债表渠道从货币供给变动影响借款人资产负债表的角度分析信贷传导机制。货币供给量增加和利率降低会影响借款人资产状况,如导致现金流变化。利率下降直接使利息支出减少,会相应增加净现金流;货币供给增加也会通过增加销售收入导致现金流增加。同时,利率下降会导致股票价格上升,从而改善企业部门的资产状况,用于借款的担保品价值增加。诸种因素都会相应抑制信贷活动中的道德风险和逆向选择,促使银行增加信贷,从而使投资增加,产出增加。以 NCF 表示净现金流,以 H 表示道德风险和逆向选择,其过程可表示为

$$M \to r \to P_s \to NCF \to H \to L \to I \to Y$$

二、货币政策中介指标

由于货币当局不能直接控制和实现诸如物价稳定、充分就业、经济增长、国际收支平衡这些货币政策目标,他们必须应用货币政策工具,通过对中介指标的调节和影响来实现政策目标。

(一)中介指标的选择标准

选择中介指标要考虑到两个因素:其一,货币政策工具与中介指标的联系;其二,中介指标与货币政策目标的联系。最终能够使工具变量作用于中介指标,并进一步间接但较为有效地作用于政策目标。

（1）可控性。这些指标易于被货币当局控制，能直接处于货币当局运用的政策工具的影响范围之内。

（2）可测性。货币当局能获取有关中介指标的数据，观察和监测货币政策作用的效果和实施程度。

（3）相关性。中介指标的选择必须与货币政策目标有密切的联动关系，有利于政策目标的实现。

（4）抗干扰性。货币政策实施过程中难免会受到许多外来因素的干扰，货币当局所选择的指标必须不受或尽可能少受这些因素的干扰，使货币政策在低干扰下对社会经济产生影响，避免判断失误，造成损失。

(二)中介指标体系

货币政策中介指标不止一个，而是由若干金融变量组成的中介指标体系。在该体系中，中介指标可分为两类：一类是操作指标，它在货币政策实施过程中为中央银行提供直接和连续的反馈信息，用以衡量货币政策的早期影响，也称近期指标；另一类是效果指标，在政策实施后为当局提供进一步的反馈信息，衡量最终目标的效果，也称远期指标。

（1）操作指标包括超额准备金和基础货币。超额准备金可以反映银行体系放款和投资的能力，也能预测未来货币供应和利率运行的效果，货币当局一般通过调节银行系统的超额准备金调控货币与信贷规模。基础货币包括通货和银行存款准备金，货币当局通过操纵基础货币影响货币供应量，并影响整个经济活动。

（2）效果指标包括利率和货币供给量。货币当局通过调整再贴现率或公开市场操作调节市场利率，影响消费和投资，进而影响总供求，实现政策目标。

按不同的口径，货币供应量可分为 M_0、M_1、M_2 和 M_3[①]。这几个指标代表了一定时期居民的购买力，只要控制了这些指标，就大致控制了总需求，有利于货币政策最终目标的实现。

图 13-1 一般性地描述了货币政策的传导过程。

图 13-1 货币政策的传导过程

(三)各国中央银行选择中介指标的变化

选择利率还是货币供给量作为中介指标，并没有一个理想的标准，主要是由各国经济与金融条件决定的。例如，20 世纪 70 年代中期以后，西方各国货币当局先后将中介指标由利率改为货币供给量。美国由于货币供应迅速增加，加上 1973 年的石油危机和国内取消物价管制，形成严重通货膨胀压力，并且货币供给量的过快增长抵消了利率效应，因此，美国联邦储备系统将货币供给量作为中介指标，并曾先后六次更改货币供给量层次

---

① 对不同货币层次的定义范围见本书第十一章。

的划分，主要中介指标为 M_1 和 M_2。加拿大在 1975 年放弃信用条件中介指标，转向将货币供应的增长率作为中介指标，并确定为 M_1。日本在 1978 年以前以 M_1 作为视察现实购买力的主要依据，1978 年以后改为以 M_2+CD 作为货币流通和预测货币供应量的主要指标。自 20 世纪 80 年代末以来的金融创新、金融放松管制和金融市场一体化，使得各层次的货币供给量之间的界限更不易确定，从而货币供给量传达给最终目标的效用不易把握，因此，一些发达国家在 20 世纪 90 年代以后放弃以货币供给量作为中介指标，转而采用利率指标。

第四节　货币政策效应

一、货币政策效应的时滞分析

政策从制定到主要的或全部的政策目标实现，必须经过一段时间，这段时间叫做货币政策的时滞(time lag)。将其又可分为内部时滞和外部时滞。

内部时滞包括认识时滞、决策时滞和行动时滞。认识时滞是指在经济形势不稳定到中央银行认识到必须采取行动需要的时间，决策时滞是指认识到需要采取行动到政策制定之间的时间间隔，行动时滞是指政策制定和实施之间的间隔。内部时滞的长短取决于货币当局对经济形势的预见能力、制定对策的效率和行动的果断等因素。

外部时滞即从货币当局实施货币政策到对经济活动发生影响取得效果的时间，外部时滞主要由客观的经济和金融条件决定。例如，投资者和消费者对市场变化及信息的反应快慢会影响外部时滞。一般而论，在间接控制的市场运作体制中，外部时滞较长；在直接控制的计划经济管理体系中，外部时滞较短。有关经验研究表明，西方市场经济国家中货币政策的外部时滞一般在半年至一年左右。我国货币政策的外部时滞较短，一般是 2～3 个月，但今后情况可能会有所变化。货币政策力度大小及其实施的时机选择均会影响外部时滞，若货币政策的制定是基于对经济形式很好的操作，其实施具有一定的前瞻性，时机选择合理，则外部时滞较短，否则较长。

二、影响货币政策效应的其他因素

(一)货币流通速度

由于货币供给变化是在货币流通速度变化的基础上对价格和收入水平产生影响，因此，要研究货币供给量变化如何影响价格和收入水平等货币政策目标，就不能不考虑货币流通速度对政策效应的影响。如果政策制定者未能预料到货币流通速度的变动或对货币流通速度的估算出现差错，则货币政策效应会受到严重影响，甚至出现有悖于政策制定初始的预期效果。

例如，预测到下一年度 GNP 会增长 10%，同时，依据上一年度的有关数据实证得出，只要包括货币流通速度在内的其他因素不变，货币供给就需增加 10% 以满足 GNP 增长对货币的追加需求。若此时货币流通速度加快，不考虑其他因素变化，则货币供给量的增加比例应该小于 10%。但是，中央银行没有预料到货币流通速度加快的话，还是增加 10% 的货币供给，从而市场出现多余的货币，而这些货币将成为助长经济过热的因素。对于我国，货币流通速度具有长期下降、短期波动，在经济运行周期上升与下降期间货币流通速度相应地上升和下降的特征，在 20 世纪 90 年代货币市场加快发展（金融创新）期间，货币流通速度显著上升[①]。中央银行进行货币数量调节必须估计货币流通速度可能的变动。

（二）微观主体预期的对消作用

根据合理预期学派的观点，当一项货币政策提出时，各种微观组织经济主体会立即根据可能获得的信息预测政策的后果，并很快制定出对策，而且时滞较短，微观经济主体的预期作用会使中央银行的货币政策归于无效。例如，政府准备采取长期的扩张政策，只要公众通过各种途径获得一切必要的信息，他们将预期到货币供给量会增加，社会总需求会增加，物价会上升，公众将认为这是发生通货膨胀的信号。在这种情况下，工人通过工会和雇主谈判提高工资，企业预期工资成本增大而不愿扩展经营，或人们为了使自己在未来的通货膨胀中免受损失而提前抢购商品，最后的结果是只有物价上涨而没有产出增加，政策效应没有达到预期效果。

鉴于微观主体的预期，除非在货币政策的取向和力度没有或部分为公众知晓的情况下，政策才能生效。在传统计划体制中，公众缺乏形成预期的内在需要和经济信息的基础，在转轨经济中，人们通过学习会逐渐形成并不断增强对经济形势及政策变量的预期，从而削弱货币政策的实际效果。所以，制定和实施货币政策需要对市场预期行为做出估计。

（三）政治因素的影响

货币政策的实施很可能会影响不同阶层、集团或一些地方、部门的利益，基于自己的利益受损，这些部门就会做出强烈反应，向政府施加政治压力，这些政治压力足够大时，就会迫使货币当局或中央银行进行政策调整，从而影响货币政策的效果。货币政策效应在西方国家还会受到政治性周期的影响。为了在大选期间拉票，执政党总是力图刺激经济，而新政府成立后则会及时采取紧缩政策，以稳定经济。由于大多数西方国家中央银行理事会任期与政府首脑不一致，因此，在大选之前往往出现货币政策与财政政策的不一致局面，总统力图刺激经济，降低失业率，中央银行则力图稳定经济，抑制通货膨胀。这种政治性经济周期的存在也会影响货币政策的效果。

（四）金融改革与金融创新

西方发达国家自 20 世纪 60 年代起开始出现金融创新，以及自 20 世纪 70 年代以来实施的以"自由化"为主要特征的金融改革，二者主要在以下几个方面影响各国中央银行货币政策的实施效果。

第一，利率"自由化"之后，利率的变动更加频繁、剧烈，因而不易控制，带来更多的不确定因素，从而影响货币政策效应。

第二，货币流通速度由于各种新型金融工具的出现而发生变化，这些金融工具的存在会抵消货币政策紧缩作用的效果或扩大货币政策放宽信用的效果。例如，美国在 1974 年

[①]　刘明. 中国转型期货币流通速度分析——基于引入一阶替代变量的观测. 陕西师范大学学报，2005，（2）：97-106.

以后出现所谓"货币失踪"问题,实际上是金融工具创新导致货币流通速度上升,按照货币主义货币需求函数估计的货币数量显著大于实际需要的货币量[1]。

第三,货币的界定发生重大变化,由于新型金融工具的出现,货币与其他金融资产之间的区别越来越模糊,影响了中央银行在某种程度或范围上控制货币供给量的能力。

第四,金融市场国际化使得各国金融市场的联系日益紧密,资本转移更加方便,国内资本与国际资本混合作用加强,由之抵消货币政策的效果。

三、对货币政策效应的衡量

可以从不同角度判断货币政策效应,中央银行制定货币政策需要统筹考虑各方面的效应。以下加以分述,注意所列举经验数据并不具有普遍意义。

(1)数量效果[2],主要说明货币政策作用于经济运行的功效大小,侧重于从数量方面观察货币政策的有效性。现代凯恩斯主义者对货币政策效力的研究结果表明,货币供给量每变动 1 美元,GNP 最终会变动 5 美元,即货币政策的效应是 1∶5。

(2)时间性效应,说明货币政策作用于经济运行时间的长短,侧重于从时间方面观察货币政策的有效性。例如,中央银行下调利率后,在不存在流动性陷阱的情况下,企业或生产单位会增加银行信贷量,扩大生产规模,投资增加,从而总需求增长,经济目标实现。在这一经济运行过程中,若各个环节衔接好,需要花费的时间较短,否则较长。凯恩斯主义者认为,货币政策至少要有 1 年时间才能显示出效果,货币政策的全部效果发挥出来需要 4 年时间[3]。

(3)分配性效应,主要说明的是货币政策作用于经济运行的部门分布,侧重于从部门比较角度观察货币政策的有效性。例如,我国在改革开放以后相当长一段时期,中央银行每当调整利率时,都要估算与权衡银行、国有企业和财政三方各自的损益。

(4)政治性效应,主要说明的是货币政策在作用于经济运行时所面临的政治问题,侧重于从政治运行角度观察货币政策的有效性。

四、西方货币政策效应理论

(一)凯恩斯主义的观点

凯恩斯的基本观点是货币数量的变动在短期内影响就业、产出和收入等实质经济因素,而在长期则只影响价格;认为当经济衰退时,应该实施扩张性的货币政策刺激经济增长;当经济繁荣时,应实施紧缩性的货币政策抑制通货膨胀。

1. 扩张性货币政策的数量效应

当经济处于衰退时期时,为了刺激经济增长,提高就业率,中央银行选择实施扩张性货币政策。例如,中央银行可以在公开市场上买进国债,从而增加货币供给量,降低利率,刺激消费和投资,从而增加总需求,实现经济增长与扩大就业。但是,扩张性货币政

① 刘明.转型期金融运行与经济发展研究.北京:中国社会科学出版社,2004:106-108.参阅多德 K,刘易斯 M K.金融与货币经济学前沿问题.陈雨霞,王芬译.北京:中国税务出版社,2000:95-126.
② 刘斌,黄先开,潘红宇.货币政策与宏观经济定量研究.北京:科学出版社,2001:212.
③ 颜鹏飞,张彬.凯恩斯主义经济政策述评.武汉:武汉大学出版社,1997:95.

策在经济衰退时的数量效应大小主要取决于货币需求的利率弹性大小和投资需求的利率弹性大小。货币需求的利率弹性与扩张性货币政策效应呈反方向变动关系；而投资需求的利率弹性与扩张性货币政策效应成正方向变动关系。由此出发，针对不同的经济情况，凯恩斯主义者给出的建议不同，若经济衰退比较温和，则扩张性货币政策效果较为明显和可靠，可以使经济走出衰退。但是，若经济衰退严重，扩张性货币政策的效应极其微弱，难以使经济走出衰退局面。因为，经济严重衰退时，人们的货币需求弹性很大，新增加的货币供给量会被窖藏起来，不会进入流通领域，即扩张性货币政策进入流动性陷阱；同时，企业对未来经济的悲观预期导致投资需求的利率弹性很低，降低利率难以改变企业投资欲望淡漠的局面，即所谓的"牵马河边易，要马饮水难"。

凯恩斯学派经济学家虽然认为扩张性货币政策难以将严重衰退的经济引上复苏之路，但他们并没有否定扩张性货币政策对付严重经济衰退的作用。他们认为，在经济严重衰退时期，扩张性货币政策是必要的，并能防止经济衰退局势进一步恶化。与扩张性货币政策相比，凯恩斯主义者认为财政政策更有效，因为，政府的公共投资、转移支付及减免税收等财政政策可以直接刺激投资需求和消费需求。

2. 紧缩性货币政策的数量效应

紧缩性货币政策主要针对经济过度繁荣、存在通货膨胀的情况采取的政策。若通货膨胀是需求拉上型，紧缩性货币政策的效应十分明显。因为此时的通货膨胀源于货币的过度供给。中央银行在公开市场上卖出有价证券而收缩商业银行准备金，商业银行准备金减少，必然会使商业银行可贷资金数量减少，从而货币供给量减少。若通货膨胀是由于工资和利润的过快增长而形成的成本推进型，紧缩性货币政策效应不显著，因为此时的政策会减少投资需求，从而降低劳动生产率，加剧成本推进型通货膨胀。

(二)货币主义的观点

弗里德曼认为货币最重要，货币数量的变动对经济有重要而全面的影响，他充分肯定货币政策在调节经济周期和控制经济波动中的作用。弗里德曼认为货币数量的变动通过影响人们的资产负债结构影响现有资产(债券、股票、房产、其他实物资产)的价格，进而转变为影响名义收入和支出。弗里德曼强调货币数量长期变动的主要影响在于绝对价格、名义货币收入等名义值，而不是相对价格、产出等真实数值，真实数值的长期变动取决于经济制度、人力资本、技术状况、自然资源等。

总之，货币主义反对凯恩斯主义的主张，认为国家的过多干预阻碍了市场自我调节机制作用的发挥，有可能导致经济紊乱。由于货币主义已经论证了货币需求函数的变动在长期是稳定的，他们主张制定"单一规则"代替"逆风向"的相机抉择，即货币当局应长期维持一个固定的货币供给增长率，而不应运用各种权力和工具企图操纵和控制各种经济变量。

(三)合理预期学派的观点

以合理预期假说为基础的合理预期学派的理论核心是：单个经济单位会收集各类信息，进行合理预测，并按效用最大化和利润最大化的原则做出决策；公众的合理预期使得逆经济风向行事的货币政策是无效的。

总之，由于合理预期的冲销作用，实现经济目标的货币政策并不能按照政策制定者所期望的方式影响产出和就业。因此，合理预期学派强调市场机制的作用，反对相机抉择的政策主张，他们强调政策的连续性，要求货币供给量的增长应保持稳定。合理预期学派实际上是更为极端和彻底的货币主义。

(四)供给学派的观点

供给学派的政策基点是供给管理，政策核心是消减边际税率。供给学派总的倾向是强调以减税为特征的财政政策，并且非常重视把货币政策作为消减边际税率这一核心政策的配套政策工具。罗伯茨就认为："我们有一个斗争的机会以重建税收制度并降低联邦政府开支的增长率。我们最为关注的就是货币政策。"[①]供给学派认为，为了对付"滞胀"，必须采取有条件的从紧货币政策。例如，罗伯茨认为，在减税之前不适合实行任何紧缩性货币政策，因为这样会带来经济衰退的继续恶化，导致控制通货膨胀计划的破产；费尔德斯坦则认为，在赤字存在的情况下，通货膨胀率与资本形成率成某种正相关关系，因此，为了提高资本形成能力，有时要付出一定的通货膨胀代价。当然，费尔德斯坦并非由此出发主张扩张性的货币政策[②]。

(五)"相机抉择"的泰勒规则

"相机抉择"是指处理货币政策与经济周期关系的一种反周期政策，即经济趋热，相应紧缩；经济趋冷，相应扩张。如前所述，凯恩斯主义"相机抉择"的政策主张遭到来自货币主义和合理预期学派的质疑与强烈批评。在理论不断发展中，"相机抉择"与"规则"两个对立概念不断演进，目前西方货币理论中所讲"规则"在一般意义上包括"相机抉择"的"规则"，如20世纪90年代提出并颇受重视的"泰勒规则"。

泰勒规则也称利率规则，即根据产出的相对变化和通货膨胀的相对变化而调整利率的操作方法。该规则表明，中央银行的短期利率工具依经济状态而进行调整。泰勒规则的理论思想来源于费雪效应(Fisher effect)。费雪最早提出利率与通货膨胀预期之间的关系，即 $i = r + \beta \times p^e$，其中，i 为名义利率，r 为真实利率，p^e 为通货膨胀预期，β 为名义利率对通货膨胀预期变化所做出的反应，在强费雪假设条件下，β 的取值为1。

实际上，从货币数量方程 $MV = PY$ 可以推导出利率规则。因为，货币流通速度 V 依赖于利率 i 和实际产出或收入 Y，即 $V = g(i, Y)$。将 V 代入货币数量方程，可得利率、价格和实际收入的函数 $M \cdot g(i, Y) = PY$，再解出 i(如果 M 为固定增长率)，则得出

$$i = h(P, Y)$$

即利率是价格与实际收入的函数。若 M 不是固定增长率，则货币增长的变化会改变等式中的有关参数。

泰勒在原始的利率规则中，对滞后反应进行简化，并得到如下泰勒规则方程：

$$i = \pi + gy + h(\pi - \pi^*) + i^f \tag{13-1}$$

其中，i 为短期利率；π 和 π^* 分别为当前通货膨胀(P 的百分比变化)和目标通货膨胀；y 为实际收入(Y)对其趋势偏离的百分比；i^f 为均衡实际利率，π^* 和 i^f 为常数；利率对通货膨胀的斜率为 $1 + h$；实际收入对通货膨胀的斜率为 g。

泰勒规则论证，美国联邦储备系统联邦基金利率的确定应取决于：①当前的通货膨胀

---

①　罗伯茨 P C. 供应学派革命. 杨勇军，虞虹译. 上海：上海译文出版社，1987：121.

②　尹伯成，华桂宏. 供给学派. 武汉：武汉出版社，1996：123-124.

率；②均衡实际利率；③现实的通货膨胀率与目标通货膨胀率之差；④现实的 GDP 产出与潜在的 GDP 产出之差。

对于执行由这四个因素建立的泰勒规则方程(13-1)有如下的调节思路：①存在通货膨胀，那么联邦基金利率的基准利率应是均衡利率加上通货膨胀率。②现实的经济生活不可避免地伴随一个低的通货膨胀率，可视为潜在通货膨胀率。若现实的通货膨胀高于目标通货膨胀率，则联邦基金利率由基准利率相应调高，以抑制通货膨胀；否则，相应调低，以防止通货紧缩。③现实产出高于潜在产出，说明经济偏热，联邦基金利率应从基准利率相应调高，以抑制过热；反之，则应从基准利率相应调低，以促成可能的潜在产出得以实现。

美国的泰勒规则分为三个阶段。第一阶段：1879～1914 年，$1+h$ 为 0.006，g 为 0.034，表明短期利率对通货膨胀和实际产出的反应能力较低。第二阶段：1960～1979 年，$1+h$ 为 0.813，g 为 0.252，表明短期利率反应能力增强，但是敏感性较差。名义利率对通货膨胀和实际产出的反应不足 1。第三阶段：1986～1997 年，$1+h$ 为 1.533，g 为 0.765，表明名义利率对于通货膨胀和实际产出变化更具反应力[①]。

第五节　货币政策与财政政策的搭配

一、货币政策与财政政策发挥作用的经济环境

货币政策和财政政策是国家调节宏观经济运行的两个重要的手段，这两项政策手段只有在一定条件下很好地配合运用，才能避免摩擦，尽量缩短政策时滞，有效实现总体经济目标。

(一)货币政策与财政政策各自的特点

货币政策与财政政策均为需求管理政策，即均通过作用于总需求而影响宏观经济。货币政策一般通过货币当局调节货币存量的方式作用于总需求，而财政政策一般通过控制政府支出和改变税收的方式作用于总需求。

从调节手段分析，财政政策主要运用行政手段调节需求，具有强制性特征；而货币政策运用经济手段调节需求，具有灵活性特征。财政政策工具，如国债、税率变化一般以"年"为单位，货币政策调节在年度以内可以以年、季、月和周为单位，变动频率大，更适宜于微调。

从使用政策工具分析，财政政策通过安排预算支出、国债规模和税收政策实现产业结构和产品结构的调整，故财政政策在结构调整上占有较大优势；而货币政策主要对货币供给量、利率和信贷等进行"相机抉择"调节，故在调节需求量方面更加具有弹性，能够影响短期需求，并且有试探、"试错"的余地。对于我国，由于特殊的体制原因，根据经济形势采取一些比较直接的货币政策手段调整经济结构仍属必要。

从时滞角度分析，由于财政政策或税收政策的重大调整均须立法机构讨论，决策程序比货币政策冗长，故财政政策的内部时滞较长。但是，财政政策一旦实施，就可通过财政支出和税收变动立即影响总需求；而货币政策却需要较长时间的传导过程，故财政政策的外部时滞比货币政策短。

---

① 钱小安. 货币政策规则. 北京：商务印书馆，2002：266，272.

通过图 13-2 与图 13-3 可以比较直观地了解货币政策与财政政策传导机制的差异。

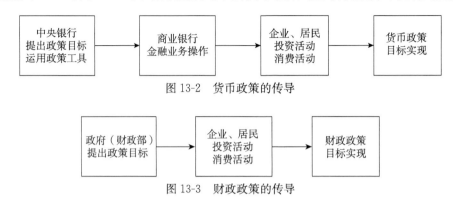

图 13-2　货币政策的传导

图 13-3　财政政策的传导

(二)政策发挥作用的经济环境和条件

1. 政策发挥作用的经济运行环境

从市场化分析,市场化程度的高低必然影响财政与货币政策的作用大小。市场化程度低,则财政政策发挥作用大;反之,则货币政策发挥作用大。改革开放以后我国市场化程度有了很大的发展,但市场机制还不成熟。流通领域,农副产品市场定价已达 85%,工业消费品市场定价达到 95%,绝大部分生产资料也以市场定价;生产领域中非国有制经济虽然有了很大发展,但大部分国有企业仍沿袭传统体制发展,自担风险能力差,对国家依赖性很强。同时,权力下放扩大了地方政府的经济决策权。随着市场化程度的扩大,财政政策在政策舞台上逐步退出核心地位。例如,我国 1978 年的财政预算收入占 GDP 的 31.2%,到了 1995 年这个比重下降至 10.5%。

从经济周期分析,财策政策与货币政策发挥作用各不相同。当经济处于疲软、萧条阶段时,要想通过扩张的宏观经济政策克服需求不足以促使经济转热,货币政策不如财政政策。财政扩大支出可以使厂商在无风险的情况下扩大经营,同样政府支出增加和政府转移支付能刺激消费扩大。但是,当经济走出疲软进入过热阶段时,要想通过紧缩宏观经济政策抑制需求,财政政策不如货币政策。因为经济过热就出现通货膨胀,而通货膨胀最终表现为货币供给过多,所以只要中央银行抑制货币供给增长,就可有效地控制经济过热。

在封闭经济和开放经济中,货币政策与财政政策发挥作用迥异,根据蒙代尔法则,由于扩张性的货币政策比财政政策更可能降低利率,也更可能形成资本外流,所以货币政策在影响国际收支方面更有优势,而财政政策在影响国内经济稳定方面具有优势。因此,该法则认为,当政策能得到顺利的调整,并能很快起作用时,指派给财政政策的任务是稳定国内经济,而指派给货币政策的任务则是稳定国际收支。

2. 政策发挥作用的社会环境

收入分配格局的变化导致财政政策与货币政策的作用力度发生了变化。改革开放以来,我国收入分配格局发生了很大变化。在国民收入分配中,企业和居民份额增加,中央财政份额减少,我国 1978 年的财政预算收入占 GDP 的 31.2%,1993 年下降至 16.3%,银行(含其他金融机构)存款和流通中现金,15 年名义增长 23 倍,1978 年当年存款增加额占 GDP 的 2.4％，1993 年为 18.7％①，因此，财政收入的渠道逐渐趋于狭窄，企业居民支配财产增加，而银行资金来源急剧扩大，宏观调控也发生了很大的变化，国家干预经济由过去主要依靠财政政策转为货币政策。

3. 政策搭配在具体经济运行环境和条件下的操作

财政政策和货币政策如何搭配，以及在搭配中究竟采取什么样的搭配方式，关键在于特定的经济环境和条件。以我国 1997 年以后为例，1997 年以后，我国经济处于通货紧缩状态。零售物价指数上涨率由 1997 年的 0.8％下降至 1999 年前四个月的－3.1％，居民消费物价指数上涨率由 1997 年的 2.8％下降为 1998 年的－0.8％②。由于价格水平下降，1998 年农民农产品贸易损失 810 亿～860 亿元现金收入，独立核算工业企业销售收入损失 2 600 亿～4 300 亿元。

由于通货紧缩带来经济增长缓慢，财政政策从"九五"规划中确定的"适度从紧"改为实施积极（扩张性）的财政政策，积极财政政策主要通过增发国债拉动投资，完善社会保障体系，调节税收并提高企业和居民的收入。货币政策在 1998 年 4 月以前，出于对通货膨胀的担忧，中国人民银行坚持"适度从紧"的货币政策取向，努力把货币供给量增长幅度从较高的水平降下来。1998 年下半年以后的严重通货紧缩局面使中国人民银行采取"稳健的"货币政策促进经济增长，扩大基础货币投放，提高货币增长速度，促进价格回升。此时积极的财政政策与稳健的货币政策是根据经济的实际情况提出的，符合经济发展的需要③。

二、货币政策搭配模式

货币政策和财政政策的配合问题实质是松紧的相互搭配问题。这种松紧搭配共有五种组合方式：一是双紧；二是双松；三是松的货币政策，紧的财政政策；四是紧的货币政策，松的财政政策；五是中性的政策搭配④。"松"的货币政策是指扩大货币供给量、放松信贷和降低利率的政策措施；"紧"的货币政策是指缩小货币供给量、收缩信贷和提高利率的政策措施。"松"的财政政策是指减免税收和增加政府支出等政策；"紧"的财政政策是指增加税和减少政府支出等政策。"中性"的财政政策是指财政收支量入而出，自求平衡的政策；"中性"的货币政策是指保持货币供给量合理、稳定地增长，维持物价稳定的政策。

(一)双紧政策

这种政策在社会总需求严重大于社会总供给时实行，即在经济过热，并存在通货膨胀或恶性通货膨胀时使用。中央银行或货币当局加强收回贷款，压缩新贷款，紧缩银根，从而抑制投资过热，减少投资需求，则总需求减少。而财政部门则压缩财政支出，增加其在中央银行的存款，减少社会货币量。这种双重压缩，使得社会上货币供应量明显减少，社

---

① 张新泽. 货币政策与宏观经济新论. 北京：中国金融出版社，2004：420.
② 北大中国经济研究中心宏观组.1998—2000 中国通货紧缩研究. 北京：北京大学出版社，2000：162.
③ 成思危. 成因与对策：透析中国的通货紧缩. 北京：经济科学出版社，2002：84-85.
④ 将货币政策与财政政策各自可以区分为"紧""中性""松"三种形态，然后根据笛卡尔乘积可以形成九种搭配方式。例如，目前实施的"双稳健"政策就被认为是"双中性"政策。这里的介绍未考虑货币与财政"松""紧"政策分别与财政、货币"中性"政策的四种组合搭配方式。参见陈东琪. 双稳健政策——中国避免大萧条之路. 北京：人民出版社，2005：2-5.

会需求迅速收缩。虽然这种政策能有效控制恶性通货膨胀，但要付出经济萎缩的代价。

(二)双松政策

这种政策在社会总需求严重小于社会总供给时实行，即经济增长率很低，居民、企业等经济主体的需求严重不足，并存在通货紧缩(趋势)。为了扩大社会总需求，使经济重现活力，中央银行或货币当局放松银根，扩大货币供给量，刺激投资与消费。而财政部门实施扩大财政支出措施，从而扩大总需求。因此，财政部门和中央银行都向社会注入货币，使社会的总需求在短时间内迅速扩张，对经济活动具有强烈的刺激作用。但是此政策只有在经济中存在大量尚未被利用的资源时才可用，如果没有足够的资源，将会导致通货膨胀的恶果。

(三)松的货币政策和紧的财政政策配合

当经济中出现财政赤字较大，而经济处于萎缩状态时，宜采用紧的财政政策和松的货币政策的搭配模式。此时，刺激经济采取扩张财政政策的措施会使赤字更大，从而影响政府的其他作用。因此要实施紧的财政政策，即财政部门压缩财政支出，实现年度收支平衡，甚至有盈余。为了刺激经济，货币政策加以扩张，中央银行扩大基础货币投放，提高货币供给量的增长速度，从而降低利率，刺激投资，扩大总需求，使经济恢复活力。此时所实施的政策搭配既刺激经济摆脱萎缩状态，又可以避免政府陷入赤字危机中。

(四)紧的货币政策和松的财政政策配合

这种政策适合总需求逐渐膨胀，致使基础设施供应偏紧的情况，在这种配合下，银行严加控制货币供应量，从而提高利率，减少投资需求。同时，国家可动用历年结余，也可用赤字办法来适当扩大支出，从而扩大基础设施建设，总需求减少，通货膨胀趋势得到抑制。

(五)中性的财政货币政策组合

当经济处于平稳发展状态时，中性的财政货币政策组合是最好的选择，即政府采取财政收支量入为出、自求平衡的政策，而中央银行或货币当局保持货币供给量合理、稳定地增长，维持物价稳定的政策。

第六节　中国货币政策实践

中国经历了计划经济体制下的金融政策与转轨体制下的货币政策，在传统计划经济体制下，中国实行高度统一的经济体制，整个社会生产处于国民经济计划的直接指挥之下，投融资活动作为保证计划实施的重要部分，通过特定的财政信贷管理体制严加管理。我们主要讨论经济转轨时期中国的货币政策实践[①]。

一、货币政策目标

(一)最终目标

我国对于货币政策目标一直存在争论，主要有以下几种观点。

---

① 此处分析的时间跨度为 20 世纪 80 年代到 2002 年，这一时期货币政策变化体现了转型经济的特点。对之后——尤其是 2008 年全球经济金融危机以后中国货币政策变化，可参阅周小川．2008 年金融危机以来货币政策框架的演变．经济观察网，http://finance.ifeng.com/a/20140512/12316558_0.shtml，2014-05-12.

（1）单一目标观点。其又分两种观点：一种强调物价稳定是货币政策的唯一目标；另一种主张以经济增长作为货币政策的目标，并在经济发展的基础上稳定物价。

（2）双重目标观点。其认为政策目标应同时兼顾经济发展和物价稳定，就物价稳定而言，应是一种积极、能动的稳定，即在发展中求稳定；就经济增长而言，应是持续、稳定、协调的发展，即在稳定中求发展。

（3）多重目标观点。其认为我国货币政策目标应该包括稳定物价、充分就业、经济增长和国际收支平衡等诸多方面。

1983 年国务院颁布的《关于中国人民银行专门行使中央银行职能的决定》曾指出，中国人民银行"集中力量研究和做好全国金融的宏观决策，加强信贷资金管理，保持货币稳定"。1986 年的《中华人民共和国银行管理暂行条例》规定，中央银行与专业银行等金融机构"其金融业务活动都应以发展经济、稳定货币、提高社会经济效益为目标"。1993 年 11月，党的十四届三中全会通过《中共中央关于建立社会主义市场经济体制若干问题的决定》，按照会议精神，国务院颁布《关于金融体制改革的决定》，其中对中央银行货币政策最终目标的选择做了清楚表述：货币政策最终目标是保持货币的稳定，并以此促进经济增长。这一表述于 1995 年被写进了《中华人民共和国中国人民银行法》。2003 年 12 月 27日，由全国人民代表大会常务委员会第六次会议修正的《中华人民共和国中国人民银行法》进一步明确指出，中国人民银行的货币政策目标为"保持货币币值的稳定，并以此促进经济增长"。

应该承认，尽管保持货币币值的稳定是当代中央银行始终需要坚持的货币政策目标，但是，根据经济形势在短期对政策目标的实施有所侧重也是必要的、合理的。在 2002 年党的十六大上，中央提出宏观经济目标是促进经济增长、增加就业机会、稳定物价水平和维持国际收支平衡。这反映了政府对当时条件下经济形势的判断，宏观经济政策的着力点首先是促进经济增长。强调某一时期的政策重点与稳定货币币值的目标并不矛盾，因为在当时认为稳定货币币值就是防止通货紧缩，而防止通货紧缩与促进经济增长的目标是一致的。

（二）货币政策中介目标

中国人民银行专门行使中央银行职能之前，贷款规模和现金发行量（M_0）是中介目标。但随着改革开放带来的国内外因素的冲击，贷款和现金发行已经丧失了可测性、相关性和可控性，通过控制贷款已经达不到完全控制货币供应量的目的。所以，1993 年国务院发布《关于金融体制改革的决定》，指出"货币政策的中介目标和操作目标是货币供应量、信用总量、同业拆借利率和银行备付金率"。在此，中介目标为货币供应量和信用总量；操作目标为短期利率和基础货币中的准备金。1994 年第三季度，中国人民银行开始向社会按季度公布货币供给量。1995 年，中国人民银行开始尝试并于 1996 年正式把狭义货币供给量 M_1 作为货币政策中介目标的组成部分。"九五"规划和 2010 年国民经济发展目标纲要确定将 M_1、M_2 增长率分别控制在 17％和 23％，实际上已经意味着将 M_1、M_2 作为中介目标。M_1 作为流通手段和支付手段与商品和劳务相对应，代表全社会的即期需求，反映短期经济运行状况；M_2 的变化反映社会总需求的中长期变化。以货币供给量作为货币政策的中介目标，是我国金融宏观体系由直接控制为主到间接控制为主的重大转变。

在 2007 年美国次贷危机引发全球经济金融危机以后，中国政府采取了积极迅速的反应，货币政策在目标、操作工具及传导机制等方面均发生一定程度转向，在 2008 年年底将原本稳健的财政政策和从紧的货币政策调整为积极的财政政策和适度宽松的货币政策，由前期重点治理通货膨胀逐渐转向以宽松的货币政策来应对危机，实行了一系列以扩大内需为核心的逆风向调节措施，以刺激经济。2011 年，为了应对危机的大规模需求刺激计划以及国际大宗商品市场波动引发的通货膨胀，中国人民银行采取了稳健的货币政策，政策导向由克服危机到回归常态。在这一阶段，货币政策目标重点随着经济形势发生变化相应调整。

二、货币政策工具

我国的货币政策工具主要包括中央银行再贷款、再贴现政策、存款准备金率、公开市场操作、基准利率和间接信用等。

(一)中央银行再贷款

我国中央银行再贷款与一般意义的再贷款不完全相同，它事实上是由原先中央银行对专业银行的贷款演变而来的限额管理下的一种资金供给行为。1984 年中国人民银行行使中央银行职能后，决定实行"统一计划、划分资金、实贷实存、相互融通"的信贷资金管理体制，同年进一步对各专业银行核定借款基数，1985 年一次性贷给专业银行作为铺底资金。从此以后，中央银行对专业银行贷款就成为其吞吐基础货币的主要渠道。由于上述机制资金管理过于集中，1994 年中国人民银行制定了《信贷资金管理暂行办法》，以逐渐减少中央银行对金融机构的信用放款，并改为由中国人民银行对商业银行总行发放，加大通过货币市场吞吐基础货币的比重。1998 年 1 月 1 日，中国人民银行银行取消对国有商业银行的贷款规模管理，这标志着我国放弃了长期使用的最主要的货币政策工具。

(二)再贴现政策

1984 年，中国人民银行发布了《商业汇票承兑、贴现暂行办法》，先后开展商业汇票承兑和贴现业务；1986 年中国人民银行上海分行开办了再贴现业务；1994 年 11 月起正式开办再贴现业务，随后，我国的商业汇票承兑、贴现与再贴现业务在规范中不断发展，至 1997 年 3 月 1 日，中国人民银行对四家国有独资商业银行的总行开办再贴现业务，并把扩大票据承兑、贴现与再贴现业务作为加快金融宏观调控方式的重要政策措施。但是，商业银行申请的再贴现业务存在违规操作，审查把关不严。一些商业银行以不足额保证金开具全额银行汇票，使企业部门在银行间利用信用的规模成倍扩张，从而套取贴现银行的资金，严重扰乱了票据市场秩序。1998 年，中国人民银行两次下调再贴现利率，由 6.03% 下调至 3.96%，下调 2.07 百分点；贴现利率由各金融机构在再贴现利率基础上加点确定，但最高不得超过同档次贷款利率(含浮动)[①]，即中国人民银行改革了贴现利率生成机制，贴现利率和转贴现利率在再贴现利率的基础上加点生成，在不超过同期贷款利率(含浮动)的前提下由商业银行自定。再贴现利率从而成为中国人民银行一项独立的货币政策工具，服务于货币政策需要。

---

① 数据来源：1998 年中国人民银行文告，1998 年 12 月 5 日。

(三)存款准备金率

我国的存款准备金制度始于 1984 年，最初的动机是集中资金。自 1989 年以后，我国存款机构各类存款的法定准备金率均为 13%，此外各存款机构还要保持 5%~7% 的备付金，二者之和高达 20% 左右，致使商业银行在中央银行保持大量储备。这种情况降低了货币的流动性，制约了中国人民银行对货币供给的调控能力。1998 年 3 月 21 日，中国人民银行宣布，自 1998 年 3 月 25 日起，对存款准备金制度进行改革，将法定准备金账户和备付金账户合为准备金账户，将存款准备金率下调至 8%，同时降低中国人民银行对金融机构的存贷款利率，1999 年 11 月存款准备金率由 8% 下调到 6%，2003 年出现局部经济过热以后又调整到 7%。这标志着我国存款准备金制度已经成为间接调控的重要政策工具。

(四)公开市场操作

我国公开市场操作始于 1994 年外汇同业交易市场。外汇操作市场规定，持有或需要外汇的企业须按外汇指定银行的外汇挂牌价将外汇卖给银行或从银行买入外汇，外汇指定银行再根据自己的头寸情况，在银行间外汇市场上调剂外汇头寸。中国人民银行在上海设立了中国人民银行公开操作室，依据中国外汇交易中心指定的交易规则买卖外汇。上海外汇市场开办银行间远期外汇交易，并将在远期交易中率先引入询价交易方式，使得更多的市场主体能够参与进来，加速外汇交易市场化。复旦大学金融学教授孙立坚认为，人民币远期交易的推出，最主要的意义在于为即期汇率水平提供了参照系，能够反映人民币未来的走势。远期交易使得中国人民银行的货币政策工具更丰富，更有利于货币政策宏观上的灵活调控。

1996 年 4 月 9 日，中国人民银行开始以国债为交易对象的本币公开市场操作。当日中国人民银行收购短期国债 2.9 亿元。由于货币政策整体的需要，1997 年暂时停止公开市场业务操作，1998 年 5 月恢复国债交易。我国公开市场操作实行的是一级交易商制度，因为一级交易商是一些资产总额大、资金实力雄厚、能在二级市场参与大额债券交易的金融机构。公开市场操作选择财政部 1996 年发行的无纸化短期国债为工具，并且采用回购方式进行交易。"回购"是指卖方在卖出债券给买方的同时，买卖双方约定在将来某一指定日期以双方约定的价格，由卖方向买方买回相同数量的同品种债权的交易。

表 13-5 为 1998~2000 年中国人民银行公开市场操作概况。

表 13-5　1998~2000 年中国人民银行公开市场操作概况

年份	具体操作情况
1998	5 月恢复公开市场业务，操作 36 次，投放基础货币 701 亿元
1999	操作 52 次，投放基础货币 1 920 亿元
2000	8 月 1 日启动正回购，至 12 月 5 日净回笼基础货币 3 299 亿元，12 月中下旬适应需求变化，又投放 2 500 亿元，全年净回笼基础货币 822 亿元

资料来源：《中国人民银行货币政策报告》(1998~2000 年)

公开市场操作是我国重要的货币政策工具之一，对于增加中国人民银行基础货币投放和回笼、传导中国人民银行基础货币政策意图、调剂商业银行的资金头寸、配合财政政策的实施、促进银行间债券市场的发展都发挥了重要的作用，并取得了较为明显的效果。

中央银行票据是也是公开市场操作的重要工具，是中国人民银行为调节商业银行超额准备金而向商业银行发行的短期债务凭证，其实质是中央银行债券。商业银行在支付认购中央银行票据的款项后，其直接结果就是可贷资金量的减少。中央银行可以利用票据或回购及其组合，进行"余额控制、双向操作"，对中央银行票据进行滚动操作，增加公开市场操作的灵活性和针对性，增强执行货币政策的效果。中央银行票据期限为3个月到3年不等，中国人民行通过发行中央银行票据进行货币政策微调更加灵活。此外，由中国人民银行发行票据，在解决公开市场操作工具不足的同时，利用设置票据期限可以完善市场利率结构，形成市场基准利率。

(五)基准利率

中国人民银行自1986年将利率作为一种货币信贷政策工具使用，当时中国人民银行利率体系由存款准备金利率、备付金存款利率、再贷款利率、再贴现利率组成。在中国人民银行原有利率体系上，又推出了融资券和特种存款利率、专项贷款利率、邮政储蓄转存款利率、保险公司的总准备金、未到期的责任保险金和财产保险金利率。随着直接调控向间接调控的转变，中国人民银行在实施金融宏观调控过程中明显加大了对利率的调整力度。从1996年起，中国人民银行先后8次降低了存贷款利率，说明中国人民银行对利率的重视。表13-6是1996～1999年中国人民银行存贷款基准利率下调数据。

表13-6　1996～1999年中国人民银行存贷款基准利率下调数据(单位:%)

时间	1996-05-01	1996-08-23	1997-10-23	1998-03-25	1998-07-01	1998-12-07	1999-06-10
存款利率平均降幅	0.98	1.5	1.1	0.16	0.49	0.50	1.0
活期	2.97	1.98	1.71	1.71	1.44	1.44	0.99
3个月	4.86	3.33	2.88	2.88	2.79	2.79	1.98
半年	7.20	5.40	4.14	4.14	3.96	3.33	2.16
1年	9.18	7.47	5.67	5.22	4.77	3.78	2.25
2年	9.90	7.92	5.94	5.58	4.86	3.96	2.43
3年	10.80	8.28	6.21	6.21	4.95	4.14	2.70
5年	12.06	9.00	6.66	6.66	5.22	4.50	2.88
贷款利率平均降幅	0.75	1.2	1.5	0.6	1.12	0.5	0.75
6个月以内	9.72	9.18	7.65	7.02	6.57	6.12	5.58
6个月至1年	10.98	10.08	8.64	7.92	6.93	6.39	5.85
1～3年	13.14	10.98	9.36	9.00	7.11	6.66	5.94
3～5年	14.94	11.70	9.90	9.72	7.65	7.20	6.03
5年以上	15.12	12.42	10.53	10.35	8.01	7.56	6.21

资料来源:《中国金融年鉴》(1999～2002年)

(六)间接信用

在通货紧缩期间，中国人民银行不断尝试使用间接信用工具。2001年采取的间接信用指导包括鼓励基础设施贷款，开展个人消费信贷指导，调整小额农户信贷款政策指导，调整出口信贷政策，调整对中小企业贷款政策，调整对证券公司信贷政策，指导对非生产部门的信贷政策，如助学贷款，医院、学校建设贷款等。2002 年除了继续调整出口信贷政策、指导助学贷款，以及对非生产部门的信贷政策之外，还进一步增加支农再贷款，指导国债项目的配套贷款，推动商业银行改善对中小企业的信贷服务，制定支持再就业信贷政策等。

三、如何管理通货膨胀预期

(一)通货膨胀预期影响货币政策效应的发挥

通货膨胀预期是指公众对后一段时期内可能发生的通货膨胀及其幅度大小的事前估计。无论理论上或者事实均已经证实，经济体系中是否存在通货膨胀预期导致货币政策效应必然很不相同。当居民、企业部门形成通货膨胀预期，扩张性货币政策就有可能徒增物价而不能推高产出。货币政策效应与通胀预期的强弱此消彼长。

(二)我国实施通货膨胀目标制的条件与制约因素

"通货膨胀目标法"是 20 世纪初兴起的一种新的货币政策框架，即中央银行明确地设置并公布通货膨胀的控制目标（如加拿大为年度消费者物价上涨率为 2%±1%，英国为 2.5%±1%）。其优点在于具有很高的货币政策透明性，有助于市场主体形成稳定的通货膨胀预期。

我国已初步具备实施通货膨胀目标制的条件：第一，从我国总供给与总需关系来看，总体上仍然存在生产能力过剩问题，从供给方面观察具备了实行通货膨胀目标制的条件。第二，货币管理也是一种艺术，中国人民银行已经具备防止通货膨胀与通货紧缩两方面的经验。第三，利率决定机制已经部分地具备市场化特征。我国利率市场化改革尽管还没有止步，但是对大部分银行利率已经赋予很大灵活性，目前完全没有放开的主要是存款利率。第四，汇率体系已经或者正在发生重要变动。2005 年汇率改革以来，已经有效释放了人民币升值的压力，对进一步改革汇率体制创造了条件，保证汇率变动在均衡水平基础上比较稳定。此外，随着创业板市场的设立和金融衍生产品的不断推出，以及市场开放水平的提升，证券市场也将发生实质性变化，货币与资本市场联动效应增强。

当然，我国实施通货膨胀目标制也受一定因素的制约。从我国实际出发，总需求与能源资源对国际需求、国际市场依赖很强，国际市场价格波动对国内具有很强的感染，国内房地产市场、农产品价格显著不稳定，这些均成为通货膨胀不确定性的主要来源。此外，如何"管理"通货膨胀（通货紧缩）预期，无论是对于学术界还是对于货币宏观调控部门，都属于新的课题。从长期的货币政策实践看，中国人民银行在制定与实施货币政策时并非仅仅关注稳定物价，而是同时注意保持一定（较快）的经济增长率，货币政策制定与实施的"多目标"制是由我国社会状况与经济特征所共同决定的。2008 年爆发全球经济金融危机之后，中国人民银行实际采用"多目标"政策操作，将金融稳定、经济持续增长目标实际置于稳定物价之上。这些均成为实行通货膨胀目标制的制约因素。

(三)管理通货膨胀预期的目标权衡、方法和途径

1．"多目标"条件下中央银行的权衡选择

对通货膨胀目标制可以区分三类——固定区间、弹性区间和不公开宣示的目标区间。

固定区间指加拿大与英国的做法；弹性区间指货币政策当局可以根据每年或者一定时期具体情况确定不同的目标中心或者波动范围；不公开宣示的目标区间即指确定的通货膨胀目标仅有货币当局自己知道，外界则只能猜测，对货币政策制定与实施最缺乏约束力。我国货币政策实际上采用"多目标"制，重点变化会导致不同目标权重变化或者在不同目标之间进行切换，这时固定区间将难以兑现。由于存在各种制约因素，我国在一定时期将会选择弹性区间，中国人民银行的实际做法是不同时期宣示将通货膨胀控制在某个特定水平以内。

2. 管理通货膨胀预期的方法与途径

(1)估计一定时期的菲利普斯曲线，目的是确定通货膨胀目标，即对经济体系可接受的通货膨胀"定标"。根据对菲利普斯曲线的经验估计，选择就业水平和通货膨胀的组合关系，同时确定失业率上限和通货膨胀率的下限。我国近些年实际上将通货膨胀目标确定为3%～4%。

(2)研判货币政策影响通货膨胀的机制。需要建立模型来研究货币政策如何影响通货膨胀。同时中央银行需要确定对居民消费物价指数具有前瞻意义的、具有代表性的总体价格水平趋势指标，所选指标是既可以对货币政策做出反应，又可以影响主要通货膨胀指标——居民消费物价指数——的某种通货膨胀指标。为此，可以考虑将我国期货市场价格指数(或者其中某一个子集)作为满足总价格水平趋势的通货膨胀指数。

(3)确定货币政策管理通货膨胀预期的手段。控制货币供应量与调节中央银行基准利率仍然是影响通货膨胀预期的重要手段。现代市场经济中商业银行体系货币创造功能已非常发达，再加上各种金融工具创新导致中央银行仅通过控制基础货币影响货币量显得力不从心，如果放弃对商业银行信贷的直接控制，那么利率就是货币政策更为有效的工具。

(4)建立反馈与再调节机制。管理通货膨胀预期必须经过市场信息多次反馈、重复判断和再调节的过程。因此，中央银行需要明确和建立更加顺畅、快捷与具有前瞻性的货币政策反馈回路。例如，从货币信贷市场、期货市场、证券市场、大宗商品市场和经理人指数变化等及时获取信息，前瞻性地判断一般商品市场对货币政策的反应，根据对市场的研判适时调整货币政策操作工具，把握政策作用的节奏和力度，找准政策作用的主要着力点。

四、中国特定经济环境下货币政策效应分析

(一)1989～1991年市场需求远大于市场供给时的效应分析

货币政策对经济生活的影响有时有效，有时却往往与政策意图不尽相符，甚至相左。例如，当市场需求远远大于市场供给时，中央银行希望通过紧缩货币来紧缩市场需求从而使供求平衡，但政策出台以后却同时导致对市场供给的紧缩效应。1989～1991年就是这样的情况，由于1988年下半年一度出现抢购商品和挤提储蓄存款的局面，1989年市场供给缺口很大。1989年下半年中国人民银行实行了严峻的紧缩政策。但是这次紧缩造成厂商投资下降，供给缩小。这种情况导致1989年成为改革开放以后少有的低经济增长率伴随高通货膨胀率的年份。

当经济过冷时，中央银行希望通过扩大货币量的投放而启动经济，但经济并不一定会

由冷变热。由于 1989 年强力紧缩后经济急速滑坡，当年秋冬扩大货币供给，经济未见起色；1990 年再次采取扩张政策，还是没有明显的效果。也就是启动经济的货币投放并未形成有效的市场需求，因此经济出现了启而不动的局面。

(二)1993 年提出的"软着陆"与"适度从紧"政策的效果

1992 年经济高速增长（当年 GDP 增长 14.2％）具有不健康因素，随之出现两位数通货膨胀，个别地区和一些大中城市出现房地产泡沫。中央政府在 1993 年提出抑制通货膨胀与实现"软着陆"的政策目标。"软着陆"即采取从紧但是较为温和的货币政策与财政政策（适度从紧），以期平稳地实现市场经济供需协调的方针。1993 年中期"加强宏观调控"的抑制经济过热决策把握了问题的关键，既抑制了过热，又降低了通货膨胀率，同时实现了经济增长目标。提出多年的"软着陆"变成了现实。

由于货币政策与财政政策在 1989 年紧缩过度，造成了 1990～1991 年的经济滑坡，这启发宏观调控部门在制定政策时需要掌握好紧缩（或者扩张）的力度。这样，在 1993 年开始的"加强宏观调控"中，对有关货币政策的趋向逐渐形成了"适度从紧"的提法。有效实施货币政策需要把握好方向、力度和时机三个方面。

(三)经济进入通货紧缩时期"稳健的货币政策"

"稳健的货币政策"即审慎的货币政策，是在 1998 年出现通货紧缩后提出的。在通货紧缩背景下提出执行"稳健的货币政策"即意味着积极而又审慎地实施扩张性货币政策。

为了摆脱通货紧缩的困扰，1996 年 5 月～1999 年 6 月，中国人民银行先后七次宣布降息。2002 年 2 月 21 日中国人民银行再次宣布降息。除了降低利率之外，中国人民银行积极主动地扩大再贷款支持商业银行信贷。根据当时经济运行的特点，审时度势地采取相对放松的货币政策完全必要，不过以后的情况表明，在经济周期性下降阶段仅仅依靠货币政策不能实现预期目标，还必须采取财政政策扩大政府支出、进行公共工程建设直接影响社会总需求。

实践证明 1998～2002 年采取的"稳健的货币政策"与"积极的财政政策"是正确的。我国在这一时期有效地抵御了亚洲金融危机的冲击，在国内外复杂多变的环境下保持了国民经济的较快增长，促进了经济结构的优化升级，扩大了就业，增强了经济发展的后劲。根据以后情况的发展，作为宏观调控两大支柱的财政政策和货币政策还需要在更深层次和高水平上进行配合协调，要不断根据经济情况的变化进行调整以促进经济发展。

(四)2003 年之后经济过热环境下稳健的货币政策

2003 年中国进入了新一轮经济增长周期，这一时期外汇占款上升引发基础货币的快速增长。为抑制过度投资，引导货币信贷的合理增长，从 2003 年起货币政策调整为以反通货膨胀为主；2007 年实际执行从紧的货币政策，6 次上调利率，10 次上调存款准备金率；2008 年为反通货膨胀，5 次上调准备金率，使货币信贷总量基本适应经济增长的需要。在货币政策调控中，强调更多地使用市场化方式，完善和创新政策工具，如扩大利率浮动空间、发行中央银行票据、实行差别准备金率等。发挥信贷政策和窗口指导的作用，加大对农村金融、助学贷款、个人消费贷款的支持力度，限制对高能耗、高污染企业及过热行业的信贷投放。

综观这一个经济周期的货币政策表现，其政策取向是合理的，调整是积极的，政策制定与实施体现出一定的前瞻性。反通货膨胀的货币政策基调正确，避免了经济过热。

(五)2008年下半年至2013年货币政策由适度宽松向稳健回归

为了顺应国际国内经济形势变化，2008年下半年货币政策出现重大调整，2008年7月转为"一保一控"，9月提出实施适度宽松的货币政策，中国人民银行5次下调利率，4次下调存款准备金率。采取适度宽松的货币政策有利于提振市场信心和扩大内需，同时配合积极的财政政策，促进中国经济率先实现企稳回升。随着经济向好势头逐步巩固，通货膨胀预期和价格上涨压力也有所加大，中国人民银行及时调整货币政策的取向、节奏和力度，货币政策回归稳健。中国人民银行不断加强宏观审慎管理，引导货币条件逐步回归常态，有效遏制物价过快上涨势头，妥善处理好保持经济平衡较快发展、调整经济结构和管理通货膨胀预期的关系。2011年10月以后，针对外需减弱、国内经济增速放缓的情况，适时适度进行预调微调，引导金融机构加大对小型微型企业和国家重点在建、续建项目的金融支持，经济保持平稳较快发展，并由政策刺激向自主增长有序转变。

在此阶段，我国金融宏观调控工具体系进一步丰富，逆周期的金融宏观审慎管理制度框架初步建立，调控机制建设和转型取得重大进展，调控的科学性、有效性和前瞻性进一步提高，有力促进了"稳增长、抑通胀、减顺差、扩内需、调结构"目标的实现。

总之，经过多年的探索与实践，我国货币政策正逐渐走向成熟，呈现出工具多样化、方式灵活化和调控间接化的态势，有效增强了政策制定与实施的预见性、主动性和针对性。

复习思考题

1. 如何理解一般性货币政策工具？
2. 简述货币政策工具中的"窗口指导"。
3. 试述现代货币主义所指出的凯恩斯学派货币政策传导机制理论的缺陷。
4. 简述货币政策传导中的汇率传导机制理论。
5. 试述泰勒规则的主要内容。
6. 试分析货币政策效应的时滞。
7. 简述微观主体预期对货币政策效应的对消作用。
8. 试述金融改革与金融创新对货币政策效应的影响。
9. 简述货币政策的时间性效应。
10. 试分析我国特定经济环境下的货币政策效应。

参考文献

艾洪德，张贵乐.2001.货币银行学教程.大连：东北财经大学出版社

陈银娥.2000.凯恩斯主义货币政策研究.北京：中国金融出版社

弗里德曼 M.1991.弗里德曼文萃.高榕，范恒山译.北京：北京经济学院出版社

刘斌，黄先开，潘红宇.2001.货币政策与宏观经济定量研究.北京：科学出版社

刘明.2004.转型期金融运行与经济发展研究.北京：中国社会科学出版社

吕江林.1999.中国转轨时期的货币政策.北京：中国财政经济出版社

罗伯茨 P C.1987. 供应学派革命 . 杨鲁军,虞虹译 . 上海:上海译文出版社

米什金 F S.2011. 货币金融学 . 第九版 . 郑艳文,荆国勇译 . 北京:中国人民大学出版社

钱小安 .2002. 货币政策规则 . 北京:商务印书馆

谢平 .1991. 当代资本主义通货膨胀研究 . 北京:经济日报出版社

颜鹏飞,张彬 .1997. 凯恩斯主义经济政策述评 . 武汉:武汉大学出版社

姚遂,李健 .1999. 货币银行学 . 北京:中国金融出版社

张尚学 .2001. 货币银行学 . 天津:南开大学出版社

第十四章

金融创新、金融稳定与金融监管

金融创新(financial innovations)一方面提升了金融资源的开发利用和配置效率，便利了社会对融资和投资的需求，极大地推动着经济发展；另一方面也可能引致金融体系稳定性下降，金融系统性风险被强化，金融监管的有效性削弱，金融危机发生的可能性增加。完善金融监管体系并形成有效的金融稳定机制是确保金融创新健康可持续发展的必然途径。本章对金融创新的概念、金融创新动因及金融创新的若干形式作基本介绍，对金融稳定的主要蕴含、金融稳定机制加以阐述，对金融监管体制的演进历程作初步分析。

第一节 金融创新

经济学意义的创新概念最早出自熊彼特的《经济发展理论》(1990年)一书。所谓创新就是建立一种新的生产函数，指企业把一种从来没有使用过的生产要素和生产条件通过新组合引入生产体系，包括：①引进新产品或提升新产品质量；②引进新技术或采用新生产方法；③开辟新的市场；④采用新的原料或控制原材料的新供应来源；⑤实行新的企业组织，如造成或打破一种垄断地位①。

金融创新是创新理论在金融领域的拓展应用，也是金融发展的一种方式。金融创新大致可以划分为广义和狭义两类。广义的金融创新泛指金融发展史上出现的任何创造性变革，既有历史上的各种货币和信用形式的创新，以及由此衍生的货币信用制度创新，也有金融机构组织和经营管理创新，以及金融体系与结构的创新，也包括金融工具、金融业务创新。

从其内涵来看，金融创新就是在金融领域内建立新的生产函数，使各种金融要素实现新组合。它泛指金融体系和金融市场上出现的一系列新事物，包括新金融工具、新融资方

①　熊彼特 J A. 经济发展理论. 何畏，易家详，等译. 北京：商务印书馆，1991：73-74.

式、新金融市场、新的支付清算手段及新的金融组织形式与管理方法等内容①。美国在1991年出版的《银行词典》将金融创新定义为"支付制度促进银行及一般金融机构作为资金供求中介作用的减弱或改变",指出金融创新涵括四个方面内容:一是技术创新(technological innovations)。例如,电子通信系统,即以电子借记和贷记替代支票转账。二是风险转移创新(risk transferring innovations)。例如,可调利率抵押放款,将风险从一方转移到另一方。三是信用创造创新(credit generating innovations)。例如,住宅权益贷款,使借款人获得使用金融资产的新途径,增加信贷的有效供给。四是股权创造创新(equity generating innovations)。例如,委托可转换债券,使银行获得比发行新普通股成本更低却可以提高权益资本的新途径。

一、金融创新理论

(一)约束诱导理论

约束诱导理论的代表人物是美国经济学家 W. L. 西尔伯(W. L. Silber)。西尔伯于1983年5月发表《金融创新的发展》一文,提出金融创新的约束诱导假说。西尔伯认为金融创新是追求利润最大化的微观金融组织为消除或者减轻外部对其产生的金融压制而采取的自卫行为。金融创新是金融机构对强加于它的约束所做的反应,金融机构通过改变它所面对的机会规避约束。金融压制主要来自两方面:一是外部压制,即政府的控制和管理。其可区别为两种情况:一种是金融压制使金融机构效率降低,金融机构必须努力通过创新弥补损失;另一种是金融压制使金融机构所付出的机会成本越来越大,金融机构通过创新降低机会成本上升所带来的损失。二是内部压制,即金融企业内部制定的一系列规章制度,如增长率、资产比率、资产负债管理等指标。由于存在上述两方面的金融压制,特别是外部金融压制,实行最优化管理和追求最大化的金融机构,将会从机会成本角度和金融机构管理影子价格与实际价格的区别中来寻找最大限度的金融创新。西尔伯假定,只有与约束相对应的影子价格在一定时期内持续上升,才可能导致金融创新,此即微观金融组织金融创新行为的内在缘由。

(二)技术推进理论

美国经济学家韩农(T. H. Hannon)和麦道威(J. M. McDowell)于1984年发表《市场集中与技术在银行业的推广》一文,通过实证研究发现20世纪70年代美国银行业对新技术的采用和扩散与市场结构的变化密切相关,从而认为新技术的采用是导致金融创新的主要因素。依据技术推进理论,正是高科技在金融业的广泛应用,促进金融业务的电子计算机化和通信设备现代化,为金融创新提供了物质保障。新技术在金融领域的引进和运用极大压缩了金融活动的时间、空间,加快了资金的流动,降低了交易成本,使全球性金融交易和服务成为可能,各国金融制度在一定程度上趋同,金融市场日趋国际化,金融市场结构发生重大变革。

(三)制度因素理论

制度因素理论的代表人物有制度学派的诺斯(D. North)、戴维斯(L. E. Davies)、塞拉

---

① 陈岱孙,厉以宁. 国际金融学说史. 北京:中国金融出版社,1991:25.

(R. Sylla)等，他们主张从经济发展史角度分析金融创新，认为金融创新不是 20 世纪电子时代的产物，而是一种与经济制度相互影响、互为因果的制度变革。在管制严格的计划经济体制下，虽然也存在科技发展、通货膨胀、财富增长、内外制约等可以触发金融创新的因素，但高度集中统一的制度使金融创新受到极大限制。在纯粹自由放任的市场经济制度下，金融创新虽可以进行，但其种类很少，那些规避管制的金融创新已经没有必要出现。在制度学派看来，全方位的金融创新只能在受管制的市场经济制度下存在，包括两层含义：一是政府的管制和干预行为暗含金融制度领域创新的因素；二是在相对自由的市场经济及管制不严格的条件下，既存的政府管制阻碍金融活动，微观金融主体有机会进行金融创新回避管制，但这些金融创新对货币政策目标构成威胁时，政府当局又采取管制和干预措施，于是引发新一轮有针对性的制度创新。

(四)规避管制理论

美国经济学家 E. J. 凯恩(E. J. Kane)于 1984 年提出规避管制理论。他认为政府管制造成金融机构经营困难和利润下降，金融机构必然通过创新规避管制，从而将管制造成的潜在损失降低到最低限度。而当金融创新危及金融稳定和货币政策目标时，金融当局就会加强管制，强化管制又将导致新一轮金融创新。管制与规避管制引起的创新不断交替进行，形成一个动态的自由与管制的博弈过程。各种形式的政府管制往往造成对企业的隐含税收，阻碍金融机构从事盈利性活动和利用利润机会。当外在市场力量、市场机制与机构内在需求相结合而回避各种金融管制时，金融创新就应运而生。

(五)货币因素理论

美国经济学家 M. 弗里德曼(M. Friedman)和 P. 马丁(P. Martin)等认为，现代金融创新主要由货币因素促成。20 世纪 70 年代以来，通货膨胀恶化和利率汇率波动加剧，促使人们通过金融创新寻找合适的规避金融风险、维护自身利益的金融工具和金融交易。例如，可转让支付命令账户、浮息票据、与物价指数挂钩的公债等金融工具，均对通货膨胀和利率汇率有高度敏感性，其设计初衷在于抵御通货膨胀和利率汇率波动造成的冲击，使交易者在长期面临不确定环境条件下仍可获得相对稳定的收益[1]。弗里德曼认为，"前所未有的国际货币体系的特征及其最初的影响，是促使金融创新不断出现并形成要求放松金融市场管制压力的主要原因"[2]。

(六)交易成本理论

希尔斯(J. R. Hichs)和尼汉斯(J. Niehans)于 1978 年提出了金融创新的交易成本理论，具体含义有：第一，降低交易成本是金融创新的首要动机，交易成本高低决定金融业务和金融工具的创新是否具有实际价值；第二，金融创新实质上是对科技进步导致交易成本降低的反应。对金融交易成本的界定存在狭义和广义之争，狭义交易成本是指买卖金融资产的直接费用，包括转移金融资产所有权成本、经纪人佣金以及借入和支出的非利率成本；广义交易成本除直接费用以外，还包括投资风险、资产预期净收益、投资者收入和财产及

---

① 马丁 P. 今后十年的货币政策. 转引自王广谦. 20 世纪西方货币金融理论研究：进展与述评. 北京：经济科学出版社，2003：407.

② 弗里德曼 M. 通货膨胀与金融创新. 转引自王广谦. 20 世纪西方货币金融理论研究：进展与述评. 北京：经济科学出版社，2003：407.

替代成本等。

希尔斯把交易成本和货币需求与金融创新联系起来，由之得出结论：交易成本是作用于货币需求的一个重要因素，不同的需求产生对不同类型金融工具的要求，交易成本的变化使经济个体对需求预期发生变化。交易成本降低的趋势使货币向更高级的形式演变和发展，产生新的交换媒介和新金融工具。持续降低交易成本就会刺激金融创新，改善金融服务。换言之，金融创新过程就是不断降低交易成本的过程。

(七)财富增长理论

格林鲍姆(S. I. Greenbem)和海沃德(C. F. Haywool)在研究美国金融业发展历史时，发现财富增长是决定金融资产和金融创新需求的主要因素。他们认为，科技进步带来财富迅速增长，扩大了人们对金融资产和金融交易的需求，改变了人们对金融服务的偏好。财富增加必然使人们持有资产的动机和形式多样化，要求避免风险的愿望更为强烈，由此引发金融创新以满足日益增长的金融需求。

上述西方金融创新理论从不同侧面分析某一因素对金融创新的作用或影响。不同流派对金融创新的动因解释各异，但也并不妨碍它们具有相似之处。技术推进理论和交易成本理论都强调了科技进步在金融创新中的推动作用；约束诱导理论、制度因素理论和规避管制理论均主张金融制度的逆境动因。上述理论均说明在一定时间和空间条件下金融创新的生成机理，但各自偏执一词，缺少对金融创新生成的背景因素之间相互影响、相互作用的综合性分析。20世纪80年代又先后出现金融创新的特征需求论、一般均衡模型、理性效率假说及群体压力假说，但这些理论也主要是从金融创新的动因方面补充或细化了早期理论。因此，金融创新理论迄今仍未形成一种系统性的框架。

二、金融创新形式

从广义上讲，金融创新主要包括金融业务创新、金融市场创新、金融机构创新和金融制度创新四个方面。

(一)金融业务创新

(1)负债业务创新。其主要包括大额可转让定期存单、可转让支付命令账户、自动转账服务、货币市场存款账户、存款与保单组合、可转换债券；其他与负债相关的创新业务包括股金汇票账户、个人退休金账户及货币市场存单等。这些业务创新绕开了利率管理和存款准备金管制，扩大了银行的资金来源，提高了银行负债管理的主动性。

(2)资产业务创新。一是消费信用，包括一次偿还的消费信用和分期偿还的消费信用。这种资产业务方式发展迅速，已经成为一些商业银行的主要资产项目；二是住宅贷款，包括固定利率抵押贷款、浮动利率抵押贷款和可调整的抵押贷款；三是银团贷款；四是其他资产业务的创新，如平行贷款、可转换式贷款与证券、票据发行等。

(3)中间业务创新。银行中间业务的创新改变了银行传统的业务结构，增强了银行机构的市场竞争力，主要有以下内容：一是信托业务，包括证券投资信托、动产和不动产信托、公益信托等；二是租赁业务，包括融资性租赁、经营性租赁、杠杆性租赁等。

(4)清算系统创新。其包括信用卡的开发与使用，资金电子化转移系统、电子化清算系统、自动付款系统等金融电子系统形成的电子化资金流动网络。

(二)金融市场创新

金融市场创新的核心内容是金融工具的创新,其本质是通过对传统金融工具的收益性、风险性、流动性、可交易性、数量大小、期限长短、权利义务等不同特征进行分离与重新组合,从而能有效地规避金融市场风险及各种金融管制,主要包括欧洲货币市场的金融工具创新和衍生金融市场的金融工具创新。

(1)欧洲货币市场的金融工具创新主要是指贷款工具,如多种货币贷款、平行贷款、背对背贷款、浮动利率债券、票据发行便利、远期利率协定等。

(2)金融衍生市场的金融工具创新包括金融远期、金融期货、金融期权与金融互换等衍生金融工具。

20世纪90年代以后,一大批新型金融工具不断涌现,具有代表性的有:债券差价认股权证(bond spread warrants)、固定浮息合成票据(fixed-floating hybrid notes)、股指增长票据(stock index growth notes)、杠杆价差票据(leveraged diff notes)、衍生头寸证券化(securitization of derivatives positions)等。这些金融工具虽形式繁多,但其本质上也是以传统金融工具与衍生金融工具为共同基础,是迅速发展的金融市场针对特定需求将传统金融工具与衍生金融工具进一步衍生的产物。

(三)金融机构创新

20世纪50年代,随着经济全球化趋势加剧,金融业竞争也日趋激烈,同时以电子计算机技术为代表的新技术革命到来,金融机构的组织结构和管理方式发生根本性的变化。结果是涌现出许多新型金融机构,如无人银行、网络银行、跨国大型复合金融机构和金融超市。金融机构在业务和组织创新的基础上逐步突破分业经营的管制,各类金融机构的业务和性质有趋同趋势。在过去单一制、总分行制的基础上,创新出连锁制、控股公司制以及经济上相互独立而业务上协调一致的联盟制银行,同时出现全自动化分支机构、百货店式分支机构、金融广场式分支机构、专业店分支机构等。

(四)金融制度创新

金融制度创新包括国内金融制度创新和国际金融制度创新。在全球经济自由化浪潮的冲击下,许多国家纷纷修改和调整金融法规以打破金融管制的桎梏。美国政府在1999年通过的《现代金融服务法案》打通了金融混业经营的隔离墙;加拿大国会在1992年对《银行法》进行了大幅度修改,允许商业银行通过附属公司从事信托、保险和证券业务,在2001年通过的《C-8法案》允许建立银行控股公司、保险控股公司,促进了非银行金融机构的种类和规模的迅速扩大。国内金融制度创新则使银行与保险、信托、证券等非银行金融机构之间的职能界限逐渐模糊,各国金融机构均出现由分业经营向综合经营方向发展的趋势。

国际金融制度创新主要表现为国际货币制度的重建和国际金融监管制度的形成。20世纪70年代以美元为中心的布雷顿森林体系解体后,国际货币基金组织在全球范围逐步建立以多元化国际储备资产、浮动汇率制度和黄金非货币化为核心的牙买加体系。区域性货币体系方兴未艾,区域内有关国家和地区在货币金融领域的协调与合作不断强化。2002年7月1日,欧元的诞生标志着区域性货币体系的创新取得巨大成功。

三、金融创新效应

金融创新极大地改变了现代金融的内在特征和外在形式，并对金融业发展和经济运行产生重要影响。一方面，金融创新在提高金融机构和金融市场运行效率的基础上，提升了金融资源的开发利用和配置效率，便利了社会对融资和投资的需求，增加了金融业对经济发展的贡献度，极大地推动了经济发展。另一方面，金融创新使得金融体系的稳定性下降，金融创新只是分散了个体风险，但并没有消除风险，积累的结果是金融系统性风险增加，金融监管的有效性削弱，金融危机发生的可能性增加。

金融创新的效应包括以下方面。

（1）金融创新大幅度增加金融工具的品种和数量，新型金融工具有利于提高持有金融资产的实际收益，增加金融资产的安全性和流动性，为获得更完善的金融服务和金融便利提供条件。

（2）新金融工具、金融业务和金融服务方式不断涌现，使金融机构业务逐渐向满足各种类型客户对金融产品和金融服务多样化需求的综合业务方向发展。大量具有风险转移功能的新金融工具的使用增强了金融机构的风险规避能力。

（3）金融创新使货币定义和计量复杂化，中央银行越来越难以把握货币总量变化，导致传统货币政策的效力降低。金融创新部分地改变了货币政策的传导机制，货币供应的内生性增强，明显削弱了中央银行对货币供应的控制能力和控制程度。

（4）一大批高收益和高风险并存的新型金融工具，尤其是衍生金融工具出现，诱致出现金融市场异化现象，如高杠杆效应所引起的投机性加剧。金融创新对国内金融机构参与国际金融市场交易活动提供助力，加大了金融监管的难度。

四、金融创新环境

(一)金融创新的制度环境

金融创新的制度环境是指金融创新所依赖的金融体系运行规则的统一体，可将其概括为以下方面。

第一，经济体制环境。在不完全自由市场经济体制下，金融机构市场准入、金融市场交易和市场退出等均由金融法规体系监督激烈市场竞争，金融机构作为独立的经济体，在追逐利润、转移风险、争夺社会金融资源的过程中，必然会产生获利性、避险性、扩源性的创新动机，由此引发各种金融制度、金融业务和金融组织创新。因此，只有在不完全自由市场经济体制下，金融创新才有可能大规模产出。

第二，产权制度环境。产权制度是金融创新的内生变量，作为最基本的制度安排，产权制度在经济增长中起着关键作用，对金融发展和创新也起着决定性的作用，尤其对于那些从计划经济过渡到市场经济的转轨国家来说，明晰或安全的产权是金融发展的充要条件[①]。

第三，法律制度环境。法律制度环境是指正式的法律制度以及在法律制度的原则指导

---

① Johnson S，McMillan J，Woodruff C. Property rights and finance. American Economic Review，2002，(92)：1335-1356.

下制定的各种规章、指引、意见和劝诫。金融创新不仅需要明晰的产权安排，而且需要合理的法律制度作保障。法律制度构成一切与金融创新相关的制度环境的基础，公司治理规则、会计审计规则、信息披露规则、支付结算体系等都是建立在法律基础之上的。法律制度不仅确定创新活动的产权基础和权利主体，也划定创新的边界。

（二）金融创新的市场环境

金融创新的市场环境是指影响金融创新的市场结构和市场需求等因素，这些因素与金融创新活动密切相关。在不同的市场结构中，金融活动的竞争程度和垄断程度不一，金融创新的条件和环境也不同。

在垄断竞争的市场结构中，众多金融机构各自提供有差别的产品和服务，在不同范围内有一定的垄断性，金融机构进入市场主要受到法律限制而非垄断阻止。垄断竞争的市场结构也具有竞争性，有利于金融创新因素的发挥。在这种市场结构下价格竞争受到限制，金融机构更注重从产品或服务的差别化中获得收益，在获利性和扩源性动机的驱使下，业务创新较为活跃。同时，因进入金融市场和业务经营受法律限制与监管，在规避性动机驱使下可能引发一系列组织、制度与业务创新。

金融创新也依赖于投资者和消费者对具有良好金融服务功能的新型金融工具的愿望，这些新型金融工具满足了人们对某些特有职能或特征的需求。简言之，金融创新要以市场需求为基础，有市场需求才会有创新源泉，任何金融创新必须能够在市场上被接受和认可。

（三）金融创新的科技环境

发达的科技环境是金融创新的有力后盾，科技进步除了对总体社会的发展有着重要影响外，在刺激金融创新方面也具有不可替代的重要作用。以电子计算机技术为重要标志的技术革命为金融创新奠定了基础。现代电子计算机技术产生的信息储存、再现和传递方法使信息处理的速度加快，成本降低，从而为金融产品和金融交易方式创新提供了有利条件，尤其在当代条件下，金融创新大多都直接或间接地依赖于技术进步。

第二节 金融稳定

对金融稳定的基本内涵在理论界、实务界尚未形成统一认识。德国中央银行认为金融稳定是一种状态，即金融体系能够有效地发挥其配置资源、分散风险、便利支付清算的功能，而且在出现各种冲击及结构性变化时，依然能发挥其基本功能。2003年修订的《中华人民共和国中国人民银行法》赋予中国人民银行维护金融稳定的职能。2005年中国人民银行首次发布了《中国金融稳定报告》，其中将金融稳定解释为"金融体系处于能够有效发挥其关键功能的状态"，在这种状态下，宏观经济健康运行，货币政策和财政政策稳健有效，金融生态环境不断改善，金融机构、金融市场及金融基础设施能够有效地发挥资源配置、风险管理、支付结算等关键功能，并且在受到外部冲击时，金融系统总体仍然能够平稳运行。

一、金融不稳定的历史

金融不稳定可以说历史悠久，自从金融业产生以来就伴随着金融不稳定状态的存在。

与金融危机相比，金融不稳定是一种更为经常的状态[1]。金融危机是金融不稳定的极端情形和集中表现，也是一种偶发性状态。在 1552～1920 年，欧洲大陆每十年左右爆发一次金融危机，影响较大的有 16 世纪欧洲银行家对国王贷款引发金融风潮所导致的危机(1557年)，17 世纪普鲁士铸币危机(1619 年)、荷兰郁金香狂潮(1636 年)，18 世纪法国密西西比泡沫和英国南海泡沫(1719 年)[2]。20 世纪 30 年代，由纽约股票市场崩盘引发的金融危机将危机的破坏性推至极点，美国在 1930～1933 年有超过 7 600 家银行倒闭，金融危机进一步演变成经济大萧条，并在主要资本主义国家全面蔓延，成为触发第二次世界大战的经济因素。这一时期的金融危机并没有被人们看做金融体系自身的一种状态，更多的被认为是与经济周期波动联系在一起的市场现象。第二次世界大战之后，全球经济与金融经历了近 30 年的平稳发展期，直到 1971 年布雷顿森林体系的崩溃。此后，国际金融市场动荡加剧，金融危机频繁爆发。近期发生的两次具有全球意义的金融危机，即 1997 年东南亚金融危机和 2007 年美国次贷危机，均对全球经济产生了重大影响。

二、金融不稳定理论

新古典主义经济学代表人物马歇尔研究了金融市场和工商业波动之间的关系，认为脱离实体经济的商业和银行信用助长工商业波动，是经济周期性波动的重要原因。凯恩斯非常关注金融市场不确定性经由资本边际效率变动进而影响经济周期波动的事实。费雪主要从经济周期动态角度解释金融不稳定，认为周期性金融危机本质上是一种债务与通货紧缩的循环过程。现代金融不稳定理论大致可以分为两类，即信用或银行体系不稳定理论和货币危机理论。

(一)明斯基的金融不稳定假说

海曼·明斯基(Hyman P. Minsky)以美国经济学家凡勃伦的金融体系内在不稳定性理论为基础，提出"金融不稳定假说"。明斯基认为，金融不稳定是由以商业银行为代表的信用创造机构和借款人的相关特性决定的。他将市场上的借款者分为三类：第一类是抵补性借款者(hedge)，即只根据自身未来现金流量作抵补性融资的借款人，属于最安全借款人；第二类是投机性借款者(speculative)，即根据所预测的未来资金余缺程度和时间来确定借款额的借款人，属于有风险借款人；第三类是"庞兹"借款者(Ponzi)，即需要滚动融资用于支付借款本息的借款人，包括由于投资项目回收期太长，长时间无法取得投资收益，在一定时期内靠借新还旧的借款人，以及在很大程度上已经丧失流动性和偿付能力，只能靠继续借款避免破产的借款人，属于高风险、最不安全的借款人。因外部冲击引起的经济周期性变化，往往导致经济体系中这三类借款人的比重发生变化。当经济开始进入过度繁荣之前，第一类借款人占据着主导地位。而当投资出现过度繁荣和经济泡沫开始扩大时，第一类借款人的比重明显下降，第二、三类借款人的比重则显著上升。这时，随着借款需求的迅速扩大，短期利率上升并逐渐推动长期利率上升。利率上升导致主要依靠借款

---

① 张礼卿. 金融自由化与金融稳定. 北京：人民出版社，2005：50.

② 此期间发生的金融危机具体请参照金德尔伯格 CP. 西欧金融史. 徐子健，何建雄，朱忠译. 北京：中国金融出版社，1991：16-21.

进行投资的企业财务状况恶化,利润下降,并使市场情绪从乐观向忧虑转变。当部分企业出现倒闭时,市场的忧虑迅速转变为恐慌,银行贷款也开始急剧收缩,从而导致资产价格迅速下降,全面金融危机随之爆发①。

(二)金融危机的微观经济学理论

1. 银行挤兑理论

Diamond 和 Dybvig(1983)认为,在非对称信息环境中,金融中介机构的存在通常会提高资源配置效率。但是,这些金融中介自身却可能不稳定,银行挤兑风险是其典型表现。银行的基本功能是提供期限转换机制,短借长贷是其经营特点。由于大数定律,一般来说存款人不会在同一时间提取存款,银行正常的经营支付也不会发生问题。但当许多存款人集中到银行提取存款,即"挤兑"时,银行可能陷于危机甚至倒闭,而一家银行的挤兑将会引发更多银行挤兑,危机蔓延到整个银行体系,于是金融危机爆发。为什么会发生"挤兑"? 不同理论给予不同解释。一些学者运用信息不对称和博弈论建立银行挤兑模型,较好地解释了存款人的挤兑行为,从而为金融危机提供了一种重要理论解释。

2. 金融市场功能弱化理论

Mishkin(1999)运用信息不对称原理提出,金融市场存在的信息不对称会造成逆向选择和道德风险。尽管金融中介具有集中生产信息的优势,对于克服逆向选择和道德风险有重要作用,但是,从另一角度看,它在面对借款人时同样存在着信息不对称。当逆向选择和道德风险因某些冲击变得严重时,金融中介也将不能有效发挥作用。由之贷款规模下降并导致金融活动萎缩,进而对实体经济产生不利影响。Mishkin 认为,有四方面因素导致信息不对称问题加剧并进而导致金融危机。第一,金融部门资产负债表恶化。如果银行的资产负债表严重恶化,其资本金将急剧减少,当不能增加资本金时,唯一的选择就是减少贷款。这无疑会导致金融市场收缩,并且对实体经济产生严重不利的影响。第二,利率上升。当利率上升时逆向选择问题将更加突出。利率升高使谨慎的借款人可能取消原有的借款计划,诱使借款人中高风险借款人比重上升。面对这一困局,银行倾向于减少贷款。第三,不确定性增加。当金融市场不确定性增加时,银行对借款要求的甄别和筛选将更为困难,合乎情理的选择仍将是减少贷款。第四,企业资产负债表恶化。当借款企业的资产状况恶化时,其担保品的价值也将下降,引致借款企业产生机会主义倾向,道德风险上升,贷款机制的逆向选择发生。

(三)货币危机理论

货币危机是宏观经济领域金融不稳定的集中表现,也是金融危机主要形态之一。货币危机是指投机冲击导致一国货币大幅度贬值,抑或迫使该国金融当局为保卫本币而动用大量国际储备或大幅提高利率。自 20 世纪 80 年代以来,随着经济与金融全球化步伐的加快,金融危机变得更加频繁且更加容易向全球传播蔓延。对货币危机的研究较有代表性且解释力较强的是所谓的"三代金融危机模型",其分别为强调扩张性财政政策和货币政策与

---

① 明斯基 H P. 金融不稳定假说:资本主义过程和经济行为. 见:刘明. 转型期金融运行与经济发展研究. 北京:中国社会科学出版社,2004;394-420.明斯基将金融不稳定界定为"相对于目前产出价格资产价格快速地、累积性地变化"。

固定汇率之间内在矛盾的国际收支危机模型(第一代模型)，强调货币危机预期自我实现性质的多重均衡危机模型(第二代模型)，以及强调裙带资本主义和金融机构道德风险与金融危机之间关系的道德风险模型(第三模型)[①]。

三、金融体系稳定机制

(一)金融体系稳定的宏观政策协调机制

1. 金融体系稳定中财政政策的影响机制[②]

赤字财政政策影响金融稳定的关键在于外部经济环境、赤字弥补方式及赤字融资的效率。

第一，赤字财政政策的实施前提是有效需求不足，政府支出增加不会产生挤出效应或者政府支出的收益率大于私人投资收益率。如果政府赤字融资进行投资所产生的赤字融资支出收益率低于私人部门的投资收益率，则一方面会降低经济运行效率，经济与金融运行的脆弱性增加；另一方面，赤字融资支出效率低可能导致政府债务危机，从而对金融稳定形成冲击，可能引发金融危机。

第二，如果政府无节制地发行债券，一旦市场怀疑政府的支付能力，其便会抛售债券，造成债务危机。即使政府支付能力稳健，但由于政府大规模融资行为导致金融市场资金供给不能满足需求，市场利率出现剧烈波动及节节攀升，也有可能引发金融体系不稳定。

除以上两点，赤字政策通过影响对外部门亦将冲击金融稳定。赤字财政政策并非必然导致经济与金融不稳定，其与金融稳定的关系取决于一系列前提条件。

2. 金融体系稳定中货币政策的影响机制

首先，货币政策目标一定程度上体现货币政策操作对经济与金融发展、稳定与效率的阶段性偏好。Schwartz(1988)认为以币值稳定为目标的货币政策，既可以降低金融不稳定发生概率，也可以降低金融不稳定的严重程度。由于协调不同目标存在一定困难，多重目标货币政策往往使货币当局无所适从，而单一目标选择又容易导致其他方面效率损失。所以，货币政策目标需要根据金融发展的阶段特征进行调整，不同时期往往各有侧重，同时注重对长期目标与短期目标的综合考虑，以避免经济金融运行出现过度波动。

其次，货币政策的独立性越强也就越能准确地传达政策信息，金融机构根据自身的经营原则，对企业和居民的贷款数量、投向及其利率浮动幅度做出相应调整，以期影响经济行为，最终对宏观经济和金融稳定产生影响。实证研究也发现，中央银行独立性越强，一国发生银行危机的概率越小。同时，中央银行对银行业监管权力的掌握也降低了银行危机发生的可能性。

最后，一国持续的扩张性货币政策在金融危机潜伏与爆发过程中具有重要负面影响。如果中央银行采取过度宽松的货币政策，物价水平将变得不稳定，物价水平波动将使实际财富在借贷双方之间重新分配，并且有可能造成损失方破产。如果这种现象大范围出现，

---

① 闻岳春. 西方金融理论. 北京：商务印书馆，2006：359.
② 刘仁伍. 金融稳定：机理与评价. 北京：中国财政经济出版社，2007：101-109.

在全社会层面坏账将急剧增加，引起银行挤兑危机，进而蔓延至宏观金融总体。不适当的紧缩货币政策将导致相对较低的物价水平和较高的利率，这又将带来经济增长下降。如果紧缩的货币政策没有降低通货膨胀而同时恶化经济的基本面，金融体系的风险也将增加。

3. 金融体系稳定中的财政政策与货币政策协调

财政政策与货币政策的协调有利于宏观经济稳定。尽管两种政策均为调控宏观经济不可或缺的工具，但在作用机制、调节范围、政策功能、调控层次和政策时效方面存在差异。这些差异使得财政与货币政策对宏观经济的调控各有利弊，运用单一政策很难全面实现宏观调控目标。只有两者相互协调、密切配合并扬长避短，才能增强政策合力，实现宏观经济的稳定。财政政策目标或货币政策目标与金融稳定在很多时候存在偏离甚至冲突，无论财政政策还是货币政策，都可能引发金融体系不稳定甚至金融危机，这就要求在财政政策和货币政策之外引入宏观审慎政策以防范和应对金融不稳定。

(二)金融体系稳定的公司治理机制

1. 金融机构行为影响金融体系稳定的机制

金融机构虽然也属于企业，但由于金融企业的特殊性，金融机构行为特征将直接影响金融体系核心功能的有效发挥。大多数理论学说都认为金融存在固有的脆弱性(financial fragility)。20世纪80年代米什金(Minsky)的金融脆弱性假说就指出，金融脆弱性是指高负债经营的行业特点决定了金融业具有更容易失败的本性。这种狭义的金融脆弱性概念是从金融机构的角度出发定义的。除了金融机构高负债经营的特点之外，金融机构也存在资产负债的期限不匹配问题，负债大多是期限较短的居民储蓄，而大部分资产却是长期的贷款等债权。除了这些内在的结构特征会影响金融稳定以外，金融机构的过度信贷行为、非完全有效的金融市场、信息不完全、金融资产价格过度波动等因素均会与金融体系稳定产生关联。

2. 金融体系稳定中的公司治理

公司治理是指通过一套包括正式或非正式的、内部或外部的制度或机制，协调公司与所有利益相关者之间的利益关系，保证公司决策的科学化，从而最终维护公司利益。现代公司已经超越股东成为一种社会利益共同体。公司治理机制也不再局限于以治理结构为基础的内部治理，而是利益相关者通过一系列内外部机制实施共同治理；治理目标不是股东利益最大化，而是要确保公司决策的科学性，从而保证公司各方面利益相关者利益最大化。金融机构是经营货币这一特殊商品意义上的公司，其特殊的经济功能和内在脆弱性导致在符合一般性公司治理理论的同时，还存在着一些显著不同于其他行业的公司治理特征。正因如此，金融机构的公司治理才备受社会关注。完善金融机构的公司治理结构，在金融机构内部形成权力相互制衡的机制，约束金融机构的非理性行为，必有利于促进金融机构的稳健经营，防范和化解金融风险。

(三)金融体系稳定的宏观审慎监管机制

宏观审慎监管是微观审慎监管方法的有益补充，该方法不仅考虑单个金融机构的风险敞口，更是从金融体系的系统性角度出发对金融体系进行风险监测，从而实现金融稳定。宏观审慎监管与微观审慎监管的区别见表14-1。

表 14-1　宏观审慎监管与微观审慎监管的区别

指标	宏观审慎监管	微观审慎监管
初始目标	防范金融体系的风险	防范单个机构的风险
最终目标	避免宏观经济波动	保护消费者(投资者或存款人)利益
风险模式	内生	外生
机构之间的相关性及风险关联性	密切相关	不相关
校准目标及方式	金融体系；自上而下	单个机构；自下而上

　　实施宏观审慎监管要求更多地关注信贷增长、资产价格变动、金融业杠杆程度、金融制度的顺周期和系统性风险的逐步累积等宏观因素，从整个金融体系角度，分析、评估金融机构在风险暴露方面的共性特征与相关性、经营模式的可持续性及单个机构的合理行为是否将造成宏观不稳定，及时发现可能产生的系统性风险隐患，并采取措施防范酝酿中的系统性风险或者缓解其影响。一般来说，中央银行、财政部门和监管机构共同承担维护金融稳定的责任，建立宏观审慎监管框架，必须建立健全中央银行、财政部和其他监管部门共同参与的制度性框架，尤其要明确中央银行在宏观审慎监管框架中的地位，并厘清中央银行与其他相关部门的关系[①]。

　　(四)金融体系稳定的风险预警机制

　　金融体系稳定的风险预警机制是指以经济金融统计理论方法为依据，以信息技术为基础，识别和预测某国或某经济体在一定时期内潜在的金融风险类别、形式和大小程度的宏观金融监测机制。该机制除了包括指标体系和预测方法之外，还包括必要的法律框架和组织结构等制度安排。

　　对各种风险因素共性和特性的识别、分析与提示是金融风险预警机制的主要内容。宏观金融监管部门通过从指标选取到模型设计等一系列工作，建立起金融体系稳定的风险预警机制，目的在于前瞻性地、全面地发现风险隐患，发出提示警报，消除或减少潜在负面不确定性带来的损失。金融风险预警机制的基本功能是以风险预警为导向，以矫正失误和隐患为手段，以免疫风险为目的的防错纠正机制。同时，其还可以为实现风险的有效管理提供全面支持。

　　风险预警体系至少可以发挥以下四个方面的作用：一是利用各类指标信息，对金融机构的经营状况、管理水平和运行环境进行静态的评价分析，判断其各类风险的分布状况和严重程度，以此作为金融机构绩效考核的一项重要依据；二是对金融机构有关风险指标、经营管理活动及综合风险趋势进行动态监测和分析，及时发现风险隐患，并向有关部门和金融机构发出预警信号；三是帮助监管者合理分配监管资源，确定监管重点，提高监管效率和效果；四是便于早期预警单个风险的性质、特征、严重程度和发展趋势，为监管部门提前采取适当监管措施提供客观充分的决策依据，提高科学决策水平，防范和化解金融风险。

　　从运行角度看，金融风险预警机制首先要有专业机构，组成风险预警中心；其次按照

---

　　① 李妍. 宏观审慎监管与金融稳定. 金融研究, 2009, 8: 55.

风险预警机制的基本程序，即风险信号采集—风险信号处理—风险状态测评—风险类型识别—风险状态度量—风险等级评估—风险总体判断—风险管理决策运作管理[①]。

(五)金融体系稳定的危机管理机制

危机管理机制是指由中央银行最后贷款人制度和存款保险制度构成，一旦发生金融危机，旨在抑制其破坏性影响，保持金融体系稳定的一种安全保护机制。危机管理机制与审慎性监管机制共同构筑了一个国家的金融安全网，成为金融体系结构的一个不可分割的组成部分，对于促进金融体系的稳定极其重要。与审慎性监管机制主要具有事前预防性质不同，危机管理机制侧重于事后危机处理。两种机制的最终目的都是防范化解金融危机、维护金融稳定，但其直接目标、使用方式、手段和效果各不相同，二者具有不可替代性。

1. 最后贷款人制度

最后贷款人的基本含义只是在实行部分准备金制和中央银行垄断货币发行的前提下，中央银行为应对将引起流动性需求非正常增长的不利冲击，在其他市场来源不能满足这种流动性需求的情况下，对金融机构或整个市场相机提供紧急流动性的制度安排。最后贷款人制度在一定程度上弥补了市场缺陷，为金融体系稳定提供隐性担保，因而也成为维系现代金融体系稳定的重要支柱。最后贷款人主要承担着两种角色：一是危机贷款人，即在危机中提供资金支持；二是危机管制者，即最后贷款人本身有责任处理危机或潜在危机。最后贷款人主要应对以下三个问题：支付体系的联结中断；存款储蓄机构因流动性不足而出现存款外逃；金融市场崩溃。

2. 存款保险制度

存款保险制度是一国政府为了保护存款安全和储户利益而建立的制度安排，通过银行缴纳一定比例的保费，在银行发生经营风险或者遭遇危机时为存款人提供补偿。根据是否制定明确的法律来保证这一制度的实施，存款保险制度可以分为隐性存款保险和显性存款保险。从20世纪60年代起，越来越多的国家开始选择这一制度作为保证国内银行业稳健经营和经济健康发展的重要手段，并寄希望于此来降低银行经营失败等系统性风险。

四、中国维护金融稳定的探索

2003年以来，中国政府通过不断深化金融改革，逐步建立了银行、证券、保险分业监管的金融监管体制；通过修改《中华人民共和国中国人民银行法》加强中国人民银行防范和化解金融风险、维护金融稳定的职能。按照《中华人民共和国中国人民银行法》的要求，中国人民银行积极探索确立金融稳定的目标和任务，明确维护金融稳定的方式[②]。

在金融机构改革方面，国有独资商业银行股份制改革成效显著，银行业现代公司治理结构已经发挥作用，资本充足率、资产质量、风险拨备和盈利水平等财务指标大幅度提高，抵御金融风险的能力明显增强。深化农村信用社改革取得重大进展，试点地区农村信用社经营状况渐次好转。交通银行、中国人民财产保险股份有限公司、中国人寿和平安保险在境外成功上市，公司治理水平改善，增强了国际竞争力。

① 许传华.金融稳定协调机制研究.北京：中国财政经济出版社，2008：20.
② 周小川.维护金融稳定是中央银行的天职.中国金融，2005，(22)：8-9.

在金融市场建设方面，政府注重建立健全货币市场、资本市场、保险市场有机结合的协调机制，维护金融市场平稳运行。货币市场和保险市场日益完善，参与主体日渐多元化，跨市场的金融创新产品不断增加。2004年年初国务院颁布的《关于推进资本市场改革开放和稳定发展的若干意见》对资本市场发展和证券业改革进行了整体部署，将大力发展资本市场提升到国民经济发展全局的战略高度，股权分置等资本市场的深层次问题循序稳妥解决。

中国人民银行也会同有关部门，积极探索维护金融稳定的新方法、新途径和新手段，建立和完善存款保险制度、证券投资者保护制度和保险保障制度，建立灵活有效的金融风险应急机制。中国人民银行在《2011年中国金融稳定报告》中指出，"十二五"期间要构建逆周期的金融宏观审慎管理制度框架，处理好促进金融体系稳定与影响金融体系效率、宏观审慎监管与微观审慎监管及货币政策、宏观审慎管理与会计标准之间的关系，建立逆周期的宏观调控机制，降低系统性金融机构风险，加强金融统计和系统性风险监测预警体系建设，建立健全危机管理和系统性风险处置框架，以熨平经济周期性波动，防范系统性风险，维护金融稳定。

我国在经济转轨过程中积累的金融风险没有被完全释放，在建设社会主义市场经济体制进程中还将出现新的金融风险。目前，金融领域还存在以下问题：直接融资与间接融资比例失调，银行贷款占GDP的比例过高，金融风险集中于银行业；币值稳定仍然面临很大的潜在压力，汇率形成机制仍待进一步完善；金融机构的风险控制和公司治理水平离现代企业制度要求仍有差距，金融创新能力不足；在金融机构风险处置中，防范道德风险的任务依然艰巨；金融生态环境有待进一步改善。随着经济增长方式转变、产业结构调整及国际经济金融形势变化，日益开放的中国金融体系必然面临更多的内外部冲击和压力，维护金融稳定的任务艰巨，需要各个部门的共同努力和全社会的关注与支持。

第三节 金融监管

一、金融监管概述

(一)金融监管的概念

金融监管(financial supervision and regulation)从内涵来说是一个复合性概念，包括金融监督和金融管理双重属性。金融监督是指一个国家或地区金融主管当局对金融机构和金融市场实施全面的、经常性的检查和督促，以确保金融业稳健地运营和安全健康地发展。金融管理是指金融主管当局依照相关法律法规对金融体系构成及其行为活动进行领导、组织、协调和控制，维护金融体系的安全稳定。金融监管从外延来说有狭义和广义之分。狭义金融监管指外部监管，即金融主管当局依据法规授权对金融业实施监督和管理。广义金融监管则在监管主体和对象的范围方面有所扩大，监管主体除包括金融主管当局外，还包括金融行业自律组织、社会中介组织及金融机构的内部监控部门。监管的对象除了金融机构外，还应包括参与金融活动的所有参与者，如上市公司、个人投资者等。

(二)金融监管的目标

金融监管的目标包含多重内容，概括起来主要有以下几个方面：①维护金融体系的稳定与安全。金融监管需要先建立和维护正常的金融交易秩序,监督金融机构稳健经营,降低和防范金融风险,维护社会对金融体系的信心,防止金融危机的发生。②促进公平、有效的竞争,提高金融体系效率。金融监管要确保金融市场主体拥有平等的机会和权力,实现公平竞争。金融监管需要实现对金融创新与良性竞争的鼓励,以提高金融体系的服务效率,约束金融违规与过度竞争,促进金融资源的优化配置。③保护社会公众利益。金融监管要保护存款人、投资人等社会公众的利益,防止其受不法侵害。④确保金融机构的经营活动与货币政策目标的一致。中央银行通过严格的监管措施,限制商业银行与中央银行货币政策意向不一致的经营活动,促使它们配合中央银行贯彻实施货币政策。

(三)金融监管的原则

(1)独立性原则。金融监管主体应保持相对的独立性,享有操作上的自主权和充分的资源,避免受到利益集团或地方政府的影响或干预。

(2)依法监管原则。依法监管有两方面的含义:一是所有金融机构都必须接受金融监管当局的监管,不能有例外;二是金融监管必须依法进行,以确保金融监管的权威性、严肃性、强制性和一贯性,从而保证金融监管的有效性。

(3)适度性原则。金融监管应创造适度竞争的金融市场环境,形成和保持适度的金融竞争格局,避免造成金融高度垄断,失去竞争从而失去金融活力和生机;同时也要防止出现过度竞争、破坏性竞争,从而危及金融安全和稳定。

(4)外部监管与自律监管相结合原则。外部监管要到达到预期效果需要监管对象的配合、金融机构的自我约束,这样才能有效避免道德风险的发生。若完全寄希望于金融机构的自律,则个别金融机构的冒险行为将可能危及整个金融体系。因此,外部监管与自律监管相结合是非常必要的。

(5)不干涉内部管理原则。只要金融主体的经营活动符合金融法律、法规规定的范围、种类和可承担的风险程度,并依法经营,金融监管当局不应作过多干涉。

(6)效率性原则。金融监管的收益表现为金融体系的稳定和经济市场的正常运行,但金融监管也需要支付监管成本,这些成本包括维持监管机构的支付、监管过程的支付及监管对象应对监管的支付等。因此,金融监管应该兼顾效益与成本的统一。

(7)公正性原则。监管机构应当以客观事实为依据,公正地履行监管职能,保证金融交易各方的平等地位。

(四)金融监管的内容

金融监管的内容取决于其目标,按照不同的分类标准,金融监管的内容有不同类别。若按照金融监管的主要内容或范围来划分,监管内容主要有市场准入监管、市场运作监管和市场退出监管三个方面①。

1. **市场准入监管**

市场准入监管是一国金融监管当局对拟设立的金融机构采取的限制性措施。对金融机构的准入监管主要考虑以下几个方面:一是资本金的最低要求;二是董事、高级管理人员的专业知识和业务工作经验;三是市场状况和经济发展的需要;四是营业场所、安全防范

---

① 孟钊兰. 中央银行学. 西安:西安交通大学出版社,2007:266.

措施和与业务有关的其他设施等。

2. 市场运作监管

市场运作监管是指金融机构成立后，对其日常的市场经营运作进行监管，主要包括以下几个方面：资本充足率监管、最低实收资本金监管、流动性监管、业务范围监管、资产质量监管、贷款风险比例监管、准备金监管，以及对金融机构经营活动的稽核、检查和监督。

3. 市场退出监督

市场退出监督是指金融监管当局对金融机构因分立、合（兼）并、变更、解散、破产倒闭或严重违规等退出金融市场而实施的监督管理。

(五)金融监管的形式与方法

1. 金融监管形式

金融监管在形式上可以分为三种类型：第一，金融监管当局或中央银行直接监管。这是一种最为常见的监管形式，即由金融监管当局或中央银行对金融机构的市场准入和退出审批管理，对所有业务活动进行现场和非现场监管。第二，金融监管当局或中央银行委托监管，包括委托金融机构内部稽核部门进行监管和委托社会中介机构进行监管。第三，行业自律管理。通过金融行业协会进行行业协调，规范金融机构之间的竞争，避免出现相互的恶性竞争。

2. 金融监管方法

金融监管方法分非现场监管和现场监管两种。非现场监管是指不需要直接到达被监管金融机构处，而是通过转送报表和资料、建立信息网络等方法搜集相关的经营数据，运用一定的技术方法（如各类模型和比例分析等），研究分析金融机构经营的总体状况、风险管理状况、合规情况等，发现其风险管理中存在的问题，对其稳健性经营状况进行评价。非现场监管的优点在于监管及时、全面和成本低，而且不受时间和空间的限制，能够提供连续的监测信息。监管当局通过分析和评价，对存在较大风险的金融机构发出预警，督促其及时纠正和调整经营行为。非现场监管包括以下环节：一是采集数据；二是对有关数据进行核对整理；三是生成风险监管指标值；四是风险监测分析和质询；五是风险评价和早期预警；六是指导现场检查。

现场监管是指由金融监管当局指派监管人员亲临金融机构营业场所，对被监管金融机构的会计凭证、账簿、报表、现金、实物资产、文件档案和规章制度等进行检查、分析、鉴别，直接对有关人和事进行查访，核实、检查和评价金融机构报表的真实性和准确性，金融机构的总体经营状况、风险管理能力与内部控制的完善性和有效性，资产质量状况和损失准备金的充足性，管理层的经营能力，非现场监管和以往现场监管中发现的问题的整改情况，以及金融机构的合法经营情况等。现场监管的优点在于能够对具体的监管对象进行比较深入细致的了解，及时发现某些隐蔽性问题，特别是对一些欺诈行为尤为有效。其不足是耗费成本大，而且受时间空间的限制，一时一地进行监管缺乏全面性，在具体操作上有可能产生片面性和滞后性，监管弹性比较大①。

---

① 卞志村. 金融监管学. 北京：人民出版社，2011：37.

二、金融监管理论

金融监管理论的基础是政府管制理论，是结合对金融业特殊性的分析发展和完善起来的。金融监管理论所要研究的基本问题是：为什么要实施金融监管；金融监管是否有效。围绕着这些基本问题，形成了不同的金融监管理论。

(一)金融监管的理论依据

1. 公共利益论

公共利益论认为，市场缺陷的存在，有必要让代表公众利益的政府在一定程度上介入经济生活，通过管制来纠正或消除市场缺陷，以达到提高社会资源配置效率、降低社会福利损失的目的。公共利益理论是目前关于金融监管最为成熟和规范的理论，它从金融市场自身难以克服的功能失灵论述了金融监管的必要，认为通过政府直接干预微观金融主体活动，消除市场失灵所带来的价格扭曲，尽可能恢复金融市场优化资源配置的功能。不过，金融监管并不总能很有效地保护公众利益和消费者利益，监管过程也存在着大量的直接成本和社会净损失。许多国家的监管实践也证明，监管替代市场机制的效率是低下的。一方面，监管经常扰乱金融机构的效率函数，与监管的其他目标相冲突。另一方面，监管会引起市场信号的扭曲，使理性监管所需要的信息对于监管者来说是无效的，增加金融体系的系统风险。因而不少学者对市场失灵要求行业监管的立论提出了异议。

2. 管制供求论

管制供求论认为，行业监管并没有建立在公共利益基础之上，而是建立在为被监管集团的利益而损害消费者利益的基础上。监管产生了被监管行业的租金，这些租金由消费者支付，政治家从这些被监管者方面可以得到部分租金。如果期望的政治租金的净成本是正的，那么生产者将需求监管；如果对政治家产生监管的成本给予充分的补偿，那么他们将供给监管。也就是说，监管是由市场中需求与供给进行配置的金融服务，供给者是政府或政治家，在监管的交换中他们获得金融资源或政绩的认可；需求者是那些想要获取利益的利益集团，在监管中他们通过拓展自身经济地位来获取最大利益，如寻求直接的资金补贴，限制进入者和相关政策。现有的金融机构希望通过金融监管来限制潜在的竞争，消费者也需要通过监管促使金融机构提高服务质量、降低服务收费。由此可见，是否提供管制以及管制的性质、范围和程度最终取决于管制供求双方力量的对比。

管制供求论在一定程度上为保护生产者的观点提供了理论基础，为监管需求向监管法律法规的实施提供了联系或转化机制。根据管制供求理论，监管者通过过度监管来规避监管不力的动机，但这样却可能增加被监管者的成本，从而受到抵制。监管供求论不足之处在于缺乏对一个行业的监管方式及其预测能力的评判标准，同时监管的需求与供给曲线难以确定，以至于无法计量，所以监管供求论无法被证实。

(二)关于金融监管有效性的争论

1. 监管俘获论

监管俘获论认为，随着时间的推移，监管机构会越来越为监管对象(被监管者)所支配，监管者会越来越迁就被监管者的利益而不是保护所谓的公共利益。监管在限制垄断权力方面已经变得越来越没有效率，监管机构往往被某些行业巨头俘获，成为他们的"管家"，从而监管行为严重损害正常合理的资源配置，导致行业和部门之间的投资及其他要素的不合理配置。监管俘获论的积极意义在于它将人们的注意力从仅从经济学理论出发对监管进行研究，转向对监管者实际行为和动机的考察。不过，其未能说明什么因素导致监管机构行为变异，亦未说明为什么监管者会背离初衷而与被监管者形成相互依赖关系。

2. 监管成本论

监管成本论认为，监管的成本除了维持监管机构存在和执行监管任务的行政费用之外，还会带来四方面隐含成本：第一，道德风险，监管会导致私人部门有意或无意地去冒更大的风险，换句话说，监管会造成人们放松正常的谨慎标准。结果增加整体资产的风险水平，道德风险加大了逆向选择效应；第二，守法成本，是指金融机构为了遵守或满足监管规定而额外承担的成本，如为了满足法定准备金的要求而降低资金使用效率；第三，社会经济福利损失，是指接受监管的各经济主体产出可能低于不存在监管时的产出；第四，动态成本，监管有时起着保护低效率的生产结构的作用，因而成为管理和技术革新的障碍，造成动态经济效率下降。正因存在上述成本，监管成本论认为监管可能是不合算的。

3. 监管失灵论

监管失灵理论认为，市场固然存在缺陷，政府同样会失灵，即政府管制并不必然实现资源有效配置，其表现在以下几方面。

其一，监管者是经济人。具体从事监管的人员也是独立的利益个体，有实现自身利益最大化的理性需求，监管者可能为利益诱惑，利用手中的权力为少数利益集团服务。

其二，监管行为的非理想化。监管者实施监管时所面临的信息不完全，被监管者为了自身利益向监管者传递虚假信息，监管者自身具有的有限理性，这些因素使监管者不可能做出正确决策。监管存在时滞，监管者能否适时推出恰当监管措施及能否及时纠正不当行为均值得怀疑，这使监管的有效性大打折扣。

其三，监管的低效率。离开市场竞争和约束，监管部门提高监管效率的压力和动机消失，作为管制制度供给者的监管机构逐渐成为官僚。监管失灵论的意义在于告诉人们，若存在监管失灵因素，就不可能通过金融监管解决所有由市场失灵带来的问题。

三、金融监管体制

(一)金融监管体制的类型

金融监管体制是指为实现特定的社会经济目标而对金融活动施加影响的一整套机制和组织结构的总和。它是金融监管的制度基础，是监管上的集权和分权的制度安排。金融监管体制与金融业的经营体制密切相关，金融业存在分业经营、混业经营之分，所以金融监管体制可以分为三大类型，即分业监管体制、集中监管体制及介于两者之间的过渡模式，即不完全集中监管体制①。

1. 分业监管体制

分业监管体制也称分头监管体制，是指根据不同的金融机构或金融业务范围，分别设置不同的监管主体对不同的金融机构进行监管的体制。各国的分业监管体制通常由多个金

---

①　卞志村．金融监管学．北京：人民出版社，2011：75．

融监管机构共同承担监管职责，一般银行业由中央银行或银行专业监管机构负债监管，证券业由证券监督管理委员会负责监管，保险业由保险监督管理委员会负责监管，各监管机构既分工负责，又协调配合，共同组成一个国家金融监管组织体制。

2. 集中监管体制

集中监管体制也称统一监管体制或混业监管体制，是指在国内只设置一个统一的金融监管主体，对金融机构、金融产品和金融市场进行全面监管的体制。在集中监管体制下，监管机构可能是中央银行，也可能是其他专设的监管机构。

3. 不完全集中监管体制

不完全集中监管体制也称不完全统一监管体制。不完全集中监管体制又可分为牵头式监管体制、双峰式监管体制和伞式监管体制。牵头式监管体制是指在分业监管机构之上设置一个牵头监管机构，负责不同监管机构之间的协调工作，在分业监管主体之间建立一种合作、磋商与协调机制。双峰式监管体制是依据金融监管目标设置两类监管机构，一类机构专门负责对金融机构和金融市场进行监管，以控制金融业的系统风险；另一类机构专门对金融机构的经营业务和相关机构的金融业务进行监管，以规范金融经营行为，保证金融稳健运行，维护金融与经济秩序的稳定。伞式监管体制是美国金融监管体制的模式，它是对同时从事银行业、证券业、保险业及商业银行等业务的金融持股公司实行伞式监管制度，即从整体上指定联邦储备理事会为金融持股公司的伞形监管人，负责该公司的综合监管；同时，金融持股公司又按其所经营业务的种类接受不同行业主要功能监管人的监管；伞式监管人与功能监管人必须相互协调、共同配合。

(二)各种金融监管体制的比较

金融监管是应金融业的发展需要而产生，相应的监管体制随着金融监管的出现应运而生。不同的历史发展阶段出现了不同类型的监管体制，每一种体制都在经济与金融发展中发挥着重要作用。受到政治、经济、文化等因素的影响，每一种体制既存在众多优势也会有或多或少的不足(表 14-2)。事实上，各种监管体制并无绝对的优劣之分，选择什么样的监管体制，除了依据监管目标的需要，还应结合各国政治、经济和文化等具体实际情况。

表 14-2　各种监管体制的比较

金融监管体制	优势	不足
分业监管体制	具有监管专业化优势；会产生充分竞争优势	容易出现监管真空和重复监管；监管成本可能较高
集中监管体制	能有效降低成本；可以有效地改善监管环境；有很强的适应性和抗风险性；更加稳定和连续；可更充分地利用人力资源	目标容易交叉、重复；通常用监管冲突的内部化解决监管冲突问题；缺少监管竞争，容易导致官僚主义和道德风险；会引发监管文化差异冲突；容易混淆不同行业的风险控制技术
不完全集中监管体制	牵头式监管模式：可以通过合作提高监管效率	牵头式监管：整个金融体系的风险由谁来控制，事实上牵头监管机构并不能做到控制整个金融体系的风险

续表

金融监管体制	优势	不足
不完全集中监管体制	双峰式监管模式：第一，与集中监管体制相比，它在一定程度上保留了监管机构之间的竞争和制约的关系；第二，与分业监管体制相比，它降低了监管机构之间相互协调的成本和难度，同时在审慎监管和业务监管两个层面内部，尽量避免监管真空或监管交叉、重复；第三，在各自的领域保证了监管规则的一致性	
	伞式监管模式：金融持股公司的稳健性得到一定保障	联邦监管部门与州监管部门之间在监管过程中会出现监管冲突，仍然存在监管效率问题

（三）主要国家的金融监管体制

1. 美国金融监管体制

金融业是受美国政府监管最严格的一个行业，一个多世纪以来，美国金融监管体制从无到有，从松散到完整，进而逐步走向较为规范的现代机构及监管体制。美国一直实行的分业监管体制，不同的金融业领域设定不同的监管机构（图 14-1）。

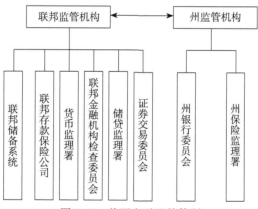

图 14-1　美国金融监管体制

从图 14-1 可以看到，美国实行是双线多头监管体制。双线多头是指联邦政府与地方政府同时享有监管权力，在联邦与地方分别设有多个金融监管机构，两级政府监管机构互不隶属和互不干涉。货币监理署和州银行委员会是美国银行最主要的两个监管者，前者负责对国民银行发放营业执照，后者负责对州银行发放营业执照。另外，联邦储备系统、联邦存款保险公司、证券交易委员会、储贷监理署、州保险监理署和州银行委员会等机构都从各自的职能出发进行监管。其中，联邦储备系统、联邦存款保险公司是最主要的监管机构。美国所有的国民银行都是联邦储备体系成员，州银行可以自主选择成为成员银行或者非成员银行。联邦储备系统对所有成员银行都负有直接的监管职能，同时也是金融控股公司的基本监管者。在实际监管过程中，联邦储备系统的监管重点主要是大商业银行和大机构，联邦储备系统对众多小银行和机构主要从清算和资金循环等方面进行监管，对业务监管以抽查为主。同时，为了保证银行和整个金融体系的安全稳定，联邦存款保险公司除了对存款保险外，还兼有金融检查、金融预警职能，并对投保银行实施严格的直接监管。

2. 英国金融监管体制

长期以来，英国一直实行单线多头式的金融监管体制，即监管权力集中于英国政府，由不同的监管机构发挥功能。20 世纪 80 年代以前，金融监管主要依靠自律机构，其自律机构与其他国家相比种类繁多，在金融监管方面发挥着重要作用。20 世纪 80 年代以后，英国出台了一系列的立法，规定银行监管局、证券与投资管理局、证券与期货管理局、互助金融注册部、个人管理局、投资基金管理局、保险监管局、互助金融机构委员会和住房信贷机构委员九个机构承担不同的监管职能。这九家金融监管机构与英格兰银行一起共同对金融机构进行监管，形成了一个集中统一的分业监管框架。

1997 年，英国建立了金融服务监管局，其负责对银行、投资公司、保险公司和住房信贷机构的审批和审慎监管，以及对金融市场清算和结算体系的监管。英格兰银行主要负责执行货币政策和保证金融市场稳定，保留最后贷款人职能，并在金融服务监管局的高层领导中有代表权。此外，英格兰银行通过直接介入支付体系能够首先发现金融体系的潜在问题。英国财政部负责全面金融监管组织构架的制定和金融监管的立法，金融服务监管局、英格兰银行和与财政部之间通过签署备忘录的方式，明确分工合作关系，共同维护金融稳定。

3. 日本金融监管体制

日本金融行政监管的最高权力机构是金融厅，银行、证券、保险等商业金融机构均由金融厅独立监管或与相关专业部门共同监管。金融厅为内阁的外设局，下设总务企划局、检察局、监督局三个职能部门，并分设金融审议会、汽车损害赔偿责任保险审议会、公认会计审议会、企业会计审议会、股票估算委员会、证券监管交易委员会六个专门委员会。金融厅的监管方式以职能监管为主，各职能部门按照监管业务的性质进行设置；在职能分工的基础上，再依照行业细分设置科室，对不同性质和类型的金融机构进行分业监管。金融厅主要直接监管大型金融机构，对地方性中小金融机构的监管工作则委托地方财务局代为实施。

日本单线多头金融监管体制的建立促进了日本金融机构的兼并重组，推动了金融业务的自由化，也为金融机构参与国际金融竞争提供了有力的支持。当然，日本的金融监管体制还处于不断的改革之中。

四、金融监管的国际合作

金融监管的国际合作主要是指国际经济组织、金融组织与各国以及各国之间，在金融监管政策、金融监管行动等方面采取共同步骤和措施，通过相互间协调与合作提高金融监管效率，达到金融体系稳定和健康运行的目的。经济全球化和金融全球化突破了国界限制在全球范围配置资源，使得资源以更加合理的方式被运用，资金的利用效率也大为提高，这有力地推动着世界经济的快速发展和世界贸易的快速增长，同时也使国与国之间的经济金融的相互依赖和相互渗透日益深化。金融全球化在给世界各国带来众多利益的同时，也通过蔓延效应使金融危机迅速扩散，产生巨大的波及与放大效应，世界各国无一能置身之外。因此各国之间只有建立紧密的金融监管协调与合作机制，才能有效地防止金融危机的蔓延传播。近十几年来，经过国际社会和各国政府的共同努力，若干国际金融组织或机构得以建立，金融监管国际合作的框架初步形成并不断完善。这些国际金融组织在稳定国际金融秩序，促进国际金融监管合作方面发挥了重要作用。

(一)巴塞尔银行监管委员会

在金融监管的国际合作主体中，最引人注目且与银行监管最为直接的当属巴塞尔银行监管委员会，多年的发展已使其成为金融监管国际合作的中心。巴塞尔银行监管委员会的建立，标志着金融监管的国际合作从理论到实践的转变。

巴塞尔银行监管委员会的宗旨是为国际银行业的监管问题提供一个正式的讨论场所，以增强各国金融监管当局间的合作，堵塞监管网漏洞及提高全球银行业的监管质量。巴塞尔银行监管委员会的成员并未赋予其跨国监管的权力，所以其制定一系列统一"标准"、"准则"及"原则"等文件从不具备、亦从未试图具备任何法律效力。这些"标准"、"准则"和"原则"统称为《巴塞尔协议》，它只是以建议的方式对国际金融监管法律制度进行协调。尽管如此，《巴塞尔协议》的实质性效力仍有目共睹，协议内容得到了包括非成员在内的国家和地区的广泛认同与遵守而逐渐成为国际惯例，许多国家甚至在检讨自己的银行法律、法规与《巴塞尔协议》之间的差距，各国都愿意以《巴塞尔协议》来约束本国的商业银行。可以说，在很大程度上，《巴塞尔协议》已成为国际银行监管合作的国际标准，而巴塞尔银行监管委员会也已被国际社会视为全球性的国际银行风险监管机构。

(二)国际证券委员会组织

国际证券委员会组织(International Organization of Securities Commissions，IOSCO)成立于1983年，总部设在蒙特利尔，前身是创立于1974年旨在促进美洲证券市场发展的美洲国家间地区协会(Inter-American Regional Association)。该组织成员分为正式会员、准会员和协作会员，其中正式会员有109个，准会员有11个，协作会员有63个。其成员组成的明显特点是既包括国家和地区的证券监管机构，又包括行业自律性组织、证券交易所及国际组织。组织成员中只有正式会员才有投票资格。国际证券委员会组织并非强制性的执行机构，其提议是建议性的，对成员不具有强制约束力。国际证券委员会组织是目前国际上唯一的多边证券监管组织，是国际证券业监管者合作的中心。国际证券委员会组织的宗旨包括以下几个方面：第一，通过合作提高监管标准，以维持公正、有效和健全的市场；第二，通过信息和(监管)经验的交流，以促进国内市场的发展；第三，通过共同努力建立起国际证券交易的标准和有效监管；第四，通过相互协助，严格采用和执行相关标准确保市场的一体化。

(三)国际保险监管者协会

国际保险监管者协会(International Association of Insurance Supervisors，IAIS)成立于1994年，协会秘书处原来设在美国全国保险监管者委员会，1998年迁往国际清算银行，从而在更大程度上便利了各个监管组织之间广泛而及时的合作。目前，国际保险监管者协会的会员已经超过180个，包括120多个国家的保险监管当局。从1999年起，国际保险监管者协会开始接受观察员会员，包括保险行业协会、保险公司、国际组织等。国际保险监管者协会的宗旨主要有两个：第一，通过合作改进国内乃至国际层面的保险监管，以促进保险市场的效率、公平、安全和稳定，保障投资者利益。第二，通过各方努力，制定供各成员选择遵守的监管标准。其基本工作包括：为各国（地区）监管者之间的会晤与交流提供场所和机会；及时向成员转达保险业监管发展的最新信息；制定各国（地区）协调一致的、非强制性的监管标准等。该协会也成立了专门的新兴市场经济委员会，制定和发布了《新兴市场经济保险规则及监管指南》。

　　虽然国际保险监管者协会成立较晚，但国际金融领域新的发展形势，已经使它很快成为与国际证券委员会组织和巴塞尔银行监管委员会并列地推动和实现金融监管国际合作的三大主体之一。

（四）区域性金融监管组织

　　随着经济金融的区域化发展趋势的加强，区域内进行金融监管合作的紧迫性也越来突显。目前，世界各地区存在众多的区域性监管组织，这些区域金融监管组织成员或者在地理上相互邻近，或者在某种类型的金融业务上具有共同点，以此为基础，形成了不同的区域性组织（表 14-3）。有时，一个国家可能会同时属于不同的区域性组织[①]。

表 14-3　区域性金融监管组织

区域性监管组织名称	成立时间	成员（国家和地区）
离岸银行监管组织	1980 年	阿鲁巴、巴哈马群岛、巴林、巴巴多斯、开曼群岛、百慕大群岛、塞浦路斯、直布罗陀、昆西、中国香港、马恩岛、泽西、黎巴嫩、马其顿、毛里求斯、巴拿马、荷属安地列斯群岛、新加坡、瓦鲁阿图
北欧监管组织	1925 年	丹麦、芬兰、冰岛、挪威、瑞典
东南亚中央银行组织	1966 年	印度尼西亚、马来西亚、菲律宾、泰国、缅甸、中国台湾、韩国、尼泊尔、斯里兰卡、新西兰
海湾合作理事会银行监管组织	1983 年	巴林、科威特、卡塔尔、阿曼、阿拉伯联合酋长国、沙特阿拉伯
中东欧国家银行监管组织	1990 年	白俄罗斯、保加利亚、捷克、爱沙尼亚、匈牙利、波兰、拉脱维亚、立陶宛、马其顿、摩尔多瓦、罗马尼亚、俄罗斯、乌克兰、斯洛伐克、斯洛文尼亚
东亚和太平洋中央银行执行会议	1991 年	澳大利亚、新西兰、中国内地、日本、韩国、中国香港、新加坡、印度尼西亚、马来西亚、菲律宾、泰国
东部非洲和南部非洲银行监管组织	1993 年	安哥拉、南非、肯尼亚、莱索托、马拉维、乌干达、赞比亚、扎伊尔、博茨瓦纳、毛里求斯、莫桑比克、纳米比亚、斯威士兰、坦桑尼亚、津巴布韦、埃塞俄比亚
中西非银行监管组织	1994 年	加纳、喀麦隆、冈比亚、扎伊尔、科特迪瓦、尼日利亚、塞拉利昂、马达加斯加

[①]　孙焕民. 金融监管的国际协作：实践与理论探索. 云南财经大学博士学位论文，2004：68-70.

第四节　中国金融监管体制

一、中国金融监管体制的演进

新中国成立以后，我国通过没收官僚资本银行，取缔外资银行在华特权，改造私营企业，在国民经济恢复时期，建立了一个以中国人民银行为主体，私营银行、公私合营银行和农村集体信用合作社为辅的金融体系。1950年11月，经政务院批准的《中国人民银行试行组织条例》明确规定，中国人民银行受政务院领导，与财政部保持密切联系，主管全国货币金融事宜，其职能之一就是"掌握金融行政，监管私营、公私合营及外商金融业，管理金融市场"。这一时期，中国人民银行既行使中央银行职能，又履行金融监管职能。经过多年对私人金融业的社会主义改造之后，1955年2月1日，我国公私合营银行并入当地人民银行储蓄部。1953年3月25日成立中国农业银行，1957年8月1日中国农业银行撤销并入中国人民银行。此后，虽有成立中国农业银行、中国银行、中国人民保险公司的历史，但时间都不长，一直到1979年以前，我国建立和加强了集中统一的金融管理体制，实行大一统的银行体制，中国人民银行既行使中央银行职能，又从事商业银行业务，成为全国唯一的银行机构，对金融业的监督管理工作也随之消失。"文化大革命"时期，政府明文宣布废止金融法规，并将中国人民银行与财政部合并，这时期也就无所谓金融监管问题。

从1970年中国农业银行恢复之后，中国人民银行对金融业的监督管理工作重新恢复。进入20世纪80年代，随着经济体制改革的全面展开，我国的金融体制改革和金融体系的建立也迈开了坚实的步伐。1983年9月，中国人民银行开始单独行使中央银行职能，逐步重视对金融业监管职能的发挥，并从机构设立、人员补充入手，开始建立我国中央银行金融监管体制。1986年1月1日，《中华人民共和国银行管理暂行条例》发布实施，标志着我国金融监管进入了一个新的历史时期。但此时期，一方面，由于政府的行政干预过多，中国人民银行缺乏足够独立性，对金融机构的监督管理受到众多阻碍；另一方面，中国人民银行依靠计划行政手段监管而缺乏必要的灵活性，从而严重束缚了金融业的发展，弱化了中国人民银行宏观金融的监管职能。

1994年我国开始金融体制改革，改革的重点是加强中央银行独立性、专业银行商业化、整顿金融秩序和规范业务领域等。1995年3月18日，《中华人民共和国中国人民银行法》正式颁布实施，该法第30条规定："中国人民银行依法对金融机构及其业务实施监督管理，维护金融业的合法稳健运行。"赋予中国人民银行依法监督全国金融业的职责。1998年，我国改革了中国人民银行的组织体制，成立了大区分行，这在一定程度上限制了地方政府对中央银行货币政策的干预和对金融机构监督管理的干扰。同年，中国人民银行也对金融监管体制进行了改革，本着本外币一体化、境内境外一体化、现场与非现场监控一体化的原则，改变了原来的监管模式，采用更为科学的手段和方式使得监管效果明显提高。

1992年年底，中国证券管理委员会成立，负责证券发行市场和证券流通市场的监管，但中国人民银行依然负责证券经营机构的审批和其业务范围的监管。1998 年 5 月 18 日，中国证券监督管理委员会(简称中国证监会)正式挂牌成立，对证券经营机构的监管职能从中国人民银行转移到中国证监会，同时撤销中国证券管理委员会，地方证券管理部门改由中央统一领导。1999 年 7 月 1 日，《证券法》颁布实施，为证券业的监管提供了法律依据。1998 年 11 月 18 日，中国保险监督管理委员会(简称中国保监会)成立，原中国人民银行监管保险业的职能移交中国保监会，中国保监会成为全国商业保险的主管机构，承担监督管理全国商业保险业的职责。

2003 年 4 月 28 日，中国银监会成立，承担原中国人民银行履行的监督管理职责，依法对银行、金融资产管理公司、信托公司及其他存款类机构实施监督管理，而中国人民银行则负责对同业拆借市场、银行间债券市场、黄金市场和外汇市场的监督和管理。中国银监会的成立是我国完善宏观调控体系、健全金融监管体制的重大决策，是我国金融体制改革取得的重大成就。它的成立标志着中国人民银行集中央银行职能和银行监管职能于一身的管理组织模式的结束，以中国人民银行为核心，中国银监会、中国证监会和中国保监会为主体的一行三会的分业监管体制得以确立。另外，财政部负有制定和监督各类工商企业和金融机构的财务会计、税收等工作的职责，因此在一定程度上财政部也是一个承担特定金融监管职能的部门。同时，我国很多金融行业自律组织具有官方性质，肩负上传下达和协调的职责，在金融监管中发挥了一定的作用。

2013 年 8 月 20 日，为进一步加强金融监管协调，保障金融业稳健运行，国务院批复中国人民银行提交的《中国人民银行关于金融监管协调机制工作方案的请示》，同意建立由中国人民银行牵头的金融监管协调部际联席会议制度，这标志着我国金融监管体制的进一步完善[1]。综合来看，我国当前实行的金融监管体制是一种在国务院统一管理下的分业监管体制，如图 14-2 所示[2]。

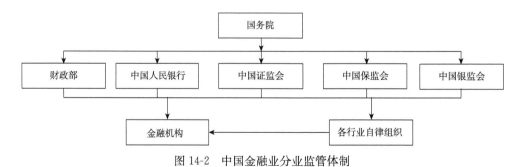

图 14-2　中国金融业分业监管体制

二、对现行金融监管体制的评价

中国现行的金融监管体制是中国经济金融发展现阶段的客观选择，它在中国经济与金融的发展过程中发挥了重要作用。实践也证明，中国现行金融监管体制实现了监管的专业化和高效率，在一定历史时期促进了中国金融业的发展和稳定。但是，随着金融全球化和

[1]　详细内容参见 2013 年 8 月 20 日新华网。
[2]　卞志村. 金融监管学. 北京：人民出版社，2011：101.

金融创新的迅猛发展，以及中国金融混业趋势的发展，金融监管环境发生重大变化，现行的金融监管体制正在面临严峻挑战。

1. 现行金融监管体制适应现阶段金融业分业经营体制

中国在法律上还严格规定银行业、证券业、保险业、信托业等不同金融行业各自经营与自身职能相应的金融业务，核心在于银行业与证券业、信托业和保险业之间确立了严格的业务界限。分业经营的优势在于：其一，降低商业金融机构的经营风险，避免混业经营所产生的利益冲突而损害投资者利益；其二，在货币市场和资本市场之间建立一道"金融防火墙"，避免货币市场资金直接流入高风险的资本市场，以维护一国的金融稳定；其三，客观上起到遏制垄断、维护竞争的作用。但分业经营的缺陷是成本过高，难以形成规模效益。按照金融监管体制与金融经营体制相匹配的原则，中国建立了分业监管体制，一行三会的金融监管体制更能发挥专业监管机构的比较优势，各监管机构所负责监管的对象及监管范围十分明确，具有较强的针对性，有助于金融业识别风险、量化风险和化解风险，进而有助于提升对中国银行业、证券业、保险业等的监管水平与效率。

2. 现行金融监管体制是基于金融市场环境及监管目标的选择

中国现阶段金融市场分割严重，金融市场一体化程度不高。利率还没有市场化，汇率仍然受到一定的管制，金融市场的价格机制还没有完全形成，金融市场的资金流通不畅。因此，在金融市场分割严重的金融市场环境下，从监管效能角度来说，分业监管要优于集中监管。金融监管体制的选择也决定于既定的金融监管目标。从本质来讲，金融监管的目标无非是金融稳定与金融效率两大类。金融监管目标从过去单纯强调金融稳定性向寻求稳定性与效率的某种均衡转变。但是某一定时期，既定的监管目标必然要求将相应的监管体制作为依托，不同的监管目标会影响到金融监管体制的选择。若选择监管目标是以稳定金融体制为主导，监管当局就会采取比较严格的措施，限制金融机构的经营范围，实行分业经营体制和分业监管体制；若以鼓励金融竞争提高效率为主导，监管当局就可能实行较为宽松的监管措施，放宽金融机构的经营范围，允许混业经营和采取集中监管体制。目前，中国金融监管的目标更多地注重于安全性，强调在稳定的前提下创造有利于竞争的金融市场环境。所以，分业监管体制依然是当前中国的现实选择。

3. 现行金融监管体制面临着越来越严峻的挑战

一般情况下，分业监管体制是针对分业经营这一金融经营模式的。然而，金融市场的不断发展、金融创新产品的层出不穷使得分业监管的业务基础发生变化，大量出现的金融衍生产品交易、网上银行交易、银行私募的证券公司的集合理财计划、基金公司发行的货币市场基金及不断涌现的金融控股公司造成金融分业边界的模糊，极易产生并加重监管重叠和监管缺位现象。金融创新和市场竞争促进金融业混业经营趋势日益明显，在增加金融业收益的同时也加大了金融风险，对金融市场的冲击也更加直接和猛烈。在中国现行金融监管体制下，各监管机构各司其职只关注本行业的风险问题，不能建立系统性全方位的有效协调监管机制。各监管机构未能实现信息共享，监管的准确性、权威性、有效性难以保障。一旦某一行业发生金融风险，将有可能触发系统性金融危机，影响金融稳定和国家经济安全。

随着外资金融机构的不断涌入、B类股票市场的建立，以及越来越多的海外借款和债券发行，中国的金融市场与国际金融市场紧密地联系在一起，国际金融市场对中国金融的影响也日益增强，国际金融市场的波动和危机通过无所不在的金融网络传导到中国金融市场，诱发中国金融市场的风险，汇率下跌、国际资本外流、国内股票价格暴跌和银行不良资产激增等危机可能在中国出现，中国现行金融监管体制很难应对如此挑战。2007年美国次贷危机迅速蔓延成国际金融危机正是金融监管机构之间缺少有效的协调机制所致。国际货币基金组织在2004年发布的研究报告就指出，随着金融全球化的加深、金融控股集团的广泛出现，现有的分业监管模式难以满足金融行业发展的需要，为了规避风险，各个监管机构的有效协调将是必要的。

三、中国金融监管体制的发展趋势

在当今全球金融一体化深入发展的大背景下，中国的金融业发展日益受到全球金融发展格局的影响，金融自由化和金融创新促使金融机构经营方式发生质的变化，中国金融业的混业经营是必然的趋势。从监管体制的效力分析，混业经营体制下的分业监管体制的效力是最低的。从长远目标来看，中国金融监管体制的发展趋势应该是集中监管。虽然中国金融市场上已出现业务交叉、金融集团化等混业经营现象，但受制于国内金融体系的发达程度、金融机构的多样性和监管手段、监管水平等条件的限制，现阶段在中国完全实行集中监管还不现实。在金融监管体制进一步改革完善的过程中，应该处理好监管体制改革与保障国内金融安全与金融稳定的关系。针对中国现行监管体制下金融监管协调机制上存在的诸多缺陷，通过法律制度与组织制度安排，明确各监管机构的监管目标、权责分配、协调机制。借鉴西方发达国家金融监管的成功经验，中国可以逐步设立相应的金融监管专职协调机构及监管协调机制，进一步强化监管机构之间已建立的高层定期会晤制度，经常就一些重大问题进行磋商、协调。另外，对业务交叉领域和从事混业经营的金融集团，实施联合监管，建立监管机构之间的信息交流和共享机制。在中国金融业未来发展的大趋势下，监管协调的制度安排显得尤为重要。

复习思考题

1. 金融创新的含义是什么？
2. 简述金融创新的形式。
3. 金融创新的效应有哪些？
4. 如何理解金融稳定？
5. 简述金融稳定机制。
6. 金融监管的概念是什么？
7. 试述金融监管的目标及其原则。
8. 简述金融监管的形式与方法。
9. 金融监管体制的类型有哪些？
10. 试评中国金融监管体制的改革。

参考文献

卞志村 . 2011. 金融监管学 . 北京：人民出版社

陈岱孙，厉以宁 . 1991. 国际金融学说史 . 北京：中国金融出版社

陈野华 . 2001. 西方货币金融学说的新发展 . 成都：西南财经大学出版社

韩国文 . 2006. 演化经济学视野下的金融创新 . 武汉：武汉大学出版社

蒋殿春 . 2001. 现代金融理论 . 上海：上海人民出版社

金德尔伯格 C P . 1991. 西欧金融史 . 徐子健，何建雄，宋忠译 . 北京：中国金融出版社

刘仁伍 . 2007. 金融稳定：机理与评价 . 北京：中国财政经济出版社

刘毅 . 2006. 金融监管问题研究 . 北京：经济科学出版社

孟钊兰 . 2007. 中央银行学 . 西安：西安交通大学出版社

石井详悟，哈伯迈尔 K . 2006. 资本账户自由化和金融部门稳定 . 赵耀译 . 北京：中国金融出版社

王广谦 . 2003. 20 世纪西方货币金融理论研究：进展与述评 . 北京：经济科学出版社

闻岳春 . 2006. 西方金融理论 . 北京：商务印书馆

熊彼特 J A . 1991. 经济发展理论 . 何畏，易家祥，等译 . 北京：商务印书馆

许传华 . 2008. 金融稳定协调机制研究 . 北京：中国财政经济出版社

张礼卿 . 2005. 金融自由化与金融稳定 . 北京：人民出版社

张振兴 . 2008. 金融稳定的微观治理基础：国际比较与中国现实 . 上海：上海财经大学出版社

Diamond D W, Dybvig P H. 1983. Bank runs, deposit insurance, and liquidity. Journal of Political Economy, 91(3)：401-419.

Mishkin F S. 1999. Global financial instability：framework，events，issues. The Journal of Economic Perspectives，13(4)：3-20.

Schwartz A. 1988. Financial Stabili ty and the Federal Safety Net. *In*：Haraf W，Kushmeider R M. Restru cturing Banking and Financial Services in America Washington：American Enterprise Institute：19-30.

第二版后记

教材修订版的劳作令我忆及第一版的缘起和出版之后的"命运",犹如每一位再平常不过的个体也有其独特的人生故事一样。笔者时在陕西师范大学国际商学院金融系讲授"金融学",受命主持教育部本科教学评建教材项目,唯愿对本科生教学尽绵薄之力。虽遑论"文章千古事",却体味"甘苦寸心知"。与撰著教材并行的尚有"金融学"精品课程网建设,对诸多学子为课程网中"宏观视点""学术论坛""热点回放""银行史话""金融茶座""诺奖片羽""名家汇萃""推荐书目""高端阅读""数据观察"等栏目汇集材料的热情难以忘却,感怀师生为尽早开通课程网站在田家炳书院通宵达旦工作的情景。本书第一版和课程网成为师生课外交流的"信使"。在约两年的时间里,笔者利用课程网"在线互动"栏目给学生答疑近30万字,许多2005级、2006级金融专业学生时常在课余携书本与我讨论金融知识或中国金融问题,他们中一些考入北京大学、中国人民大学、南开大学、吉林大学、山东大学、西安交通大学、中央财经大学、西北大学等高校深造。他们中亦有数十人与我相伴赴陕西商洛、安康、汉中、铜川和青海西宁、海东区农村从事农村经济金融调查,高举起"到田野去"、"走进青海"和"陕西师范大学农村经济金融调研志愿团"的旗帜一路高歌,在祖国西部乡间田野留下人生的足迹。每念及此,甚慰!为师者,风云际遇或流离漂泊,何足道?

笔者就教材第一版大纲曾与已故著名金融学家江其务教授讨论,江先生提议将原定教材名称《现代货币金融学通论》中"通论"去掉,指"'通论'就要管古今中外,一本教材管不了那样多",他也曾允诺审稿并为之序,未料先生于2005年12月31日骤然离世。江先生对中国金融学术贡献卓著,尤其,先生对社会积弊的批判无疑是擎起了一面旗帜,对阳光下的黑暗,他是闪电,是火焰。笔者曾撰写祭文,深感先生为文阔达及其酣畅淋漓的一生可撼动人心,特摘录于此:

先生毕生致力金融学术。著文似大海行舟,跌宕起伏,任风高浪起,我行我素。因不屑而锋芒毕露,重理据而鬼斧神工。纵横捭阖,一泻千里;排山倒海,气象万千。时而抽丝剥茧,绵里藏针,于常理中窥见悖谬,设问发难。时而狂放洒脱,珠玉散落,拨尽黄沙始见金,千锤百炼。后生有幸,俯仰间知山高水深。文如其人。先生平素刚正不阿,藐视威权。敢言人间不平事,笑骂狗苟蝇营辈;还将一点浩然气,涤扫玉宇唤澄明。横眉冷对,但因道不同不与为谋;俯首待耕,春江水暖察知万家生计。忆及师大学术活动中心,国人曾蒙先生畅谈宏观,评点国策,如霹雳响雷,振聋发聩。或誉之曰醍醐灌顶,百般疑窦,云破天开。先生熟读马克思,是中国的金融通。熟谙凯恩斯,考问克鲁格曼。古今中外,游刃有余。继往开来,堪称集大成者。

先生离去已逾十载,音容笑貌犹在目前。谨此深切缅怀先生!

刘　明

2015年8月10日

第一版后记

岁月如歌，光阴荏苒。由于全体作者不懈努力，《货币金融学导论》终能顺利付梓。

作为主编，谨向支持本书出版的陕西师范大学本科教学评建办、教务处和国际商学院表示感谢！向科学出版社的陈亮先生和王京苏先生为本书出版所付出的努力表示诚挚的谢意！

感谢听过我讲课的我所关爱的学生！一些相对独立的内容都曾经在本科生或者研究生课程中讲授。

感谢全体参著人员，包括各章作者以及为本书搜集数据资料、校订编排、制图等做出奉献的人们，他们是：米军，刘新华，郑璋鑫，张红，刘霞，李江平，宋翠玲，朱虹飞，朱改玲，张有新，屈晓娟，刘园园，孙强，王会宗，陈秀枝，杨锋涛，梁建峰，赵静，王亚萍。他们也参与了与教材配套的教学课件制作和陕西师范大学"金融学"精品课程网站的工作。与他们的愉快合作必将成为我人生的美好回忆！

本书在撰写过程中参考了国内外学者的大量著述和已有研究成果，谨此向他们以及编译者表示由衷的感谢和敬意！

对书中疏漏之处，望读者不吝赐教，不胜感激！

刘　明

2006 年 5 月 21 日